走近王羲之

成就一代书圣的历史文化诸因探微

郭飞◎著

北　京

图书在版编目（CIP）数据

走近王羲之/郭飞著．
北京：中国经济出版社，2014.12（2023.8重印）
ISBN 978-7-5136-3590-5

Ⅰ.①走… Ⅱ.①郭… Ⅲ.①王羲之（303~361）—人物研究 Ⅳ.①K825.72

中国版本图书馆CIP数据核字（2014）第282001号

责任编辑 崔姜薇 郭书芳
责任印制 马小宾
封面设计 任燕飞装帧设计工作室
书名题字 何济洲

出版发行 中国经济出版社
印 刷 者 三河市同力彩印有限公司
经 销 者 各地新华书店
开　　本 710mm×1000mm 1/16
印　　张 18.25
字　　数 280千字
版　　次 2014年12月第1版
印　　次 2023年8月第2次
定　　价 68.00元
广告经营许可证 京西工商广字第8179号

中国经济出版社 **网址** www.economyph.com **社址** 北京市东城区安定门外大街58号 **邮编** 100011
本版图书如存在印装质量问题，请与本社销售中心联系调换（联系电话：010-57512564）

序一

郭飞小弟是从包头走出来的书法艺术探索者，他对魏晋书法特别是王羲之的书法有着与生俱来的喜爱，这一点与我有着惊人的相似，因而我们便有了一见如故的亲切。在他京华履职期间，我们交往较频繁，谈论最多的便是如何认识“二王”法书、如何学习“二王”法书，以及历代书家在传承书法中的利弊得失等。当然，我们有时也免不了小酌几盅，以聊叙幽情。

壬辰岁末曾听他讲正在写一本关于王羲之的书，当时以为他只是说说而已，或是三五年之后的事，所以也就未太当真。甲午初秋的一天，当他拿着厚厚的《走近王羲之》的书稿向我求教时，我着实吃惊不小，顿时对这个年轻的小兄弟平添了几许钦佩之情。

说起《走近王羲之》的写作由头，大抵源于我们的一次对话。古往今来，很多学书之人都说自己师法“二王”，然而真得“二王”正脉的又有几人呢！何以故？我俩认为，问题可能出在大家只关注“二王”法帖临摹和学习，对“二王”所处时代的政治、经济、文化环境、社会生活、民间习俗，以及“二王”的生平缺乏深入了解，因而对他们的书法艺术理解得不够透彻深刻，以至于对“二王”的书法特色、境界把握不够准确……这次聊天可能是使他产生在更深层面、更广视野研究王羲之这一念头的动因。由此可见，他对王羲之的学习研究是从内心而发的。为了本书的创作，他阅读了已出版的几乎所有关于王羲之的书籍，翻阅了有关汉魏两晋南北朝的大量史料和论著，可以说他已经把这一段历史和王羲之生平了然于心了，写书只是个时间问题。在短短的半年多时间里，一部28万字的专著便诞生了。阅读《走近王羲之》使我产生了如下感受。

首先，这本书再现了宏阔的汉魏两晋的时代画卷。作者以史家的视角用近乎小说讲故事的手法再现了东汉末年三国两晋南北朝这段历史的重大事件、政治制度、文化特点，对魏晋名士在那样的时代舞台的潇洒与惊醒，得意与惶恐，自由人生、张扬个性与艺术创作等进行了深入浅出的论述，读来颇受启迪。

第二，这本书以经纬纵横的叙事之法，竭力探索那个战乱不断、政权更迭的时代与文人的思想文化空前活跃、精神极度自由、个性充分张扬、艺术创作异彩纷呈的内在关联及深刻原因，作者有自己的独特之见，读来发人深省。

第三，这本书追本穷源地梳理了琅玡王氏的兴衰史，以及王、谢、庚、桓几大家族的政治起伏，又延伸至他们在书艺上的相互拼比、相互激励，以探求王羲之书法一峰独秀的成因，在当代书坛具有借鉴意义。

第四，这本书描述了在高手林立的东晋书坛，王羲之以宽阔的胸怀、谦虚的态度上下求索，遍临大江南北名碑，养其气，丰其神，吸收借鉴时代书家的营养，集而大成，增损古法，终成一代书圣的历程。

叙说王羲之无疑是一件困难的事情，历代有多少仁人志士都想一探究竟，然而总是直着来、绕着行。郭飞以他初生牛犊不怕虎的精神，勇往直前，取得了骄人进展，《走近王羲之》只是初试牛刀而已，我期待他真正能“走近”王羲之，以偿自己的大愿，也为学术界填补一项空白。

是为序。

何济洲

甲午金秋于心斋

何济洲，中国书法家协会会员，北京大学高级访问学者，海关总署《金钥匙》杂志主编。师从欧阳中石先生，曾得林散之、赵朴初、启功等先生亲授。

序二

王羲之是中国文化史上的著名书法家，被誉为“书圣”，其《兰亭序》不仅是书法史上一座无法逾越的高峰，也几乎成为中国人的文化图腾。千百年来，王羲之及其书法为历代书家推崇膜拜，正如唐太宗李世民所言，“心追手摹，此人而已”。许多人把研究王羲之及其书法作为一生的追求，我虽不才，但也愿意成为其中之一。

一位老师曾经对我说，如果你真的想学王羲之书法，必须深入了解他身处的历史时代中的社会事件、文化传承，了解他的家学家风、人生经历、家人朋友，甚至了解他的习惯喜好如衣食住行等生活细节，这样你才可能融入他的生活、体会他的感受、走进他的心灵。为此，我开始如饥似渴地学习和阅读。我几乎翻阅、查找了公开出版的所有与王羲之相关的书籍和资料。但我同时发觉，目前对王羲之的综合研究并没有想象中的多，大多还是就书法论书法，很少有人把他作为一位历史人物，放在历史的大背景下进行深入研究。这一方面是因为王羲之“为书名所掩”，中国历史上这样的文化名人很多；一方面是历史上关于王羲之的记载确实不多，而且历代学界对不少记载尚存疑问。不过，这并未让我感到失望，反而更加激起我继续深入研究了解王羲之的愿望。一直以来，有三个问题困扰着我，也成为我不断研究思考的动力：一是为什么在两晋时期出现了以王羲之为代表的庞大的书法家群体，书体也在此时完备成熟；二是为什么此时出现了以“韵”为审美标识的书法现象；三是为什么王羲之能够脱颖而出，成为一代“书圣”的。

在不断地学习思考中，我越来越清晰地发现，正如生物的生长无法离开特定的自然环境一样，任何一个伟大人物的出现，都不是偶然的，而是与他所处的历史和社会背景紧密相关；其个体也并不是卓然独立的，而是与他周围的世界发生着千丝万缕的联系，而正是这种紧密度决定着个体成就的大小及其历史地位的高低。王羲之作为王氏子弟的出现，有其偶然性，但作为“书圣”的出现，却有其必然的条件和原因。如植物的生长，三国两晋南北朝的“乱世”和“融合”，就像某个地区的大生态圈；东晋皇权的衰微和门阀政治的确立，就像是其中的小环境；“玄学”的兴盛和琅玡王氏的家学家风就像是施于土壤中的营养，给予王羲之书法艺术丰富的养料和动力。其独特的际遇就像是培育植物成长的园丁，通过修剪、嫁接等手段养护、引导、修正着他的成长道路。他身边的家人和朋友像是与其共同成长的树木，彼此竞争、相互扶持。当然，他本身应该是一个基因良好、极富潜力的种子，有着旺盛的生命活力。对于一株参天大树的成长，这些条件是缺一不可的。作为门阀士族子弟的王羲之，当时几乎每一个历史大事件和人物均与其有着或多或少的联系，其中不少人和事对他的一生产生了巨大影响。本书试图通过全面剖析王羲之所处时代的社会环境、政治事件、文化现象及其家族传承、人生经历，以及由此形成的性格和思想，找到打开王羲之书法艺术成就之门的钥匙。

我始终认为，中国书法的独特魅力在于，成就一个伟大书家的众多条件中，道远远大于技，“字外功”更重要。“书者，心画也”，书法可以全方位展现中国文人的学识修养、胸怀格局、气质境界、风流才华。后世雄强刚硬如李邕者、庄严肃穆如颜真卿者、俊媚遒劲如赵松雪者、天纵奇才如米芾者、自然天趣如苏东坡者、平和冲淡如八大山人者，见字如见人，气质面貌一览无余。他们之所以能被后世千百年传承，除了在书法技艺上达到的高度外，更重要的是，这些人及其作品无一不代表了中国的“士”的精神。即使为后人诟病的王铎之流，也正是因为他们违背了传统意义上对“士”的要求，其作品中才出现扭曲和跌宕。王羲之无疑是其中最具代表者。从书法的沿袭和传承上看，王羲之书法如一个宝库，后世书家从王羲之处各取所需。“尽善尽美，其惟王逸少乎”，这种善和美，不仅是书法作品中的善和美，更是王羲之思想境界、道德修养、才华性情中的善和美，与后世文人颇有“神通”之处。说到底，书法是中华文化的衍生品，是中国文化的外在表达形式。学书之路，便是一条寻根之路，一条践行“士”的精神之路，一条完善自我、提高修养之路。

我不是研究历史文化的专家学者，对王羲之书法的研习还未窥得门径，试图写这样的一本书无疑是唐突和困难的，但作为一个王羲之书法的

执着爱好者，我心中的冲动和狂热一直以来难以抑制。尽管我为此阅读了大量书籍，也进行了“自以为是”的深入思考，但由于才学所限，其中仍有许多粗浅之处，还望专家学者和书学同道批评指正。学习书法需要一生的努力，对王羲之及其书法的研究更是终己一生都难以穷尽的事业。此书的完成，只是“万里长征”的第一步。

郭　飞

2014 年初冬于北京

目　录

上　篇

下　篇

上　篇

第一章　三国两晋南北朝概貌

王羲之生于西晋末年，主要活动于东晋年间。两晋与之前的三国及之后的南北朝有着密切的关联和共同的特征。研究王羲之所处的时代，应该放在三国两晋南北朝的大背景下进行分析和探讨。

三国两晋南北朝在中国历史上是一个十分特殊的时代。这个时代，包含了许多王朝，如三国时代的魏、蜀、吴，之后的西晋、东晋，南朝的宋、齐、梁、陈，当然也必须加上北方前后建立的五胡十六国、北魏及分裂之后建立的东魏、西魏，及在之后的北齐、北周，这还不包括其间建立的一些小国，林林总总三四十个王朝，但后世的历史研究者们，却通常把它们归入一个时代进行整体研究。当然，近年来三国是热门题材，一些研究者把三国单独进行研究和论述，但终不是主流。

把三国两晋南北朝放在一起研究，不只是因为它们共同孕育在我们这片伟大的土地，更是因为这些王朝之间的关系错综复杂、犬牙交错，气脉相连、难以分割，由此在政治、经济、文化等方面表现出许多共同的特点和属性。研究一个王朝，实在难以不与其前后及同时代的王朝发生千丝万缕的关系。特别是从中国历史全貌来观察，会发现这样一个独特的现象，中华文明五千年就是一部由乱到治、由治到乱、再由乱到治的过程，这个过程并不是简单的重复，而是文明形式的不断发展。西周、汉、唐、宋以及之后的明、清，可以说是中国传统封建社会由萌芽到长大，再到强盛、完全成熟的过程。而此之间出现了春秋战国、三国两晋南北朝、五代十国等所谓的“乱世”。特别是三国两晋南北朝，它承接两汉、开启隋唐。如果用一个字形容两汉，我想是“强”，用一个字形容隋唐，我想是“盛”。两汉的强大，在政治、经济、文化各领域一方面均表现出旺盛的生命力，像春天的种子，它要发芽长大，有不可阻挡之势；但另一方面，也表现出成长中的焦虑、莽撞和粗犷。而隋唐是不同的，它如盛夏的大自然，百花齐放，争奇斗艳，尽显华美和灿烂。其间发生了什么事情，出现了哪些变化，让这两个时代如此不同？我们在关注和赞美两个伟大时代的同时，是不是应该静下心来研究中间的这个“乱世”？这会给我们带来多少的启迪啊！

就本书主题来看，从书法角度讲，汉以隶书为代表，唐则书法全面发展，特别是唐楷基本达到了中国书法的最后圆满和辉煌。隶书代表了书法的“古”，唐楷代表了书法的“今”。从自然到规范、从古朴到惊艳、从天真率性到法度形成、从质拙雄浑到尽善尽美，中间难以绕开三国两晋南北朝这段历史，其间，许多天才人物不断涌现，将中国书法带到了最高峰，灵性毕现，直指人心，穷尽奥妙，畅达天地。特别是以“二王”为代表的书风，足足影响了之后一千多年中国人的审美情趣，他们留下的作品，成为所有中国人的共同记忆标识。其实不只书法，这个时代的许多政治事件、社会制度、科学文化、人物传奇，对后世影响之大并不逊于汉、唐，或任何一个伟大的时代。我想，与其说是“乱世”，不如说是黎明前的萌动，盛世前略显慌乱的忙碌，无数的生命和活力在此刻涌动、融汇、交集，只等待一个时机迎接“大时代”的到来。

那么，让我们首先走近这个特殊的时代。

对于三国两晋南北朝的起讫时间，时间下限基本有所定论，即结束于公元589年，也就是隋朝灭陈，实现中国统一的年份。但对于开始于何时，历来争论颇多，有人认为应当从公元184年黄巾起义算起，也有人认为应当始于董卓之死和曹操镇压黄巾军时年，即

公元196年。近现代史学大家陈寅恪、周一良及田余庆等，均认为应当是公元196年，即汉献帝建安元年算起，理由是这一年曹操把汉献帝迎到许昌，从此“挟天子以令诸侯”，汉朝名存实亡。翦伯赞形象地比喻，曹操在这个时候已经“把皇礼袍当作衬衣穿在里面了”。因诸位先生不仅学术上高山仰止，其分析也合情合理，足以明辨视听，所以目前已为学界共识。从公元196年算起，到公元589年结束，共有393年，这个时间比两汉的400年稍短，但比唐（共289年）、宋（南北宋共319年）、明（共276年）、清（包括“后金”也才295年）均要长许多。

这393年，可以说是中国历史上名副其实的“乱世”。其间，没有战争的年份只有70多年，平均5年多才会有一年的太平。而在人们直观印象最乱的战国时代，在254年中打了185仗，平均每3年多就会停下来喘息一下。而这又是一个灾难频发的时期，据史料记载，在此期间发生了水、旱、蝗、疫等各种灾害619次。其间，王朝更迭频繁，皇帝成为最高危的“职业”，被史料记载并可考的皇帝近90位，其他不被后世正史承认或记载的帝王足有上百人之多，而能善终者寥寥无几。现代人所羡慕的皇亲国戚、王公贵族更如颈上悬刀，被杀或灭门者不计其数。老百姓更是苦不堪言，流离失所，饿殍遍野，进行着中国历史上最大规模，也对后世影响最深远的移民迁徙，甚至陈寅恪先生提出了一个著名的论点，即魏晋南北朝三百多年的大变动，都是由人口的大流动、大迁徙引起的。鸡与蛋谁先谁后的问题之后我们再讨论，但由此可见人口流动的规模和影响。

但就是这样的一个乱世，在政治、经济、文化等诸多方面，均创造了足令后世惊叹的辉煌。中华民族实现了前所未有的民族大融合，特别是融合的方式不是通过本体民族发动的战争和民族压迫，而是少数民族在不少杰出领袖的带领下主动地、自发地向汉文化靠近；官僚机制不断探索完善，封建王朝管理方式得到不断尝试和总结，为隋唐国家机器的构建提供了有力保证；制定了一部又一部结构完整、概念明确、文字精练的法典，其精神及体系一直延续到近代；儒、道、释三家不断融合，中国传统哲学继春秋战国后进入第二个大发展期，并初步形成了中华文化的根梗；科学技术并未因战乱而停滞，相反在农业、天文、医药、数学等方面成果斐然；文学迎来大发展，以“三曹”为首的“建安风骨”，以陶渊明、谢灵运为代表的“田园派”和“山水诗”，可以说是中国文学史上的几座高峰；书法绘画、雕塑造像，更是几乎达到巅峰水平；其间产生了如“竹林七贤”“清谈误国”“狡兔三窟”等后世耳熟能详、令人回味的成语和故事，让人突然会觉得这段历史如此真实和生动。

下面，我们慢慢揭开它的历史大幕。

第一节　历史回顾

一、三国局面的形成

东汉末年，外戚与宦官交替把持朝政，地方势力日熏，社会矛盾突出。东汉中平六年（189 年），灵帝死，刘辩继位为少帝。屠户出身并在当时执政的何太后兄何进在与宦官争夺权力中，联络了当年控制京师的西园八校尉之一的袁绍（曹操时为其中的典军校尉），杀死八校尉统领蹇硕，并密谋尽杀宦官，为壮大势力，召时任并州牧的董卓入洛阳。后何进被宦官杀死。而袁绍尽灭宦官后，董卓渔翁得利，不费吹灰之力独揽朝政。不仅如此，他废黜灵帝，另立刘协为汉献帝。董卓的专横激起了东汉朝臣和地方牧守的强烈反对，酿成了东汉末年群雄纷争的大规模内战局面。

东郡太守桥瑁假东汉三公名义，号召各州郡兴兵讨伐董卓，并推立袁绍为盟主。初平元年（190 年），董卓挟持献帝西迁长安。关东联军不久也分崩离析，初平三年（192 年）长安兵变，董卓被杀，关中混乱不已。经过激烈的混战后，到建安元年（196 年）时，全国形成了许多割据势力和区域，主要有：袁绍占据青、并、冀三州；曹操占据兖、豫两州；韩遂、马腾占据凉州；公孙瓒占据幽州；公孙度占据辽东；陶谦、刘备、吕布先后占据徐州；袁术占据扬州的淮南部分；刘表占据荆州；刘璋占据益州；孙策占据扬州的江东郡部分；士燮占据交州；张鲁以道教的组织形式占据汉中地区。其中，势力最强大的当属袁绍和曹操。

董卓入洛阳后，曹操逃至陈留（今河南开封东南），聚兵反抗，并成为关东联军的一支。初平三年（192 年），诱降黄巾军三十万人，选其精锐，编为青州兵，后来又陆续收纳一些豪强地主武装。此时，他表现出与当时群雄不同的战略眼光和野心。建安元年（196 年），他把汉献帝迎到许昌，取得了“挟天子以令不臣”之势，在政治上取得主动。同时屯田积谷，以蓄军资；不限门第，开门纳士。建安五年（200 年），曹操与袁绍两军进行了史上著名的以弱胜强的“官渡之战”。曹操全歼袁军主力；又利用袁绍二子的矛盾，攻占邺城，相继占领青、冀、幽、并四州，统一了中原地区。建安十二年（207 年），提兵北上，打败了侵袭北方的乌桓。建安十三年（208 年），南下攻占刘表之子刘琮所据的荆州。之前依附于荆州的刘备南逃。江东孙策之弟、此时的东吴之主孙权，已看清曹操攻打荆州而实志在东吴的图谋，派鲁肃与刘备会晤，并与受刘备之命的诸葛亮，于柴桑（今江西九江西南）谈定结盟之约。在之后的赤壁大战中，孙刘联军不仅创造了中国历史上以少胜多的经典之战，也迫使曹军退回中原。自此也暂时形成了南北相持的局面。

北归的曹操，集中精力用兵于关中、陇西，把统一范围扩展到整个北方。建安十六年（211 年），刘备按照与诸葛亮隆中对时定下战略，率军入川，占据了原属刘璋的益州。建安二十四年（219 年），刘备从曹军手中夺取汉中。正当刘备实力不断壮大之际，孙刘联盟破裂，孙权派军袭杀正由荆州向曹军发起进攻的刘备大将关羽，占领荆州，隔三峡与刘备军相持。

汉延康元年（220 年）一月，曹操死；十月，其子曹丕称帝，国号魏，定都洛阳，建元黄初。次年（221 年），刘备称帝，定都成都，国号汉，世称蜀，建元章武。孙权一度于 221 年接受魏国封号，但 229 年，孙权也称帝，定都建业（今南京），国号吴。同时，蜀、吴恢复结盟，共抗曹魏。之后，南北之间虽然仍常有战事，但总的来说，力量大体平衡，三足鼎立之势维持了四十余年之久。三国建立后，政治均较为开明，采取了一系列恢复农业生产、促进经济发展的举措，国力得到了较大幅度提升，科技文化发展也比较迅速。

三国时期，魏蜀吴出于增强军事实力考虑，一方面大力发展农业，另一方面加大开疆拓土力度。魏国实行了屯田、租调制，社会秩序趋于稳定，生产恢复速度较快，水利、冶铁、交通、商业得到不同程度发展。源于东汉的北方大族得到发展和加强，“九品中正制”的推行，更是强化了北方士族地位，这些士族在之后的西晋、东晋、五胡十六国、北魏，甚至到隋唐依然发挥着或大或小的影响，源远流长，不可绝断。特别是司马氏，是东汉以来的世家大族，司马懿本人在曹魏时代屡立军功。景初二年(238年)，他率军平定公孙渊，使辽东归入魏国。正始十年（249年），发动高平陵政变，得以独揽朝政，之后通过镇压毌丘俭和诸葛诞反抗，进一步巩固了司马氏的统治。此时，出现了原属曹魏一派的、以阮籍和嵇康为首的“竹林七贤”等名士，开始由儒入玄，对司马氏进行了消极反抗，之后他们之中的大部分陆续归服于司马氏，但他们开创的“魏晋名士”风度和玄学之风却几乎影响了整个三国两晋南北朝的政治、文化，甚至对整个中国文化产生了深远影响。

此时的蜀、吴两国，一个向西南扩展、一个向东南进发，从中国历史上看，加强与西南少数民族融合、开拓东南农业经济均起了巨大作用。特别是孙权统治时，江东经济有显著发展，北人南来，山越族出居平地，劳动力增多。长江两岸均设有屯田区，会稽郡农业生产尤其发达。历代修建的浙东运河和江南运河在孙吴时发挥了重大作用。孙吴诸将以私兵随孙氏累年征战，孙吴又屡以国家佃客赐给功臣，从而形成了吴国武将世袭领兵的制度。同时，江南也出现了顾、陆、朱、张这样世居高位的大族。在之后的东晋及南朝历史上扮演了重要角色。但在蜀、吴后期，国势均日趋衰落。

公元263年，司马氏帅魏军灭蜀，蜀国历二帝，共43年。两年后(265年）司马炎以接受禅让为名，代魏为晋，史称西晋。魏国历五帝，共46年。公元280年，晋军攻占建业，吴帝投降，吴国亡。吴国历四帝，共52年。司马氏以晋代魏，虽然为历代史家文人诟病，但客观上讲，西晋的统一，结束了自东汉初平元年（190年）后出现的全国分裂局面，流离的人民得以安定，动荡的社会得以喘息，至于谁家称帝于百姓何干？

二、西晋的短暂统一

晋武帝太康元年（280 年）平吴，统一南北，全国共有十九个州，一百七十三个郡、国，二百四十余万户。经过九十多年的战乱，人口已不足东汉末年的一半。

西晋的政治、经济、军事措施，多沿袭曹魏旧章，虽加以改革，但总体变化不大，官员也多为旧人，故一脉相承，难以割裂，史家常常统称为魏晋。政治方面，中央最高官职设有三公：太尉、司徒、司空。尚书省长官有令、仆射，执行皇帝诏命，统领百官，处理政务。令以外有时设总录一人，或录尚书六条事若干人。前者地位高于尚书令，后者地位与尚书令大致相当。尚书左丞掌监察省内及群官。中书省的监、令负责起草诏令。侍中侍从皇帝左右，以备顾问；尚书所奏文案如有不妥，侍中有权即加封驳。御史中丞和司隶校尉，负责纠弹不法和掌断刑狱。选官用人机制仍沿用九品中正制。西晋官僚体制，对后世影响很大，中书省为历代封建王朝所沿袭。法制方面，西晋改变了秦汉以来律令不分的状况，把属于行政规章制度的条文独立成令，为后代所沿用。晋律篇目体系比较完备，而条文大为减少。不少律条的规定，起到了缓和社会各阶级矛盾的作用，巩固了中央政权。可以说，晋律的影响大大超过了秦汉律法，不仅为之后隋唐至明清的法制起到了重要的参考蓝本作用，而且其中的一些法律精神和律法结构体系，一起影响到近代。

晋武帝司马炎即位后前期采取了宽和节俭的治国方针，继续推行废止典农官的政策，把曹魏以来的屯田民编入郡县为自耕农，从而增加纳税人口；全国百姓的赋税徭役负担归于一律，以方便政令的统一和中央集权的统治；同时沿用曹魏之制，丁男之户交纳实物，称为调。户依资财贫富为九等，调按户等收取，九等平均定额，称为九品混通之制。这种田租、户调的名称与方式一直沿用到唐朝。对吴蜀故地，则采取了区别对待的措施加以安抚，同时也对大族加强了防范。但在晋武帝后期，一反之前俭朴低调作风，反而变得骄侈淫逸，豪门贵族奢靡成风，竞相攀比斗富，历史上著名的石崇和王恺斗富的故事就出现在晋武帝末年。晋武帝不仅不加制止，还旁观取乐。一时权贵阶层强取豪夺、横征暴敛、贪腐成性。天下百姓苦不堪言。

东汉末年，世家大族社会地位日隆，朝廷通过“征辟”方式选用官员时，世家大族占尽优势。曹操起兵之初，由于其宦官家族的出身，不为当时名士所尊重。世家大族出身的袁绍，在讨曹檄文中称其为“赘阉遗丑”，曹操不得已三发教令，提出“唯才是举”的口号，从较低的社会阶层中网罗人才。实际上，他对世族名士也是极力争取。对此本书将另有篇章进行论述。从其子曹丕继位以后，进一步向世家大族妥协。特别是在选人用人上，提出了“九品中正制”，士族出身的司马氏建立西晋后，更加重视大族利益，出现了“上品无寒门，下品无士族”的局面。东汉、三国以来，大族占有处于依附地位的人口，西晋进一步规定，高官显爵按照官品高下占有田地，并第一次在全国范围内以法令形式承认私家依附农民。高官可按照官品高低庇荫亲族，多者荫九族，少者及三世，免除其租税徭役负担。为了耕种所占田地，还允许他们庇荫劳动人手，作为佃客和衣食客。在占有大量土地和依附人口的基础上，东汉、曹魏以来的世代高官而且累世袭土封爵的家族，在政治、经济、文化各方面占据有特殊优势地位，形成门阀士族。

西晋中后期，社会矛盾日益突出。主要表现在三个方面：一是由于宫廷势力内斗在选帝继位方面出现重大问题，皇帝势弱，皇后贾南风专权，引起“八王之乱”；二是到惠帝时，天灾人祸并行，百姓背井离乡，流离失所。各地方统治者不但不妥善安置，反而迫使他们还乡，甚至滥加残害，各地流民不断反抗，多地发动起义；三是北方少数民族势力不断壮大，参与到了西晋内战之中，最终演变化为“五胡乱华”，并最终颠覆西晋政权，西晋于愍帝邺被杀（316 年）后正式灭亡。西晋历四帝，共 41 年。建武元年（317 年），司马睿后称王，次年即帝位，国号仍为晋，史称东晋。而北方，陷入五胡十六国的大动乱时期。此处历史背景，本书将在后面章节详细进行论述。

三、东晋的偏安政权

西晋覆灭后，各少数民族竞相建立政权，战火连年。不少中原汉族人士纷纷南迁。“永嘉之乱”后，北方诸州人口通过几批共有达九十万人南渡，约占到当地土著的六分之一。琅玡王司马睿在大族王氏的策划下，早在永嘉元年（307 年）已出镇建业，在长安沦陷后称帝。

东晋政权在政治、经济等政策制度上，基本沿袭了西晋的做法。与西晋不同的是，东晋王朝的建立，从一开始就大族紧密相依。从开始王氏大族在东晋建立初期发挥重要作用形成“王与马共天下”的局面后，门阀制度已向门阀政治过渡，士族大户在东晋的政治中发挥了举足轻重的作用，王氏、庾氏、谢氏、桓氏相继成为实际执政者。而南方本土氏族，也在整个社会政治、军事、经济中发挥着重要作用。一部东晋史，就是侨姓士族之间、侨姓士族与本土士族之间的斗争及合作史。而北来的流民，在其各自的流民帅的带领下，对东晋王朝特别在士族之间的争斗中发挥着独特的、微妙的作用和影响。司马氏的皇权和正朔，随着士族之间的斗争和合作而飘摇起伏，但却一直生死与共。当士族大户式微，并被下层族姓人士占据上风后，东晋的统治也告结束了。下层士族人士刘裕对内镇压孙恩、卢循起义，讨平桓玄，外北伐灭南燕，西征平座谯纵，灭后秦，公元 420 年，取代东晋建立王朝，国号宋，史称“刘宋”。东晋历十一帝，共 103 年。在社会矛盾、民族矛盾严峻复杂的形势下，已实属奇迹。对东晋历史，本书在后面也将专门论述。

四、混乱的五胡十六国

与东晋偏安江左基本同时期的，是北方的五胡十六国时期。十六国是指自西晋末年到北魏统一北方期间，各民族在北部境内建立的政权。东汉、三国时期，北方少数民族开始内迁中原，西晋末年，北方少数民族内迁步伐加快，“八王内乱”中，司马诸王为加强自身实力，勾结少数民族势力加入他们的内战之中，使得各少数民族之间的杀戮和仇恨日益加深，所以周一良等历史学者曾说，与其说“五胡乱华”，不如说是“华乱五胡”。“八王之乱”中，司马诸王纷纷被杀，西晋王权日趋凋零，这些参与内战的少数民族政权逐渐在北方占据优势，最终导致了西晋的灭亡。西晋灭亡后，以匈奴、羯、鲜卑、羌、氐为主的少数民族，也包括留在北方的一些汉族势力，在不同地域相继成立了十六个国家，包括：前凉、后凉、南凉、西凉、北凉、前赵、后赵、前秦、后秦、西秦、前燕、后燕、南燕、北燕、夏、成汉。前凉、后凉、南凉、西凉、北凉及西秦、夏，主要活动在西北一带；前赵、后赵、前秦、后秦主要活动在以河北、山西、河南、山东、陕西为主的中原一带；源于东北鲜卑慕容氏（包括鲜卑化的汉人冯跋）相继建立了前燕、后燕、南燕、北燕。巴賨人雄在蜀地建立的成汉。其中，匈奴建立的政权有：北凉、前赵、夏。羯建立的政权有：后赵。鲜卑建立的政权有：南凉、西秦、前燕、后燕、南燕、北燕。羌建立的政权有：后秦。氐建立的政权有：后凉、前秦。汉族建立的政权有：前凉、西凉。其实，当时内迁并建立政权的少数民族还有不止以上所述，因存在时间太短或割据区域太小为史家忽略。但由此也可以看到当时北方的混乱和分裂程度。

下面简要介绍十六国的情况。

前凉：由汉人张寔建立。其父张轨原为凉州刺史。314 年张轨病死后，张寔袭位成为割据政权。345 年，其子张骏称凉王，设都姑臧（今甘肃武威）。统治范围包括甘肃、宁夏西部及新疆大部，曾极盛一时。376 年，前凉为前秦苻坚所灭。

后凉：氐族吕光所建。吕光本为西汉刘邦皇后吕雉的族人，同前秦苻

坚是同族、同乡。384 年，受苻坚命讨平西域。前秦瓦解后，吕光据有姑臧，386 年称大将军，389 年改称三河王。统治范围包括今甘肃西部和宁夏、青海、新疆一部分。403 年被后秦所灭。

南凉：河西鲜卑秃发乌孤建立的政权。其王室姓拓跋。汉魏时已迁徙至河西。397 年在今西宁称王，后迁都青海乐都。414 年降西秦。

西凉：汉族李暠所建。李暠是汉朝名将李广的后裔，世为凉州大族。400 年，自称凉公，405 年迁都酒泉。强盛时控制范围包括今甘肃西部酒泉、敦煌一带，西抵新疆葱岭。421 年北凉所灭。西凉太祖李暠，被后来的唐朝皇室李氏和诗人李白、李商隐尊为先祖。

北凉：由匈奴支系卢水胡族首领沮渠蒙逊建立。也有一说是汉人段业所建。沮渠蒙逊原为后凉太守段业部将，后与沮渠男成劝说段业反凉。397 年，段业自称大都督、建康公，建都骆驼城（在今甘肃高台南），399 年改称凉王。401 年沮渠男成谋反杀段业，412 年迁都姑臧（今甘肃武威）。强盛时控制今甘肃、宁夏、新疆、青海一部分，是河西一带最强大的势力。439 年，降北魏。

西秦：鲜卑乞伏国仁建立。乞伏国仁原为前秦将领。385 年，在陇西称大单于，又被前秦封为苑川王，定都士川（今甘肃榆中），388 年，其弟乞伏干归立，称河南王，迁都金城（今甘肃兰州西），407 年，改称秦王，又复迁都苑川（今甘肃榆中地区），控制甘肃西南部、青海部分地区，对于陇右地区经济文化的发展及各民族融合，具有重要作用。431 年，被夏国灭。

前赵：匈奴贵族刘曜所建。因其先祖在西汉时被赐姓刘，故以汉族正统自居。在“八王之乱”中较早地参与了西晋王室争夺的混战中，304 年，刘渊起兵，自称汉王，所建政权被称为汉赵。定都平阳（今山西临汾西北），310 年，其子刘聪继位，316 年灭西晋。318 年，刘聪族弟刘曜自立皇帝，319 年，徙都长安，改国号为赵。统治区域为陕西、山西、甘肃和河南部分。329 年，被后赵石勒所灭。

后赵：羯族首领石勒建立。石勒原为刘渊部将，控制着今河北、山东等区域。319 年，脱离前赵，自称赵王，定都襄国（今河北邢台）。329 年灭前赵后称帝。十分注意笼络汉族士人，减轻租赋，发展农业，推行儒家教育，社会呈现难得的繁荣丰裕景象。强盛时统治区域包括今河北、河南、山西、山东、陕西以及江苏、安徽、甘肃、辽宁部分地区。其石虎当政时社会矛盾开始尖锐，石虎养孙冉闵尽杀石氏子孙及羯胡，351 年，后赵亡。

前秦：氐族人苻坚建立。350 年，氐族人苻洪占据关中，称三秦王。351 年，其子苻坚自称大秦天王。352 年，改称皇帝，定都长安。苻坚在位期间，任用汉人王猛为相，起用许多汉族士人为官，推行儒家理念，势力逐渐强大，先后消灭前燕、前凉及代国，统一了整个北方地区。强盛时疆域东至大海，西抵葱岭，南控江淮，北极大漠，成为中国历史上第一个统一北方的少数民族政权。与东晋的淝水之战，前秦惨败，名存实亡。394 年被后秦所灭。

后秦：羌族贵族姚苌建立。前秦淝水之战兵败后，原降于前秦的姚苌反叛，于 384 年自称大将军、万年秦王。386 年，在长安称帝，国号大秦。姚苌去世后，其子姚兴继位，打败了前秦残余势力，灭前秦后，占领原西燕河东之地，又攻占东晋的洛阳，打败西秦，攻灭后凉。后东晋刘裕进攻后秦，收复洛阳。后秦宗室开始骨肉相残。417 年，刘裕攻占长安，后秦亡。

前燕：鲜卑首领慕容皝建立。337 年，慕容皝在龙城（今辽宁朝阳）称帝。征服高句丽，消灭东北相关部落，成为当时东北地区最强大的政权。后迁都于蓟（今北京西南）。强盛时统治区域包括河北、山东、山西、河南、安徽、江苏、辽宁各地一部分。西接前秦，与东晋淮水为界。370 年，前秦军攻破邺城，前燕亡。

后燕：鲜卑慕容氏诸燕之一，前燕慕容皝第五子慕容垂建立。前秦在淝水之战大败后，投降前秦的前燕首领慕容垂于 384 年自称大将军、燕王。386 年，称帝并定都中山。394 年，灭西燕，全盛时统治范围包括河北、山东、山西、河南和辽宁的一部分。397 年，被北魏所灭。

南燕：鲜卑慕容氏诸燕之一，由慕容德建立。慕容德原是后燕宗亲。后燕被北魏所灭后，后燕被截为南北两部分。398 年，慕容德于滑台（今河南滑县）建都，因相对在南故名南燕。400 年，于广固（今山东青州西北）称帝。强盛时统治山东、河南、江苏一部分。后被东晋刘裕灭。

北燕：鲜卑化的汉人冯跋建立。407 年，冯跋灭后燕，拥立慕容云为天王，定都龙城（今辽宁朝阳）。409 年，慕容云被部下所杀，冯跋平定动

乱后称王。在位期间，注重发展农业生产，降低赋税，设立太学，重视教育，与柔然、契丹、东晋交好，维持了较长时间的稳定和发展。控制辽宁西南部及河北东北部。436 年被北魏所灭。

夏：匈奴铁弗部赫连勃勃建立。是匈奴人建立的最后一个政权。5 世纪初，北方匈奴铁弗部崛起，进入河套地区。407 年，赫连勃勃称王，定都统万城（今陕西靖边北白城子），417 年，在长安称帝。强盛时统治今宁夏、陕西、山西西南及内蒙古河套地区。为政残暴嗜杀，关中人民深受其害。431 年，夏国被北魏所灭。

成汉：巴賨族李雄建立。301 年，巴賨族领袖李特在蜀地领导西北难民反抗晋朝统治。304 年，其子李雄称成都王。338 年，李寿改国号为汉，史称成汉。强盛时控制今四川、云南、贵州一部分。347 年，东晋桓温伐蜀时投降。

五、南北朝的对峙

南朝，依次是宋、齐、梁、陈。这中间除梁元帝以江陵作都 3 年外，其余的时间，南方各朝的京城始终建在建康（今江苏南京）。刘宋（420—479 年）是其中疆域最大、最强、统治年代最长的一个政权，历四代八帝，共 60 年。南齐（479—502 年）国祚短暂，只有 24 年，但由于争杀频繁，竟历三代七帝，平均 3 年一帝，是中国历史上帝王更换极快的一朝。梁代（502—557 年）历三代四帝，共 56 年，其中武帝萧衍个人享国时间最久，几近半个世纪。陈（557—589 年）首尾共 33 年，历三代五帝。南朝的历史是门阀士族由盛而衰的历史，南朝的皇权比较强大，门阀士族社会地位虽然高贵，却已不能完全左右政局。随着江南开发的不断深入，土著汉人在政治上逐渐上升，步入官僚行列，为皇帝所倚重。从梁陈之际开始，南方内地的土豪，也成为割据的一方势力。南朝各国皇族主要是士族或次级士族，因为在东晋末期之后，军职

大多由士族或次级士族等担任。由于执政者的努力，出现元嘉之治与永明之治等治世，使得国力富盛。皇帝受获声誉深重的主流士族拥护，然而士族只想保有本身政治地位，并非全然支持皇室，皇帝也扶持寒门担任军职或次要官职以平衡政治势力。皇室内部也因为争夺皇位的斗争，时常发生宗室血腥事件。由于战略运用错误与北朝的兴起，使得南弱北强，疆域渐渐南移。到南朝梁时为梁武帝改善，北魏六镇之乱后，使南朝国力逐渐追上北朝。但在他晚年时，过度崇信佛教，国家承平日久，民众不习战事，侯景发动“侯景之乱”后，梁武帝死在台城，部分萧氏皇族为争夺皇位而各自为战，使南朝实力大减，四分五裂。由南方土著豪族取代。最后到南朝陈的陈文帝方完全统一南朝，但南朝陈国力已衰，只能依长江抵御北朝。

北朝，承继五胡十六国，为胡汉融合的新兴朝代，北朝依次是北魏、东魏、西魏、北齐、北周。北魏皇室多为鲜卑族。而鲜卑皇室也逐渐受到汉文化的熏陶，其中以北魏孝文帝的汉化运动最盛。北魏前期以平城为都，后来孝文帝大举实行汉化，政治中心也迁徙到中原腹地洛阳。北魏初期，实行宗主督护制，从 5 世纪下半期开始，其汉化趋势加快，开创了北魏黄金时代的正是北魏孝文帝元宏。孝文帝实行三长制，颁布均田制，迁都洛阳，推行了一系列改革鲜卑旧俗的措施。迁都后在三年间展开汉化运动，例如全用汉官官制、禁胡服胡语、推广教育、改姓氏并同汉人世族通婚、禁止归葬及度量衡采汉制，并颁诏宣布吸收汉族文化。孝文帝企图通过限制自身文化，来达到与汉族融合的目的。通过孝文帝的一系列改革，使得汉族的先进文化及先进的政治制度完全融入了北魏的统治中，中国的北方已经开始进入了各民族融合的重要时期。然而，虽然南迁的鲜卑人提升了文化素质，但使得暮气重重的鲜卑贵族趋向奢侈及文弱。而后孝文帝在多次南征南朝皆无功而返。至于留在北方六镇的鲜卑贵族由于不愿南迁，逐渐不受洛阳朝廷重视而失势，这使得北魏内部分裂成鲜卑化与汉化两大集团，成为日后六镇民变的原因之一。494 年太子元恂意图北返平城，孝文帝得知后废太子并赐死。保守派穆泰、陆叡于平城拥王兵变，后被镇压，孝文帝还亲自北巡安抚。孝文帝死后，北魏开始走入下坡。由于北方的柔然牵制北魏，使得北魏难以用全力攻入南朝，直到较亲北朝的突厥取代柔然后才较安定。北魏后期政治逐渐败坏，六镇民变后国力大衰。最后分裂成东魏及西魏，并分别由北齐及北周取代。北齐的核心主要为六镇流

民及关东世族，其军力比较强盛。由于其源头六镇流民偏向鲜卑化，使得北齐主要提倡鲜卑文化。北周在立国时鲜卑军不如北齐多，政治地位也不如北齐及南朝梁，所以建立关中本位政策，融合鲜卑及汉文化以消除胡汉隔阂。最后北周形成团结的关陇胡汉集团，得以攻灭因政治混乱而衰退的北齐，而汉族也逐渐成为北周军队的主力之一。周武帝去世后，刘昉、郑译矫诏以杨坚总知中外兵马事，入朝辅政。

大定元年（581 年）二月，北周静帝禅让帝位于杨坚，即隋文帝，建立隋朝。于开皇九年下诏灭南朝陈，南北朝正式退出历史舞台。

第二节　三国两晋南北朝时期的历史特点

纵观三国两晋南北朝近 400 年的历史，除了众所周知的“乱世”外，其特色和个性十分鲜明。

首先，这是一个民族大融合时期。这种融合开始于三国，继十六国时期后，北魏时期的融合达到巅峰。三国时期，魏、蜀、吴三个国家分别向北、西南、东南纵深发展，采取了一系列少数民族政策，和平融合是主流。到十六国时期，十六国在根源上与汉民族及汉族政权大多都紧密相连。像前凉、西凉、后凉、北燕、成汉本身就是汉族所建或与汉族关系密切外，一些少数民族南迁较早，受汉文化影响很深，如匈奴刘渊父子、鲜卑慕容氏家族、前秦苻氏、后秦姚氏等，从小接受了完整的儒家教育，本身的汉文化水平很高，建立政权后，学习汉制进行改革，起用了北方士人加入政权管理。后赵石勒，虽然本身汉文化程度不高，但对汉文化却十分向往和崇拜，为政期间，全面学习汉制，任用汉族士人。留在北方的汉族大户在少数民族政权中也发挥了重要作用，甚至在东晋玄学兴盛的情况下，北方政权中留下了许多儒家烙印，为政更加务实。虽然北方群雄纷争、战乱不断，但一些政权也保持相对强盛，如前赵、后赵、前秦、前燕等。从汉民族的正统地位来讲，后世历代对东晋偏安江南、固守自全的保守政策多有诟病，东晋时对是否北伐也分两派，特别是本书主人公王羲之在不同时期也存在不同政见。这些主张和观点，必须放在当时的历史大背景下进行分析和讨论，而不能一概冠之激进派和保守派的帽子。本文对此在后文有专门论述。

特别应当强调的是，当时少数民族政权与汉族政权，并非中华民族与外族他国的矛盾，而是内部民族之间的矛盾，而且其中的一些斗争，用民族矛盾是难以概括的。其中的不少政权，很早地已与汉民族融合，参与到了汉民族，特别是西晋诸王之间的权力争夺之中，一些政权与之后建立的东晋有着千丝万缕的联系，有合作者，有对抗者，是西晋末年政治权力斗争的部分延伸。所以说，各政权之间的矛盾，有民族矛盾，有社会矛盾，也有权力之争。当时战争频仍，社会动荡，百姓流离，但客观上讲，十六国特别是之后的北魏时期，是中华民族融合最广泛、最深入的一次，在中华民族史上占有重要地位。到隋唐时期，这些民族基本已消亡，或依附汉族存在，与汉族紧密不可分离。更有意思的一个现象是，从军事上说，汉族是战败方，已被少数民族政权驱赶至江淮以南，但其中的一些少数民族领袖，却能看清自身不足，克服了内部许多保守派的压力，主动向汉文化学习，虽然也有歧视汉族士人、实行胡汉分治的制度和行为，但其能够放下胜利者的优势姿态和狭隘的民族主义，其胸怀和气魄是值得我们今人学习和深思的。从另一方面讲，当时的汉文化是何其兴盛和先进，值得战争的胜利者崇拜和学习！一个国家和民族的根本是什么，归根到底说还是形而上的文化，以及在此前提和背景下的政治制度、经济政策、军事战略等。如果放弃文化这个根本，只在形而下的层面上进行努力，最终还是难以持久和兴盛。

在我们注意到胡族汉化的同时，必须应该看到，这也是汉族胡化的一个过程，虽然这是矛盾的次要方面，但五胡的饮食、服饰、建筑、艺术等，特别是尚武精神，对汉民族也产生了很大影响。在两晋士族重文轻武、崇玄务虚的情况下，少数民族的尚武精神，无疑是对汉文化的强烈刺激，一定程度上促进中华民族保持了警醒的民族精神，也为之后隋唐的文治武功奠定了坚实基础，在中华民族的文化中留下了雄浑苍茫、开阔大气的印迹。而民族斗争和交融中碰撞出的火花，也让这个时代的文化显得丰富多彩、绚丽多姿，深刻地影响了之后的整个华夏文明。

其次，人口的大规模流动产生了深远影响。这个历史时期，是中国历史上人口流动规模最大、最频繁的一个时期。造成人口流动有两个方面的原因，一是由于北方的长期战乱和动荡，大批难民外逃避祸；二是少数民

族统治者为了控制人口，凭借武力强行迁徙。这种大规模的人口流动，不仅在当时引发了一系列社会现象，在中国历史上也产生深远影响。陈寅恪先生甚至认为，“两晋南北朝三百年来的大变动，可以说就是由人口的大流动、大迁徙问题引起的”。

从全国范围来看，当时北方人民避难迁徙的方向主要是：东北、西北、南方。自西晋末年“八王之乱”后，人口便开始流动；而北方人民的大规模流动，始于刘渊起兵，特别是永嘉七年洛阳陷落之后。流向东北的一支，托庇于鲜卑慕容政权之下；流向西北的一支，归依于凉州张轨领域；流向南方的一支，寄居于原孙吴的故土。当时流向东北和西北的北方汉族，除庶民百姓外，也有不少士族阶层，但以中下士族阶层为主。这些流民带来了充足的人力和技术，五凉及慕容诸燕，从这些人中选拔了很多人才辅佐政权。可以说，流民对东北和西北的汉化与经济文化的发展，均起到了重要作用。至于北人南来避难，可以分为两条路线，一到长江上游，一到长江下游。虽然南来阶层也各不相同，但其中却包含了以西晋皇室及公卿士大夫等上层阶级。对北人南来情况本书后文将专门介绍。

少数民族政权强徙各族人民，也始于永嘉之乱。少数民族统治者为加强统治、发展经济，往往以武力将其统治范围内的人民，强行迁入政治中心地带，以便控制和役使，“虚其心腹，以实畿甸”；而当这个少数民族政权发生混乱，失去控制力或灭亡后，被迁徙的人民又往往回迁。这里不仅包括汉族人员，也包括了许多少数民族人民。每次迁徙少则几万，多则几十万、上百万。其中，在前赵刘聪、后赵石虎、前秦苻坚时期最甚。客观上讲促进了民族间的了解和融合，但对于各族人民而言，都是一种巨大灾难，“道路交错，互相杀掠，且饥疫死亡，其能达者十有二三”。汉人能逃的都逃难了，不能远离本土的，大多纠合宗族乡党，屯聚堡坞，据险自守，形成了中国古代特有的坞堡和乡党现象。后来在东晋历史上产生了重大影响的祖逖、苏峻、庾氏均曾结坞自守；王羲之的岳父、东晋初期重要的历史人物郗鉴，就是著名峄山坞的坞主。而陶渊明的名篇《桃花源记》也取材于此。

最后，是各阶层社会地位的起伏变化。在一个长期稳定的封建王朝，经过多次的权力斗争，既得利益群体逐步形成，社会阶级或阶层将渐趋稳定，不同等级之间的壁垒将越来越难以打破，这种情况一方面有利于社会的稳定，特别是皇权的巩固，但另一方面也使社会发展动力减弱，国家制度、思想趋于保守，从而很大程度造成社会的停滞，甚至倒退。而人性的贪婪，注定既得利益群体借助于已有优势进行权力和权利的扩大，从而打破旧有的社会平衡，激起新的社会矛盾，进而出现重组利益格局的社会心理和行为，反抗和暴动必然发生。

两汉经过300多年强大王权的统治，在东汉末年外戚和宦官虽然交替把持朝政，但毕竟缺乏根深蒂固的社会势力，在政权斗争更迭中烟消云散。而士族大户却作为三国两晋南北朝时期特有的一个社会形态成为影响时局变化的重要力量。陈寅恪先生对这一历史阶段的社会阶级进行了深入分析和论述。三国时期，本已是草根的刘备披上了皇叔的外衣；孙氏入东吴后马上与当地豪族结成联盟，而江左豪族也在孙吴政权的庇护下快速发展，成为东晋时期的重要力量；曹操出身宦官家庭，为当时以袁绍为首的士族大户所不齿，不得已打出了“唯才是举”的政治口号，实际上也极力拉拢豪门贵族，到其子曹丕时期，已完全向士族大户妥协。两晋本是大士族出身的司马氏建立，到东晋时形成了司马氏与王、谢、庾、桓共有天下的局面，由门阀制度进而发展为门阀政治，士族地位上升到空前高度。在十六国和北魏代表的北朝时期，虽然是少数民族建立的政权，但北方汉族大户因其社会影响、文化传承、人才储备方面的优势被当权者所倚重，虽然也有被歧视，甚至几近被灭门的情况，但他们在北方政权中发挥的重要作用难以忽视。南朝均是中下士族或出身寒素的人士建立，士族大户的政治地位已每况愈下，但也均给予了较高优待。士族大户虽然作为上层阶级长期存在于三国两晋南北朝的历史中，其中的微妙变化应引起我们注意。一是士族之间的斗争。如东晋时期王、谢、庾、桓之间的权力之争；如同一时期侨姓氏族与江左原有氏族大户的权利之争。二是新旧士族之间的斗争，如寒素出身的陶侃发展为上层一流士族后与王、谢、庾、桓的合作和斗争。三是不同阶层之间的斗争，如曹操早年与袁绍的对抗，如郗鉴、苏峻等中下士族作为流民帅与上层士族的合作和斗争，如以刘裕为代表的中下士族对皇权及上层士族的反抗和颠覆。而在少数民族统治的北方地区，汉族大户虽然影响很大，但也只是少数民族政权的搭配，无法成为权势的主流。因此到南北朝末年，士族的影响和地位已大大下降，在很大程度上也为隋唐的建立和强盛扫清了掣肘。

纵观整个三国两晋南北朝，是中国历史上的“乱世”，近400年的时间里，充满了杀戮、阴险和动荡。但同时也是一个南北交流、民族融合、社会阶层不断变化、各类势力重新整合的大时代。与汉、唐这样成熟的封建王朝不同的是，这个时代没有特别强大而长久的政权、没有官方思想权威的束缚、没有在封建体制下的刻板和僵化，“非主流”的许多新鲜事物不断涌现反而成为时代的主流，一切充满变数，一切充满活力，虽然其中包含了太多的血腥和苦痛，但在中国近三千年的封建统治中，生命的勃勃生机反而让这个时代更加引人注目。对隋唐，乃至整个中华民族的政治、经济、文化产生了深远影响。作为本书主题，文化发展在这一时期呈现出的惊人活力和卓越成果值得我们分外关注。

第三节　三国两晋南北朝时期的文化与生活

三国两晋南北朝时期，是中国科学文化史上承前启后的重要发展阶段。这一时期的文化，继承了前代的文化成就，又进行了有意义的改革和创新，从而为隋唐文化的繁盛昌明提供了新的发展基础。在科学技术领域方面，数学、天文学、农学、医药学、冶铸、地理学和机械制造等方面，都出现了许多有突出成就的代表人物，他们的创造和发明，对后世产生了深远的影响。哲学、文学、史学、书法、绘画和雕刻方面，名家辈出，有许多重要作品问世并流传至今，特别是这一时期的文化艺术内容极其丰富，开启了历史性的新风气。因本书主要围绕王羲之展开，故在此部分一并介绍一下当时文化生活中的相关事物。

一、科学技术稳步发展

这一时期科学技术领域的成就严格讲不算太大，这在一定程度上与社会动荡不安有很大关系。但因为几个伟大人物的出现，让后世永远地记住了这个时代。

数学、天文历史方面，有两个著名人物，一个是刘徽，另一个是祖冲之。三国时的刘徽，撰有《九章算术注》和《海岛算经》。他在《九章算术注》中，运用极限理论，提出了计算圆周率的正确方法。其后南朝宋、齐人祖冲之，精确算出圆周率为3.1415926～3.1415927，这一成果比欧洲早近1000年，20世纪50年代，日本数学家三上义夫建议把圆周率改为“祖率”。祖冲之著有《缀术》等书，对数学的发展作出了杰出的贡献。《缀术》有六卷，是隋、唐、五代时期研究数学必读的著作。在唐代，国家办的学校设置明算科，《缀术》列为数学教科书，并规定四年学完。中世纪的日本和朝鲜，也采用它作教材。这部书是当时数学领域的最高成就，可惜后来因“学官莫能究其深奥”，遭到遗弃，在宋朝失传了。他重编了一本历法，叫《大明历》，运用岁差原理，测出一回归年的时间，与现代科学测定的数字只差50秒；还以十万分之一的误差计算出了“交点月”的数字；即两年冬至点之间的时间是365.24281481日。他发明的“千里船”，据说能日行百里，据史载，具有“百屈不回，未尝移变”“圆不穷而司方如一”的功能，但后来失传。

农业科学方面，出现了中国古代最杰出的农学家——北朝的贾思勰，他撰写的《齐民要术》，是我国现存的一部最早最完整的农书，也是世界农学史上的优秀著作之一。他在自序中谈到，在编写《齐民要术》时，曾“采捃经传，爰及歌谣，询之老成，验之行时”，广泛参考前人的有关著作，大量搜集民间流传的歌谣和谚语，访问有经验的老农，自己还亲身体会生产实践。全书近20万字，内容极为丰富，“起自耕农，终于酰醢，资生之业，靡不毕书”，涉及农、林、牧、副、渔的生产经验，给后世留下极其宝贵的资料。《齐民要术》在世界生物史上也占有重要地位。如对人工选种、人工杂交、定向培育等原理作了初步的揭示。英国生物学家达尔文就受过《齐民要术》的启迪。

地理方面。西晋的裴秀，作为中国古代杰出的地图学家，他绘制出了《禹贡地域图》，并提出了绘制地图的原则。北魏地理学家郦道元的《水经注》，是一部历史、地理、文学价值都很高的综合性地理著作，文笔雄拔俊秀，既是古代地理名著，又是山水文学的优秀作品。

医学方面。三国时出了被后世景仰的名医华佗。西晋医学家王叔和，对当时已失散的东汉名医张仲景的《伤寒杂病论》进行辑集，整理成《金匮要略》和《伤寒论》，使《伤寒杂病论》这部医学文献大部内容都得以保存下来。他的《脉经》十卷，使古代脉学系统化，是我国现存的第一部

脉学专著，奠定了中医脉学诊断的基础。东晋的炼丹家和医学家葛洪，他写的《抱朴子》对医药学、化学的发展和火药的发明都有着不可磨灭的贡献。英国科学史家李约瑟说："整个化学最重要的根源之一（即使不是唯一最重要的根源），是地地道道从中国传出去的。"葛洪写了不少医书，其中《肘后备急方》最有实用价值，它内容丰富，如对肺结核、恙虫病均有记载，其中还有我国关于天花病及其防治等情况的最早记载。南朝梁时著名医药学家陶弘景，收集药物730多种，这些药物的标准分类法，在一千多年内，一直沿用和不断充实。他又对葛洪写的《肘后备急方》加以增补，写了《肘后百一方》，使它更加完备。

二、哲学宗教异彩纷呈

三国两晋南北朝，是我国历史上哲学宗教发展的重要时期，如果说春秋战国通过"百花齐放，百家争鸣"完成我国本土哲学思想领域巅峰构建的话，三国两晋南北朝则开了本土与外来哲学思想交融并存的先河，并最终形成了我国传统文化中儒、释、道合一的特质。

儒家之学仍是社会学术主流。自董仲舒"罢黜百家，独尊儒术"被汉武帝采纳后，儒家学说成为两汉为政的圭臬，以至于形成了西汉烦琐章句和东汉谶纬迷信的经学，到三国时已开始衰落。但对儒家经典的研究却并未中断。西晋流行郑玄注，东晋流行王肃注。后代传习的《左传》杜预集解、《谷梁传》范宁集解和《尔雅》郭璞注，均出于晋人之手。荀勖继承了刘向以来的图书目录之学，改变图书七种分类为经、史、子、集四大类。晋代史学成就显著，如西晋陈寿的《三国志》、东晋干宝的《晋纪》、孙盛的《晋阳秋》、常璩的《华阳国志》等。值得一提的是，此时的士族大户，虽然将注意力转向玄学，但其大多祖辈即是儒家资深门徒，虽口头上、行为上"玄化"，但骨子里无一不是紧依儒学的封建士大夫。

黄老道家学说开始分化，一支变为"玄学"，一支变成中国本土宗教——道教。魏晋时期，一些士大夫为了逃避现实，崇尚空谈，标榜虚无玄远，名为"清谈"，用老庄思想解释儒家易经，奉儒家的《周易》、道家的《老子》《庄子》为经典，称为"三玄"。出现了以何晏、王弼和"竹林七贤"为代表的清谈名家，一时士大夫争相加入，蔚然成风，甚至许多以儒为本的士族大户开始“改儒入玄”。道教作为宗教源于东汉，张陵创立，实际上与道家学说关系并不大，而是和求仙求长生不老及民间巫术紧密相关。初时，凡入道者要缴纳五斗米，俗称“五斗米道”，因他的徒弟们尊称他为天师，故又名“天师道”。在三国两晋南北朝时期影响很大，许多士大夫也深受其影响，琅琊王氏也与其很有渊源。东晋葛洪结合儒家思想改造道教，宣扬采药炼丹，长生不老，道教变成为封建统治服务的宗教。前文所谈的葛洪，不仅是一位医学家，更是一位道教理论家、炼丹家，萧梁时，道教经典增多，陶弘景吸收佛教教义和封建等级观念，丰富了道教教义，建立起道教的神仙体系。

佛教开始盛行。魏晋南北朝时期，佛教教义为穷苦百姓找到了一条精神解脱的道路，也适合统治者加强思想控制的需要，因而迅速传播，当时出现许多名僧，如法显、佛图澄、道安、慧远、僧肇等。在皇室和士族大户的大力倡导下，佛道在此时广泛传播，一时兴盛异常。与佛教盛行同步的是反佛潮流和灭佛事件。著名学者范缜在《神灭论》一文中，针对佛教宣扬的形神分离，形亡而神不灭的观点，提出人的精神和形体是统一的，形体存在，精神就存在，形体死亡，精神也就消失。《神灭论》的反佛思想，是对我国古代朴素唯物主义的重大发展。北魏太武帝和北周武帝，从加强统治出发，曾先后两次灭佛。北周武帝利用灭佛增加劳动人手和财政收入，有利于社会生产的发展，但焚烧佛经，捣毁佛像，也使佛教文化遭受损失。

因哲学宗教涉及士族群体极大，影响深远，本书对此将单独论述。

三、文学艺术大放光彩

魏晋南北朝的文学，具有承上启下的特点，诗歌完成了古诗从四言、五言，骚体到七言诗的过渡，涌现了一批杰出诗人。以曹操父子为代表的“建安七子”，以所见所闻及亲身经历，写出的诗赋，史称“建安文学”，出现了以曹操的《篙里行》、王粲的《七哀诗》和蔡文姬的《悲愤诗》为代表的伟大作品。东晋末年，出现伟大的诗人陶渊明，以《归园田居》、《桃花源记》等为代表的诗作清新自然，风格朴实恬淡，成为我国“田园诗”流派的开山之祖。另外，魏晋南北朝时期，山水诗开始兴盛，谢灵运

的《登池上楼》，是山水文学的代表作；与谢灵运同时代的鲍照的代表作有《拟行路难》等，对后世影响较大。南北朝时期，一种新的乐府诗即民歌大为盛行，南方民歌的代表作有《采桑度》等，北方民歌最有名的是《敕勒歌》《木兰辞》等。

艺术方面。绘画艺术成就显著。魏晋南北朝的绘画，往往带有宗教色彩，三国时的曹不兴是我国佛像画的始祖，东晋顾恺之是这一时期最著名的画家，代表作有《女史箴图》《洛神赋图》等。魏晋以后，因佛教广泛传播而修造的石窟寺遍布南北各地，山西大同的云冈石窟，河南洛阳的龙门石窟等，后来成为闻名世界的艺术宝库。音乐与舞蹈艺术方面，直接从西域引进了《龟兹乐》《疏勒乐》《康国乐》，异域传来的《天竺乐》《扶南乐》《高丽乐》等，也很流行，舞蹈在这一时期带有明显的民族融合色彩，有名的舞是《大面》和《城舞》，《大面》又称《兰陵王入阵曲》，对后世戏剧的发展有一定影响。特别需要介绍的是，这一时期书法艺术的形成与发展。东汉末年，书法成为一种艺术，著名学者蔡邕是当时有名的书法家。三国两晋南北朝时期，书法显现三大特点，一是书体渐趋完备，楷、行书正式出现并发展势头迅猛；二是出现了以士族组成的庞大的书法家群体，书法成为名流们竞技的重要手段；三是书法真正由实用向艺术转变，成为士大夫表情达意的文化形式，以“韵”为胜的审美标准影响了之后一千多年的书法发展走向。特别应该关注的是钟繇一脉，钟繇开始把字体由隶书转化为楷书，这是汉字书法的一种进步。东晋女书法家卫铄，世称卫夫人，她师从钟繇，得其真传。王羲之曾随卫夫人学习书法，王羲之之妻郗璇也是一位书法家。当然，这一时期书法史上最大事件就是，出现了本书主人公、东晋大书法家王羲之，世称“书圣”，代表作有《兰亭序》《黄庭经》等。其子王献之书法造诣也极高，与王羲之合称“二王”。北魏时期，北魏碑志艺术最有代表性，人们习称这种书体“魏碑”，《龙门二十品》是魏碑书法艺术的精品。关于书法，本书在后面章节将详细论述。

四、与文化生活相关诸象——“衣食住行”与“文房四宝”

酒及茶。中国历史上因酒作诗的人无数，而为酒作赋的人却不多，但作者文学史上地位却极高，一是西汉扬雄，二是三国曹植，同作《酒赋》，可见酒在中国文化中的独特地位。三国两晋南北朝时，常称酒为“浮蚁”，《齐民要术》对该酒的酿造方法作了详细的描述。西晋诗人张协描绘了一个可以提供该酒的宴会：“乃有荆南乌程，豫北竹叶。浮蚁星沸，飞华萍接。玄石尝其味，仪氏进其法。倾罍（léi）一朝，可以流湎千日。”陶潜在他的一首《拟挽歌辞》中有以下两句：“春醪生浮蚁，何时更能尝。”他想象一个死者在死后是否仍能喝上一杯酒。张协赋中的“玄石”，指有名的酒徒刘玄石。有一次刘到酒肆中喝了一杯“千日醉”，一回家就酒醉不醒，家人误以为他已死，就把他埋葬了。三年后，酒肆的主人去拜会刘玄石，希望看到他已从千日醉中醒来。刘的家人刚把坟墓挖开，刘就醒了，口鼻间仍有酒气。当时在中国汉地，大多数酒是由谷物酿制的。西汉时期的探险家张骞从西域引入葡萄。最早赞美葡萄及葡萄酒的是魏文帝曹丕，他曾作文：“中国珍果甚多，且复为说蒲萄……又酿以为酒，甘于鞠蘖，善醉而易醒。道之固已流涎咽唾，况亲食之邪！他方之果，宁有匹之者。”曹孟德更是咏出了“何以解忧，唯有杜康”的名篇；本文主人公王羲之，若无“流觞曲水”之风流雅集，估计也难出《兰亭序》这“天下第一行书”。三国两晋南北朝时，农业不发达，粮食供应不足，天灾不断，战火连天，酒是奢侈品，基本只供士大夫饮乐，特别是在那个时代，酒基本是文化士大夫的专供和标签，故许多著名的历史典故、诗歌作品、名士韵事均与酒相关，这不得不引起我们的关注。茶在三国两晋南北朝时期开始盛行于南方，名其为“茗”或“荈”（chuǎn）。在朝廷，人们把它作为酒的替代物来饮用。茶完全是南方人的饮品，北方人并不饮用。例如东晋时一刚刚南来的北方人，对丞相王导端来的茶感到不知所措。他假装很精通地问道：“此为茶为茗？”当注意到人们用奇怪的眼神看着他时，他马上申明：“问问饮为热为冷耳。”

食。三国两晋南北朝时期的饮食文化与秦汉时期虽然一脉相承，但由于这一时期中国各民族的大交流、大融合，在烹饪饮食上，各民族把自己的饮食习惯、特点都带到中原地区，是引入新食物、新烹饪方法的重要时期。上层士族对饮食非常讲究，都很善识美味，饮宴取乐已成为士族大户的日常生活方式。许多文人更是对美食有相当深入的研究，陶潜曾言“好味止园葵”，谢灵运更是将食物的充足与理致的和谐等同起来，“理取足于满腹”。大画家顾恺之以食甘蔗时由尾到本的习惯闻名，“人问所以，云：

‘渐至佳境。’”顾恺之回答时所用的四字短语精确地把握住了中国传统饮食观念的核心。此时，也出现了氐族苻朗这样的美食家。《齐民要术》中还专门记载了“鱼鲊”等美食的制作方法。可以说，正是从三国两晋南北朝时期开始，中国厨艺成为一门精彩的艺术。

家居。这个时期，北方和西方民族的内迁和佛教的普及，都对家具的发展产生了重大影响。中国建筑从此时开始发生了最显著的变化，首先在于起居方式及室内空间方面，即从汉以前席地跪坐，空间相应较为低矮，逐渐改为西域“胡俗”的垂足而坐，高足式家具兴起，高型坐具如凳、筌蹄、胡床和椅子等开始出现，室内空间也随之增高。这一趋势从魏晋南北朝开始，对以后的影响越来越大。佛教在这一时期渐趋普及，也对家具产生了一定影响，主要体现在如“壸门”的出现和莲花纹等装饰纹样的使用。关于凳子的最早记载，可见《晋书·王羲之传》：“魏时凌云殿榜未题，而匠者误钉之，不可下，乃使韦仲将悬橙书之。”所谓“橙”就是凳子，因其较高，故称“悬橙”，可站在上面书写榜额。当时凳子的形象可见于敦煌莫高窟北魏第 257 窟壁画。椅子出现较晚。这一时期仅有极少的信息，一是斯坦因在新疆尼雅遗址发现的一把木椅，时间大约相当于我国的晋代，其造型和装饰风格全是犍陀罗式。这是一件商旅带入我国的家具。另一例是敦煌莫高窟第 285 窟壁画“山林仙人”所坐的一把椅子，与佛教活动有关，可说是最早见到的禅椅，仙人在上盘腿结跏趺坐，与垂足坐不同。这个时期仍以席地而坐为主，故凭具仍有发展。凭几除大量为直形外，在长江流域的下游又发展了有较大改进的弧形凭几，文物考古工作中有相当数量出土，多陶质，说明在这个区域相当普遍。安徽马鞍山三国吴朱然墓出土的褐漆曲形凭几，是迄今见到的最旦一例实用凭具，几面弧形，三足作兽蹄状，造型很有代表性。通体褐色，朴素无华，也就是后世所称之乌皮隐几。南齐谢朓还写过一首咏乌皮隐几的诗。《北齐校书图》绘有一座壸门式大榻，榻座立面有壸门，正面四个、侧面两个或三个。榻上坐四人，并摆放笔、砚、盂和投壶。按榻的面积，还可再多容数人。这是在汉代榻的基础上发展出来的新家具。在大榻上仍是席榻而坐，只在榻边垂足。唐代仍应用此种大榻，同时将此发展为大型桌子。从对家具的考证来看，这个时期仍以席地而坐为主，故书法的书写习惯与唐之后大不相同，特别是在日常手札等的书写中，仍是采用秦汉左手持卷，右手悬笔而书的姿势，这在很大程度影响了这个时代迥异于后世的书风。

服饰。汉末以后，频仍的战争使社会财力日显艰困，两汉冠服制度已难以维持。以往的冠帽，此时已多用后来文人沿用的幅巾代替。但有官职的男子还是戴小冠子，而冠上加纱帽的称漆纱笼冠，后传到民间，且男女通用。这个时代最大特点是少数民族服饰的“汉化”和汉族特别是下层人民为方便日常生产劳作在服饰上的“胡化”。这里，重点介绍一下此时士族文人的服饰。受“玄学”思想影响日深，开始宽衣大袖、散发袒胸，以示对礼教束缚的突破；“褒衣博带”成为魏晋世俗之尚。鲁迅先生在其《魏晋风度及文章与药及酒之关系》一文中提出自己对此独特的见解，先生认为，魏晋名士多服用“五石散”，此药吃后全身发热，皮肤易于磨破，故不能穿窄衣，非穿宽大的衣服不可，穿鞋也不方便，故不穿鞋袜而穿屐。一班名人都吃药，穿的衣都宽大，于是不吃药的以为其轻裘缓带、十分高逸，也跟着名人，把衣服宽大起来了！“所以我们看晋人的画像和那时的文章，见他衣服宽大，不鞋而屐，以为他一定是很舒服，很飘逸的了，其实他心里都是很苦的。”先生的论述略带几分诙谐，也算是对与先生同时期“假文人”“假名士”的一种讽喻吧！

语音。三国及西晋时期，中原河南特别是洛阳方言，被称为“河洛雅言”，是当时官方用语。之后，北方经过了十六国、北魏、东魏、北齐、北周等历代少数民族的统治，胡汉杂居，在长期民族交流和融合中，这些少数民族的语言也被汉化，最终“河洛雅言”取代胡狄语成为北方的共同标准用语。在南方，随着西晋末年大批北人南渡，也将“河洛雅言”广布于江淮大地。后经南朝四代吴语的浸染，中原雅言已“南染吴越”，成为一种新雅音，称为“金陵雅言”或“南方雅言”，有人称其为“南音”“吴音”。对日本语音影响甚大。梁朝顾野王的《玉篇》之音系，是流传至今最古老、最完整的雅音体系，故在汉语语音史中均以其作为中国中古语音的代表。值得注意的是，东晋初年，由于南迁士庶中皇族和文化士族很多，属当时中华文化的“正朔”，南方氏族在文化上自卑和谦慬之心甚重，故“河洛雅言”仍是官方用语，无论南北，士族均以使用“河洛雅言”自豪，南方当地语音只是下层人民用语，氏族所不齿。东晋王导为拉拢南方大族，偶用“吴语”，被南方士人所重。

纸。三国两晋南北朝时期的造纸技术比汉代已有明显进步。现在对出

土汉纸和三国两晋南北朝纸进行检验，汉纸白度差，表面不甚平滑，结构不紧，纸面上纤维束较多，纤维帚化度低，帘纹不显，纸质粗厚。而三国两晋南北朝时的纸则白度增加，表面较平滑，结构较紧凑，纤维束较少，有明显的帘纹，纸质较细薄。有的晋纸纤维帚化度达到70%，已接近机制纸。汉代造纸术发明后，在书写纪事材料方面，还是纸与缣帛和简牍并用，纸还不足以完全取代简帛。这种情况，到晋时已发生了根本性的变化。由于晋代已能造出大量洁白平滑而又方正的纸，人们不再使用昂贵的缣帛和笨重的简牍来书写，而逐步习惯于用纸。最后纸成为占支配地位的书写材料，彻底淘汰了简牍。随着造纸术的进步和推广，这一时期的南北各地都建立了官私纸坊。北方以洛阳、长安及山西、河北、山东等地为中心；浙江会稽、安徽南部以及建业、扬州、广州等地为南方的造纸中心。当时三要生产麻纸、桑皮纸和楮皮纸。浙江嵊州剡溪沿岸是藤纸中心。由于藤纸质地优良，曾名噪一时。但在南方仍以麻纸为大宗。三国两晋南北朝时期的造纸原料，以麻料为主，此外还采用其他韧皮纤维原料如楮皮、桑皮、藤皮等，有时还将树皮纤维和麻料混合起来造纸。造纸原料的扩大，与造纸技术的革新是密切相关的。这一时期的造纸，已在沤制脱胶、碱液蒸煮、舂捣、漂洗、打浆、抄纸等工序上更加精细，如舂捣已不只进行一次，并一般以碓代替杵臼，打浆度有显著增加。为改善纸的性能，晋代已有施胶技术，早期的施胶剂是植物淀粉糊剂，或将其掺入纸浆中，或刷在纸面上，再予以砑光。这样处理的纸在书写时就不会发生走墨、晕染等现象。在设备方面，出现了活动的帘床纸模，即用一个活动的竹帘放在框架上，因而可反复捞取成千上万张湿纸，并且这种先进的抄纸工具，能抄出紧薄而匀细的纸面。这是造纸技术中一项具有重大意义的革新。另外有了表面涂布技术，即将白色矿物细粉用胶黏剂或淀粉糊刷在纸面上，再予以砑光。这样，既可增加纸的白度和平滑度，又可减少透光度，使纸面紧密，吸墨性好。对纸张加工的另一技术是所谓的“潢治”之法。贾思勰在《齐民要术》中有专篇叙述染潢法：“凡打纸，欲生则坚厚，特宜入潢。蘖熟后，漉滓捣而煮之，布囊压讫，复捣煮之，凡三捣三煮，添和纯汁者，其省四倍，又弥明净。写书经夏然后入潢，缝不绽解。其新写者，须以熨斗缝缝熨而潢之。不尔，入则零落矣。”这样一整套入潢法，其目的不仅在于染色，更重要的在于借黄蘖药力以防虫蛀。纸加工技术的进步，对书法的影响是空前的。一是纸的供应量充足，日常书写练习成本大大降低；二是纸张质量不断提高，更能表现出《书谱》所描述的“一画之间，变起伏于锋杪；一点之内，殊衄挫于毫芒”的神采，使书法的表现力大大增强；三是纸的防腐性加强，从而使我们在1700年后有幸见到晋人遗墨风韵。

毛笔。我国制作毛笔的历史十分久远。早在新石器时代的彩陶上就留有毛笔描绘的痕迹；东周的简牍、缣帛上已广泛使用毛笔来书写。现今发现最早的毛笔是在湖北随州出土的，大约在两千多年前春秋时期。春秋战国时对笔的叫法各地不一，有“笔”“聿”“拂”等名称。直到秦代才统一称作“笔”。相传秦将蒙恬曾在善琏村取羊毫制笔，故在当地及许多书中将其奉为“笔祖”。汉代是我国毛笔的重要发展时期，据正史书籍记载，我国著名的宣笔就发明于汉代。晋时，安徽宣州用兔毛制成的紫毫笔，以笔锋坚挺而著称。宣州陈氏之笔深受时人喜爱。自三国以后，毛笔的制作方法逐渐被人们总结出来，《笔方》与《笔经》相继问世，《笔方》载于《齐民要术》，详细记述了毛笔的制作工艺；《笔经》相传为王羲之所作，介绍了笔的另外一种制作方法，虽有假借讹传之嫌，但也可知当时制笔工艺的成就。三国两晋南北朝时期，还出现了许多赞美毛笔和制笔的诗赋。如西晋成公绥的《弃故笔赋》和傅玄的《笔赋》，东晋郭璞的《笔赞》等。

墨和砚。墨出现于公元前14世纪，考古发现当时的器物上已有墨迹，在湖北云梦县发掘出来战国时的墨块。《齐民要术》中最早记述了制墨的方法。史上也有三国时期魏国韦诞“仲将之墨，一点如漆”的记载。可知在三国两晋南北朝时期制作技术的成熟。砚与墨的出现几乎同时，陕西临潼出土的石砚为五千年前用品，但用于书写的墨砚，战国晚期至秦汉才定型。到了三国两晋南北朝时，包括砚在内的书写工具更加精良。瓷砚在三国开始流行，其形状一般是圆盘形，下附三足，足常呈兽蹄形。三国之后，青瓷砚较多。这一时期，陶砚也继续存在，材料大多取自各地山上的石灰岩、叶岩、石英石。盛行圆盘三足式，长方形四足式，四方形四足式。以实用性和艺术性并重，带有突出的地方色彩和民族风格的砚台开始出现。

历史像个捣蛋鬼，一方面给我们揭露了政权频繁更替阴谋不断、全境

战火连年血流成河、人民流离失所痛苦不堪的“乱世”景象，让人长吁短叹，发出“宁作盛世犬，不作乱世人”的感慨后，一方面又展现出了新观念和新事物层出不穷、鲜活的文学艺术作品竞相涌现、文化生活中充满生机和趣味的一个文化盛世。在那样一个可以称之为黑暗和混乱的年代，是这些文化艺术现象的出现才让这个时代明亮、灿烂起来。在这里，我突然想起朱光潜先生在《谈美》中的一句话：“悠悠地过去只是一片漆黑的天空，我们所以还能认识出来这漆黑的天空者，全赖思想家和艺术家散布的几点星光”，我想，用在此处正是合适不过了。

文化是一个独特的东西，属上层建筑，但又不完全属于上层建筑，与政治、法律等绝不相同。文化常常有其自身独特的发展生长方式。政治的大一统、经济的极度繁荣并不代表文化盛世的必然出现，三国两晋南北朝就是一个实例。但文化依然有其发展规律可循。我们分析这个阶段文化繁荣的根源，可以总结以下几点：

首先，思想的撞击必然产生智慧的火花。三国两晋南北朝思想产生了激烈的冲突、撞击和融合。一是汉民族与少数民族之间。秦汉近四百年的大一统，少数民族难以染指汉地，虽有交流，但终始汉文化站在高峰之巅难以平等对话，而三国两晋南北朝时，大量少数民族政权入主中原，虽然“汉化”是主流，但一方面“胡化”也在悄然进行，同时汉政权作为“失败者”，在心灵深处对汉文化的坚定难免不有所松动，不知不觉中进行了许多反思和学习。二是南北的交融。户籍制产生于秦汉，统治者通过控制人口流动的目的有二，发展农业生产和巩固封建政权，这也形成了两汉三百年的稳定。三国两晋南北朝时期，战乱引发了中国历史上最大规模的人口流动，在给人民带来苦难的同时，客观上也让南北方乃至全国各地进行了思想、文化、技术等的一次大交流，眼界更加开阔，桎梏的思维活跃了起来。就连那些士族大户也“有幸”看尽了大江南北的山山水水，其中触动了多少灵感啊！三是佛教作为外来宗教对本土儒、道思想的冲击。佛教一来华夏大地即被人广为接受，这里有时局动荡不安、寻求精神依托的原因，更是因为佛教本身博大精深，许多方面为儒道所不及，后世甚至今天的许多学者，往往看到前一原因而忽略后面的事实。佛教与其说被人民甚至皇室所接受，不如说是被这个时期的文化大族普遍认可。佛法教旨本与儒道并无本质冲突，甚至多有相辅相成之处。所以通过一些大德高僧的佛法“汉化”，佛教，特别是佛教思想成为中华文化的最重要组成部分之一。佛教“性空”思想，对中国文学艺术影响深远，几乎当时及后世每代文化人、艺术家在心灵上、思想上均受其启发。

其次，是王权大一统的衰落让思想多元化成为可能。文化是可以通过政权倡导繁荣的吗？文化是可以被统治者的权力促进的吗？文化是因为最高领导者的喜爱而实现真正的繁荣吗？政治与文化同为上层建筑，但却有其本质的不同。政治的终极目标是政权的稳定存续，对于一切动荡和不安本能上是排斥的。文化是什么，是文学作品？是艺术？是大师引领我们多彩的生活？这些只是文化的表现方式，文化最根本的是思想。文化的前提是思想的自由，没有自由思想的文化毫无生命力，最终可能成为政治的点缀。为了维护政权的稳定存续，一定程度的思想自由是被允许的，特别是在唐、宋这样清明的时代，但思想的绝对自由是不可能的，即使在现代社会中也不可能。所以，我们看到人类历史上思想、文化的大发展期，基本在“乱世”。汉武帝之后“独尊儒术”，到东汉时代，思想界用“一潭死水”形容也许过激，但僵化刻板、墨守成规是事实。从三国时期开展，政权更替频繁，皇权自顾不暇，主流正统已不存在，长期儒学压抑后的反弹十分强烈。“玄学”的兴起和诸多名士离经叛道的做法即是明证。南迁的文化士族纷纷“改儒入玄”，一定程度上是思想上轻视甚至对抗皇权的表现。这种形势，促成了我国历史上继春秋战国之后第二次思想大解放，之后似乎再未出现第三次。由此可见这个时代在中国文化思想史上的重要和伟大。那是一个文化的自觉时代，真正的为文学而文学，为艺术而艺术。

再次，是天才人物生逢乱世的悠游生活。文化艺术的发展有其规律性，但也有其意外性，我们的常规思维，总是被一些“旷世奇才”的出现所打乱。三国两晋南北朝，是一个天才人物辈出的时代，这里有祖冲之、有曹氏父子、有葛洪、有王弼、有陶渊明、有顾恺之，当然也有羲献父子，难以计数。但与其他时代不同的是，他们都生逢乱世但又有悠游生活。一方面，乱世带给他们巨大的冲击，不仅耳闻目睹了国家、社会的动荡不安，家族及个人也如同一叶扁舟，在时代的大潮中不断起伏，他们对世间、人生意义的看法是迥异常人的；另一方面，这些天才人物大多士族大户出身或身居高位，身上有“贵族气”，无论仕途和生计都不需要他们作太多考虑，社会地位崇高，物欲的需求很少，心灵相对自由，这是后世

许多文人无法相比的。即便是生活在田园的陶潜，是东晋著名人物陶侃的三世孙，“不为五斗米折腰”的根本原因是不屑向寒素出身的督邮低头。他们的胸怀是大气宽广的，心灵是快乐并痛着的，如果说此时无大师出现，真有些辜负了那个时代！

最后，是乱世中依旧对文化的尊重。看三国两晋南北朝的历史，一个有趣的现象是权力和武力对文化的低头。三国时魏、蜀、吴三国君主礼贤下士的故事人们都耳熟能详自不必多说。西晋末年大批士族南渡后，面对南方大多以武力起家的豪强士族，依然保持了文化的自信，而南方士族也对这些文化士族崇拜礼遇有加。十六国及后来的北魏，大多能放下军事优胜者姿态向汉文化学习，争相利用北方士族大户及士人。南朝四代，均是中下士族起家，原有的士族大户早已式微，但历代均给予了相当礼遇。这在后世，特别是在今天我们这样一个物欲横流、成功至上的时代，是多么不可思议呀！这对我们而言至今也是一个谜。如果试着分析，我想有四个原因。一是这些大户都是世家大族，社会关系盘根错节，家庭实力和社会影响力都很大；二是这些士族大户基本都是文化大族，代表着文化的“正统”，在靠儒家思想维持的封建社会中，地位不可取代；三是当时教育并不普及，士族的家传教育十分成熟，经世治国人才大多出于这些大族，历代帝王不得不用；这一点在唐朝教育普及化后大大改善；四是文化魅力。在当时的时代，以儒学为主的中国传统文化，是少数民族、南方豪族、下层人民所极力向往的，甚至直到近代，文化及文人被历代帝王所重我想可能也源于此。近代后，中国的传统文化被颠覆，中华民族属于自身的新思想、新文化还没有真正建立，中华文化的魅力已远不如前，文化的高度在降低，文化人的水平在下降，所以才有了今天人们思想和行为的混乱、彷徨、浅薄和功利。

第二章　两晋大事件

在前面介绍论述了整个三国两晋南北朝的大背景后，让我们进一步缩小范围，重点分析王羲之生活的时代，即西晋末年和东晋前期，可以说，就各阶段的许多历史事件，都与琅琊王氏有着密切的关系。作为这个大门阀士族的重要成员，几乎当时的每一个大事件都与王羲之有关，或多或少影响了他性格和思想的形成。为论述的连贯性，文中对其前后历史事件和人物也将进行简要的论述。

第一节　短命的西晋

西晋建于公元265年，正统历史学家常称其为“司马篡魏”。魏晋时期的政策规章、法律制度基本一脉相承，故史家习惯称为“魏晋”。西晋是中国历史上一个短命的王朝，先后仅仅51年，而且有一半时间都是战乱和动荡。一些学者分析西晋短命的原因，常常归结为“八王之乱”，其实，西晋统治时期，特别是后期内外矛盾均已十分突出。“八王之乱”只是其中的一方面。而从历史的延续性看，西晋末年的不少事件和人物，对东晋产生了巨大影响。

一、西晋后期的极度奢靡

中国历史上很少有像两晋南北朝时期那样，皇室及上层士族的骄奢淫逸之风达到了疯狂的地步，这种疯狂不仅仅是要满足物质生活的需求，而是要满足一种近乎病态的精神需要。当把挥霍当作潇洒，把斗富作为地位象征，把暴殄天物为众人称颂和追慕，社会已陷入怎样的深渊！这种极度的奢靡之风，放在当时社会经济屡受破坏、人民流离失所的大背景下，显得多么触目惊心！而奢靡的疯狂程度与他们表面上所标榜的自然清淡、忠孝仁义的说教，更是形成了鲜明的反差。这种病态的奢靡之风正是源于西晋。

两汉时期的整体作风崇尚简朴，不少帝王皇室表率作用较好。但到了东汉末年，腐败奢靡之风已比较严重。曹操统治时期，“务以俭率人”，他自己也身体力行，史称他“性节俭，不好华丽”。这一点，我对陈寅恪先生关于两个王朝的阶级性分析深以为然。前面已经论述，曹操出身不好，为当时士族大户所不齿。从东汉末年开始，士族的社会地位不断提高，曹操的崛起可以说是对士族门阀制度的挑战，但士族的势力和影响十分强大，因此在曹丕继位后，一步步向士族大户妥协，奢靡之风又随之而起。

晋武帝司马炎时期，奢靡之风渐趋疯狂。在历史上晋武帝司马炎是个十分有争议的人物，褒贬参半。特别是许多人把他作为奢靡之风的始作俑者，认为他奢淫成性、荒淫无度。确实也有实例为证。他下令兴建太庙，极尽奢华。当政后第九年，宣布将公卿以下的女子充实后宫，在采择聘定之前，禁止各级官员家庭嫁女议婚。一时，天下名家大户的女子都故意破衣秽妆，逃避采择。平定东吴后，更是将东吴宫中5000多名伎妾收入宫中。后宫佳丽多达上万。晋武帝的苦恼在于佳人太多不知如何选择，于是他时常坐上羊车在后宫漫游，羊车停在哪儿，就在哪儿就寝，后宫的女子们争着在门前插竹叶、撒盐末，吸引羊车，于是出现了著名成语“羊车望幸”。他在晚年还纵容母舅王恺与当时首富石崇斗富。

但总体来看，晋武帝司马炎还是有所作为的帝王。在位期间，封同姓诸王，以郡为国，置军士，希望互相维系，拱卫中央。采取一系列经济措施以发展生产，屡次责令郡县官劝课农桑，并严禁私募佃客。又招募原吴、蜀地区人民北来，充实北方，并废屯田制，使屯田民成为州郡编户。太康元年，颁行户调式，包括占田制、户调制和品官占田荫客制。大力发展文化事业，弘扬民族文化，为中华民族古代灿烂的文化作出了一定的贡献。太康年间出现一片繁荣景象。特别是针对汉末风俗颓废、生活豪奢的情况，即位当年，就下诏要求“大弘俭约”“矫以仁俭”，不能自存者赐谷人五斛，免逋债宿负，诏郡国守相巡行属县，并能容纳直言，还出台了一系列倡俭之举。《晋书》记载：“帝宇量弘厚，造次必于仁恕；容纳谠正，未尝失色于人；明达善谋，能断大事，故得抚宁万国，绥静四方。承魏氏奢侈革弊之后，百姓思古之遗风，乃厉以恭俭，敦以寡欲。”后世对其也多有赞誉。特别是唐太宗对其极力推崇："武皇承基……绝缣绝之贡，去雕琢之饰，制奢俗以变俭约，止浇风而反淳朴。雅好直言，留心采擢，刘毅、裴楷以质直见容，嵇绍、许奇虽仇雠不弃。仁以御物，宽而得众，宏略大度，有帝王之量焉。"晋书中记载，一日，司马炎问耿直的大臣刘毅："你看我可以比汉朝的哪一个皇帝？"刘毅回答："桓帝、灵帝"。并言："桓、灵卖官，钱入官库；陛下卖官，钱入私门。以此言之，殆不如也。"司马炎干笑不答。后人多将其作为诟病司马炎的证据，实际上，刘毅所答是指晋武帝时期，而非本人卖官。从另一个侧面，也足以看出司马炎的胸怀和气量。

不过，晋武帝司马炎对奢靡之风盛行也难辞其咎。在其后期，国力日益强盛，特别是公元 280 年攻取东吴统一天下后，热衷于安逸享乐，以致荒淫无度，君臣赛富，出现了"后宫殆将万人""日食万钱""无下箸处"的情况。前明后暗是对晋武帝最公正的评价。

"上有所好，下必效焉"。王族如此奢靡，世家大族争相效尤。晋武帝司马炎女婿王济，不仅文辞俊茂，才华横溢，风姿英爽，且爱好弓马，勇力超人。但生活十分奢侈，丽服玉食，挥金如土。当时洛阳土地昂贵，王济买地为埒（埒专指马射场的围墙），并且用钱铺地，被当时人称为"金沟"（一作金埒）。王恺家有一头牛名叫"八百里驳"，王济以钱千万与王恺进行射牛打赌。王恺自以为比王济箭法好，让王济先射，结果王济一箭将牛射死，并立即命人把牛心挖出，扬长而去。有一次，王济在家宴请武帝，食器珍贵，蒸肫味道甚美。武帝问，这是怎么做的？他回答说："以人乳蒸之。"

晋武帝时的吏部尚书王戎，在晋惠帝时又担任司徒。而这样一个"国家栋梁"之臣，不思报国，却视财如命。他的家产不计其数，庄园遍布全国各地，钱多得连专用仓库都放不下，有不少已积久生锈，还贪心不足，一有时间就把自己关在账房里，拿着账簿啪啪地算个不停。他家种了很多李子，味道好，产量高，每年要卖好多钱。因怕别人买李子传种，还挖空心思让人在卖出的李子核上钻个洞。由此可见其贪婪与鄙俗已令人不齿。

当时，在西晋王朝中这样贪婪、庸俗、腐化、奢靡的王公大臣比比皆是。他们贪暴恣肆，攀比炫耀，明争暗斗，已发展到不知廉耻、毫无顾忌的程度。"石王斗富"是其中最突出的一例。

石崇是将门之后，先后担任过修武的县令、荆州刺史、徐州监军等官职，也是个文学家，著有《石崇全集》。受满朝奢靡之风的熏染，一入仕途就不择手段为自己牟取私利，聚敛财富。在担任荆州刺史时，为了暴富，曾带领手下一帮人乔装打扮，拦劫富商，还闯入巨豪府第，连偷带抢地将巨额财物据为己有，转眼成为“富翁”。就这样一个无耻之徒，居然受到朝廷重用，青云直上，位列九卿。石崇暴富后，在河阳金谷建了一座别墅，名之曰“金谷园”，其规模之庞大、设计之精巧和装饰之豪华，都登峰造极，盖世无双。为了恣肆玩乐，还派人四处搜罗美女，先后纳妾100多个，爱妾绿珠，美若天仙，压倒全国佳丽。他天天带着这群美女娇妾在园中宴乐，“春从春游夜专夜”，浑浑噩噩，不知天高地厚。大富豪石崇请客，席上山珍海味就不必说了，仅他家的厕所就有十多个美艳的婢女排成一列侍候。这些婢女都穿着漂亮的衣服，戴着华丽的首饰，手里各端着托盘，里面放着手巾、香粉（甲煎粉）、香水（沉香汁）、干净的衣服、热水等。晋人石崇每次宴客，都要家中美婢倒酒，客人如果不一饮而尽，石崇立刻派人把倒酒的美人拉出去杀了。

王恺是司马昭的小舅子，晋武帝司马炎的亲舅舅。他对石崇的富很不服气，一心想胜过他。石崇也瞧不起这种贵戚，老想压压他的气焰。于是两人便在暗中斗富，互比奢侈。王恺用糖水洗锅，石崇就用白蜡烧饭；王恺作细纱步障四十里，石崇用绢绸作步障五十里；石崇涂墙用香椒泥，王恺就用赤石脂。司马炎知道后不仅不制止，不查办，还暗中支持王恺，赐他一株二尺多高的珊瑚树。王恺把这个稀世之宝拿到石崇面前夸耀，石崇顺手把它打碎，然后叫人拿出三四尺高的珊瑚树六七株，任他挑选。这下把王恺吓傻了，不得不服输。

这种明目张胆、乌烟瘴气的斗富，在社会上造成极坏影响。大臣傅咸上书说“奢侈之费，甚于天灾”，请求王帝制止，但司马炎无动于衷。于是这股奢靡之风，愈演愈烈，殃及全国。在斗富得胜之后，石崇更加得意忘形，终于成了众矢之的。赵王司马伦对石崇的财产早就垂涎三尺。在晋惠帝时的宫廷政变中，借机杀了他全家，绿珠也坠楼自杀。石崇的暴富速亡成为后人讥刺的话题，东晋画家史道硕曾作《金谷园图》以讽之。南宋画家赵伯驹、明朝画家仇英、清朝画家华勖、现代画家黄均等，皆以此题作画，借以抒发艺术家对世事的哀悼与讽喻之意。唐朝诗人杜牧曾作诗

《金谷园》以悼之。诗曰：繁华事散逐香尘，流水无情草自春。日暮东风怨啼鸟，落花犹似坠楼人。

如此奢靡的风气，加重了权贵阶层对人民的剥削。朝廷大官百般勒索地方官，地方官想方设法搜刮民脂民膏，官场风气十分腐败，清白为官甚是艰难。历史上有名的为《左传》作注的杜预，也是影响之后历代法律制度——《晋律》的重要制定者，在其出镇襄阳都督荆州军事，积极筹备渡江灭吴时，仍得时常向洛阳的权贵送礼，目的只有一个，防止被人暗算。另一个原来以正直著称的官员荀晞，外出任刺史时，见朝廷混乱，唯恐灾祸临头，只得结交权贵以自保，在任上搞到珍稀宝物送到洛阳。为保证送上的珍稀物品保持新鲜，他特意买了一头千里牛，朝回暮归。

西晋的奢靡之风并不是偶然的。西晋是由上层士族为主体建立的政权，士族大户从东汉末年开始日益强大，在政治、经济上对当世影响甚大，这些大士族通过在朝廷中的显赫地位和权势，强占大量土地，拥有大批依附人口，虽然魏晋时期朝廷也出台政策予以限制，但成效有限。土地和人口是农业社会的主要生产资料和资源，因此这些士族掌握着社会的巨大财富，两极分化十分严重。这一状况，到东晋时期虽有所收敛，但本质并未改变。虽然后来的南朝均是下层士族建立，但也受这股奢靡之风习染甚重。当后世的我们远观晋人风韵无限赞叹的同时，也应细细体察在此背后人民的艰辛。不过，从史料来看，鲜有南渡王氏家族极度奢靡的记载，倒是有不少关于王羲之为官期间体恤民情的史实，这在当时的大背景下显得与众不同。总体来看，到晋武帝末年，贵族士大夫的穷奢极欲引发了严重的社会矛盾，广大劳动人民，甚至许多下层士族与统治阶级的矛盾已十分尖锐。

二、“八王之乱”后皇室的衰落

太熙元年（290 年）晋武帝去世。继位的痴呆低能的儿子司马衷为晋惠帝。第二年，即发生了历时 16 年之久（291—306 年）的“八王之乱”。

司马氏建晋后恢复古代的分封制有其历史原因。曹爽当政魏国时，有人指出若不分封宗室诸王，政权可能转入异姓之手，曹爽不听。之后，司马家族夺取了曹氏皇族魏国的政权，这事在司马家族中很有影响。因此，

西晋建国初期，晋武帝封二十七个同姓王，以郡建国。之后不断扩大宗室诸王的权力。诸王可自行选用国中文武官员，收取封国的租税。265年（泰始元年），又制定了王国置军的制度，后来又让诸王出任地方都督，赋予了一定行政权力。如此一来，多位诸侯王掌握了封国的军政大权。晋武帝执政期间，本人有统治才干，威望较高，所以能把至高无上的权力牢牢握在自己的手中，保持了政局的稳定。但他去世后，分封制的弊端立刻显现出来。

晋武帝重病之时下了诏书，依托汝南王司马亮及太后杨芷之父杨骏共同辅政晋惠帝。杨骏从中书省借出诏书，看后不归还。当时的中书监华廙恐惧，还亲自向杨骏索取诏书，但杨骏始终不还。晋武帝病情加重时，杨骏要求让他单独辅政，帝点头默许。杨骏招来中书监华廙、中书令何劭，口宣帝旨作遗诏，让杨骏单独辅政。诏成后华廙、何劭二人拿给晋武帝看，帝视而无言，两日后就驾崩了。晋武帝死后，司马亮恐怕杨骏要害他，逃亡许昌。杨骏一时位极人臣。而司马衷的皇后贾南风是开国元老贾充之女，也企图操纵晋惠帝以把持朝政。

杨骏辅政时期，凡有诏令，晋惠帝过目后交与杨太后；然后直接下发执行。杨骏知贾南风难以控制，为防贾南风碍其擅权，则任命其亲信掌管禁军，此举引起皇亲国戚及一些大臣的不满。永平元年（291年），贾南风秘密派人与汝南王司马亮和楚王司马玮联络，要他们带兵进京，讨伐杨骏。楚王司马玮从荆州带兵进了洛阳。291年三月，贾皇后设计让晋惠帝下诏书，宣称杨骏谋反，司马玮军火烧其府第，杨骏逃到府中马厩被杀。贾后又以晋惠帝名义下诏书，废除杨芷的皇太后位置，贬为平民，囚禁在洛阳郊外的金墉城（杨太后因没有食物八天后饿死）。又诛灭杨骏三族，株连而死的共有数千人，至此杨骏政治势力被消灭。杨骏被杀后，朝政大权由司马亮与卫瓘共同执掌。贾南风对未能独揽政权不满意，当年六月，串通司马玮杀了司马亮及卫瓘。司马玮杀了司马亮及卫瓘后，司马玮友人岐盛劝其乘机扩大权力，司马玮犹豫不决。

贾南风认为司马玮的权力太大，在杀了司马亮的第二天，她依张华之计，派人到司马玮处宣布司马玮伪造手诏。司马玮的部下闻诏后多放下武器散去，司马玮束手就擒。贾南风至此并不罢手，他以司马玮伪造手诏害死司马亮、卫瓘的罪名，将其处死。由此朝政大权被皇后贾南风掌控，她的亲戚党羽多被委以重任。例如其族兄贾模、内侄贾谧，母舅郭彰这些亲党。贾皇后还起用当时名士张华为司空，世族裴頠为尚书仆射，裴楷为中书令，王戎为司徒。贾南风把持朝政达九年之久。国势也相对安稳。

太子司马遹乃谢才人谢玖所生，与贾南风一向不和。299 年，贾南风设计废除太子司马遹，让晋惠帝下诏废除司马遹的太子地位，囚禁于洛阳郊外金墉城，不久被杀。司马伦、孙秀等人伪造晋惠帝的诏书，以杀太子的罪名，发兵收捕贾皇后及其党羽，废贾皇后为庶人，囚禁在建始殿。张华、裴頠等人当时被杀，很多官员都被罢免。贾南风后来被送到金墉城，司马伦又以伪诏书让贾南风喝下金屑酒而死。事后司马伦假诏书自封相国，孙秀等人都被封大郡，握有兵权。司马伦一党掌握了朝政大权。司马伦一党道德低下，也无治国之能。党羽之间钩心斗角，在政治上并无建树。301 年，赵王司马伦自立为皇帝，晋惠帝被废，软禁于金墉城。司马伦眼睛不好，人称“瞎儿”。真是“瞎儿”夺了“傻儿”的皇位。

司马伦篡位后，驻守许昌的齐王司马冏起兵讨伦，成都王司马颖与镇守关中的河间王司马颙举兵响应。洛阳城中的禁军将领王舆也起兵反伦，迎惠帝复位，杀死赵王司马伦。齐王司马冏以大司马入京辅政。太安元年（302 年）底，河间王司马颙又从关中起兵讨司马冏，洛阳城中的长沙王司马乂也举兵入宫杀齐王司马冏，政权落入司马乂之手。太安二年，河间王司马颙、成都王司马颖合兵讨长沙王司马乂。司马颙命都督张方率精兵 7 万，自函谷关向洛阳推进；司马颖调动大军 20 余万，也渡河南向洛阳。二王的联军屡次为长沙王司马乂所败。次年正月，洛阳城里的东海王司马越与部分禁军合谋，擒长沙王司马乂，将其交给河间王司马颙的部将张方，被张方烧死。成都王司马颖入洛阳为丞相，但仍回根据地邺城，以皇太弟身份专政，政治中心一时移到邺城。东海王司马越对成都王司马颖的专政不满，率领禁军挟惠帝北上进攻邺城。荡阴（今河南汤阴）一战，被成都王司马颖击败，惠帝被俘入邺，东海王司马越逃往自己的封国（今山东郯城北）。与此同时，河间王司马颙派张方率军占领洛阳，接着并州刺史司马腾（司马越弟）与幽州刺史王浚联兵攻破邺城，成都王司马颖与惠帝投奔洛阳，转赴长安。永兴二年（305 年），东海王司马越又从山东起兵进攻关中，击败河间王司马颙。光熙元年（306 年），东海王司马越迎惠帝回洛阳，成都王司马颖、河间王司马颙相继为其所杀，大权落入司马越手中，

“八王之乱”到此终结。

后人多将“八王之乱”嫁祸于贾南风头上。这位贾南风皇后确实是中国历史上的“奇葩”。史书上对其极尽贬斥。记载贾南风身材矮小（约1.4米），面目黑青，鼻孔朝天，眉后还有一大块胎记，可谓丑陋之极；而且嫉妒心强，心狠手辣，曾手刃嫔妃。为什么这样一个人能成为皇后？原因在于贾南风是西晋的开国元勋贾充之女。贾充在曹魏时任大将军司马昭的军中司马、长史等职，后为廷尉，爵封宣阳乡侯。他能言善辩，为人巧慧，很得亲信。魏主曹髦深知司马氏久有篡位之心，曾说“司马昭之心，路人皆知”。贾充作为司马昭心腹，也积极地为其摇旗呐喊。后来，贾充奉命带兵杀死曹髦，并劝司马昭取代曹氏另立朝廷。司马昭做晋王后，曾想立次子司马攸为世子。贾充劝阻说：“长子司马炎聪明神武，胆识过人，身材魁梧，有超世之才，又宽仁孝慈，有人君之德，能归附人心，应立长子为世子。”这样司马炎得以世子身份继承晋王爵位。司马昭临死前，拉着司马炎的手，谆谆嘱咐他说：“真正知你者，是贾公闾呀！你不要辜负于他。”贾充因此很得司马炎的倚重，不久被拜为晋国卫将军、仪同三司、给事中，封临颍侯。司马炎受禅称帝后，贾充因功被加爵鲁郡公，拜车骑将军、散骑常侍、尚书仆射，后又拜为侍中、尚书令之职，参与枢密机要，一时朝野侧目。贾南风成为皇后，还得到了当时一些晋武帝亲近权贵大臣的极力推荐。虽然后世对贾南风诟病甚多，但有一点是不容忽视的，就是在这场宫廷斗争之中，她都表现出了相当高的政治智慧；特别是她当政的九年间，西晋政局还是难得的平稳，“数年之中，朝野宁静”“海内晏然”。她任用的贾模，史称“以才望居之”，重用的张华、裴頠，均是史上名臣，阮籍曾说张华有“王佐之才”。这期间，几乎每年都有全国性自然灾害，朝廷采取减赋、减税、赈灾等一系列措施应对。将“八王之乱”归罪于贾南风确实不公。从史实来看，恰恰是赵王司马伦发动政变杀死贾南风后，形势才进一步恶化。不过，我们从这场宫廷内斗中，却可以看到另一点，即司马家族的衰退，司马诸王在其中表现出的贪婪、怯懦、犹豫，以及兄弟间的残忍、才略的缺乏、斗争手段的卑劣，难以与三国时的群英荟萃相比，真是应了阮籍一句：“时无英雄，使竖子成名！”

这场战争的影响是深远的，由大及小、由远到近表现为：

一是为后世君主专制政治制度提供了血的经验教训，分封制退出中国历史舞台。在中国古代封建社会，通常有两种治国模式，即分封制和郡县制。分封制与宗法制相联系，是以血缘关系为基础，诸侯王位世袭，并拥有封地，拥有世袭统治权，拥有一定的地方独立性。郡县制是在国家大一统的条件下实现的，是按照地域划分，郡县长官由皇帝任免调迁，郡县是地方行政机构，官位不得世袭，官吏只有俸禄没有封地。西周曾实行分封制，在当时对稳定时局、维护西周统治发挥了积极作用。分封制容易形成地方割据势力，不利于封建大一统，其危害性在汉代尤其突出。西晋时，实行裂土分封，给予了诸侯在封国内的行政权、人事权，造成了藩国林立，各封国独立自处的体系，特别是在裁撤中央在地方驻军的同时，居然给司马诸王配备军队，使得藩王的军事实力在地方上具有了相对优势；不仅如此，西晋统治者还授予了一些藩王都督某些地方军事的权力，如反对赵王司马伦的三王，都是出镇地方的都督，具有相当的军事实力。从春秋战国开始，历代君主在选择治理模式时，均慎之又慎。即使实行分封制，大多数情况下分封的诸侯也只能享受封国的赋税收入，不得干预封国的行政，尤其不能拥有及涉足军事武装。司马氏实行分封制，一是亲眼看到曹魏怀疑同姓不予分封，很快为其所禅代的残酷现实，一是出于士族本身的狭隘性和局限性。士族的根本是宗法，家族利益是其最终目的，这一点在两晋时表现得十分突出，不仅司马氏，许多士族大户往往都是家族利益至上，常常将家族利益置于民族国家利益之上。但历史的讽刺在于，在抢夺王位时宗亲们表现出的“六亲不认”让人心惊，如果晋武帝地下有知，不知做何感想？王夫子在《读能鉴论》中指出，曹魏怀疑同姓，西晋怀疑天下，无论分封还是郡县，只要是出于这种怀疑心理的制度，都必定导致“乱亡之祸”。认识可谓深刻。从西晋之后，分封制基本退出了中国政治舞台，郡县制成为主流。换个角度说，这也是西晋“八王之乱”的一大“贡献”吧！

二是司马家族进一步衰落，进而形成了东晋时期的“门阀政治”。“八王之乱”基本让司马一族丧失殆尽，且大多“死相”极惨。司马玮、司马亮及太子司马遹被贾南风设计杀死。司马冏、司马颙、司马颖起兵讨伐司马伦，死者近十万人，司马伦后来被囚禁于金墉城，被赐金屑酒而死。司

马冏一党被司马乂所灭，斩杀俘虏了六万多人。司马颙不甘司马乂独揽政权，与司马颖共同兴兵讨伐司马乂，司马乂获胜。朝廷任职的东海王司马越乘司马乂军疲惫，夜捕获司马乂，司马乂被活活烧死。司马越操纵下的晋惠帝又下令追捕司马颖，司马颖兵败后被捕杀。晋怀帝刚登基，就下诏书要以司马颙为司徒，司马颙不疑有他，就乘车上路，被南阳王司马模所派遣的将领梁臣掐死在车内，他的三个儿子也被杀死，司马颙就此绝后。就连在“八王之乱”中最终获胜的司马越，在继还洛阳后，四海皆知其不臣之迹，加之当时经济破坏严重，动乱迭起，上下分崩离析，后忧惧成疾，不久去世。其部下欲下葬东海，石勒追上后，“焚其柩”，还尽杀三万余人。从此，司马氏一族已所剩寥寥，倒是司马睿这个远亲，因地位太低、远居山东琅玡一隅、亲戚关系太疏，反而和“八王之乱”没有扯上太多关系，居然成为硕果仅存中的“极品”，这也算是“鹬蚌相争，渔人得利”。历史总是在必然中充满偶然性，让后人读史时一面唏嘘不止，一面又哑然失笑。但在司马睿称帝东晋后，由于司马氏一族基本凋灭，使得王、谢、庾、桓等大族得以长期把持政局，形成士族大户与司马“共天下”的局面。东晋时期的“门阀政治”由此而起。

三是导致“五胡乱华”和“永嘉之变”，西晋走向灭亡。

三、“五胡乱华”和“永嘉之变”的巨大影响

“八王之乱”的16年中，参战诸王多相继败亡，人民被杀害者众多，社会经济严重破坏，西晋的力量消耗殆尽，隐伏着的阶级矛盾、民族矛盾爆发，西晋进入人们常说的“五胡乱华”时期。

匈奴左贤王刘宣等私议：“今司马氏骨肉相残，四海鼎沸，兴邦复业，此其时矣。”而存有这种心思的并非刘宣一人，元康六年（296年）八月，秦（今甘肃天水、秦安一带）、雍（今陕西关中及甘肃东部）的氐、羌推氐帅齐万年为“皇帝”；永康二年（301年），散骑常侍张轨求为凉州刺史，“阴有保据河西之志”，而自316年晋愍帝降汉国、西晋亡后，当时的

前凉势力统治者张寔保据凉州河西之地，虽向晋王司马保、东晋称臣（正式册封要迟至东晋咸和八年），但其半独立的态势，实际割据凉州的野心立场不容否定；太安二年（303 年）正月，张昌据江夏（今湖北安陆）拥立丘沈（后改名刘尼）为天子，建国号为“汉”；永兴元年（304 年），氐人李雄在成都称王，建国号为“成”，并于两年后称帝；也是在这一年，匈奴族刘渊在左国城（今山西离石东北）称王，建国号为“汉”，并于 308 年称帝；永兴二年（305 年），右将军陈敏据江东叛，自称楚王。“五胡”主要指匈奴、鲜卑、羯、羌、氐五个胡人的游牧部落联盟。百余年间，北方各族及汉人在华北地区建立数十个强弱不等、大小各异的国家，史称“五胡乱华”。

特别需要注意的是，两汉以来，不断与西北外族作战，战后基于“柔远人也”的观念，把投降的部落迁入塞内，与汉族杂居，且以降服的胡人为兵，保卫疆土。魏晋政府亦继承这“用胡”政策，曹操用氐族兵、晋武帝以匈奴人刘渊为北部都尉、惠帝更以刘渊为五部大都督。后来建立“前赵”的匈奴人、建立“后赵”的羯人、开“前燕”之基的鲜卑人等，都曾卷到“八王之乱”中，都经过这场战乱的锻炼，不断成长壮大起来。“八王之乱”中，司马越一党曾以鲜卑、乌桓为先驱，是司马越的重要力量。而司马颖则联合匈奴人刘渊及其部属石勒。这一格局一直持续到东晋，因东晋的建立与司马越有直接的关系，故东晋后来与刘、石的对抗，一定程度是“八王之乱”对抗形势的延续。

“永嘉之乱”是指永嘉五年（311 年）匈奴攻陷洛阳、掳走怀帝的乱事。光熙元年（306 年），晋惠帝死，司马炽嗣位，是为怀帝，改元永嘉。刘渊遣石勒等大举南侵，屡破晋军，势力日益强大。永嘉二年，刘渊正式称帝，永嘉四年刘渊死，子刘聪继位。次年，刘聪遣石勒、王弥、刘曜等率军攻晋，在平城（今河南鹿邑西南）歼灭十万晋军，又杀太尉王衍及诸王公。旋攻入京师洛阳，俘获怀帝，纵兵烧掠，杀王公士民三万余人。永嘉五年，西晋摄政兼最高军事统帅东海王司马越病死，王衍等人竟扔下晋怀帝率十几万大军公开逃跑。结果他们被石勒全歼。七月，洛阳失守。建兴四年（316 年）长安失守，西晋灭亡。

可以说，“五胡乱华”是导致西晋灭亡的直接原因。“永嘉之乱”在中国历史上影响深远，史家也称其为“中原陆沉”“神州陆沉”“中原沦陷”

等。晋武帝太康三年（282年），全国三百七十七万户，约一千八百八十五万人。“八王之乱”和紧接着的“五胡乱华”，导致华北地区人口消失90%，所谓“十室九空”如是。东晋建立后中原人民为躲避战火纷纷大量南迁，一共有六次南迁高潮，累计迁入百万。汉赵刘聪时，汉赵控制地区的户口大约有六十三万户，人口约有三百一十五万人。估计此时的华北地区人口仅余七百万，而到后赵灭亡时（351年），华北地区汉族只有不到三百万人。这一时期，历史学家普遍认为是大汉民族的一场灾难，几近亡种灭族。史料记载，公元304年，慕容鲜卑大掠中原，抢劫了无数财富，还掳掠了数万名汉族少女。回师途中一路上大肆奸淫，同时把这些汉族少女充作军粮，宰杀烹食。走到河北易水时，吃得只剩下八千名少女了，慕容鲜卑一时吃不掉，又不想放掉，于是将八千名少女全部淹死，易水为之断流。至于羯族就简直可以称之为“食人恶魔”。史书记载羯族军队行军作战从不携带粮草，掳掠汉族女子作为军粮，羯族称之为“双脚羊”，意思是用两只脚走路像绵羊一样驱赶的性奴隶和牲畜，夜间供士兵奸淫，白天则宰杀烹食。到冉闵灭羯赵的时候，在邺都一次解救被掳掠的汉族女子就达二十万。后来冉闵被慕容鲜卑击败，邺城被占。有未能及时逃离的五万名少女又全部落入慕容鲜卑的手中，一个冬天就吃了个干净，邺城城外这五万名少女的碎骨残骸堆成了小山。

在这里，不得不提起一个几乎被后世所忘的人物——冉闵。冉闵的父亲冉瞻出身于当时名震天下的乞活义军。乞活义军是西晋末至东晋活跃于黄河南北的流民武装集团的一支，抗击胡族，为生存而战。冉瞻在一次作战时为羯赵俘虏，因伤势过重没几天就去世了，羯赵国主石勒欣赏勇冠三军的冉瞻，见当时十一二岁的冉闵聪明伶俐，石勒就将小冉闵认作干孙子，为他改名叫石闵，并一手将他带大。仇人的强大使冉闵只有将仇恨深埋心底，强忍内心悲痛讨石勒欢心。成年后的冉闵骁勇善战，在羯赵与鲜卑的战斗中屡立战功，逐渐成为羯赵帝国的高级将领。公元350年正月，石闵宣布复姓冉闵，杀死羯赵皇帝石鉴，同时杀死石虎的38个孙子，尽灭石氏，一举灭掉了残暴不可一世的羯赵帝国。其后冉闵即皇帝位，年号永兴，国号大魏，史称冉魏。颁下中国历史上著名的《杀胡令》。一时间，邺都城内汉人纷纷拿起武器追杀胡族，冉闵亲自带兵击杀邺城周围的胡人，三日内斩首二十余万，尸横遍野，同时冉闵还扬言要六胡退出中原，

"各还本土"。面对胡族联军的疯狂反扑冉闵沉着应战，首战以汉骑三千夜破匈奴营，杀敌将数名，逐百里，斩匈奴首三万；再战以五千汉骑大破胡骑七万；三战以汉军七万加四万乞活义军破众胡联军三十余万；四战先败后胜以万人斩胡首四万；五战以汉军六万几乎全歼羌氐联军十余万；六战于邺城以一两千刚组织的汉骑将远至而来的胡军七万打得溃不成军。各地汉人纷纷起义响应，开始对入侵中原的数百万胡族展开大屠杀，史载"无月不战，互为相攻"，一举光复山东、山西、河南、河北、陕西、甘肃、宁夏。冉闵后来在邺城屠杀羯族二十几万，加上全国各省各地的复仇屠杀，羯族与匈奴在血腥的民族报复中被基本杀绝。五胡中的四胡在种族仇杀中都受到了毁灭性的打击，而统治今天的蒙古国和我国内蒙古，以及中国北部的鲜卑却进入极盛时期。公元 352 年，冉闵将城中的军粮分给百姓，独自带领一万人马去今天的河北定州征粮。鲜卑族得到这一消息，急调二十万鲜卑骑兵南下，想乘机消灭因刚扫清中原而元气未复的冉魏政权。冉闵在常山被鲜卑的十四万先头骑兵部队包围，最终冉闵被俘，后被杀害。史书记载，冉闵死后："山左右七里草木悉枯，蝗虫大起，从五月到十二月，天上滴雨未降。慕容俊大惊，派人前往祭祀，追封冉闵为武悼天王，当日天降大雪，过人双膝。"

303 年，王羲之出生，用"生于乱世"形容再合适不过了。而他所在的琅玡王氏也正是在这个乱世中登上了历史舞台。

我们用很长的篇幅来回顾这段似乎与本书无关的历史，是想基本真实地再现一下当年的场景。我们总是喜欢表面的美丽和繁荣，常常忽视了其后的血泪和苦难；我们总是赞叹晋人的风度和气韵，常常忘了他们在乱世中的苟安和残喘；我们总是自豪于中华民族的源远流长和伟大成就，常常不愿提起形成这个民族的艰难，更不愿看到我们民族性中残忍、狡诈和贪婪。每当我翻开这个阶段留下的不朽遗墨和伟大诗篇，看到后世文人常常提起的魏晋风度和名士典故，眼前总是出现这样的画面：在一风景胜地，清风徐来，水波不惊，柳摇花开，几簇亭台楼阁处，满座高人雅士，周围僮仆无数，美人相伴，宴上美酒佳肴，器皿精致；名士们宽衣博带，高谈阔论，应答有致，妙语连珠。这是怎样令无数后世文人倾慕的景象啊！但当我再近观这段历史中无数的阴谋、连年的战火、满地的尸首，我常常在想，当时以权贵士族为主的文人雅士，内心到底是怎样的心境和感受。是无关于己的麻木和不仁？是深感命运之舟如沧海一叶后的沉沦和放纵？是裸衣裎行千杯买醉的无奈和逃避？是对人生无常的感叹和失落？是观尽人世沉浮之后的解脱和超越？是对天下苍生百姓压抑着的同情和悲悯？是暗下决心愿做中流一击的慷慨和豪气？

在中国的历史长河中，我总是觉得两晋时代的文人缺了点什么，肯定不是才华和风度，他们留下的太多的作品和故事足以为证。他们缺的是精神和英气，是文人身上最应有的责任和担当。我们称颂的嵇康，不愿仕晋的原因是他是曹氏的姻亲；我们羡慕的王、谢名流，大多为家族的利益相互倾轧，还不惜损害国家利益；我们追捧的陶渊明，“不为五斗米折腰”的原因是不屑与寒素出身的上级为伍。当然我们不应责备求全，超越历史给当时的文人士大夫提出过高的要求。但我们必须注意的是，当一个以文人为主的精英群体在精神上集体“阳痿”时，当心中只有个人和家族的“小我”而忽视民族和国家的“大义”时，当知识分子不再“先天下之忧而忧，后天下之乐而乐”，不愿与他的国家和民族同呼吸共命运时，他所在的时代必然是一个黑暗的时代，他个人的任何成就在历史的长河中都几乎微不足道，留下的“伟大”作品也终是“小道”而已。而作为士族大户子弟的王羲之，从其一生的从政经历和留下的书文来看，不时流露出忧国忧民、体恤民情的作风和思想，特别是在对待王庾之争和北伐的态度上，始终能以国家利益为本，这在当时实在有难能可贵之处。这在后面章节也将专门论述。

第二节　东晋的偏安之政

一、司马睿的崛起和建邺称帝

司马睿，咸宁二年（276 年）生于洛阳。司马懿曾孙，司马觐之子。太熙元年（290 年）司马觐死，年仅 15 岁的司马睿依例袭琅玡王爵，这时正值晋武帝司马炎去世，“八王之乱”开始。在动荡险恶的政治环境中，处于帝室疏族地位的司马睿无兵无权，为避杀身之祸，他采取恭俭退让的方针，尽量避免卷入斗争的旋涡。在洛阳，司马睿交结密切的朋友只有王导兄弟。

永兴元年（304年）七月，“八王之乱”进入高潮。东海王司马越挟持晋惠帝司马衷亲征邺城。当时，坐镇邺城的将军是皇太弟成都王司马颖（前不久，司马颖击杀了执政的长沙王司马仙，强迫惠帝封他为皇位继承人）。在取得了都督中外诸军事、丞相等职务之后，司马颖将皇帝的乘舆服御尽数劫入老巢，并以邺城遥制洛阳。司马颖的横暴和专权，引起了另外一些实力派人物的不满。尚书令司马越乘机以惠帝的名义发布檄书，征召四方军队讨伐司马颖。时任左将军的司马睿奉命参加了讨邺战争，年二十九岁。司马颖与司马越两军在荡阴（今河南汤阴）展开激战。结果司马越兵败，遁回封国东海。惠帝及随军大臣被司马颖劫掠入邺，司马睿也在其中。不久司马睿的叔父东安王司马繇因得罪司马颖而遭杀害。司马睿害怕祸事殃及自己，潜逃出邺。在奔往洛阳的途中，他行至黄河岸边曾被津吏捕获，险遭不幸。司马睿到达洛阳，马上将家眷接出奔赴琅玡（今山东胶南）去了。

司马越经过一年的休养生息，实力开始复原。由于惠帝已被河间王司马仙劫持至关中，司马越无法操纵朝政，永兴二年（305年）七月，遂以西迎天子为借口，联络山东各方镇讨伐长安。临行前，他以司马睿为平东将军、监徐州诸军事之职镇守下邳（今江苏睢宁西北），为他看守后方。司马睿引王导作司马，凡“军谋密策”皆听由王导规划。永嘉元年（307年）七月，司马越改任司马睿为安东将军、假节、都督扬州江南诸军事等职，负责镇守建邺（今江苏南京市）。司马睿到达建邺半年之久，没有任何当地大族主动地向他靠拢，表示亲近。在司马睿建立江东雏形割据政权的过程中，在王导、王敦辅助下，优礼当地豪强士族，压平叛乱，惨淡经营，始得在江南立足。关于永嘉南渡，王氏一门发挥了重要作用，在后面章节将详细论述。

永嘉六年（312年）二月，石勒在葛陂修堰筑垒，课农造舟，有由此渡淮入江，夺取建邺的打算。司马睿采取了相应的防范措施，将主力部队全部集中在寿春，任命熟悉水势的南士纪瞻为扬威将军，都督京口以南至芜湖诸军事。由于连降三个月的大雨，石勒的军队饥疾并臻。石勒听从谋士张宾的建议，取消南下计划，撤军北上。纪瞻乘势追击一百余里，江东

形势才化险为夷。自此，基本形成了南北划江自守的形势。

永嘉七年（313年）二月，刘聪将俘获的晋怀帝司马炽杀死。当年四月，凶信传到长安。已经占据长安的秦王司马邺开始称帝，这就是晋愍帝。晋愍帝即位后改永嘉为建兴，并任命司马睿为左丞相、大都督，负责都督陕东诸军事；以秦州刺史南阳王司马保为右丞相、大都督，负责都督陕西诸军事。这是愍帝借用历史上周公召公“分陕而治，挟辅天子”的典故，对司马睿等人实行的重封。次年二月，弘农太守宋哲逃至建康。宋哲带来了愍帝临降前所写的诏书。诏书同意司马睿代他“统摄万机”，从这时起，偏居江南一隅的司马睿政权已成为晋王朝的唯一代表。

晋愍帝司马邺是西晋的第四任皇帝，也是西晋的最后一任皇帝。313年晋怀帝于平阳遇害之后，司马邺于长安即帝位，改元建兴。但这时的皇室、世族已纷纷迁至江南，西晋王朝已经名存实亡。《晋书》记载，此时“天下崩离，长安城中户不盈百，墙宇颓毁，蒿棘成林。朝廷无车马章服，唯桑版署号而已。众唯一旅，公私有车四乘，器械多阙，运馈不继。”建兴五年（316年）八月，刘曜率军围攻长安。十月，“京师饥甚，米斗金二两，人相食，死者太半。”十一月，城内粮尽，无法据守。愍帝只得赤露左臂，口含玉璧，乘坐羊车，带着棺木，出城往刘汉军营求降，群臣围住羊车号哭，有的爬上车拉住他手臂，不让他出城。愍帝悲不自胜，又无可奈何，只好推开臣下，驱车出城投降。刘汉军将他押到平阳，封为光禄大夫、怀安侯。西晋至此宣告灭亡。刘聪曾对愍帝百般羞辱。出猎时，命令他行车骑将军，全身披挂，手执长戟，作为前导。晋朝的百姓见了，围观痛哭。建兴五年十二月，刘聪在光极殿宴会群臣，也像对待怀帝那样，命令愍帝穿上青衣，替大家斟酒、洗杯，甚至在自己如厕时，命令愍帝替他持伞盖。陪伴愍帝同来长安的晋朝尚书郎辛宾见皇上如此受辱，失声大哭，为刘聪所害。建兴六年（317年）十二月，刘聪派人杀死了愍帝，时年18岁。

晋愍帝投降后，刘琨等180名北方将领怀着各样的目的联名上书给司马睿，进行劝进。司马睿拒而不受，一则由于愍帝未死，二是愍帝的附加的北伐条件对他有很大的压力。恰巧这时，祖逖在收复大片北方领土之后，又在谯县（今安徽亳州）打败石勒大军。建兴六年（317 年），司马睿借势传檄天下，声称要派遣其子司马裒统率三万大军、水路四道，增援祖逖。然而队伍尚未出发，司马裒旋即被召回建康。再一次表明司马睿的所谓北伐仍是在故作姿态。这年年底，刘聪将备受羞辱的晋愍帝杀死。愍帝之死，使司马睿的称帝不再存有任何障碍。司马睿一面斩缞居庐，表示对愍帝的哀悼，一面积极筹划即位前的事宜。这时，南渡的北方大族周嵩上疏，劝说司马睿不要忙于称帝。他认为，司马睿当务之急是出师北伐，“雪社稷大耻”。实际上，他是在要求司马睿履行愍帝诏书的附加条件。上疏后，周嵩很快遭到报复，先是被贬出朝廷改任新安太守，后又以“大不敬”之罪几乎被杀。

太兴元年（318 年）三月丙辰日，司马睿名正言顺地坐上了皇帝的宝座，东晋王朝正式建立。

二、“王与马，共天下”

“永嘉之乱”后，以王导为首的琅琊王氏士族集团辅佐司马睿，王导的堂兄弟、王羲之的亲生父亲王旷认为：当时北方夷族太多，建议司马睿南渡，把首都定在南京，实施战略转移，而此前，王导、王旷已经南下“开辟”了根据地。

“永嘉之乱”后，发生了历史上著名的永嘉南渡，整个中原地区的北方名门望族和精英，以及政府机构、官员甚至士族家中的佣人和鸡鸭牛马都被带过了长江。这次以门阀士族为主要力量的大迁徙共有 90 多万人，琅玡王氏是其中最重要一支。王氏一门出身中原著名士族，王导、王旷、王敦都是老练的政治家，是东晋朝的实际创造者。司马睿向来缺少才能和声望，在晋室中又是疏属，他能够取得帝位，主要靠王氏家族的支持。司马睿因此把王导比作自己的“萧何”。

司马睿移镇建业后，三吴的大族豪强都不肯依附，士大夫们都不来拜谒。王导十分忧虑。正在这时，王敦来到建业，王导与其商量说：“琅玡王虽有很高的仁德，但是知名度不高。兄的威风远扬，应该予以匡助!”

三月三日这天，王导利用司马睿要去水边观禊的机会，精心准备了一副肩舆，让司马睿高高坐在上面，派人抬着，两旁排列仪仗，自己与王敦等名流骑着骏马紧紧跟随，前呼后拥，好不威风。三吴大族中的代表人物纪瞻、顾荣等人目睹此状，又惊又惧，一齐拜倒在道旁。王导趁机向司马睿献计："顾荣、贺循在本地最有名望，应该引荐他们出来做官，以结人心。这两个人来了，其他人就没有不来的了。"司马睿立即派王导亲自拜访顾荣、贺循，二人皆应命而至。于是，以贺循为吴国内史，以顾荣为军司马、加散骑常侍，凡军府中的大事，都与他们商量。果不出王导所料，顾荣、贺循出仕后，三吴的大族豪强纷纷投靠司马睿。王导又带头与江东士族联姻。他曾向陆玩请婚，陆玩却说："小地方长不出大松柏，香的薰草和臭的莸草不能放在一个容器里。我陆玩虽然不才，也决不首先做乱伦的事。"王导只好作罢。陆玩拒绝与王氏联姻，也许是三吴习俗所致，也许是对这批亡国失守之士的藐视和戒备，或者兼而有之，反正王导这次碰了个软钉子。但王导并不灰心，仍坚持与陆玩往来。一次，陆玩到王导家做客，王家用北方人爱吃的酪浆招待客人，陆玩吃得稍微多了些，回去后就病倒了。第二天，陆玩致书王导，信中说："仆虽吴人，几为伧鬼。""伧""伧父""伧鬼"是南人对北人的蔑称，陆玩之言颇为幽默，也未必认真，但却不无轻鄙之意。王导是中原人士，不通三吴方言，为了加强与江东人士的感情联络，常常自学吴语。名士刘惔第一次见王导，时值盛暑，只见王导在自家客厅里光着膀子，用腹部在弹棋盘上熨来熨去，自言自语地说："何乃渹!""何乃渹"是三吴方言，意思是"真凉快!"刘惔访问归来，有人问："王公这人怎么样?"刘惔风趣地回答："没有别的不同，只听到他在讲吴语。"在王导等人的共同努力下，江东士族的思想感情也逐渐转变过来，成为支持司马氏政权的一支重要力量。

永嘉五年（311 年）六月，汉国大将刘曜、王弥攻破洛阳，俘晋怀帝，杀王公以下士民三万余人，北方陷入空前的战乱之中。为了躲避战乱，中原士民渡江而南的占十分之六七，王导劝司马睿从中收罗有道德才能的人，与他们共图大事。司马睿听从了王导的建议，一次就辟举掾属一百多人，时人称之"百六掾"。刁协、王承、卞壶、诸葛恢、陈頵、庾亮等人都是这次被辟举的，后来在东晋政治舞台上扮演了极重要的角色。当时南方战乱较少，社会相对安定，荆扬二州，户口殷实；但形势异常复杂，政局不稳，流民问题严重，王导为政务在清静，每每规劝司马睿要“克己励节，匡主宁邦”。司马睿初镇建业时，嗜酒废事，王导劝他不要喝了，司马睿请求再喝一次，喝完后，把酒杯翻过来往桌上一扣，从此戒了酒，以示励精图治。王导又提出四条重要建议：“接纳士人要谦虚，日常开销需节俭，为政要力求清静，南北之人应安抚。”司马睿把这四条作为施政方针，从而逐渐赢得了南北士族的共同拥戴。王导的威望越来越高，朝野人士无不倾心，都尊称他为“仲父”。桓彝初过江时，见司马睿力量微弱，曾说：“因为中原战乱，我来这里是想找条活路，想不到这等寡弱，将来怎能成就大事！”于是终日忧惧，心中闷闷不乐。后来，桓彝去看望王导，俩人畅谈世事，回来后高兴地对周顗说：“刚才见了管夷吾（管仲），再也不用发愁了！”南渡的北方士族，每到空闲日子，便相邀出城登新亭游宴，新亭临江，风景秀丽，周顗触景生情，感慨万千，长吁短叹地说：“风景不同啊！举目有江河之异。”众人一听，相对无言，潸然泪下。王导脸色一变，厉声地说：“应当合力扶助王室，克复神州，怎能作楚囚相对而泣！”大家只好收住眼泪，齐声道歉。司马睿有了王导作辅，可谓如鱼得水。一次，他对王导说：“你真是我的萧何啊！”王导回答说：“过去秦皇无道，老百姓讨厌乱政，以致农民暴动，诸侯并起。汉代与民休息，倡导‘无为’政治，故能由乱到治。自曹魏以来，直至太康之际，公卿世族，比豪斗富，政治败坏，不遵法度；上自王公，下至士人，无不贪于安乐，遂使奸邪之人有隙可乘。大王正要建立不世功勋，如同齐桓公那样，九合诸侯，一匡天下，必有管仲、乐毅之类的贤相、猛将存在，岂是小小的王国臣僚所能事前揣测议论的。愿大王深谋远虑，广择贤能。顾荣、贺循、纪瞻、周顗都是江南的杰出人物，愿待以优厚礼遇，江东就安定了。”

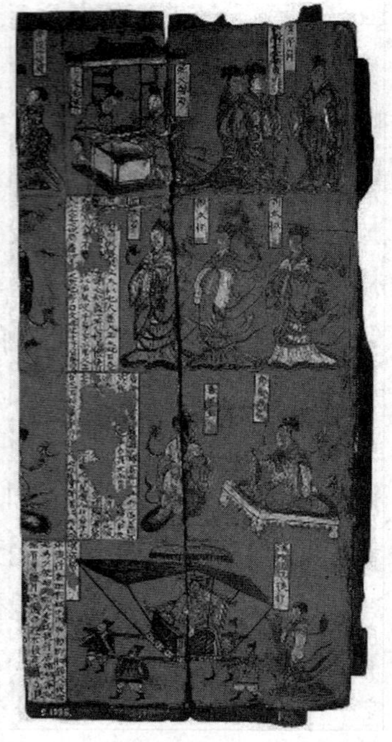

司马睿称晋王，以王导为丞相军谘祭酒。不久，又拜右将军、扬州刺史，监江南诸军；随后迁骠骑将军、加散骑常侍、都督中外诸军事、领中

书监、录尚书事。王导以大将军王敦已经统领六州军事，故辞去了中外都督。其时，司马睿忙于削平江南割据势力和镇压流民起义，征战不息，学校未立，王导上表称："夫风化之本在于正人伦，人伦之正存乎设庠序。庠序设，五教明，德礼洽通，彝伦攸叙，而有耻且格，父子兄弟夫妇长幼之序顺，而君臣之义固矣。自顷皇纲失统，颂声不兴，于今将二纪矣。……先进忘揖让之容，后生唯金鼓是闻，干戈日寻，俎豆不设，先王之道弥远，华伪之俗遂滋，非所以端本靖末之谓也。殿下以命世之资，属阳九之运，礼乐征伐，翼成中兴。诚能经纶稽古，建明学业，以训后生，渐之教义，使文武之道坠而复兴，俎豆之仪幽而更彰。……今若事遵前典，兴复道教，择朝之子弟并入于学，选明博修礼之士而为之师，化成俗定，莫尚于斯。"司马睿采纳了这一建议。

司马睿登基那天，鸣钟击玉，百官陪列，大典隆重。元帝命王导升御床共坐，王导坚决不答应，再三推辞说："如果太阳与地上的万物等同，老百姓怎能得到阳光的普照！"司马睿只好作罢。元帝自出镇江左以来，王敦、王导同心拥戴，出力最多；元帝也推诚相见，委以重任，让王敦总征讨，掌管全国军事；让王导总机要，总管朝政；王氏子弟布满朝廷，显耀无比。当时人形容这种局面说："王与马，共天下。"

三、"王敦之乱"及对王氏宗族的影响

东晋建立后，司马睿希望减弱琅玡王氏的影响力，于是提拔刘隗、刁协等其他士族人士，用以制衡王氏势力。司马睿亦忌惮掌握军事大权的王敦，亦疏远了曾经极力扶持自己的王导。同时，王敦亦渐见专擅，如自行选置属下州郡官员，自行加任割据险处的何钦为将军，更意图安插亲信任州刺史。后司马睿渐渐重用刘隗，同时疏远一开始扶持他而名声似乎比皇族更高的琅玡王氏士族，王敦因而上疏为王导抱不平。太兴三年（320年），司马睿任命湘州刺史甘卓改任梁州刺史，王敦要求以从事中郎陈颁代替甘卓担任原本湘州刺史的位置，但遭拒绝，司马睿更派谯王司马承移镇湘州。王敦见此，上表陈说古今被皇帝猜疑的忠臣和小人如何离间忠臣和皇帝的关系，想要感动司马睿。后王敦写信劝刘隗与他修好，刘隗亦拒绝。司马睿见奏表后更为忌惮王敦，表面上增加他的属官和尊贵待遇，但

同时又任命刘隗和戴渊领兵到外，表面上是要抵抗北方胡族政权的入侵，实际上是要防备王敦。这都令王敦十分愤怒。太兴四年（321 年）豫州刺史祖逖病逝，令王敦以为再无人可以在军事上威胁他，最终决意举兵动乱。

永昌元年（322 年），王敦上奏刘隗的罪状，并以诛刘隗为名举兵向建康进发。王敦部属沈充亦在吴兴举兵响应王敦。王敦到芜湖时又上奏另一位宠臣刁协的罪状。司马睿对王敦的行为十分愤怒，于是决意与他决战，要亲率六军与王敦对抗，并召命刘隗和戴渊回建康准备防卫王敦的进攻，又下令斩杀王敦就可封为五千户侯。在朝中任光禄勋的王敦兄长王含见此偷偷乘船投奔王敦。

被召还建康防守的刘隗入宫后与刁协要求司马睿因王敦叛乱而尽诛王氏，但遭到拒绝，刘隗因而有惧色。同时王导亦率宗族子弟二十多人请罪，亦被司马睿原谅，并任王导为前锋大都督，戴渊任骠骑将军，周札为右将军、都督石头诸军事。又命王廙劝止王敦，但王敦不听，更留下王廙自行任用。王敦逼近建康时，刘隗被指派守金城，周札守石头城，司马睿亲自领军在城郊准备迎战。王敦兵临石头城，周札开城门投降。王敦因而占据石头城。司马睿于是命刘隗、戴渊、刁协、王导、周顗、郭逸和虞潭等率军进攻石头城，但都被王敦军打败。

王敦在石头城中拥兵，不入宫朝见司马睿，更放纵士卒四处抢掠，当地大乱，官员都逃走，只余下安东将军刘超率众与两名侍中侍奉司马睿。司马睿亦只好脱下戎服，派使者向王敦求和。同时，兵败的刁协和刘隗回宫见司马睿，司马睿流着泪劝二人快点逃走避祸，更给予二人人马让他们逃走。但刁协因年老而不能骑马，亦平素对人无恩情，元帝招募刁协随从时竟然全都推辞。刁协行到江乘时被杀，首级被送到王敦那里；刘隗则领家属北逃至后赵。

司马睿后命令百官到石头城见王敦。及后任命王敦为丞相、都督中外诸军、录尚书事、江州牧、封武昌郡公；王敦假意辞让。王敦见太子为人勇敢而有略，朝野中人都支持他，王敦于是打算以不孝为名废了他，以免日后妨碍自己专政，但遭到温峤的大力反对，其他人亦同意温峤，王敦无法得逞。但王敦却因周顗和戴渊二人有很高的名声和才能而十分忌惮，将二人杀害。王敦掌握朝政后，四方的朝贡大多都进了他的府第，将相州牧的任命皆由他掌握，所任用的都是他的亲信或琅玡王氏的族人。重用诸葛瑶、邓岳、周抚、李恒、谢雍等人，更纵容沈充等人胡作非为。王敦亦更置百官及军镇，但决策朝令夕改，只是随心而作。不久王敦即回到武昌，并遥控朝政。后又自行加领宁、益二州都督。王敦及部属先后又杀死反对他的周该、周崎、刘翼、司马承、虞悝、易雄、甘卓及堂弟王棱等东晋重臣。同年司马睿忧愤成疾，最终病死，由太子司马绍继位。

太宁元年（323 年），王敦谋求篡位，讽谏朝廷征召自己，司马绍于是手诏征召王敦。王敦及后移镇姑孰。司马绍因畏惧王敦，想以郗鉴作为外援，于是任命郗鉴为兖州刺史，都督扬州江西诸军事，并镇守合肥。王敦忌惮郗鉴，表他为尚书令还朝，途中王敦与郗鉴相会，二人意见不合，王敦党众劝王敦杀死郗鉴，但王敦不肯。及后郗鉴回朝，与司马绍共谋讨伐王敦。

王敦侄儿王允之受王敦喜爱，经常跟随着王敦。一次王允之佯醉得知王敦与钱凤商讨叛逆篡位的事后，将王敦的图谋告诉当时在朝中任廷尉的父亲王舒，王舒于是与王导一同报告司马绍，暗中做好准备。此时，王敦重病，他矫诏让王应任武卫将军，作为自己副手，又任命王含为骠骑将军，开府仪同三司。钱凤一次问王敦一旦他身故，是否应一致拥戴王应，将所有事交给他。王敦说今天做的是非常的事，不是常人可以担当，而王应年少，不能担当大事。说他死了以后，上计是解兵回归朝廷；中计则是退守武昌，拥兵自守；下计则是谋反动乱，颠覆朝廷。钱凤却认为下计才是最好的计谋，与沈充决定在王敦死后发动叛乱。

司马绍知道王敦病重的消息后，加司徒王导为大都督，领扬州刺史；以温峤和卞敦守石头城，应詹守朱雀桥，郗鉴都督从驾诸军事。另亦召命临淮太守苏峻、兖州刺史刘遐、徐州刺史王邃、豫州刺史祖约、广陵太守陶瞻一同入建康保卫建康并助讨王敦。王导假称王敦病逝，带领子弟为王敦发丧，而司马绍亦假称王敦已死，下诏讨伐王敦的党羽；众人都以为王敦已死，士气增强。王敦接诏后大怒，但因病重而不能领兵，以诛杀奸臣温峤为名号，命王含为元帅，命钱凤与冠军将军邓岳及周抚领兵攻向建康。其间，王导曾试图劝降王含，但王含没有回答。后司马绍率诸军与王含交战，大破王含军。

王敦知道王含兵败后大怒，更试图要起身领军反攻，但因病重而不能起身。不久王敦病逝，王应秘不发丧。后王含与儿子乘船到荆州，王舒假意迎接，实则将他们溺死。王敦尸首被起出，焚毁衣服并跪着斩下头颅示众。钱凤到阖庐洲时被周光杀死；沈充则误入旧将吴儒的家，被吴儒杀死，并传首至建康。至此“王敦之乱”正式结束。

“王敦之乱”，先后历时三年，对东晋政权形势造成严重影响。一是在这期间东晋集中应付内斗，对于北方的侵扰没有力量去应付，导致后赵乘机夺取了东晋兖州、徐州和豫州的大片土地。二是郗鉴、苏峻等流民帅凭着协力平定王敦之乱而有功获封赏，并且威望渐长，军事力量强大，成为最终平衡皇权与士族大户的重要力量。但同时苏峻亦骄傲自满，甚至有了异心，最终导致了后来的“苏峻之乱”。三是琅玡王氏受到沉重打击。王氏一族中多人跟随王敦而最终被杀，一定程度上造成了王氏后继乏人的局面；王导虽在这场变动中始终站在司马皇族一方，但其受信任程度和在士族间的威望大减，颍川庾氏一门乘势而起。

四、庾氏的兴起和“苏峻、祖约之乱”

颍川庾氏，是继琅玡王氏后兴起的又一大族。在东晋初期，影响很大。

东汉末年，庾氏先祖庾乘原是颍川郡鄢陵县县衙的一个门卒，受当时名士郭泰赏识，介绍他入学官。庾乘的名气逐渐大起来后，朝廷几次征辟他做官，他却婉言谢绝，因此被人们号为“征君”。从此，庾氏家族兴盛发达起来。庾乘之子嶷，曹魏时官至太仆。第三代中的庾峻、庾纯，出任过西晋王朝的尚书、侍中、中书令等显要官职。第四代做官的人更多，庾氏已经成为中原的高门大族。

庾亮是这个门第显赫的家族的第五代。庾亮（289—340 年），字符规。他容貌俊美，仪表不凡，喜读《老子》《庄子》一类的书籍。又擅长清谈，动辄讲究礼节，有一副名士派头。他很早就享有盛名，人们把他比作三国时代的夏侯玄、陈群一流的人物。他 16 岁时，北方正处在“八王之乱”的高潮，西晋太傅、东海王司马越辟召他当佐史，他没有答应。永嘉（307—313 年）初年，其父庾琛出仕会稽太守，他也随行到了江南。庾亮深居简出，有些人虽然仰慕他，却不敢冒昧造访。

司马睿在建邺建立偏安政权时，遵王导之策，网罗南北士族担任幕僚，庾亮应召，入镇东大将军府担任西曹掾，并很快得到司马睿的喜欢和器重。司马睿听说庾亮的妹妹庾文君尚待字闺中，主动提出与庾氏联姻，为长子司马绍聘定了这门亲事。司马睿称帝后，立司马绍为太子，庾亮官拜中书郎、领著作郎，与太子中庶子温峤在东宫陪侍司马绍读书，三人情谊深重。后来，庾亮又累迁给事中、黄门侍郎、散骑常侍。有一次，庾亮奉使到芜湖与王敦商议国事，两人原来各坐一旁，谈着谈着，王敦喜欢上庾亮，不禁凑到了他的跟前。送走庾亮，王敦赞叹说："庾亮比裴贤明多了！"以后，王敦还上表举荐他为中领军。庾亮一方面得到了王氏兄弟的提携，对"知遇"之恩确实心存感激；另一方面又是司马皇族姻亲，在元帝推行"以法御下"的政策，重用亲信刁协、刘隗而疏远王导，帝室与王氏的关系日趋紧张的情况下，庾亮夹在中间，足将进而趑趄，口将言而嗫嚅。在感情上，他倾向于帝室，在理智上，他却不愿得罪王氏，只能谨慎小心地应对着这个复杂的局面。有一次，元帝赐给太子一部《韩非子》，庾亮婉转地对太子说："申、韩冷酷无情，败坏社会风气，殿下不必去读它。"

王敦以诛刁协、刘隗为名举兵攻入建康，元帝郁郁而死。元帝死后，司马绍继立，是为明帝。明帝任命庾亮为中书监。中书监是一个炙手可热的职位，原来由王导担任。庾亮深知王氏兄弟对自己怀有戒心，这个中书监是万万当不得的。他立即上表辞让。明帝见庾亮态度很坚决，只好作罢。不久，庾亮又借口养病，向朝廷告假。

太宁元年（323 年），王敦谋反的消息不断传来建康，明帝暗中进行反击准备。庾亮名为养病，实际上时时刻刻关注着政局的变化。在庾亮、温峤等人的支持下，太宁二年（324 年）六月，明帝发布讨伐王敦的诏命，任命庾亮以中书监领左卫将军，与诸将共同抵御王敦的心腹钱凤。不久，王敦病死，王敦的另一个心腹沈充败逃吴兴。明帝又任庾亮为假节、都督东征诸军事，追击沈充。事平之后，明帝论功行赏，封庾亮为永昌县开国公，赐给绢五千四百匹，庾亮谦让不受。

明帝不愿当傀儡皇帝，他着手调整内外军事将领，任命宗室南顿王司马宗为左卫将军、舅父虞胤为右卫将军，统领京城宿卫禁军；任命寒门出身的将领陶侃镇守荆州，控制荆楚地区的军事力量。庾亮被拔擢为护军将军。但朝政实为司马宗把持。不久，明帝病危，传诏宣布太宰司马羕、司徒王导、尚书令卞壶、车骑将军郗鉴、护军将军庾亮、领军将军陆晔和丹杨尹温峤辅佐太子，轮流统领禁兵宿卫宫殿，免去司马宗、虞胤的左、右卫将军之职。拜卞壶为右将军，庾亮中书令、加给事中，陆晔录尚书令。明帝对身后的安排是经过深思熟虑的，七个辅政大臣中，有宗室，有外戚，有南、北士族，使之相互制约，可以防止个人擅权。太宁三年（325年）闰八月一天，司马衍即位，称晋成帝。成帝年方5岁，皇太后庾氏临朝称制而委政于庾亮。从此，王导常常称病不上朝。朝政落入庾亮之手。

庾亮执政时，一改王导优容世家大族之策，反其道而行之，提倡法治、主张加强中央集权，削弱地方势力，因此，遭到世家大族的反对。尤其严重的是，庾亮和地方势力的矛盾不断激化。当时，荆州刺史陶侃和豫州刺史祖约怀疑庾亮私自删改明帝遗诏，有意把他们排挤出辅政大臣的行列，所以对庾亮散布了不少流言蜚语。历阳内史苏峻自恃手拥强兵，实力雄厚，不把庾亮放在眼里。他在历阳私自招聚亡命之徒，扩充军队，以致运送军需物资去历阳的船只首尾相接，给朝廷造成沉重的负担。

司马宗从左卫将军的显要职位下台以后，心怀怨怼，暗中组织力量。庾亮抢先一步，在司马宗猝不及防的情况下以谋反的罪名诛杀了他和他的同伙，贬斥了司马羕和虞胤等人。司马宗的一个部下卞阐逃亡到历阳投奔苏峻，庾亮下令苏峻把人交出来，苏峻拒不从命。庾亮一直觉得苏峻是一个祸根，早就有心剥夺苏峻的兵权。卞阐潜逃一案，促成他将苏峻调回建康的决心。

起初，他私下征求王导的意见，王导劝阻说：“苏峻为人阴险多疑，不会老老实实奉诏回来，不如暂且宽恕他，免于闹出风波。”庾亮听不进去，又召集群臣商议，朝堂上一阵沉默，卞壶站出来反对说：“苏峻手握强兵，逼近京城，从历阳到建康，不足一天的路程，一旦发生动乱，建康就十分危险，这件事应该慎重考虑。”庾亮不纳。卞壶又写信给温峤，让他出面规劝庾亮，但是庾亮依然置若罔闻。消息传到历阳后，苏峻意识大事不妙。他一面差人向庾亮求情，一面上疏表示愿意在边境为朝廷效力。然而朝廷的诏书还是颁发下来了：征召苏峻回京，担任大司农，加散骑常侍，以此削夺苏峻军权。苏峻狗急跳墙，与祖约一道以讨伐庾亮为名举兵反抗。

咸和二年（327 年）十月，“苏峻、祖约之乱”暴发。在形势十分危急的情况下，庾亮表现出了“刚愎”的一面。江州刺史温峤闻报，请求率军下援建康，队伍还没有出发，庾亮来信制止说：“我对西部边陲的忧虑超过历阳，足下不可越雷池一步。”三吴将领请求发兵保卫建康，庾亮也加以拒绝。徐州刺史郗鉴也准备起兵，庾亮仍是硬充汉子，以防御北方敌人为由，发诏阻止。叛军主动进攻，庾亮却采取消极防御，局势的发展十分不妙。有人对王导建议说：“应当派兵迅速切断阜陵，坚守江北等渡口，在敌寡我众的情况下，完全可以一战胜之。倘若敌军未到，我们可以进逼历阳；如果我们不进攻，敌军就会先发动进攻。这是先声夺人，机不可失啊!”王导听了很赞成，庾亮却认为建康固若金汤，苏峻绝不敢直接进犯建康。当庾亮还在自我陶醉的时候，苏峻的部将韩晃、张健袭取了东晋囤积了大量食盐、大米的姑孰，直捣慈湖。庾亮得到报告以后，叫苦不迭。

建康进入战争状态，庾亮自任假节、都督征讨诸军事，其弟庾翼，当年 22 岁，尚未出仕，也带领几百名士兵守卫石头城。宣城内史桓彝率军入援，被韩晃堵截在广德。很快慈湖也失守。咸和三年（328 年）一月，苏峻、祖约的联军两万多人从横江渡口抢渡长江，进抵陵口，晋军抵挡不住，连连败北。二月，苏峻占领蒋陵覆舟山。这时，部属给庾亮出小丹杨南路埋击叛军的主意，庾亮竟再次拒绝部属的正确意见。苏峻攻入建康台城，卞壶战死。庾亮知道大势已去，丢下当皇太后的妹妹和皇帝小外甥，托付给侍中钟雅后，与弟庾怿、庾翼等逃到寻阳。

幸好之前温峤见局势危急，移兵寻阳，驰援建康。庾亮见到温峤。拟推陶侃为盟主反攻叛军。五月，陶侃众兵到达寻阳。陶、庾本来不睦，苏峻之祸又是庾亮惹起，陶侃此来，众人以为当诛杀庾亮以谢天下。庾亮委实惶恐不安，硬着头皮去拜见陶侃，陶侃很吃惊，说道：“庾元规怎么拜起我陶士行来了!”士行，是陶侃的字。当初，庾亮是名士中人，求见一面尚且不易，今日竟拜倒在寒门将领陶侃的脚下。陶侃一肚子气，顿时消了一半。陶侃设宴招待庾亮，二人饮宴终日，谈笑风生。以陶侃为盟主的四万联军从寻阳出发，进军建康。咸和四年（329 年）二月，联军平定了苏峻之乱。庾亮的妹妹庾太后在动乱中因不堪凌辱自杀。

五、庾王之争及庾氏北伐

平定苏峻之乱后，庾亮一度请求去职归乡。他上疏成帝，言真意切，可谓至诚之极。成帝下诏苦苦挽留，庾亮不辞而别，他带着家眷，由暨阳东门出城。成帝又派人扣住了船只，不放他走。在这种情况下，庾亮请求朝廷放他出任方镇，效力疆场，朝廷也就同意了，于是任命他担任持节、都督豫州、扬州之江西宣城诸军事、平西将军，假节、豫州刺史、领宣城内史，镇芜湖。

不久，后将军郭默矫诏擅杀江州刺史刘胤，占据湓口。司徒王导不仅不予追究，还让他继任江州刺史。太尉陶侃不满王导姑息养奸，发兵东下湓口。庾亮随即也上表朝廷，督率步骑二万余人西上，配合陶侃讨伐郭默。事后庾亮不受爵赏，撤兵回到芜湖，陶侃写信给他说："赏罚黜陟是国家的重要制度，我实在不理解你为什么要过分克制，独自当君子！"庾亮回信说："这次胜利上有元帅指挥，下有将士效力，我庾亮有什么功劳呢?"朝廷又进庾亮为镇西将军，但他坚辞接受。这时，王导再度执政，"上无所忌，下无所惮"。成帝一天一天长大了，可见了王导要下跪，给王导的手诏要称"惶恐言"。陶侃和庾亮对王导的擅权都耿耿于怀。

这里需要注意的是，在陶侃、庾亮与王导的斗争中，王羲之的岳父郗鉴态度十分微妙。陶侃曾经倡议起兵废黜王导，由于郗鉴反对，才避免了一场干戈。咸和九年（334 年）六月，陶侃病死。朝廷擢升庾亮都督江、荆、豫、益、梁、雍六州诸军事，领江、荆、豫三州刺史，进号征西将军、开府仪同三司、假节。随着地位的提高和权力的增大，庾亮对王导"挟震主之威下陷百官"更无法容忍了。他写信给郗鉴说："昔于芜湖反复谓彼罪虽重，而时弊国危，且令方岳道胜，亦足有所镇压，故共隐忍，解释陶公。自兹迄今，曾无悛改。主上自八九岁以及成人，入则在宫人之手，出则唯武官小人，读书无从受音句，顾问未尝遇君子。……主之少也，不登进贤哲以辅导圣躬。春秋既盛，宜复子明辟。不稽首归政，甫居师傅之尊；成人之主，方受师臣之悖。公与下官并蒙先朝厚顾，荷托付之重，大奸不扫，何以见先帝于地下！愿公深惟安国家、固社稷之远算，次计公与下官负荷轻重，量其所宜。"庾亮要起兵赶王导下台，但郗鉴仍不

同意，庾亮没有轻举妄动。有意思的是，庾亮的动向被陶侃的儿子陶称觉察到后竟报告了王导，王导故作从容地说：“我和元规休戚与共，聪明人哪能传播这种捕风捉影的无稽之谈。即便真有这么回事，他来我走，回家当平民百姓，有什么可怕的！”但王导心里很不舒坦，遇到刮西风的日子，他一面举起手中的扇子去挡灰尘，一面慢悠悠地说：“庾元规刮来的灰尘太脏了！”后来，陶称告密的事被庾亮知道后，被庾亮设计杀掉了。

石勒死后，庾亮便有北伐后赵、收复中原之志。咸康五年（339 年）三月，他对所辖地区军事部署作了一番调整，表请桓宣任都督沔北前锋诸军事、平北将军、司州刺史，镇守襄阳；又以其弟庾怿任监梁、雍二州诸军事、梁州刺史，镇守魏兴；弟庾翼任南蛮校尉，领南郡太守，镇守江陵；毛宝任监扬州之江西诸军事、豫州刺史，与西阳太守樊峻统领精兵万人戍守邾城。此外，庾亮还派遣偏师进攻蜀中的成汉政权，俘获成汉荆州刺史李闳、巴郡太守黄植。庾亮进行了一系列的准备工作之后，决定亲自领十万大军北上，移镇石城，作为其他诸军的后援。他上疏朝廷说：“襄阳北连宛、许，南有汉水阻隔，地势险要，粮食充足。臣请求移镇襄阳石城，派军队星罗棋布于江、沔之间。几年以后，战士得到训练，即可抓住战机，大举进军，直指河、洛。”成帝让公卿大臣进行讨论，多数人都不赞同，于是不许庾亮移镇。

咸康五年（339 年）七月，王导去世，成帝征庾亮入辅，担任丞相、扬州刺史、录尚书事，庾亮不肯就职，而是信心十足地准备移镇襄阳了。此时，邾城突然失陷。这个消息给庾亮极大的打击。原来，后赵以重兵围攻邾城时，守将毛宝曾经派人告急，庾亮麻痹轻敌，以为邾城十分坚牢，没有及时派兵增援，结果邾城倾覆，智勇双全的大将毛宝和突围而出的六千将士又都淹死在江中了。庾亮自求贬官三等，降为平西将军，虽然诏命恢复原职，但从此以后，他郁郁不乐，渐而成疾，次年二月病死，时年 52 岁。

庾亮死后，其弟庾翼为都督，统江、荆、司、雍、梁、益六州诸军事，“假节代亮”，镇武昌。庾翼都督六州时，为了北伐，安置南渡流民屯田，储存军粮。“诸郡失土荒民数千无佃业，翼表移西阳、新蔡二郡荒民就陂田于浔阳”。庾翼征发所都督六州士庶的奴僮及牛车驴马，引起强烈不满，造成百姓嗟怨。建元元年（343 年），庾翼上疏请求北伐，并遣使约前燕、前凉同时出兵，合力攻赵。然庾翼的北伐之议也和庾亮一样，颇遭朝臣反对。庾翼执意而行，率众万，进驻襄阳，以桓温为前锋，领兵入临淮（今江苏盱眙北）。此时，东晋康帝也同意庾翼北伐，并以庾冰“都督江、荆、宁、益、梁、交、广七州、豫州之四郡军事，领江州刺史，假节，镇武昌，以为翼援”。于是，庾翼在襄阳大会僚佐，陈兵誓众。然首战失利，败于丹水。不久，康帝和庾冰相继病亡。建元二年（344 年），庾翼被迫从襄阳退守夏口，但仍然“缮修军器，大佃积谷，欲图后举”。然第二年七月，庾翼亦染疾病亡，北伐之举遂告终结。

庾氏兄弟的北伐，一次以未得到朝廷同意而罢，一次未及大举行动而败。庾氏在北伐过程中在长江沿岸经营的成果，并未使庾氏门第延绵久长，而龙亢桓氏以此为基，在上游骤然兴起，取庾氏而代之，驱除庾氏家族的势力，这极大地加速了庾氏门第的衰落。琅琊王氏在王导去世后，司马氏对其颇有成见，族中后继乏人，虽然仍为一流氏族大户，但已难以进入东晋权力核心。东晋进入了桓氏当权的时代。

六、桓氏当政及三次北伐

桓氏，谯国龙亢（今安徽省怀远县西龙亢镇）一族。以桓温为首的桓氏一族，继王、庾之后，把握东晋朝政 30 余年。桓温所属的是谯国龙亢桓氏家族，在南渡的北方人士中，声望远远不及琅琊王氏、陈郡谢氏和颍川庾氏。桓温之父桓彝本来家世孤清，因平定“王敦之乱”而上升为与郗鉴、温峤、庾亮等名望相近的名臣。后来桓彝在苏峻之乱中，勤王战死，为东晋“流尽了最后一滴血”，声望甚高。但在桓彝死后，一度家道又中落了。桓温，字符子，相貌温伟，有奇骨，面有七星。出身于如此家世，桓温不能像王、谢子弟那样，优游傲啸于东山之阴就可以取得高位。但其少年时即结交名流，与刘惔、殷浩齐名。刘惔称他“眼如紫石棱，须作猥毛磔”。桓温十八岁时曾手刃仇人之子，其勇武可知。胸怀大志的桓温只能按乃父的路子，从建立军功来跨入政治之门。后来桓温与庾翼相交，受庾翼推荐，娶晋明帝之女南康长公主为妻，以天子佳婿的身份进入政界。

后来庾翼去世，各门阀竞相争夺荆州地区，出于权力上的平衡，远非豪门望族的桓温，得以进入荆州地区，但是凭他那时的威望，远不能站稳脚跟。真正使桓温树立权威的是伐蜀之战。永和二年（346 年）十一月，桓温出兵伐蜀。朝中的议论多以为蜀中地形险阻，路途又远，桓温兵力不大，难以取胜。刘惔却以为必能成功，众人问他根据何在，他说："从赌博可知。桓温赌博的手段极精，非一定能赢绝不出手。只怕灭蜀之后，朝廷都得听他的而已。"后桓温奇袭成都，大获成功。先后历六世共 46 年的成汉就此灭亡。但是即便桓温军功卓著，但是在东晋王朝中备受轻视。因为东晋王朝历来就轻视武人，桓温娶了明帝的女儿南康公主，并不因为他是天子佳婿而改变了人们对他的轻视。谢奕与桓温颇有交情，一次拉着桓温与自己对饮，桓温不好酒，躲进房中。谢奕只得拉桓温帐下一个军帅同饮，一面还说："走了一个老兵，又拉到一个老兵！"后来桓温求王坦之的女儿为媳，又被其父王述骂作老兵。桓温一生不懈地追求一流的名望，这与其说是他有篡夺之心，倒不如说他想改变世俗对他的偏见来得更合理一些。

在桓温的上升之路上，不得不提到的是他对曾经提携他的庾亮及其家族的打击。庾亮、庾冰、庾翼三兄弟先后在东晋担任要职。342 年，晋成帝去世，庾冰、庾翼主张立庾皇后之子司马岳，保持舅氏的地位。而时任宰相何充，主张立晋成帝的儿子，何充与庾氏兄弟开始有矛盾。后司马岳继位，即晋康帝，皇后褚氏就是后来在东晋发挥重要影响的崇德太后。不料晋康帝两年后即去世后，庾氏兄弟要立晋元帝司马睿之子、时为会稽王的司马昱（即后来被桓温立为帝的晋简文帝、王羲之出仕初期曾任会稽王友一职），他们认为国有强敌，应立长君，且其与晋康帝都是积极主张北伐。何充主张立太子司马聃。这一次，何充获胜，最终褚太后抱着年幼的晋穆帝（345—361 年）垂帘听政。为此庾氏兄弟对何充非常不满。而褚太后与何氏家族结盟，晋穆帝的皇后就是何氏。一度与庾氏交好的桓温此时已投向何充。与何充关系最好的还有褚裒和殷浩，何充曾经说："桓温、褚裒为方镇，殷浩在门下，我无劳也。"346 年，何充去世。桓温以"北伐失利"为名打击了与自己争夺何充集团首领的殷浩以后，完全掌握了原来何充集团，形成新的桓氏集团，成为与崇德太后、司马昱并列的三大政治集团首领。桓温在庾翼去世后，强行废黜了他的两个儿子，控制了荆州。

后在崇德太后的支持下，开始打击与他矛盾最大的庾氏和琅玡系的势力，这场政治镇压是残酷的，庾冰有七子，庾希早先被桓温弹劾免官，隐居，得知桓温废帝，迫害庾氏，和弟弟庾邈逃亡，庾倩是武陵王的长史，最有才干，桓温最忌讳他。桓温打击武陵王也因为他与庾氏关系密切，武陵王是琅玡系拥护的，他的亲信王彪之最早被桓温打击，后来投奔了简文帝司马昱。王彪之为武陵王说情未成，直到简文帝亲自过问，桓温才放过武陵王。而庾倩和弟弟庾柔被桓温处死，庾冰担任广州刺史的儿子庾蕴闻变服毒自杀。后来庾希等人以海西公名义起兵攻桓温，失败被杀，庾冰的子孙只有少数得到幸免。庾亮孙庾揩后也被桓玄所杀。

桓温时期，曾经进行了三次北伐。

第一次北伐在永和十年（354年）。桓温统领步骑四万，水陆并进，深入前秦腹心之地，在蓝田两次击败前来拦截的五万秦军，直逼秦都长安。当地的耆老感泣曰："不图今日复见官军！"这是何等感人的场面！可是后来苻坚采取坚壁清野的策略，桓温军粮不继，只得退走。在撤退时遭到秦军的全力追袭，但即便如此，桓温最后还是带了中原三千余居民回来。历来都认为当时长安苻坚不过五千余士卒，桓温不应退走，应该攻下长安。由是推断桓温北伐不过是为了扩张个人威望"以功名镇服江东"。其实仔细分析一下，其难度并不亚于以七千人仰攻巴蜀之役。桓温的策略是直捣敌人国都，使对方丧胆失措，待敌方内部生变，外有中原故老接应，就可趁机取胜。可是当时的符秦，掌权的都是氐族，内部矛盾不激烈，而当地的百姓又觉得苻秦政权比之前的前赵要温和许多，加上苻坚坚壁清野，断绝了晋军的粮食补给，形势就不那么简单了。桓温面对倍于我，而又为保国守土而战的秦军，如果贸然闯入长安，完全就有可能被困死在城中。所以桓温不进长安，应该是出于军事上的慎重。

第二次北伐。桓温退回荆州之后，很快便恢复了元气。此时，羌豪姚襄降而复叛，北返中原，取得了许昌至洛阳之间一大块地盘。同时，前秦和前燕正受内乱困扰，桓温看到这正是进军河洛一带的大好机会。为此，桓温十余次上表要求进军黄河，还都洛阳，朝廷却都不允许。此时建康城中的君臣，早已忘记当初刚刚建国时"唯有蹈节死义，以雪天下之耻"的誓言一心偏安江东。不过姚襄忘恩负义地叛去，有失朝廷颜面，所以还是让桓温当上征讨大都督，去讨伐姚襄。永和十二年（356年），桓温率军北

上。这一次，桓温志在洛阳，他先派兵直接从荆州北境出兵，遏制姚襄南下之路；自己则取道江陵，途经建康北面的金城，看到自己年轻时种的柳树已经长得粗达十围，不由潸然泪下，感慨万分地说："木犹如此，人何以堪！"草木无情，人生易老，晋氏南渡，已经传到了第五代皇帝；中原沦落五十多年，故老差不多都已死尽，新生的后代，快要把故国忘得一干二净，北伐的机会已经不多了。

桓温进军到洛阳附近，与姚襄隔水而战。他披坚执锐，与弟弟桓冲一并奋力作战，把以智勇闻于大江南北的姚襄打得大败。随即进驻洛阳，拜谒了先皇陵墓，把遭破坏的灵寝都修缮完好，派专人看管。这是东晋立国之后，晋军第一次也是唯一一次回到故都。但是一心偏安的东晋君臣不敢也不愿返回故地，桓温只能徒然叹息："废神州于龙漠，令五尺之童掩口而叹息！"此时前秦正受苻生苛政的磨难，前燕慕容氏内部不稳，慕容儁在幽、冀一带疲于奔命。而东晋经过数年修养，国力已经大为增强，正是还都的大好时机。可惜无论是皇帝还是南下的士族只想守住眼前的安乐，早把复国的大业抛在脑后了。桓温退回荆州，第二次北伐结束。但桓温在第二次北伐成功收复洛阳后声望提高，先于升平四年（360 年）晋爵南郡公，后更在兴宁元年（363 年）进大司马、都督中外诸军事、录尚书事，正式掌握朝政。次年更授桓温扬州刺史，令桓温掌握京畿地区军事。桓温虽然内镇扬州，然而原本所都督的荆、江二州亦交由其两个弟弟桓豁及桓冲掌握，由此桓温基本上集东晋全国军政大权于一身，仅未能掌握徐、兖二州所在的京口及豫州等兵力。

第三次北伐。太和四年（369 年），桓温上请北伐，并请与徐、兖二州刺史郗愔，豫州刺史袁真及江州刺史桓冲一同出兵。这一次的目标是前燕政权。桓温率五万步骑从镇地姑孰出发，兵分东西两路。西路由王导时留下的宿将袁真带领，任务是穿过谯、梁二郡，打通石门水道，把粮草运到黄河前线。桓温自领主力，从东线水路进入黄河，沿河西上与袁真会合。东路大军出境不久即在湖路击败前来拦截的燕军。进入黄河，前燕大将慕容垂率领八万大军前来抵御，再次被桓温击败。当晋军正式进入黄河前，曾对下一步战略发生争论。谋士郗超献上两策，一是原地驻防，积聚军需，等过了冬天再继续前进。另一计是，直捣燕国首都襄国，逼燕军主力决战。桓温认为一计太缓，一计太急，坚持按原定计划沿河而上与袁真会合。但是袁真一直打不开石门一带的水道，桓温在行进到枋头一带得不到军粮接济，只得烧毁船只，向南撤退，途中被前燕的精骑追击，大败，共损失四万余人。第三次北伐至此结束。

桓温北伐，为其带来极大声望，尤其第二次北伐收复洛阳后，桓温曾在隆和元年（362 年）请迁都洛阳，并让昔日南渡江左的士庶一律北徙。虽然当时洛阳正受前燕所攻，侨姓士族更加是不愿放弃南方北归，但因朝廷畏惧桓温，竟然没有人敢首先出言谏止，而只有孙绰敢上疏反对。当时朝廷更打算派侍中劝止桓温，可见桓温在当时的威望极高，足以动摇朝廷。然而，桓温北伐其实得不到举国同心支持，故申胤才有言：“晋室衰弱，温专制其国，晋之朝臣未必皆与之同心。故温之得志，众所不愿也，必将乘阻以败其事。”第三次北伐大败而回，就已令桓温的威望大降，只仍因其权倾朝野，故此促使他放弃外讨增加名望，转而对内行废立，于是桓温在太和六年（371 年）废黜晋废帝，并且诬陷武陵王司马晞等人，遂更令其威势比皇室更盛。然而，始终因为此败，桓温无法达成其篡位计划，始终受制于王坦之和谢安等士族人士。桓温大败后，北伐之事亦再未进行。

七、桓氏的败落与谢氏的兴起

桓温长期掌握大权，素有不臣之志，渐羡王敦。一次，他抚枕而叹：“既不能流芳百世，不足复遗臭万载耶?”桓温自负才能过人，又心怀异志，因此发动北伐希望先建立功勋，然后回朝受九锡以图篡位。但因第三次北伐失败，声名和实力大减，图谋不成。371 年（咸安元年）十一月，桓温采取郗超“废帝以立威”的策略，废皇帝司马奕为东海王，改立司马昱为帝。桓温忌惮太宰、武陵王司马晞的军事才干，于是弹劾司马晞“聚纳轻剽，苞藏亡命”，将其免官。又逼迫新蔡王司马晃诬称自己与司马晞、司马综（司马晞世子）、著作郎殷涓、太宰长史庾倩、太宰掾曹秀等人谋反，将他们收付廷尉。最终，司马晞被废为庶人，庾柔、殷涓等人都被族诛。此后，桓温威势极盛，连谢安见他亦对他遥拜，更以君臣称作二人关系。

咸安元年（371 年）十一月，朝廷为防桓温异心，以进封丞相为名，

拟留其在京师辅政。桓温推辞不接受，并返回姑孰。咸安二年（372 年）三月，朝廷遣侍中王坦之征召桓温入朝辅政，并增其食邑万户，桓温再一次推辞。同年七月，简文帝病重，急召桓温回朝，并在一昼夜内连发四道诏书，桓温仍推辞不肯入京。不久，简文帝驾崩，遗诏命桓温辅政。桓温原本希望简文帝会将帝位禅让给自己，或让自己仿效周公摄政。如今大失所望，十分怨愤，领兵入建康。桓温到达建康那天，随身带的将士，都是全副盔甲，手执利刃。朝廷官员到路边去迎接时，看到这个情景，十分惊恐。桓温请王坦之、谢安到他官邸去会见，王、谢两人早已听说桓温事前在客厅的背后埋伏一批武士，想杀掉他们。王坦之到了相府，浑身冷汗，衣服湿透。谢安却十分镇静，对桓温说："我听说自古以来，讲道义的大将，总是把兵马放在边境去防备外兵入侵。桓公为什么却把兵士藏在壁后呢?"桓温听了，也有点不好意思，说："我也是不能不防备点儿。"最终桓温并未动手，又归姑孰。

宁康元年（373 年）二月，桓温入朝拜谒皇陵，朝廷命谢安及王坦之到新亭迎接，百官拜于道侧。不久，桓温患病，返回姑孰兵权，由其弟桓冲接掌。同年三月，桓温上表求九锡之礼，谢安借故拖延。七月，桓温逝世，享年 62 岁。《晋书》评其"挺雄豪之逸气，韫文武之奇才"，也确可称当。后朝廷追赠丞相，谥号宣武，丧礼依照安平献王司马孚、霍光旧例，又赐九旒鸾辂等物。桓温死后，谢安担任了宰相，桓温的弟弟桓冲担任荆州刺史，两人同心协力辅佐晋孝武帝，东晋王朝出现了团结的气氛。南郡公的爵位由幼子桓玄继任。

元兴二年（403 年）十一月，桓温幼子桓玄称帝，追尊桓温为宣武皇帝，庙号太祖，墓为永崇陵。这个短命政权终于被刘裕推翻。桓玄从称帝到兵败出逃，共经 80 天；从称帝到被杀，前后不到半年，死时 36 岁。桓玄死后，堂兄桓谦、桓石绥等人仍坚持抗争达五六年之久，直至晋安帝义熙六年（410 年）才宣告全部失败，桓氏家族彻底覆灭。

此后，陈郡谢氏正式登上历史舞台。

谢氏家族祖居陈郡阳夏（今河南太康），有史可考的第一人是曹魏齐王芳时长安典农中郎将谢缵。谢缵子衡、衡子鲲、鲲弟裒等相继在魏晋时期进入仕途，使谢氏家族从一般的官宦之家演变为世代为官的士族之家。但需要指出的是，在东晋中叶以前，谢氏像以后那样与琅琊王氏齐名的一流士族地位还未形成。到东晋中期，谢安由于超人的声誉和出色的政治才能被推上了宰相的宝座，谢尚、谢万、谢石、谢玄、谢琰等人也各领强兵遍布方镇，谢氏家族的人几乎垄断了东晋王朝的军政大权，形成了与皇族司马氏“共天下”的局面。特别是公元 383 年，由谢安坐镇京师任总指挥、谢石任征讨大都督、谢玄任前锋都督、谢琰任辅国将军，4 人联合导演了一场震古烁今的“淝水之战”，创造了 8 万人大胜前秦 25 万入侵者的以少胜多的战例，更使谢氏家族无限荣光。事后，谢安等 4 人同日封公，鼎贵无比，不仅获得了应有的奖赏，而且还使家族的一流门阀地位得以确立。

“淝水之战”使本已显赫的陈郡谢氏更加名满天下，在六朝时期（主要是东晋与南朝，中国那时的正统王朝）三百余年的鼎盛与名望只有琅玡王氏可以相提并论。确实，如果没有淝水之战的东晋胜利，中国的历史将改写，华夏汉文明将遭北方蛮族的彻底灭亡。历史学界也认为，赤壁之战奠定了三国鼎立，淝水之战奠定了南北朝，南朝为隋唐的核心文明奠定基础，可见淝水之战的影响深远。就是这次古代世界著名的淝水之战陈郡谢氏扮演了主角，谢家才从一个普通士族变成了与琅玡王氏并列的最高名门望族，这两族的名望在当时是连五代皇室（东晋，南朝）都比不上的，南朝梁时期，侯景之乱前曾向梁武帝请求和王、谢两族联姻，梁武帝萧衍不答应，萧衍说：“王、谢门高非偶，可于朱张以下访之。”侯景很生气，后来娶了萧衍的女儿，可见当时皇族以门第论确实比不上王、谢两族的。

淝水之战后，南北对峙局面形成，东晋也相对平稳。公元 420 年，刘裕篡夺帝位，东晋历 103 年。在臣强君弱的形势下，东晋维持百年之久，也可谓是个奇迹。

在这一章节，我们用了如此大的篇幅来回顾两晋特别是东晋的历史，原因在于这些历史大事件，几乎无一不与琅玡王氏有着密切关系，当然与本书主人公王羲之也关系甚大。这些大事件中的许多重要人物，有其族亲，有其妻族、有其师长、有其朋友，而这些大事件无一不对王羲之有或大或小或轻或重的影响。如没有永嘉南渡时王氏兄弟的贡献就无法形成王氏一门在东晋时的地位，也没有了王羲之一流士族子弟的身份和地位；没有“王敦之乱”和家族命运的多变，也许王羲之的仕途会比较顺利，恐怕难有其思想的复杂、情感的激荡以及对仕途的不屑；没有“庾王之争”，

也难以形成王羲之中庸自处的风格；没有桓温与庾氏和殷浩的矛盾斗争，可能王羲之的归隐难以如愿；当然，王羲之身边如果没有族亲如王导、王敦、王廙，妻族如郗鉴，师长如庾亮，朋友如谢安、殷浩等人物的出现，其如平原孤峰也难成其高。只有当我们把王羲之放在当时特定的历史环境中，才可能真正了解他的人生、思想和艺术的成因。

第三章 门阀士族与魏晋风度

士族大户，在魏晋时期因其特殊的社会地位，又被形象地称为“门阀士族”。王羲之生于琅玡王氏，是三国两晋南北朝时著名的门阀士族。特别是到东晋，琅玡王氏权倾一时，形成了“王与马共天下”的格局，是历史上由门阀制度上升到门阀政治的肇始。一个人的价值观、人生观及由此决定的思想和言行，无疑要受到其所处的阶级、家族、友人等周边人物和环境的深刻影响，这可能是其取得巨大成就的原因所在，也可能是其局限性所在。下面，让我们进一步来了解和分析一下门阀士族的形成、特点，以及由此而延伸的、中国历史上一个十分独特的文化现象——魏晋风度。

第一节 从门阀制度到门阀政治

门阀制度，就是在某一历史阶段，以宗族为代表的士族大户在国家政治、经济、军事及文化诸领域享有特权、产生重大影响或占据领袖地位，而国家政权又以制度形式予以认可甚至支持的政治制度。而当士族大户一旦达到把握朝政、影响政局变化的程度时，可称为门阀政治。

我国历史上把家门贵盛的特殊阶级常称为“高门”“门第”；古代官宦人家为了彰显自己的业绩和门第高贵，在大门外有两根柱子，左边的称“阀”，右边的叫“阅”，用来张贴功状。阀阅一词最早见于《史记·高祖功臣侯者年表》：“古者人臣功有五品，以德立宗庙定社稷曰勋，以言曰劳，用力曰功，明其等曰伐，积日曰阅。”门阀，是门第和阀阅的合称，指世代为官的名门望族，又称门第、衣冠、世族、士族、势族、世家、巨室等。门阀制度是中国历史上从两汉到唐朝前最为显著的选拔官员的系统，国家重要的官职往往被少数姓氏家族所垄断，个人的出身背景对于其仕途的影响要远远大于其本身的才能特长。直到唐朝，门阀制度才逐渐被

以个人文化水平考试为依据的科举制度所取代。

一、门阀制度的起源

门阀的出现寻根溯源，当自西汉时期初显端倪。封建土地所有制日益成熟，为其提供了良好的经济基础，各地都涌现出日连阡陌的大地主。同时，汉初的“任子”“赀选”，之后实行的察举制度和太学制度，使地主阶级入仕门径也比过去宽广多了。特别是西汉武帝以后，崇尚儒学，官僚多以经术起家。儒学定于一尊后，封建政府以儒家的经籍、礼法（或曰“德行”）取士逐渐成为定制。经籍成为人们世代研究的家学，礼法也成为某些人家的不变家风。这样，一部分地主富室与儒术礼法结合起来，“经明行修”，就可以累世做官，从而形成门阀地主。

东汉建立者刘秀，建国后大封功臣，造就了第一批豪门贵族。到东汉中叶出现了世代为官的大姓豪族。门阀观念萌芽于东汉时期，公家以经学取士，学者皆以经学传授子孙，士人主要通过察举、征辟出仕。被举、被辟的人成为举主、府主的门生、故吏。门生、故吏为了利禄，甚至不惜谄附、贿赂以求固结。大官僚与自己的门生、故吏结成集团，以增加自己的政治力量。世袭为官的门阀，到东汉中叶开始更加普遍。如弘农杨震一家，以习欧阳《尚书》四世皆为三公；汝南袁氏一家（即后来的袁绍家族），以习孟氏《易》四世有五公；在地方上，也有一批世代为州郡县僚佐而牢牢控制地方政治的地位较低的门阀。但是，董仲舒“罢黜百家，独尊儒术”之后，所谓“天人合一”“三纲五常”之说都是体现了以皇权为中心，也就是说此时的世家大族都是依附于皇权而寻找各自的利益（无论政治还是经济上），还有“君权神授”说等也对他们的思想有所钳制。门阀对政权的影响并不十分显著。

东汉后期的士大夫中，形成了一些累世公卿的家族。这些人都是最大的地主，而且世居高位，门生、故吏遍于天下，因而又是士大夫的领袖。特别到东汉末期，皇权的统治力明显下降，国家开始动荡不安。这些门阀大族，在经济、政治、意识形态上对国家政权和社会发展产生的影响不断加大。而官场腐败成风，世风日下，门阀大族的子弟在察举、征辟中照例得到更多优先权。门阀大族在本州、本郡的势力更具有垄断性，实际上统治了这些州郡。当政的外戚、宦官都要与他们联结、周旋。东汉末期，战争不断，许多豪强、士绅家族也逐渐崛起，成为地方上重要的势力，也是门阀的来源之一。董卓之乱后，拥兵自重的州郡脱离朝廷中央独立，士族豪强亦纷纷聚众起事自保，形成地方上的割据势力，甚至自命为“诸侯”。可以说，东汉末年的战乱就是门阀大族之间的权力之争。

二、曹操的历史性改革

按照儒家思想的观点，“孝”为修身之本，是对一个社会人的基本要求，孝顺父母的人，才可以做到“仁义礼智信”，才可能忠君爱国，做到廉洁公正。因此，选拔官员的标准主要是德行，一是孝顺，二是廉洁。这也成为“察举”和“征辟”的主要标准。察举、征辟制度在实际操作中标准过于含糊，无法准确衡量比较，东汉时很多地方已出现由当地德高望重的人士定期品评人物的做法，将当地青年才俊分成若干等级，地方郡守察举、辟举人才时就按照等级进行。到东汉末年，门阀大户之间互相标榜吹捧、矫揉造作的弊病更加明显。更成为世家大族控制官场、培植势力的重要手段。官场基本被世家大族把控，所谓的中下阶层出身的“寒素”想通过“察举”和“征辟”得到官位和权力比登天还难。而此时让“寒素”看到一丝光亮、并一时在历史舞台大放异彩的是后世争议颇多的人——曹操。

曹操的大放异彩，在这些门阀大族眼里，是一个异端的介入，由于其出身宦官家庭，为门阀大族所不齿，故在开始时成为矛头所指。东汉世家大族的代表人物袁绍，在讨曹檄文中曾辱骂曹操是“赘阉遗丑”。曹操杀戮讥议自己的名士边让，引起兖州士大夫的激烈反抗，其势力几乎覆没。曹操为摆脱不利局面，用了两大策略，一是“挟天子以令诸侯”，以皇权提高自己的威信和地位。二是提出了“唯才是举”的口号，在已被门阀大族垄断的人才选拔机制中另辟蹊径，以期用尽天下有用之士。曹操在七年内先后发布了三篇令文，其求才若渴之心足以见之。这就是中国历史上著名的“求才三令”:《唯才是举令》《敕有司取士勿废偏短令》和《举贤勿拘品行论》。

210 年的《唯才是举令》中，下令曰：“自古受命及中兴之君，曷尝

不得贤人君子与之共治天下者乎……若必廉士而后可用，则齐桓其何以霸世！今天下得无有被褐怀玉而钓于渭滨者乎？又得无盗嫂受金而未遇无知者乎？二三子其佐我明扬仄陋，唯才是举，吾得而用之。”214年的《敕有司取士勿废偏短令》令曰：“夫有行之士未必能进取，进取之士未必能有行也。陈平岂笃行，苏秦岂守信邪？而陈平定汉业，苏秦济弱燕。由此言之，士有偏短，庸可废乎！有司明思此义，则士无遗滞，官无废业矣。”217年的《举贤勿拘品行论》令曰：“昔伊挚、傅说出于贱人，管仲，桓公贼也，皆用之以兴。萧何、曹参，县吏也，韩信、陈平负污辱之名，有见笑之耻，卒能成就王业，声著千载。吴起贪将，杀妻自信，散金求官，母死不归，然在魏，秦人不敢东向，在楚则三晋不敢南谋。今天下得有至德之人放在民间，及果勇不顾，临敌力战；若文俗之吏，高才异质，或堪为将守；负污辱之名，见笑之行，或不仁不孝而有治国用兵之术：其各举所知，勿有所遗。”三令发布后，在当时社会引起了极大反响，曹营中迅速聚集了荀彧、郭嘉、许攸、沮授、审配、郭图、程昱等人才，这些人有名士、有寒素，甚至有许多敌对势力投靠来的人才，曹操均为己所用。

“求贤三令”在中国历史上十分有名，这也成为历代儒家正统指责曹操的证据。但我们从当时特定的时代背景下观察和思考，与其说他通过“唯才是举”的政策网罗了大批人才充实了曹魏阵营，不如说这是曹操发出的政治宣言。我十分同意陈寅恪先生把曹操与袁绍等的斗争用阶级论的角度进行了分析，总结是非门阀与门阀大族阶级的斗争的观点。“唯才是举”在门阀大族一统天下的情况下，对广大的中下士人和寒素而言，无疑具有积极作用，让下层才智之才难得看到了曙光。实际上，曹操对儒家传统的仁义道德也十分重视，如打败袁绍后不久便发布了《修学令》，下令各郡国都要修复学校，选择当地德行高尚的人任教，以传先王之道。对于名士和仁义之士，也极尽爱护，尤其到其后期，对德行几近苛责。自身十分节俭，史称曹操“雅性节俭，不好华丽，后宫衣不锦绣，侍御履不二采，帷帐屏风，坏则补纳，茵蓐取温，无有缘饰”。在曹操的大力纠正下，东汉以来的奢华之风为之一扭，天下官员大多廉洁勤俭自律。

三、“九品中正制”对门阀制度的影响

曹操死后，曹丕采纳陈群的建议，实行了“九品中正制”，此后，成为魏晋南北朝时期主要的选官制度。九品中正制也叫“九品官人法”，这种选官制度，实际是两汉察举制度的一种延续和发展，或者说是察举制的另一种表现形式。

九品中正制，首先是设置中正。所谓中正，就是掌管对某一地区人物进行品评的负责人，也就是中正官，常常是选择“贤有识鉴”的官吏兼任原籍地的州、郡、县的大小中正官，负责察访本州岛、郡、县散处在各地的士人，综合德才、门第定出“品”和“状”，中正官又有大小之分，州设大中正官，掌管州中数郡人物之品评，各郡则另设小中正官。中正官最初由各郡长官推举产生，晋以后，改由朝廷三公中的司徒选授。其中郡的小中正官可由州中的大中正官推举，但仍需经司徒任命。在一般情况下，州郡的大小中正官是由司徒举荐的现任中央官员兼任，有时，司徒或吏部尚书还直接兼任州的大中正官。这是为了保证中央对选举的直接控制，避免他人对中正事务的干扰。大小中正官还都有名为“访问”的属员。

九品中正制的主要内容是品评人物，这也是中正官的主要职责。中正官负责品评和他同籍的士人，包括本州岛和散居其他各郡的士人。品评的标准和内容主要是：其一，家世：即家庭出身和背景。指父祖辈的资历仕宦情况和爵位高低等。这些材料被称为簿世或簿阀，是中正官必须详细掌握的。其二，行状：即个人品行才能的总评，相当于品德评语。魏晋时的总评一般都很简括，如“天才英博、亮拔不群”“德优能少”等。其三，定品：即确定品级。综合士人德才、门第（家世官位高低）所评定的等级，共分为上上、上中、上下、中上、中中、中下、下上、下中、下下九品，但类别却只有上品、中品和下品（一品为虚设；二品至三品为上品，无人能达到；四品至五品为中品；六至九品为下品）三类。定品原则上依据的是行状，家世只作参考。但晋以后完全以家世来定品级。出身寒门者行状评语再高也只能定在下品；出身豪门者行状不佳亦能位列上品。于是就形成了当时“上品无寒门，下品无士族”的局面。中正评议结果上交司徒府复核批准，然后送吏部作为选官的根据。中正评定的品第又称“乡

品”，与被评者的仕途密切相关。任官者其官品必须与其乡品相适应，乡品高者做官的起点（又称“起家官”）往往为“清官”，升迁也较快，受人尊重；乡品卑者做官的起点往往为“浊官”，升迁也慢，受人轻视。门阀大族子弟基本做的都是“清官”。

对于“九品中正制”的实施原因，唐长孺、韩国盘、王仲荦、游为民等史学大家也有不同观点。我认为王仲荦先生的观点较为可取。曹丕继位为魏王，后又登上皇帝的宝座。为了取得士族大户的支持，做好改朝换代的工作，对士族大户就不得不做出让步。当时世家大地主尚书陈群向政府提出“九品官人”的方案，曹丕不加留难地予以通过。经过这种方式的妥协，他才登上了皇帝的宝座。九品中正制的实施，与曹操“唯才是举”的思想大相径庭。设立九品中正制，就是为了缓和中央政府与门阀士族的矛盾，以博得这些门阀大户对曹丕代汉称帝的支持。曹氏父子为了建立统一的中央集权政府，在选官制度改革问题上，之前“唯才是举”的措施对世家大族势力造成了不少抑制、打击，然而世家大族势力不断膨胀发展的客观形势又使曹魏不得不予以正视，只好转而与世家大族达成妥协，设置由中央委任的中正官去掌握地方选举，而中正官又都由世家大族出身的大官兼任，这样，士族渗透进选举，中央政权和士族势力在选拔人才这个问题上，矛盾得以缓和，士族开始逐渐垄断大权。

曹丕采纳九品中正制的建议，除了为争取世家大族的支持外，很大程度上也是九品中正制本身的确有其可采之处。九品中正制刚设立之初，除了照顾世家大族的利益外，也的确包含了“唯才是举”的精神，选举人才时品状并重，一定程度上起到了选贤任能以更好地维护其统治的作用。刘访师认为，从公元 220 年到 280 年的 60 年间，因九品中正制破除了察举制的束缚，在选用人才上出现了一派新气象，这是它的隆盛时期。九品中正制创立之初，评议人物的标准是家世、道德、才能三者并重。但由于魏晋时充当中正者一般是二品，二品又有参与中王推举之权，而获得二品者几乎全部是世家大族，故世家大族实际上就完全把持了官吏选拔之权。西晋开始，与先前由地方官推选郡中正不同，大小中正也已由司徒选任。国家政权进一步把选举中的品第人物权收归中央，有利于打击地方士族，便利了掌权的中央豪门士族扩展其势力，他们控制地方乃至中央的选官制度，而那些官居卑位或不居官的地方世家大族却日趋衰落。对代表“国家利益”的政权有所威胁的，此时不是那些魏初的地方清议名士，而是新兴的盘踞朝廷的世家官僚——门阀士族。于是在中正品第过程中，才德标准逐渐被忽视，家世则越来越重要，甚至成为唯一的标准，九品中正制不仅成为维护和巩固门阀统治的重要工具，而且本身就是构成门阀制度的重要组成部分。事实上，门阀制度的确立，已使九品中正制成为政治上的装饰品。

到两晋时，高门士族子弟往往弱冠便由吏部直接从家里铨选入仕，而不必经过中正品评。如傅畅，“年未弱冠，甚有重名，以选入侍讲东宫”。谢琰，“弱冠以贞干称，美风姿……拜著作郎”。王洽，“（王）导诸子中最知名，与荀羡俱有美称。弱冠，历散骑、中书郎”。可考的西晋入仕的192人中，直接入仕者占56人，到东晋则更有发展，入仕的209人中直接入仕者占118人。当然，其中也包括了王羲之。

四、东晋的“门阀政治”格局

门阀政治，是指门阀士族与皇权的共治，是在东晋特定条件下出现的皇权政治的变态。在东晋历史上，出现了王、庾、桓、谢以及后期太原王氏几大门阀士族轮流与司马皇权共有天下的局面。这在中国历史上绝无仅有。现代史学大家田余庆先生对东晋的门阀政治有着十分深入的研究。

宗族在中国历史上由来已久，它与皇权的关系十分微妙，它一方面依附于皇权而存在，另一方面皇权对大宗族又常持戒备之心，特别是大宗族在土地、人口的占有和税负的交缴上与专制皇权或多或少地存在矛盾。但总体来说，宗族与皇权的依附关系是不可改变的。在皇权政治格局下，不但宗族力量处在皇权控制之下，而且一切其他力量都处在皇权控制之下，不可能与皇权平行，更不可能超越皇权。西晋时期，士族在政治舞台上发挥的作用，比过去显著，但也还不足以超越皇权和司马宗室之权。直到“八王之乱”时，士族名士仍然只能算是西晋诸王的附庸。如王衍与司马越的结合，起先也只是士族名士王衍依附于西晋的东海王司马越，助司马越经营洛阳朝廷。

直到东晋，权力结构才发生变化，门阀士族势力得以平行于皇权或超越于皇权。皇权政治从此演化为门阀政治，持续了一个世纪之久。一切还

得从东晋的成立源头说起。西晋琅玡王司马睿，在司马皇室中并没有坚强的法统地位，与西晋武、惠、怀、愍的皇统疏而又疏，在晋室诸王中既无威望，又无实力，更无功劳，如果不借助于门阀士族的扶持，根本没有在江左立足的可能。西晋末年，除了王导兄弟出谋南渡江左，追随司马睿以外，其他作为中朝东海王司马越府掾属的众多士族名士，也纷纷渡江，他们恰好为司马睿提供了这种有分量的砝码，因而江左门阀政治格局才能水到渠成。

司马睿需要南渡士族的支持，南渡士族也需要司马睿政权的保障，这同样是当时的政治条件使然。这些南渡士族都是亡官失守之士，有其迫切的家族利益诉求，他们希望庇托有所，脚跟能够立定。他们要保全司马氏的皇朝，从而使司马皇朝这一正统能对南渡士族起到庇护作用。两晋之际，胡羯交侵，民族危机骤现。南渡士族既是晋室臣民，以避胡羯侵凌晋室而南渡，自然不会也不可能舍弃晋室而另立新朝。他们只有奉晋室正朔，拥晋室名号，才是保全自己家族利益的最好办法。既然武、惠、怀、愍的皇统已没有合法的继承人，拥有江左地利条件的司马睿自然成为他们瞩目的对象。这是司马睿得以继承晋统的有利条件。司马睿明白自己的有利条件，也明白自己的不利条件。所以他权衡形势，必须等待关中的愍帝被俘，北方抗拒胡羯的华夷人士联名劝进再三之后，才答应先以晋王名义居位，然后再做皇帝。有了士族支持，有了华夷劝进，其他武力事功之臣也就跟着靠拢过来，不敢心存觊觎而甘冒不韪。这样就形成了皇权与士族结合的门阀政治的较为广阔的政治基础。元帝正位时引王导同登御床，足以证明门阀士族在东晋建立之初的功勋和权威。

虽然皇权与门阀士族之间的矛盾客观存在，但最终在特殊的历史条件下，平衡难以打破。东晋初年王与马完全协调一致的表现，只是表明由于特殊的历史条件，当时皇权与门阀士族之间处于需要与被需要的关系。要稳定共天下的政治秩序，要取得皇权与士族的平衡和士族之间的平衡（这里又包括侨姓士族与吴姓士族的平衡和侨姓士族各门户之间的平衡），还需要经过一场政治倾轧和实力较量才行。从晋元帝方面来说，与士族共有神器，毕竟不是他所心甘的。所以，晋元帝稳定政局后马上重用刘隗、刁协以抑王氏兄弟，由此又引出“王敦之乱”。王敦第一次叛乱，以“清君侧”即反对刘隗、刁协为名，得到士族大户们的普遍支持，原因在于刘隗、刁协推出了一系列损害士族大户利益的政策，这说明士族大户在东晋的特殊地位和权益是不容皇权侵犯的。王敦第二次叛乱，则以推翻元帝政权为目的，这一次，士族大户们态度则截然不同，共同反对王敦。王导当政，注重协调平衡士族的关系和利益，得到了士族大户的普遍支持。此后执政的庾氏、桓氏、谢氏，背景虽各有不同，但都不能违背这一现实，企图违背的人，都未能得逞。庾亮主政后，实行“察察之政”，意在巩固皇权，限制士族利益，为当时士族大户所不容。桓氏一度威胁司马皇权统治，被东晋士族一致反抗，终未得逞，其子图谋篡位，结果族败人亡。现实的选择是，只有皇权与门阀士族共治天下，平衡和秩序才得以维持。所以，本来只是两晋之际特殊条件下形成的“王与马共天下”的暂时局面，就被皇权与士族共同接受，成为东晋一朝门阀政治的模式。因此，王与马、庾与马、桓与马、谢与马共天下的格局延续多年，始终没有大的变动。

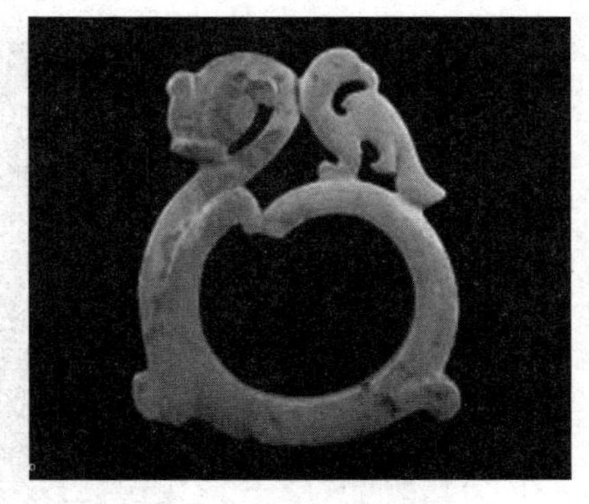

南朝宋武帝刘裕从东晋门阀专政、王权弱小、方镇割据的积弊中汲取教训，努力加强皇权，因而南朝世家大族虽然在社会上、经济上的优越地位未变，不仅拥有大量田地，而且封山占水，实行庄园经济，占有广大田庄山泽和附属于土地上的大量依附人口，但实际军政实权大为削弱，政治权力主要已不在他们手中。南朝士庶之别非常严格，士族大户通过仕宦途径和婚姻关

系来维护门阀制度，形成封闭性集团。士族大户子弟所居官都是被认为“清显”的职位，一般不理政事。士族中又有高低阶层之分，两者之间一般也不通婚，低级士族担任的某些官职，高级士族不屑担任。“侯景之乱”使世家大族遭受沉重打击。承圣三年（554），西魏军攻占江陵，俘衣冠士族数万口，驱入长安为奴婢。在陈朝，无论侨姓士族或江南士族，不仅政治上早已无所作为，社会声望和经济地位也都一落千丈，门阀制度已经没落到徒具躯壳了。

第二节　两晋时期门阀士族分析

一、门阀士族存在的基础——庄园经济和文化领袖

庄园经济。

门阀士族，是依靠大庄园经济存在的。这些大士族，本身也是大庄园主。特别是到东晋时期，庄园不仅成为这些士族大户的主要经济来源，而且由于土地的占有，使许多失地或半失地农民，与其形成很强的依附关系，形成了依附于士族的“奴”“客”“荫户”“部曲”等，而这些士族大户占有的土地和依附农民，也基本独立于中央政权统一管理之外存在，这些人不需要向政府纳税、服兵役、服徭役，但却必须向主人缴租子、服劳役。国家无法征其税，用其人。东晋的庄园成为帝国经济领域中的“国中之国”。

汉魏之际的大动乱，普遍地发生了抛荒易主的情形。史料记载，“民人分散，土业无主”，“田无常主，民无常居”。等到大乱稍息，流民渐归，恢复产业，田庄主大量抢占土地。乱后复起的大田庄主人，有些是原来的世家大族，但并不都是原来的世家大族。他们之中，有的成为魏晋士族中的旧族门户，有的就是所谓的新出门户。大庄园经济，一般都是山川与耕地相关联的多种经营。永嘉以后，士族南来，都汲汲于求田问舍，经营产业。他们都是山泽并兼，与北方田庄情况大体一样。东晋初期，也曾经出台限制大士族土地兼并的行为。到东晋成帝咸康二年（336 年）也还在发

令："占山护泽，强盗律论。"但是，"民俗相因，替而不奉，抱山封水，保家为利"，士族竞夺之风，不可辄止。

侨姓士族的这类产业，全是依仗与司马氏共天下的政治势力得来，又成为支持江左百年门阀政治的物质基础。中原士人南渡江左之初，便开始了大规模的求田问舍、经营庄园的活动。由于他们是迟到的外来户，太湖周围平整富庶的土地早已被南方土著士族豪强瓜分完毕，所以只好到浙江的山区去寻求土地，安居生存。也许，开始他们只是出于无奈，但是随着生活的稳定、生存状态的变化，士大夫们发现，这拥有佳山秀水的地方正是他们所需要的理想空间。于是，士人们便根据自己的理想来设计庄园经济的结构，努力将庄园建造成为谢灵运所称的"幽人息止之乡"。尽管东晋士人生活层次有所提高，但首先也得满足物资层面的需求。所以，他们在建造庄园时最先想到的仍是它的充分的自给自足性，每个庄园中依然是种植稻麦麻粟、蔬菜瓜果、草药林木等，凡生活之需应有尽有，如生活于晋宋之际的谢灵运在《山居赋》即云"春秋有待，朝夕须资。既耕以饭，亦桑贸衣。艺菜当肴，采药救颓"。他在描述其庄园的"山作水役"时说，"阶岭刊木，除棒伐竹。抽笋自草，掇筋于谷。杨胜所拮，秋冬洛获野有蔓草，猎涉鉴英。亦够山清，介尔景福苦以木成，甘以络熟。慕棋高林，剥友岩椒掘铸阳崖，趁钾阴抹。昼见寨茅，宵见索均。荃抗剪蒲，以荐以菱。既泥既诞，品收不一。其灰其炭，咸各有律。六月采蜜，八月扑栗。备物为繁，略载靡悉"。谢灵运一方面夸耀其始宁山居的富实；另一方面表示应当知足，但前提还是要有田业。《山居赋》注说到"非田无以立"，可见田产毕竟是士族立家的根本。史书记载琅玡王氏王惠"兄鉴，颇好聚敛，广营田业。惠意甚不同，谓鉴曰：'何用田为?'鉴怒曰：'无田何由得食?'惠又曰：'亦复何用食为?'其标寄如此"。这是晋宋之际的事。按照王鉴之见，无田者是无由得食的。至于王惠"何用田为""何用食为"，恐怕只是所谓士族名士"言清理远"的标寄之词，不能证明他不食，也不一定能证明他无田。

门阀士族与司马氏共天下的局面，其经济表现是，东晋朝廷主要靠稀少的自耕农的赋役维持其存在，门阀士族主要靠占山护泽以图发展，而占山护泽自然又要分割山泽之内的本属朝廷的自耕农民户口。所以，经济上的矛盾是一直存在的。朝廷为了图存，或诏免田庄奴僮为兵，或限禁占山

护泽。但这些只能偶一为之，难收实效。因此，反映在政治上，是皇权无法伸张，士族自行其是，门阀政治就在这种形势下得以延续。

文化领袖。

如果说大庄园是门阀士族的经济基础，那么作为其安身立命之本，在思想文化领域独树一帜，占据权威领袖地位，似乎更加重要。门阀士族的文化特质，根源于西汉。前文在门阀士族的兴起中已对文化的作用进行了论述。从西汉开始，研习儒家经典的文化阶层在朝中均占据高位，在社会上也享有盛名。有些雄张乡里的豪强，在经济、政治上可以称霸一方，但由于缺乏学术文化修养而不为世所重，地位难以持久，更难得入于士流。故习儒成风，优则入仕，为世所重，渐成气候。《颜氏家训·勉学》："自荒乱以来，诸见俘虏，虽百世小人，知读《论语》《孝经》者，尚为人师；虽千载冠冕，不晓书记者，莫不耕田养马。……若能常保数百卷书，千载终不为小人也。"颜氏之言为劝学而发，虽有夸张，但所言文化条件对于获得和维持家族门户地位的重要性，则是确凿无疑的。不过我们同时应当看到，习儒研经的浓厚氛围和传统，一方面是与汉代以儒治国，强化政权大一统关系密切。另一方面，在当时的社会条件下，教育并不普及，汉代虽有学府，但并非为下层人民所设，教育仍以家传家教为主，士族以其学术传统，家学源远流长，寒素难以相比。文化在一定程度上对于士族而言具有专属性和权威性。在整个三国两晋南北朝时期，在思想、文学、艺术等诸方面留下盛名和作品的人物无一不是士族出身。

自曹魏开始，玄学逐渐取代了儒学的统治地位。对于玄学兴起，学者们多将其归结于司马氏夺权后如嵇康、阮籍等为首一些名士的思想抵抗和消极避世。其中的原因是有的，但我想另外两个原因似乎更为重要，一是在汉代强大的儒学大一统思想的长期统治下，到东汉末期在思想界一片死静，人们意图奋力挣脱的欲望十分强烈，而魏晋时期相对宽松的氛围为其提供了条件；二是强大政权的衰落，这一点到东晋时更为明显，此时的玄学思想是相对于儒家正统思想对峙存在的，如果说儒学是皇权的权柄，那么玄学就是门阀的手杖，玄学的大行其道，与其说是当时士大夫的学术偏好，不如说是与皇权的对抗，甚至是对皇权的轻蔑。两晋时期，儒学家族如果不入玄风，就产生不了为世所知的名士，从而也不能继续维持其尊显的士族地位。东晋执政的门阀士族，其家庭在什么时候、以何人为代表、在多大程度上由儒入玄，史籍都斑斑可考。他们之中，几乎没有一个门户是原封未动的儒学世家。东晋玄学一枝独秀，符合门阀政治的需要。

然而，儒学自有其社会效用，是玄学所不能完全代替的。玄学阵容中，很少有人完全站在儒家基本思想的对立面。儒家基本思想或者被包涵于玄学之中，或者尚独立存在于玄学之外，继续起着或多或少的作用。《三国志》记载王昶诫子侄“遵儒者之教，履道家之言”，这是多数当政居位的玄学名士立身行事的共同倾向。《世说新语》记载，一次太尉王夷甫问阮籍：“老庄与圣教同异，”他回答：“将无同。”没什么不同。时人都认为他一语中的，世谓“三语椽”。他晚年教子，更是要求依儒而行，十足的儒家门徒。竹林人物向秀直谓“儒道为一”；向、郭注《庄子》，更谓圣人身在庙堂，心在山林。玄学名士之中，也不乏佯狂醉酒、放浪形骸的人物，所思所行与儒家格格不入。他们多在玄学士族身处困境时出现，如魏晋易代之际、“八王之乱”之中、永嘉南渡之初以及太元之末。这些很难说就是士族的常态。东晋时还有一些是声誉特高、为上流社会所仰慕的玄学名士如刘惔、王蒙辈，他们但求放达，不惜世务，“居官无官官之事，处事无事事之心”。这些人以虚誉为荣，可以充当门阀政治的点缀，并不是经国济世、运转天下门阀士人的代表。东晋“执牛耳”者，仍然是如王导、庾亮、谢安等“遵儒者之教，履道家之言”出入玄儒这样的人物。他们交游于玄学名士之间，又并不特别敬重名望虽高但是不经世务的玄学名士。何充说他自己如果不勤理文簿，处理庶政，王蒙、刘惔之辈就无以得存；庾翼谓玄学名士杜乂、殷浩辈只宜“束之高阁”，清平无事，始拟其用；而当殷浩竟被起用以抑桓温时，桓温果然把殷浩“束之高阁”了。余英时先生论玄儒问题，说：“魏晋南北朝之士大夫尤多儒道兼综者，则其人大抵为遵群体之纲纪而无妨于自我之逍遥，或重个体之自由而不危及人伦之秩序也。”特别是在以宗族为基础的门阀士族之中，对“齐家”的重视是难舍儒家的，所以，士族通常并不废礼学，以其为维系士族门户的重要手段之一，重丧服门庭之礼较汉代有过之而无不及，特别是对家谱的讲究和完备近于偏执。正如庾亮，一方面是“性好庄老”；另一方面又是“风格峻整，动由礼节，闺门之内，不肃而成”。

到南朝时儒学渐兴，也正是皇权政治代替门阀政治在意识形态方面

的迫切需要。南朝皇族均是中下士人出身，但对东晋遗留的门阀士族，还是极尽优待，虽然并未授以实权，但作为文化领袖和象征的标志一直存在。

二、门阀士族的构成及关系

魏晋时期的门阀士族，可分为两个类别，一类是由东汉的世家大族发展延续而来，基本上保持儒学传统而又或多或少地兼染玄风，个别的已由儒入玄。他们在魏和西晋居于高位，被视作旧族门户。另一类多属乘时而起的所谓新出门户，不是来源于世家大族，一般都是习于玄学或者出入玄儒。他们的政治地位在魏和西晋迅速上升，入东晋后更为突出。永嘉之乱，是士族发展的分水岭，中原一些士族南渡，在长江之南发展壮大，史称其为侨姓士族，而吴地的本土大户，在江南也势力非凡，人们称其为吴姓士族。这两类世家大户，构成了东晋的士族格局。而被人们常常忽略的是永嘉之乱后留在北方的士族大户，以及在北方政权更替中形成的新的士族大户。

南方士族。侨姓士族是永嘉之乱后从华北南迁的士族，在东晋多居朝廷要职，势力庞大，他们自视甚高，仍以中原望族自相标榜，号称侨姓。侨姓当中最显赫者为琅玡王氏、陈郡谢氏、陈郡袁氏、兰陵萧氏等。而自三国孙吴以来，原先在江南当地的名族，称为吴姓，以吴郡吴县（今江苏省苏州市）的顾姓、陆姓、朱姓、张姓等门阀（号称“吴四姓”）为首。一开始，江南最具权威的是义兴周氏及吴兴沈氏，号称“江东二豪”，甚至有所谓“江东之豪，莫强周、沈”的说法。但后来，周氏、沈氏与东晋官方关系交恶，涉入了政治风波，逐渐被朱姓、张姓、顾姓、陆姓等大族超过。梁武帝末年，侯景曾请婚于琅玡王氏、陈郡谢氏两家遭辱而生怨隙，当他南下攻陷建康之后，旋即大肆杀掠门阀士族。江南门阀在侯景之乱后，已经不再兴盛。

东晋的当权门户中，以其渊源及其他条件言之，可分为三类。第一类是来自东汉高层的世家大族，严格来说只有谯国桓氏可以属此。桓氏为东汉桓荣之后，是确凿无疑的事实。但是据考，桓荣六世孙桓范于魏世罹嘉平之难，诛及三族，门户源流已断。东晋桓氏是刑家孑遗，觍颜事仇，竟不敢追认先人世系，更不敢以门户骄人。所以桓彝、桓温完全同于新出门户，而且在新出门户中也是不受尊重的。第二类是虽有旧族渊源关系，但先世阀阅可追溯至东汉者仅一两代而已。属于这种情况的有太原王氏和琅玡王氏，其门户的儒玄转化，大体都在曹魏时期。他们与魏晋新出门户相比，虽说其来有自，但究非东京之杨、袁宗族一类，其先世只可以尾附于世家大族之列，充数而已，而不能视为世家大族入魏晋以后的真正代表。第三类是魏晋新出门户，有颍川庾氏和陈郡谢氏。

北方世族。真正根深蒂固、族大宗强的士族，特别是从汉代延续而来的旧族门户，往往不肯轻易南行，永嘉之乱后留在北方（主要在黄河以北）的士族旧门，历十六国和北朝，与南迁士族相比，维持着比较保守的门风。《颜氏家训》所载北方士族鄙侧出，尚节俭，妇女持门户，重女红等，都是证明。他们也较多地保持着东汉世家大族的特点，一般地以儒学传家而不重玄学，聚族而居而不轻易举家迁徙。他们既是子孙相袭，历仕胡族政权，又与胡族政权保持着或隐或显的民族的和文化的隔阂。他们扬名显世或不如南渡士族，但历数百年不离根本之地，其基础越来越巩固，与移植江外的士族难于固本者大为不同。所以他们的宗族大多不因胡族政权频繁易手而骤衰，一直到隋唐时期还保存着固有的势力。不过，际遇不同，人物有别，也有些留在北方的士族，在此期间从历史上消失了。纷乱的华北，在唐朝有七姓十家之说，如太原王氏、清河崔氏、范阳卢氏、博陵崔氏、赵郡李氏、荥阳郑氏、陇西李氏。

门阀士族之间由于各自利益和际遇的不同，矛盾是必然存在的。如新旧士族之间，侨姓士族与吴姓大户之间，又如侨姓士族之间。但为了共同的利益，很多情况下又表现出了团结合作的一面。魏晋社会中流行门户观

念，被那些处在衰落状态的旧族门户着意渲染。在他们看来，旧族门户哪怕权势日替，其社会地位也要比大权在握的新出门户为高。《世说新语·简傲》所载东晋中期陈留阮裕嘲笑陈郡谢万“新出门户，笃而无礼”，就是显例。侨姓士族又有渡江早晚之分。例如，东晋之初，吴郡的人以上国自居，常称南下的北方人为“荒伧”“伧父”等，意为出于边鄙地区的粗野之人。而刘宋以后，渡江较早的华北人反而以“荒伧”来称呼晚到的华北人。其实根本原因在于新生门户抢占了旧门户的权势和利益。侨姓士族之间的权力斗争更是激烈，前文已多有记述。

但是从大的方面看，门阀之间有着共同的利益。门阀政治最大的一个特点就是寻求平衡，无论门阀之间，士族与皇权之间，抑或是由此衍生出的方镇之间都是如此。例如，琅玡王司马睿过江后，尚申、韩以达到皇权平衡及抑制琅玡王氏的目的，但最终皇族与门阀士族达到“共天下”的平衡；吴姓地位被侨姓压抑，略次一等，且两者之间的芥蒂甚深，但为防止胡族南下、拥立司马氏以巩固各自利益上又组成一致阵营；王敦首次起兵，目的是维护士族利益，南北士族可以说十分默契地在暗中支持；王敦第二次起兵，威胁皇权时，大多数士族反对，并粉碎其谋；庾、王之争，本质上还是对待士族利益取舍的不同；而在郗鉴为首的地方势力，在陶、王及庾、王矛盾中起到平衡调节作用；至于长江上下游势力的明争暗斗，也总是相互之间同时通过江州设置达到平衡；桓氏觊觎皇权，南北士族一致反对；前秦苻坚南下，谢桓两族又能通力合作。“没有永恒的朋友，也没有永恒的敌人，只有永恒的利益”，这在门阀之间的斗争和合作上十分明显。这些门阀士族之间，乃至与皇族之间，相互结盟示好的重要手段还是用一个古老的办法——联姻。他们之间的联姻关系真可谓错综复杂，让人眼花缭乱。围绕琅玡王氏一家，与司马皇族谢氏、郗氏、卫氏等之间，世代均有婚配，后文中将有所论述。

第三节　魏晋风度

魏晋是出产名士的时代，名士数量之多、对后世影响之大、行为之特立独行，足以让后世感慨万端。如果没有名士，魏晋的历史必然暗淡很多。其作为群体性的出现，是中国历史上空前绝后的独特的文化现象。他们中一些人蔑视礼法，狂放不羁，强调精神自由，展现个性的可爱；一些人行为怪诞，癫狂无度，超越了世人的礼法道德，做真成“假”，难免也让人生厌；也有一些人披着名士的外衣，行走于士林名流之间，名利双收，看似超脱其实世俗最甚。魏晋名士数量庞大，典故众多，《世说新语》可以说就是部名士集。中国古代有一幅以“竹林七贤”为题的著名画作，“竹林七贤”是魏晋名士的代表，从他们身上我们或多或少地能够发现名士们的共同点。

魏正始年间，嵇康、阮籍、山涛、向秀、刘伶、王戎及阮咸七人常聚在当时的山阳县（今河南辉县、修武一带）竹林之下，肆意酣畅，世谓“竹林七贤”。据陈寅恪先生考，西晋末年，比附内典，外书的“格义”风气盛行，东晋初年，乃取天竺“竹林”之名，加于“七贤”之上，成为“竹林七贤”。“竹林”既非地名，也非真有什么“竹林”。

嵇康，三国时曹魏文学家、思想家与音乐家，虽家世儒学，但唯好老、庄之说，“竹林七贤”之一，世称嵇中散。相貌非凡，“嵇康身长七尺，风姿特秀。见者叹曰：‘萧萧肃肃，爽朗清举’”；善于音律，创作有《长清》《短清》《长侧》《短侧》，合称“嵇氏四弄”。娶曹操曾孙女长乐亭主为妻。司马昭曾想拉拢嵇康，但嵇康在当时的政争中倾向皇室一边，对于司马氏采取不合作态度，因此颇招忌恨。司马昭的心腹钟会想结交嵇康，一次他拿着稿子到了嵇康家门口，却忽然害怕嵇康对他的论文驳难，于是惊慌失措地把文稿丢进嵇家便逃之夭夭。嵇康还极其孤傲，不怕得罪人。有一次，还是那位钟会请了当时的贤才名流一起去见嵇康。“康方大树下锻，向子期为佐鼓排。康扬槌不辍，旁若无人，移时不交一言”。对“贤才名流”的拜访于不顾，只管自己打铁，也不与之交谈。嵇康的《与山巨源绝交书》则更有名，山巨源即是山涛，原因是“山公将去选曹，欲举嵇康，康与书告绝”。嵇康的友人吕安被其兄诬以不孝，嵇康出面为吕安辩护，钟会即劝司马昭乘机除掉吕、嵇。其罪证之一便是《与山巨源绝交书》。当时太学生三千人请求赦免嵇康，愿以康为师，司马昭不许。临刑，嵇康神色自若。奏《广陵散》一曲，曲毕，曰：“昔袁孝尼尝从吾学《广陵散》，吾每靳固之，《广陵散》于今绝矣！”随后从容赴死，十分慷慨悲壮。司马昭后来也十分后悔。

阮籍，文学家、思想家，是“正始之音”的代表，其中以《咏怀》八十二首最为著名。在魏国统治时期，太尉蒋济、大将军曹爽，都征召阮籍为官，均上任不久即辞官归隐。阮籍虽不拘礼教，但出言玄远，口不随意臧否人物，性格至真至纯，对待礼法简约、“尚通脱”。一日，正与人对弈，忽报其母去世，“对者求止，籍留与决赌。既而送客归，饮酒二斗，举声一啸，吐血数升。及临丧又不哭，然骨肖微立，望之惨然”。人们去安慰他，阮籍总是白眼对待，名士嵇喜很不高兴；但嵇喜的弟弟嵇康听说后，就带着酒夹着琴去拜访他，阮籍却很高兴，就用青眼对待嵇康。一次，阮籍嫂子回家省亲，阮籍去送别，有人嘲笑他，阮籍回答：“礼岂为吾设邪?”邻居家有个美貌少妇，在柜台前卖酒，阮籍曾前去喝酒，喝醉了就躺在这个少妇的旁边，“籍既不自嫌，其夫亦不疑之”。一户人家的女子，未嫁即死，“籍不识其父，径往哭之”，其外坦荡而内淳至，是君子中的君子。有一天，他去东平玩，回来对司马昭说：“曾游东平，乐其风土。”司马昭就拜他为东平相，阮籍到了后，推倒府院围墙，使内外相望，出台的政策“法令清俭”，一下子老百姓十分高兴。结果不出半月，阮籍即辞官而去。司马昭时，朝廷几次想让他做个大官，但他“托以好酗酒，闻步兵营有善酿者，多美酒，即求为步兵校尉，问师于兵卒，终日恒游府内，饮酒无贵贱皆一视同仁”，其动机就是看上了步兵营中有一位厨师很会做酒，而且营中藏有美酒300斛。在其任官职期间，他也每日只是与刘伶饮酒吃肉，成天醉倒在酒乡里，从不发表任何政治见解。后来，晋文帝司马昭欲为其子求婚于阮籍之女，阮籍借醉60天，使司马昭没有机会开口，遂作罢。他并不是如人们所说放荡无礼，用消极无为的方式抵抗司马昭。他早年和叔父去见兖州刺史王昶，以沉稳难测显名。到司马昭时期更受到重用，几乎到了言听计从、为所欲为的程度。

山涛，字巨源。史称其“少有器量，介然不群，性好庄老”。他第一次做官大约在正始六年，没当多久就归隐了，到正始八年就开始同嵇康、阮籍同做竹林之游。因与司马懿妻为中表亲，山涛后来开始了第二次入仕。山涛虽然年轻时崇尚老庄思想加入了“竹林七贤”之列，可是本质上他却不是一个浪漫的文学家或超脱的清谈家，并不能忘情逍遥世外，只不过因他政治上的远识，使他在政争最厉害时避世远遁，一旦机会来了他还是会出仕的。他在此后的30多年的官场生活，“在事清明，雅操迈时，念多所乏”，“甄拔隐曲，搜访贤才，皆显名当世，人怀慕尚，风俗颇革”，对自己约束甚严，对于贿赂能一直坚守其节，当时官员送礼皆贵重的财物，而他只收取一些土特产品，在那时的政治风气下实属不易。山涛是司马氏政权的骨干力量，所以历代文人从正统观念出发对他有所非议，甚至被后世视为“贰臣”。后来曾多次以老病辞官，皆不准。被拜为司徒后，仍然坚持辞官，最终才被朝廷应允。他后半生一直身居高位，但“而无嫔妾，禄赐俸秩，散之亲故，家无余财，仅旧屋十间，子孙不能相容，司马炎下诏为其家立室”。有趣的是，嵇康临刑前，对儿女最放心的安排是，叫他们投靠山涛，曾留言：“巨源在，汝不孤矣。”而在嵇康死后，山涛一直悉心照料并抚养着他的儿女。演绎出一段“君子和而不同”的佳话。

向秀，字子期。曾注《庄子》，“发明奇趣，振起玄风”，注释未完而卒。他主张“名教”与“自然”统一，合儒、道为一。认为万物自生自灭，各任其性，即是“逍遥”，但“君臣上下”亦皆出于“天理自然”，故不能因要求“逍遥”而违反“名教”。他与吕安、嵇康同在山阳地方灌园以自给，一有空闲，就相携出游于大自然间。向秀的性格与嵇、吕相异，嵇康傲世不羁，吕安放逸而超迈俗人，向秀则好读书，所以常被他们所嘲笑。向秀的思想之有异于嵇康，表现在他的《难养生论》一文中。《养生论》为嵇康的作品，文中主张寡欲养生，而向秀却持反对的看法，他的这种思想是将魏晋时已经盛行的老庄思想中尊重自然的想法加以推广，但是从他的表现和论理过程，可以明显地看出他已是站儒家的立场。纵使他对老庄思想有极度的兴趣，但却不曾以此来作为他生活态度的指针。所以，后来嵇康和吕安被处死的事件发生时，他不但没有受到牵连，反而受到当朝者的注意，准备援引为官。“嵇中散被诛，向子期举郡计入洛；文王引进，问曰：闻君有箕山之志，何以在此？对曰：巢、许狷介之士，不足多慕。王大咨嗟。”箕山是山名，传说尧要让位给巢父、许由，二者不愿接受，就隐遁在箕山，故箕山之志即隐居之志。他对于两位死于非命的好友，那种痛惜哀伤之情，是发自本心的。后来还写下了有名的《思旧赋》。司马昭死后，向秀仍继续做他的官，只是极不得意，“在朝不任职，容迹而已。卒于位”。他仅挂个做官的空名，空有其位罢了。

阮咸，字仲容，少年即任达不拘，为世俗所讥，不与权贵富豪并肩，山涛欲荐举他典选举，曰："清真寡欲，万物不能移也。"武帝以他为世俗所恶，又好酒放达，用为中书郎，中书监荀勖每次与他论音律，都远远不及阮咸，开始讨厌他，让他到外地当了始平太守。少年时，在七月七日这天有晒衣习俗，阮咸家贫，竟以长杆挂犊鼻裈（短裤、贫贱者之服）于院中，与北阮纱罗锦绮形成对照，表现出阮咸任达不拘礼节，然而亦说明，阮咸虽家贫，而其士族之优越门第和身份并不减。阮咸虽未能免俗，但所作所为亦不同流俗。这时候的他其实还只是个少年，但作风却也与阮籍不相上下，两人合称为"大小阮"。虽然叔侄间有辈分差距，但却不拘形迹，经常像朋友一样共同游息，那种放浪不羁的生活作风，也的确各有千秋。他姑姑来访，他爱上了姑姑的胡婢，听说她离开回家了，就借了客人的马去追，赶上后又并乘而归，不顾门第地娶了她，可谓真正性情中人。曾去参加诸阮聚会，用大盆盛酒，恰好有几头猪也来阮咸盆中饮，阮咸也竟然与它们共饮，众人皆恶之欲离开，阮籍不许，反称赞他好客。

刘伶，字伯伦，身高仅 1.4 米，不仅人矮小，而且容貌极其丑陋，是魏晋名士中少有的丑男，但是他的性情豪迈，胸襟开阔，不拘小节。平常不滥与人交往，沉默寡言，擅长喝酒和品酒，对人情世事一点都不关心，只有与阮籍、嵇康很投机，遇上了便有说有笑，因此也加入了七贤的行列。晋武帝泰始初，召对策问，强调无为而治，当时同辈们都得到高第官位，只有他被罢了官。他反对司马氏的黑暗统治和虚伪礼教。为避免政治迫害，遂嗜酒佯狂，任性放浪。他经常乘鹿车，手里抱着一壶酒，命仆人提着锄头跟在车子的后面跑，并说道："我若醉死，便就地把我埋葬了。"有一次，他喝醉了酒与镇上的人吵架，对方气得卷起袖子，挥拳就要打他，刘伶却很镇定从容地说："我这像鸡肋般细瘦的身体，哪有地方可以安放老兄的拳头。"对方听了笑了起来，终于把拳头放了下来。有一次，他的酒病又发作得很厉害，要求妻子拿酒，他的妻子哭着把剩余的酒倒在地上，又摔破了酒瓶子，涕泗纵横地劝他说：“你酒喝得太多了，这不是养生之道，请你一定要戒了吧！”刘伶回答说：“好呀！可是靠我自己的力量是没法戒酒的，必须在神明前发誓，才能戒得掉。就烦你准备酒肉祭神吧。”他的妻子信以为真，听从了他的吩咐。于是刘伶把酒肉供在神桌前，跪下来祝告说：“天生刘伶，以酒为名；一饮一斛，五斗解酲。妇人之言，慎不可听。”说完，取过酒肉，结果又喝得大醉了。他嗜酒如命，放浪形骸由此可见。一次有客来访，他不穿衣服。客责问他，他说：“我以天地为栋宇，屋室为裈衣，诸君何为入我裈中？”他以天地为宅舍，以屋室为衣裤，责怪客人为何入他裤中？竹林七贤中的每一个人都喜欢喝酒，但刘伶却独以酒而闻名。

至于王戎（以及不得不谈的名士王衍、王导兄弟、王徽之等），后面将在王氏家族时表述。

“竹林七贤”是名士的代表，也是“玄学”兴起的标志。玄学的兴起与汉末社会危机的加深、汉王朝的解体和经学的衰败有重要的联系，因受正始玄学的影响，嵇康等名士的荒诞异行和狷狂自得实为自我意识、精神的觉醒和提升。刘勰《文心雕龙》评道“及正始明道，诗杂仙心；何晏之徒，率多肤浅。唯嵇志清峻，阮旨遥深，故能标焉”，他们崇尚自然，反对虚伪烦琐的俗礼，反对严酷的刑罚，不喜空谈仁义礼法，而诚心济世爱民，不贪恋富贵，不贱视百姓，虽逍遥处世，实为真正的君子俊杰。他们是魏晋时期文化解放的先驱，是士大夫中的楷模。七贤当中，嵇康是文学家和艺术家，山涛、王戎是政治家，阮籍叔侄是社会活动家，向秀是哲学家和教育家，刘伶是文学家，他们大多都品德高尚、多才多艺，周围团结了一大批有才能的名士，有巨大的社会影响力，他们积极参与社会生活，不是人们想象的无所事事的闲人，其高节风雅，为当世所倾倒，令后世所敬仰。谢鲲、桓彝、温峤、王羲之、谢安等皆以之为师。他们对后来魏晋名士影响极深，也形成了魏晋名士的共同基本特征：有着较深的文化根底，他们谈玄论道驾轻就熟，口灿莲花妙笔生辉，他们“尚通脱”，顺其自然，循其本性，正统的儒家训导成了他们的耳边风，礼教习俗成了他们的多余，功名富贵被他们看淡，毁誉生死被他们看破，醉酒和清谈是他们的人生第一要务，他们特立独行而随情任性、无拘无束而逍遥自在、恣肆

癫狂而独得其乐。

除了“尚通脱”，不拘礼教外，一些名士身还有另一面，虽有些怪异荒诞，但也是名士真实的一面。魏晋时期的风流名士们，多喜模仿驴鸣，认为有音乐感，竞相研习，并不以为粗俗聒耳。如刘义庆《世说新语·伤逝》载曹魏时著名大文士王粲喜闻驴鸣之声，在他死后的葬礼上，“文帝临其丧，顾与同游曰：‘王好驴鸣，可各作一声以送之’。赴客皆一作驴鸣”。魏晋名士们的确风流，即使葬礼也是那么潇洒、旷达而轻松。又载名士孙楚凭吊同乡友人王济，“临尸恸哭，宾客无不垂泪。哭毕，向灵床曰：‘卿常好我作驴鸣，今我为卿作’。体似真声”。这就如同今天悼念死者，长歌当哭，齐唱死者生前喜欢唱的歌曲以寄哀思一样。因为此故事，驴子又有“孙楚声”的雅称。魏晋风流名士喜学驴鸣，虽属当时反世俗礼教的行为流露，但不能不说也是一种时尚。这极可能是因为驴鸣时间跨度大，有节奏，嘹亮，有起调、高潮和收尾，极富音调特色，具有一种使人警醒的音响效果。正因为此，佛教有名言至理云：“通身是眼，不见自己；欲见自己，频掣驴耳。”意谓凡夫俗子不了解自我，只有经常拉扯（掣）驴耳，使驴大声鸣叫，才能警醒自身，认识自己的佛性。

读魏晋历史，有时会让人感慨现在的流行风尚，往往也是“古已有之”，名士就是那时的“超级偶像”。魏晋人士非常看重人的相貌和风度，名士中除刘伶外，几乎个个都是“美男子”。按照当时的评价标准，“帅哥”首先要白，最好比女人还白。比如魏晋玄学的创始者之一的何晏，才华出众，容貌俊美，而且喜欢修饰打扮，面容细腻洁白，无与伦比。因此魏明帝疑心他脸上搽了一层厚厚的白粉。一次，大热天之时，魏明帝着人把他找来，赏赐他热汤面吃。不一会儿，他便大汗淋漓，只好用自己穿的衣服擦汗。可他擦完汗后，脸色显得更白了，明帝这才相信他没有搽粉，而是“天姿”白美。后来因他娶了魏公主，被拜为驸马都尉。于是后人就把“傅粉何郎”作为一个典故，用来形容人面容白净漂亮，甚至也用来形容一些洁白的物品。如唐朝大诗人刘禹锡在《题丁家公主旧宅》一诗中，就有“何郎独在无恩泽，不似当初傅粉时”的诗句。王导的皮肤也非常白皙，手拿白玉柄麈尾，手和玉浑然一体，大家看了都很羡慕。称赞起男人，也往往用“玉人”表扬其白皙。潘岳，就是众所周知的潘安，西晋时河南人氏，表字安仁，小字檀奴。其人“姿容既好，神情亦佳”。潘岳年轻时，坐车到洛阳城外游玩，当时不少妙龄少女见了他，都会怦然心动给他一个“回头率”，有的甚至忘情地跟着他走。因此常吓得潘安不敢出门。有的怀春少女难以亲近他，就用水果来投掷他，每每满载而归，于是民间就有了“掷果盈车”之说。以致后世文学中“檀奴”或“檀郎”也成了俊美情郎的代名词。洛阳城中的另一位才子左思看潘岳如此受女人青睐，非常羡慕，他也打扮成潘岳的模样出游。左思虽然很有才华，但相貌较差，洛阳城中的女人们看到他居然模仿潘岳，怒火中烧，更有一群老太太一边喊骂，一边冲上去啐他。左思“委顿而返”。不仅如此，一些名士们还偏爱香料，指挥淝水之战的大将军谢玄，年轻的时候特别喜欢香料，整天手里拿个香囊。谢玄的从伯父谢尚年轻时就特别喜欢穿花裤子招摇过市。两晋的审美也有些病态，常常以“柔弱”为美。卫玠就是这样一个柔弱的美男子，在他身上集中了晋代美男偶像的一切重要特征：美貌、白皙、优雅的谈吐以及淡淡的冷漠与哀伤。卫玠五岁时，神态异于常人。其祖父卫瓘说：“这孩子与众不同，只是我年纪大了，看不到他长大成人了!”年少时乘羊车到街市去，看到他的人都以为他是玉人，人们都去观看他。骠骑将军王济，是卫阶的舅舅，英俊豪爽有风度姿容，每次见到卫玠，就叹息说：“珠玉在身旁，就觉得自己形貌丑陋。”又曾对别人说：“与卫玠一同出游，就像有光亮的珠子在旁边，光彩照人。”长大以后，好谈玄理。其多病体弱，母亲常不让他多说话。遇到有好日子，亲友有时请他说几句，没有不赞叹的，认为他说到了精微之处。琅琊王澄有名望，很少推崇别人，每当听到卫玠的言论，就叹息倾倒。为此当时的人说：“卫玠谈道，平子倾倒。”王澄及王玄、王济都有盛名，但都在卫玠之下，世人说“王家三子，不如卫家一儿”。卫玠从豫章郡到京都时，人们早已听到他的名声，出来看他的人围得像一堵墙。卫玠本来就有虚弱的病，身体受不了这种劳累，加上彻夜清谈，终于形成重病而死。当时的人说是看死了卫玠。此即成语“看杀卫玠”的典故。魏晋时期，名士效应不差于今天的“名人效应”。谢安的一位老乡在岭南做官，离任时带回一批当地的特产蒲葵扇，准备自行出售，搞点创收；可是时令不对，很难卖出去。于是谢安取一把蒲葵扇来摇摇，不是夏天而用蒲葵扇，太不平常也时髦了，追星一族竞相购买，销路立刻大开，五万把很快售尽。东晋追星族的热情之高并勇于实践，一点也不比现在差。

魏晋名士们还有服食“寒石散”的癖好。寒石散即五石散，称它“五石散”，是因为它用石钟乳、紫石英、白石英、石硫黄、赤石脂五味石药合成的一种中药散剂，而辅之以防风、人参等数一种草药。首先它有壮阳、强体力，治阳痿功效，对湿疮、溃疡还有少许治疗的功效，并在服用后可以让人性情亢奋，浑身燥热，身体肌肤的触觉变得高度敏感，要用寒食、喝温酒、脱衣裸袒、运动出汗等方式来发散药力。鲁迅在其著名的演讲《魏晋风度及文章与药及酒之关系》中，不但谈到了魏晋风度和何晏等人物，同时亦多处提到了由何晏大力倡导服用的药物“五石散”。服食“五石散”的风气自被何晏倡导并开始流行。何晏说：“服五石散，非惟治病，亦觉神明开朗。”长期服用，皮肤便会变得白嫩细致，六朝美男子，肤质皆以白皙闻名。何晏的名气很大、地位极高，加上“五石散”价格不菲，使得名士争相效仿，乐此不疲，当作了一种代表身份的标志。吟诗清谈都要服散饮酒，诗句中间加上行散二字或许正是表达一种高贵。由魏晋至唐，名士们趋之若鹜，整整五六百年而未有间断，且颇有发展，仅在《隋书·经籍志》中就着录了二十家“五石散”的解散方。“寒食散”一般认为是由东汉的张仲景发明的。因为最早注明“宜冷食”将息的“侯氏黑散”和最早直呼“寒食”的“紫石寒食散”，都是首见于张仲景《金匮要略方论》中的《伤寒杂病论》一篇。张仲景此药的主要目的，是用它来治疗伤寒。当服食“五石散”成为一种时尚后，魏晋名流们便纷纷服用以示身份，并在服食后出门行走，所谓“行散”，只是此等举动大多数是一种不得已之行为，并非如我们想象的那般逍遥，因为他们必须疾步行走到出一身汗方好。另外还有诸如暴躁而口发狂言，桀骜无礼或赤膊跣奔等放浪形骸的荒诞举动，也大都有着这个原因。五石散中含有硫化物等毒性成分，食后极易性格暴躁。唐朝名士、肃宗李亨的布衣之交李泌，也是因“服饵过当，暴成狂躁之疾，以致弃代”。由此可见，魏晋名士们或暴躁或口发狂言的狂傲风范，是与服药有一定关系的，并非全都纯出自然。由于在服药之后除行散以外，尚要饮以温酒来借酒力发散药性，于是魏晋名士大多好酒。两汉魏晋时，当面言及对方长辈的名讳是非常犯忌而且无礼的事情。桓玄也曾手握重兵雄镇一方，此刻虽然失势，但也不可轻侮。那王忱估计吃了药再喝了酒以后，便假装意识有点不大清醒，当面屡犯桓温名讳，但是也因他服石之故，桓玄此刻就可以不以为忤，反为对方开解，这样自己不会丢面子，还阻止了他继续攻击自己。这从另一面说明，在当时那些服药以后所做的不合常理甚至是极其无礼的举动，通常是会被人谅解，甚至被推许为名士风度。为后世津津乐道所推崇的魏晋风度中“扪虱而谈”之从容风范，系典出王猛，然王猛是不是服药因史无记载，是以我们不得而知。如果联系历代医书记载中服五石散后的症状，因人的皮肤不但燥热，而且异常敏感，所以在服用时要穿薄而宽大、未浆洗的软旧衣，不能穿厚实或者未脱浆的新衣，以免不能散热和衣服摩擦皮肤导致不适。所谓魏晋风度那宽袍大袖的飘逸风姿，只怕一多半也是与这个有关系的。只倘若照此说来，魏晋名士大袖飘飘的俊逸风度，似乎便不是那样的只有唯美和洒脱了，其中还颇有行散发药的成分在内，这一想于是不免叫人有些遗憾。

第四节　名士与清谈

“清谈”是魏晋时期承袭东汉清议的风气，就一些玄学问题析理问难，反复辩论的文化现象。魏晋名士以清谈为主要方式，针对本和末、有和无、动和静、一和多、体和用、言和意、自然和名教的诸多具有哲学意义的命题进行了深入的讨论。清谈的进行有一套约定俗成的程序，清谈一般都有交谈的对手，借以引起争辩。争辩或为驳难，或为讨论。

一、清谈的产生、发展和转变

目前学界普遍认为“清谈”的源头是东汉末年的“清议”。

东汉桓帝、灵帝时，宦官专权。宦官党有侯览、曹节、王甫等，他们任用私人，败坏朝政，为祸乡里，如侯览曾夺人宅舍三百八十一所，土地一百一十八顷；其兄谋财构陷无辜，聚敛上亿的财富。宦官专政不仅使政治黑暗，而且也垄断了仕途。这时的察举、征辟，都要按照他们的爱憎行事，这就严重地侵夺了士人的上进之路，也影响了士大夫的利益。这一时期，太学生已发展到三万余人，各郡县的儒生也很多，他们上进无门，就与官僚士大夫结合，在朝野形成一个庞大的官僚士大夫反宦官专权的社会

政治力量。强宗豪族及官吏、名士、太学生，以风谣和品题的形式，臧否人物，褒奖同类，攻讦宦官，讥议时政，品核公卿，其言论被称为“乡里之音”“学中之语”“时人之论”，又称“公议”，以郭林宗、许劭、贾伟节为代表，“并与李膺、陈蕃、王畅更相褒重”，是以“天下言拔士者，咸称许、郭”。他们“激扬名声，互相题拂；品核公卿，裁量执政”。这就是所谓的“清议”。清议在当时的社会起到了激浊扬清的作用，因此也引起了宦官一党的不满，引发了历史上著名的“党锢之祸”，因宦官以“党人”罪名禁锢士人终身而得名。前后共发生过两次。党锢之祸以宦官诛杀士大夫一党几尽而结束。

史学大家吕思勉在其《中国通史》中对这段历史进行过精彩的论述：“此时的士大夫和贵族，都是好名的，都是好交结的。这一者出于战国之世贵族好养士，士人好奔走的习惯，一则出于此时选举上的需要。当时的宦官，多有子弟亲戚，或在外面做官暴虐，或则居乡恃势骄横。用法律裁制，或者激动舆论反对他，正是立名的好机会。士大夫和宦官遂势成水火。这一班好名誉好交结的士大夫，自然也不免互相标榜，互相结托。京城里的大学，游学者众多，而且和政治接近，便自然成为他们聚集的中心。结党以营谋进身，牵引同类，淆乱是非，那是政治上的一个大忌。当时的士大夫，自不免有此嫌疑。而且用了这一个罪名，则一网可以打尽，这是多么便利，多么痛快的事！宦官遂指当时反对他们的名士为党人，劝桓帝加以禁锢，后因后父窦武进言，方才把他们赦免。167 年，桓帝崩，无子，窦后和武定策禁中，迎立了章帝的玄孙灵帝。太后临朝。窦武是和名士接近的，有恩于窦氏的陈蕃，做了太傅，则其本身就是名士中人。谋诛弄权的宦官，反为所害。太后亦被迁抑郁而死。灵帝年长，不徒不知整顿，反更崇信宦官，听其把持朝政，浊乱四海。而又一味聚敛奢侈。此时乱源本已潜伏，再天天给他制造爆发的机会，遂成为不可收拾之局了。”

虽然“党锢之祸”本质上是统治集团内部权力斗争激化的一种形式，但是，面对宦官专权造成的官场腐朽，政治黑暗，一些有见识的士大夫敢于挺身而出，扬清激浊，不仅是对本阶级根本利益的一种自我挽救，也反映了人民群众的呼声，因而带有一定的正义性，应给予肯定。东汉桓、灵二帝之前，宦官、外戚虽然专权，但有名臣陈蕃等主持朝政大局，士大夫、豪强等心向朝廷，局势尚未到不可收拾的境地，即《后汉书》中所说的“汉世乱而不亡，百余年间，数公之力也”。但两次“党锢之祸”后，清正的官员不是被害就是被禁锢，宦官更加为所欲为，残害百姓，因而激起民变，酿成黄巾之乱。士大夫、豪强离心，于是黄巾之乱以后群雄并起，东汉最终走向了灭亡。特别是两次“党锢之祸”以后，许多文人士大夫“破族屠身”，清议“危言覆论”“上议执政，下讥卿士”的风采，也逐渐向明哲保身的“优哉游哉，聊以卒岁”的方向发展。可以说，“党锢之祸”不仅对魏晋时期的士大夫阶层，甚至对后世的文人群体产生了重大的影响，不仅在于其阴影深深烙在文人士大夫心灵中，更严重的是影响了中国之后的政治生态。“君子不群”，“结党”似乎必然营私，在中国历史上再难找到政权高层的团结氛围。

魏晋时期，战乱频繁，统治阶级内部倾轧不已，是充满动荡与灾难的时期。对生死存亡的关注、哀伤，对人生短暂的感慨、喟叹，成为整整一个时期统治阶级的典型音调。曹魏后期，曹芳 8 岁登基，由大将军曹爽和太傅司马懿辅政，王族衰微。政局混乱，曹芳、曹髦等皇帝昏庸无能，司马懿父子掌握朝政，废曹芳、弑曹髦，大肆诛杀异己。此时文人的命运与建安时大不相同。拥曹的何晏、夏侯玄等人被杀。嵇康拒绝与司马氏合作，亦惨遭杀害。阮籍本有济世志，但不满于司马氏的统治，故以酣饮和故作旷达来逃避迫害，最后郁郁以终。在这样的背景下，政局更是极度紧张，让人“常畏大网罗，忧祸一旦并”。在这种篡夺频仍的年代，举手投足，动辄得咎，得失急骤，生死无常。玄学产生并盛行起来，故有些名士放浪形骸，纵欲享受，醉生梦死；有些名士则遗落世事，逍遥自在，苟且偷安。在这种恶劣的生存状况下，清议逐渐完成了向清谈的思辨转变，因正值正始年间，故此时的清谈，被称为“正始之音”。

现代儒学宗师柳翼谋曾说：“汉末魏际天下大乱，乘时趋势者，不以道义为重。旷达之士，目击衰乱，不甘隐避，则托为放逸，遂开清谈之风。晋室之兴，世乱未已，向秀之徒，益尚玄风。清谈者崇尚老、庄，则以任天率真为贵，推之政治，遂有鲍生无君之论，反之者又崇尚务实，勤于人事。盖时当大乱，人心不宁，或愤慨而流于虚无，或忧惧而趋于笃实，皆时会所造，因其性而出之。清谈有尚简括者，有尚博辩者。然以敷陈义旨、演述周析为尚，是亦学术之一大进步。清谈所标，皆为玄理。谈

论者为玄言，着书者为玄部。稽其理论，多与释氏相通，故自晋以来，释子多治老、庄，清谈者亦往往与释子周旋，佛教于是与中国学说融合；或以佛与儒、道诸书并称，渐为儒释道之沟通融会。”真是一语中的。陈寅恪先生认为，“清谈的兴起，大抵由于东汉末年党锢诸名士遭到政治暴力的摧残与压迫，一变其具体评议朝廷人物任用的当否，即所谓清议，而为抽象玄理的讨论。启自郭泰，成于阮籍。他们都是避祸远嫌，消极不与其时政治当局合作的人物。”鲁迅在《魏晋风度及文章与药及酒之关系》中说道：“东晋以后，不做文章而流为清谈，由《世说新语》一书里可以看到。”陈先生进而将清谈分为前后两个时期，“魏晋两朝清谈又不是同一面貌，同一内容。魏晋清谈可分为前后两期。魏末西晋时代为清谈的前期。此时期的清谈为当日政治上的实际问题，与其时士大夫的出处进退关系至为密切。换言之，此时期的清谈，是士大夫借以表示本人态度及辩护自身立场的东西。东晋一朝为清谈后期。清谈至东晋只为口中或纸上的玄言，已失去政治上的实际性质，仅止作为名士身份的装饰品”。虽然缪钺等先生有三期、四期等分类，但确实从晋末开始，这股“清谈”之风离初衷似乎越来越远，开始成为纯粹的谈话艺术和文化盛宴。相对于政治、时事、人物等“俗事”之谈而言的，“清谈”真正成为“清言”。士族名流相遇，不谈国事，不言民生，谁要谈及如何治理国家，如何强兵裕民，何人政绩显著等，就被贬讥为专谈俗事，遭到讽刺。这一现象一直延续到南朝。

特别值得注意的是，佛学的传入对“清谈”影响甚大。佛学思想中对“空”和“无”的理论和论述较之老庄有其独到之处，甚至在许多方面是老庄所不及的。当名士们自觉穷尽“三玄”论无可论时，佛教思想像一股清风，送来他们之前从未体验过的清凉和惬意。玄学在东晋时期达到鼎盛，因而也就逐渐成为一种封闭的体系，逐渐丧失了原有的勃勃生机。而佛教的讲经和辨经，无疑也为“清谈”形式开辟了新的思路。前文多次谈到的名士殷浩，认为佛理与玄理是相通的。在东晋的清谈名士中，殷浩在沟通玄、佛方面贡献很大。除殷浩外，清谈名士研读佛经者还有王珣、王珉和王坦之等，但他们的佛学造诣都不如殷浩。殷浩等名士迅速、及时地接受和吸纳了佛学这种外来文化的营养，从而为玄学输入了新鲜的血液。此外，一些大德高僧为佛教迅速让士大夫阶层接受，也积极地参与到“清谈”的队伍中。支遁是佛门中的玄论大师。他在沟通玄、佛方面发挥了巨大作用。东晋末年的慧远大师也是一位值得注意的佛学巨子。一次，殷浩问远公：“《易》以何为体?”答曰：“《易》以感为体。”殷曰：“铜山西崩，灵钟东应，便是《易》耶?”远公笑而不答。慧远与殷仲堪讨论的是《周易》的本体问题。他的“以感为体”的思想即来源于佛家的感应理论。远公以佛理阐释玄理，以此为佛学争地位。其他名僧如康僧渊、于法开等也都曾致力于玄、佛的沟通。在名士与名僧的共同努力下，玄学与佛学渐趋融合。在这种情况下，佛家“讲经之制”渗透到清谈之中，成为清谈家广泛采用的清谈方式，当然也是意料中的事。

二、清谈的内容和形式

颜之推在《颜氏家训·勉学》中指出：“洎于梁世，兹风复阐，《庄》《老》《周易》，总谓‘三玄’。”魏晋玄学的诞生几乎是与辩论的发展同步的。何晏、王弼二人皆长于口辩，对玄学的发展具有很大的推动作用。三玄之学，是清谈的主要内容。经常出现在清谈中的话题还有：本末有无之辨识；才性四本之论；自然名教之辨；言意之辨；圣人有情无情之辨；名家论理之学；佛经佛理；养生论；声无哀乐论；形神之辨及鬼神有无论。这些论题有的是从“三玄”中提炼出来的，有些则是随着清谈的不断发展增加的内容。这些论题，基本是脱离现实的纯粹哲学命题。

清谈分口谈和笔谈两种，前者用口，后者用笔。口谈是主要的清谈方式，笔谈也十分重要。《世说新语》所记载的口谈，多系结论性的东西，而笔谈则显示了具体的论证过程，在一定程度上弥补了口谈的不足。清谈家有的长于口谈，有的长于笔谈。

如与王羲之交好的殷浩，史料记载，“浩识度清远，弱冠有美名，尤善玄言，与叔父融俱好《老》《易》。融与浩口谈则辞屈，着篇则融胜，浩由是为风流谈论者所宗”。根据记载，可知名士们在口谈与笔谈方面，才能高下各自不同，两方面兼工的人物则比较少见。如自称为抱朴子的葛洪“博闻深洽，江左绝伦。著述篇章富于班马，又精辩玄赜，析理入微”，不失为笔谈与口谈兼工的清谈家，只是相比之下，他的笔谈才能更突出一些罢了。现存的笔谈资料非常丰富，如郭象的《庄子注》和王弼的《周易略

例》《老子注》等，皆可视为大部头的笔谈。当然也有如嵇康《声无哀乐论》等短篇的笔谈。

笔谈的方法一般比较简单，主要有以下几种：第一种是自问自答的方法。即先提出一种观点，然后加以批驳，并阐述自己的观点。嵇康《养生论》：“世或有谓：神仙可以学得，不死可以力致者；或云：上寿百二十，古今所同，过此以往，莫非妖妄者；此皆两失其情。”第二种是答难的方法。如嵇康作《养生论》，向秀作《难养生论》等，对他的观点提出不同意见，嵇康又作《答难养生论》，进一步申明自己的观点。第三种是问难的方法。晋人孙盛《老子疑问反讯》一文，其论辩方法就是问难式的。笔谈往往是比较严谨、比较规范的。

口谈的基本模式是问难、辩答，这就是常见的“客”“主”之谈，也吸取了僧徒讲经的方法。一是两人对谈，即所谓主客对答。一个人对某一个问题提出自己的看法，谓之“主”；提出不同见解和质疑者，谓之“客”。主客互相质疑对答，往返难休，这是“清谈”的主要形式。二是一主多客或一客多主。不过主客双方都以一人为主，其余者可以插言。三是“自为主客”。当别人对问题都无高见可抒时，某人可以就此问题自己设疑，自己解答，以发表他的高超的见解。有一次，大家争论一个问题，最后都穷于词理，当时宰相谢安，“自叙其意，作万余语”，侃侃而谈，见解独特。说完以后，肃然自得，四座皆服。清谈有“番”数，一难一答，谓之一番。口谈之几“番”，相当于武人交手的几个回合。“番”数的多少通常是与清谈语汇的多少以及清谈时间的长短成正比的。晋人喜为长夜之谈，其“番”数虽无记载，但我们推想是不会少的。“番”数之多少，没有一定之规，主要由讨论问题的实际需要来调节，长者未必皆佳，短者未必皆劣。但“番”数比较多的清谈，研讨的问题往往也比较复杂，因为复杂的问题通常只有长篇大论才能说清楚。从清谈发生的处所上看，有公座之谈，也有私座之谈，还有非公非私的大自然中的清谈。晋人清谈以私座为主，公座较为少见。士人们喜欢在夜间清谈，通常是聚集到某一名士的家中；名流雅士们也经常在大自然中进行清谈，如洛水之滨就是人们经常剖玄析微、流连忘返的地方。晋时公座之谈，主要发生在某些寺庙之内。以场所来说，名士们是不太讲究的，如王导有一次与殷浩清谈，时已深夜但一时难争高下，干脆把殷浩叫到自己的床上，两人就在蚊帐里畅谈。大自然更是名士们喜欢的清谈之地，如《兰亭序》中说："永和九年……暮春之初，会于会稽山阴之兰亭，修禊事也。群贤毕至，少长咸集……""修禊"原是三月初三沐浴除垢，嬉水采兰，祓秽祈祥的活动，而"群贤毕至，少长咸集"，很显然不只是一般的"修禊"，而是东晋士族文人的一次大规模清谈盛会。

魏晋名士清谈，清谈在语言艺术上的理想境界是辞理并茂，特别喜欢在音节和语调上下功夫，具体来说，就是要做到自然、和谐、流畅、优美，所以他们对清谈语言往往着意修饰。有一次，刘惔到王蒙家"清谈"，刘惔走后，王蒙的儿子问其父："你和刘惔谁胜了？"王蒙说："韵音令辞不如我，往辄破的胜我。"韵音令辞是语言优美动听，"往辄破的"是说理论上一发即中。前者包括声调抑扬顿挫，和畅悦耳和词语准确犀利，精当有力，是讲"清谈"的形式；后者说的是清谈的内容。余嘉锡先生说："不惟善言名理，其音响轻重疾徐，皆自有一种风韵。"与一般的音调和缓的口谈不同，中古士人也常常进行"剧谈"。剧谈，就是畅谈、快谈，谈起来滔滔不绝，犹如飘风掠过长空，波涛奔涌江河，仿佛雷鸣电闪，暴雨倾盆，勇士拼杀，间不容发。"清谈"中，气氛一般很随便，在激动的时候，往往助以手势，身体摆动，甚至起舞引吭；谈到酣醉地步时，便无所顾忌了，口出粗言也是有的。《世说新语》中记载，孙安国往殷中军许共论，往返精苦，客主无间。左右进食，冷而复暖者数四。彼我奋掷麈尾，悉脱落满餐饭中，宾主遂至莫忘食。殷乃语孙曰："卿莫作强口马，我当穿卿鼻。"孙曰："卿不见决鼻牛，人当穿卿颊。"两位大名士激烈交谈，仆人把饭菜端上来，冷了又热，热了又冷，已经好几回了，但还是没空吃饭。一时激动，开始用力挥动手中的"麈尾"，麈尾上的毛全都脱落掉到饭菜里面。后来，殷浩对孙安国说："你不要再作犟口马了，小心我用绳子把你的鼻子穿上的。"孙安国回敬说："只怕你看不到被穿鼻子的牛，你的脸却早被人用绳子穿住了。"这是多少热闹而有趣的一场清谈啊！

说到这里，有必要说一下"麈尾"。这是什么东西？古人所谓麈，是偶蹄目鹿科动物驼鹿和麋鹿的统称，"麈尾"中的"麈"专指麋鹿。顾名思义，"麈尾"即麋鹿之尾。从颜色上看，麈尾主要有黑、白两种。许询分别作铭，《黑麈尾铭》曰："卑尊有宗，贵贱无始。器以通显，废兴非

已。伟质软蔚，岑条梳理。”《白麈尾铭》曰：“蔚蔚秀格，伟伟奇姿。荏弱软润，云散雪霏。”麈尾一般长约尺余，由固定着两排麋鹿尾毛的轴杆和把柄相接而成，其做工十分精美。有诗赞道：“客持麈尾柄，色夺环与玦。尘心随影祛，一片若行雪。神兽潜空山，何年探灵穴。忽失落人手，遂为谈者悦。”古人对麈尾柄的制作极为考究。由于造柄材料的不同，便产生了风采各异的麈尾。晋人崇尚洁白、光润之美，故王衍偏嗜白玉柄麈尾。

麈尾在清谈的过程中具有特殊的作用。真可谓“名士雅器”。麈尾为东汉贵族知识分子，特别是那些讲授儒家经典的学者所常用，代表着传统的道德规范和伦理思想，这与魏晋名士手中的麈尾具有完全不同的文化意义。如前所述，魏晋清谈，通常采取主客问答的方式。“主”是主讲人，“客”是问难者。麈尾是主讲人身份的标志，在通常情况下，“客”是不拿麈尾的。有时辩论至为激烈，犹如两军对垒，鏖战不休，因而“主”“客”的地位不断变化，甚至“客”“主”难辨，于是麈尾便在对手之间传来递去。因此，对清谈家而言，麈尾就绝非可有可无的东西。首先，麈尾有助于“通玄”“探玄”，即阐发、探讨深刻的玄理。这清谈中，麈尾所起的作用近似于现代教师所用的教鞭和乐团指挥的指挥棒。徐陵《麈尾铭》所谓“引饰妙词”者是也。其次，清谈家执麈尾，还有一种深层的比喻意义寓乎其间。《尔雅翼》释“麈”云：“其字从主，若鹿之主焉。麈之所在，众从之。……谈者执之以挥，言其谈论所指，众不能易也。”《纬略》：“群鹿随之，皆依麈尾所转。”“麈”是“鹿主”或“主鹿”，一个形声兼会意字。麋鹿在奔跑时，尾端之长束毛上翘，并且左右摆动，此即“麈尾所转”一说之由来。魏晋名士多喜书空望远、自我标置，每个人都意欲领袖群伦，引导流辈。他们手执麈尾，实际上就是以“主鹿”自命，盖逐鹿于清谈之胜场，以示其风流之精神也。而清谈作为唇吻之战，具有极强的突发性。出于“备战”之需，即使在非清谈的场合，清谈名士们也常常携带麈尾。故清代著名学者赵翼说：“六朝人清谈，必用麈尾。……亦有不必谈而亦用之者。……盖初以谈玄用之，相习成俗，遂为名流雅器，虽不谈亦常执持耳。”王蒙在弥留之际，仍转看麈尾。那种痴心与耽爱，却也令人感动。名士之所尚，使麈尾在人们的心目中日趋尊贵。如后赵石勒本来是目不识丁的胡羯，对清谈名流一向痛恨，曾以排墙压杀王衍，但是王浚以麈尾相赠，“勒为不执，置之于壁，朝夕拜之”；同时，麈尾也成了皇家的高级赏赐品。对那些功底深厚、才高识茂的清谈家而言，麈尾不仅是其心之所爱，而且与其生命的板块凝结为之。至于那些出身低微的寒门，对于麈尾这样的风雅之物更加不敢心存非分了，如南齐陈显达，官至三公、位极人臣，但由于出身寒门，从来不敢张扬，还经常教育儿子说：“麈尾扇是王谢家物，汝不须捉此自逐。”王、谢家族到南朝时在政坛上已经走下坡路，但他们在社会、文化领域的崇高地位，却依然是那些新出门户遥不可及的。

三、清谈之我见

后世多对魏晋“清谈”多持批评之见，认为由于官员们不专于政务，而是把精力放在这些虚无缥缈的东西上，致使官场效率低下，国家的执政荒废，甚至常举王衍“清谈误国”一事警示后人。

对任何事物的讨论如果离开了当时的历史背景，都是后人的一厢情愿。殊不知当时的文人士大夫是用多少了鲜血和人头得出了远离朝政是非的结论！从“清议”到“清谈”，包含了多少的无奈和失望，最起码在正始年间“清谈”出现之初是这样。余英时先生认为“自汉末到魏晋，士大夫的精神还是有其积极的、主动的、创造的新成分，不仅仅是因为在政治上受到压迫和挫折才被动地走上了虚无放诞的道路。这个成分便是‘个体自觉’或‘自我发现’”。我甚至以为，“清谈”有点儿像一块具有文化标识的“遮羞布”，让那个时期的文人士大夫在“清谈”中找到自己，保留下一些思想文化的自主和自由。同时，“清谈”与“误国”并无必然联系。一次，王羲之与谢安共登冶城，谢悠然远想，有高世之志。王谓谢曰：“夏禹勤王，手足胼胝；文王旰食，日不暇给。今四郊多垒，宜人人自效；而虚谈废务，浮文妨要，恐非当今所宜。”谢答曰：“秦任商鞅，二世而亡，岂清言致患邪?”谢安之言虽有诡辩之嫌，但确实有让人深思之处。清谈名士中，以嵇康、嵇籍为首的“竹林七贤”，是著名的学者、文学家；王导、谢安、庾亮等，都是大政治家，在东晋朝政中起到中流砥柱的作用；至于王衍，行为看似荒诞但行为充满无奈和智慧，面对“八王之乱”后内外交困的时局，他应该如何选择？作为士族大户出身的王羲之，虽然

有其对“清谈”不以为然的积极一面，但他作为文坛领袖，也留下“兰亭雅集”这样经典的文人雅聚让后世人赞叹不已。从众多文献中，我们也看到了许多士人对当时朝政的真知灼见。只是相对于“清谈”，魏晋名士对世事确实不如后世文人士大夫那样热衷。同时应该看到，当时的学术风气比较民主，绝不以地位、声势压人，朋友、同道之间据理立论，心平气和，这是一种非常宝贵的学术精神，这在后世难以再现。而在光怪陆离、言而无物的交谈辩论中，也包括了不少思想的亮光，一定程度上成为文人士大夫的智力体操，如同艺术和文学，实用性远不如美感重要。只是为美而美，为艺术而艺术。在一个混乱、黑暗的时代，还保持着对美的狂热追求，不也是文化和文人对社会和时代的一大贡献吗？只是在这群狂热追求“美”的人群中，确实少了文人应该有的责任和担当，少了顶天立地、死而后已的大丈夫气。自由和自主，对于学术和文化是最大的推进器。但这种自由和自主，应该建立在国家和民族大局之下。魏晋名士，多都是士族大户出身，他们个人的命运不是与国家，而是与家族紧密相连，宗族的利益常常凌驾于国家的利益之上，个人对自由的追求，往往忽略了文人应有的社会责任。从这个意义上说，文化与社会是不可分割的，文人与他的国家应是同呼吸共命运的，特别是对于一个黑暗的时代、一个苦难的民族更应如此。如果脱离了他的国家和民族，那点可怜的个人自由只是昙花一现，所谓的个人才华也显得苍白无力，如同我们今天反观魏晋那些手持“麈尾”、口若悬河、举止风流的名士“清谈”，如同欣赏粉墨登场的戏曲表演一般，实难觉得高山仰止，无法达到历史的高度。“先天下之忧而忧，后天下之乐而乐”更应该是文人士大夫的风貌。好在我们从王羲之身上看到了些影子，相对于那个时代，实在有难得之处。

第五节　名士与文学、艺术

魏晋名士，一般得符合两个条件，一是出身名门，门第高贵；二是学识渊博，精通玄理。在此之外，名士们还多是文学家、艺术家。在世俗之外，用文学艺术构建起了自己的精神世界，客观上也将我国的文学艺术推上了相当的高度。

魏晋时期，文学艺术的发展进步很大原因在于“玄学”的兴起。魏晋玄学的形成与老庄思想关系紧密。《老子》讲“人法地，地法天，天法道，道法自然”，人必须遵循地的规律特性，天以道作为运行的依据，而道就是自然而然，不假造作。玄学家郭象在《庄子注》中对老庄的自然之义有进一步的发挥。老庄认为有一个先天地万物而生的道，郭象则认为连这样一个道也不存在，之所以有万物，万物之所以如此，并不是由道产生的，也不是道使然的，是它们自然如此。而“我”也是自然而然的，不取决于任何什么，也不依赖于任何什么，因而完全独立。只要顺应自然的状态和变化，无所待，无所使，自然而然，就可以进入自由自如的境界。“真”也是道家特有的哲学范畴。老子把“真”视为道的精髓、修身的极致。《庄子》对“真”有一个界定：“真者，精诚之至也。真者，所以受于天也，自然不可易也。故圣人法天贵真，不拘于俗。愚者反此，不能法天，而恤于人；不知贵真，禄禄而受变于俗，故不足。”“真”是一种至淳至诚的精神境界，这境界是受之于天的，性分之内的，自然而然的。圣人不过是谨慎地守住这个精神境界，不受外物的干扰而已；而道家追求的“真人”，是不受礼教约束的、没有世俗伪饰的、保持其天性的人。玄学中崇尚自然的思想，其影响所及就是进一步确立了以“自然”与“真”为上的审美理想。新的社会思潮改变着士大夫的人生追求、生活习尚和价值观念。儒家的道德教条和仪礼规范已失去原有的约束力，一种符合人类本性的、回归自然的生活，成为新的追求目标。身外的功业荣名既然受到怀疑，便转而肯定自身的人格。身后的一切既然那么渺茫，便抓紧即时的人生满足。这种新的思想、新的情趣体验，给魏晋文学艺术注入了充沛的活力和想象力，以自然为师的美学思想，成为中国传统艺术的精髓，也成为中国艺术登堂入室的不二法门。钱穆先生在《国学概论》中说：“魏晋南朝三百年学术思想，可以一言以蔽之，曰个人自我觉醒是已。”这一点在魏晋文学及艺术上表现得十分明显。

一、名士与文学

魏晋期间，文学发生了巨大的变化，文学的自觉性和文学创作的个性

化，在这些变化中是最有意义的，正是由此引发了一系列其他的变化和发展。在汉代，儒家诗都占统治地位，强调诗歌与政治教化的关系，诗歌被视为“经为妇、成孝敬、厚人伦、美教化、移风俗”的工具。至于诗歌本身的特点和规律并没有引起应有的重视。魏晋以后，服务于政治教化的要求减弱了，文学变成个人的行为，抒发个人的生活体验和情感。诗学摆脱了经学的束缚，整个文学思潮的方向也是脱离儒家所强调的政治教化的需要，寻找文学自身独立存在的意义。魏晋南北朝是中国文学史上首次出现的一个文学自觉的时代。这一自觉，是以人的生命和思想的觉醒为底蕴的。动乱的社会现实，对人的生命形成严重的压抑与摧残，又反过来促使人们认真严肃地反思生命的价值。这样，人生追求的总体取向，便由传统的群体意识转向了个体意识，由此带来了自我意识的觉醒。而这种生命的自觉，又是以儒家思想的委顿和道家思想的煽炽为契机的。在以道家思想为主体的玄学风气中追求个体人格的独立与自由，反对人性的异化与束缚，重视心灵的超越与解放，蔚然成为时代的总体倾向。这时提出了一些崭新的概念和理论，如风骨、风韵、形象，以及言意关系、形神关系等，并且形成了重意象、重风骨、重气韵的审美思想。诗歌求言外之意，音乐求弦外之音，绘画求象外之趣，各类文艺形式之间互相沟通的这种自觉的美学追求，标志着一个新的文学时代的到来。

魏晋南北朝文学对两汉文学的继承与演化，在五言古诗和辞赋方面痕迹最明显。综观这段文学，是以五七言古近体诗的兴盛为标志的。五古在魏晋进入高潮，七古和五七言近体在唐朝前期臻于鼎盛。赋，从汉代的大赋演化为魏晋南北朝的抒情小赋，便是很有代表性的一个转变。五言古诗在汉末蓬勃兴起，《古诗十九首》被后人奉为圭臬。此后曹植、王粲、刘桢、阮籍、陆机、左思、陶渊明、谢灵运、鲍照、谢朓、庾信，虽然选取的题材不同、风格不同，但走的都是个人抒情的道路，他们的创作也都是个人行为。“自然”和“真”，在魏晋南北朝的文学创作和文学批评中虽然还未占据主导地位，但是体现着这种美的陶渊明的出现，以及嵇康、阮籍、钟嵘、刘勰、萧统等关于“自然”和“真”的论述，却对此后整个中国文学产生了极其深远的影响。嵇康和阮籍本身就是玄学家；陶渊明不仅是诗人也是哲人，他的思想与玄学有很深的关系。陶渊明的作品是魏晋玄学渗入文学之中所结出的硕果。后人极力推崇陶渊明，并把他的自然和真视为文学的极致，证明了玄学对文学产生的积极影响。

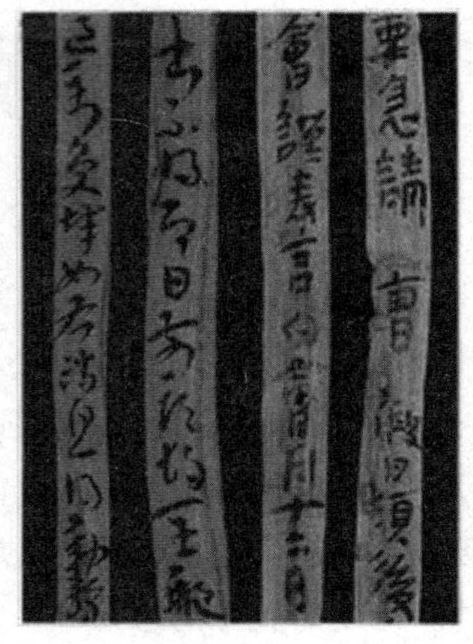

这个文学的自觉时代，贯穿于整个魏晋以及之后的南北朝大约三百年时间。其表现在三个方面，一是文学从广义的学术中分化出来，不再是儒学是小支。二是对文学的各种体裁有了比较细致的区分，更重要的是对各种体裁的体制和风格特点有了比较明确的认识。曹丕的《典论·论文》，将文体分为四科；《文赋》进一步将文体分为十类，对每一类的特点也有所论述。特别值得注意的是，他将诗和赋分成两类，并指出“诗缘情而绮靡，赋体物而浏亮”的特点。三是对文学的审美特性有了自觉的追求。所谓文学的自觉，最重要的或者说最终还是表现在对审美特性的自觉追求上。言意之辩讨论的内容是言辞与意旨之间的关系，其中言不尽意论和得意忘言论对文学创作和文学鉴赏产生了重大的影响。以荀粲为代表的言不尽意论，认为言可达意，但不能尽意，指出了言意之间的联系和差别，以及言辞在表达意旨时的局限。以王弼为代表的得意忘言论，认为象的功用是存意，言的功用是明象，只要得到象就不必拘守原来用以明象的言，只要得到意就不必拘守原来用以存意的象。如果不忘象就不能真正得到意，不忘言就不能真正得到象。要想真正得到意必须忘象，要想真正得到象必须忘言。言不尽意论对创作论有所启发，得意忘言论对鉴赏论有所启发。语言是人类伟大的创造，然而它与人类丰富的感情、心理相比，与大千世界相比，又是苍白无力的。文学创作欲求达意，最好的方法是：既诉诸言内，又寄诸言外，充分运用语言的启发性和暗示性，以唤起读者的联想，让他们自己去体味那字句之外隽永深长的情思和意趣，以达到言有尽而意无穷的效果。陆机在《文赋》中已经注意到文学创作中的言意关系：“恒患意不称物，文不逮意，盖非知之难，能之难也。”陶渊明在《饮酒》（其五）写道：“山气日夕佳，飞鸟相与还。此中有真意，欲辩已忘

言。”以至于到南朝刘勰写出《文心雕龙》这一千古名作，其中说：“是以意授于思，言授于意，密则无际，疏则千里，或理在方寸而求之域表，或意在咫尺而思隔山河。”“至于思表纤旨，文外曲致，言所不追，笔固知止。至精而后阐其妙，至变而后通其数，伊挚不能言鼎，轮扁不能语斤，其微矣乎!”

魏晋南北朝文学是典型的乱世文学。作家们既要适应战乱，又要适应改朝换代，一人前后属于两个朝代甚至三个朝代的情况很多见。敏感的作家们在战乱中最容易感受人生的短促，生命的脆弱，命运的难卜，祸福的无常，个人的无能为力。生死、游仙、隐逸成为这个时代的三大主题，常常伴有悲剧色彩。苏联文艺理论家波斯彼洛夫在分析悲剧性与悲剧情绪产生的原因时指出：“它不只是因为与外界的威胁力量发生冲突而造成，而首先是因为个人的切身要求与他所认定的超个人的生活价值之间的矛盾造成的。这种‘矛盾’所引发的士人的悲哀与孤独，远胜过其他‘情感’的痛苦，也造成了远胜于其他情绪的复杂与激烈。”这种悲悯与孤独，成为魏晋时期的普遍情绪，也反映了魏晋人的自我觉醒。士人强烈的个性意识与情感欲望，在遭受到严酷现实的摧残和压抑后，特别是在感到对命运的无可把握后，心灵多创，因此而形成了这个时代的士人特别的多愁善感，性格怪僻，行事乖张，不近人情，进而形成了魏晋人悲天悯人、惜时怜物的审美心境，形成了以悲为美的心态与趣尚，形成了凄婉哀怨的悲剧美的风格基调。生死主题主要是感慨人生的短促，死亡的不可避免，关于如何对待生、如何迎接死的思考。曹丕的《又与吴质书》很真切地表现了当时带有普遍性的想法：“昔年疾疫，亲故多离其灾。徐、陈、应、刘，一时俱逝，痛何可言！少壮真当努力，年一过往，何可攀援。古人思秉烛夜游，良有以也。”曹操写下了“对酒当歌，人生几何。譬如朝露，去日苦多。”的千古名句。陆机年届四十，感叹于同龄亲友已死亡过半，他在《叹逝赋》里感伤不已地叹道：“夫何天地之辽阔，而人生之不可久长。”陶渊明的更多，“有生必有死，早终非命促。”“死去何所道，托体同山阿。”“春草暮兮秋风惊，秋风罢兮春草生。绮罗毕兮池馆尽，琴瑟灭兮丘垄平。自古皆有死，莫不饮恨而吞声。”东晋的玄言诗中，表达了对待人生的四种态度：一是提高生命的质量，及时勉励建功立业；二是增加生命的长度，服食求仙，这要借助药；三是增加生命的密度，及时行乐，这须借助酒；四是不以生死为念地顺应自然。从王羲之的《兰亭序》及后来的陶渊明的诗作中，人已不再是一个自叹生命短促的渺小的生灵，而是与“自然”“大化”合一，开始超越生死无常。游仙主题与生死主题关系很密切，主要是想象神仙的世界，表现对那个世界的向往以及企求长生的愿望。游仙主题作为生死主题的补充，企求长生的意思变得浓厚。如曹操的《气出唱》《精列》，曹植的《游仙》《升天行》《仙人篇》，张华的《游仙诗》，何劭的《游仙诗》，已经构成一个游仙的系列。特别是郭璞的多首《游仙诗》，使游仙成为魏晋南北朝文学中不可忽视的一个主题了。隐逸主题包括向往和歌咏隐逸生活的作品，也包括招隐诗、反招隐诗，形成这个时期的一种特殊的文学景观。隐逸思想受《庄子》影响很深，到了魏晋以后，有左思和陆机的《招隐诗》、王康琚的《反招隐诗》、潘岳的《闲居赋》。而陶渊明的大量描写隐逸生活和表现隐逸思想的作品，则使这类主题达到登峰造极的地步，“古今隐逸诗人之宗”。至于其他许多人的作品中，表达隐逸思想的地方就不胜枚举了。隐逸主题的兴起与魏晋以后士人中隐逸之风的兴盛有直接关系，而这种风气又与战乱的社会背景和玄学的影响有关。

这个时期，名士是文学创作的中坚力量，几乎所有的名士都是文学家。特别是文学家族的大量出现是十分值得注意的现象。在门阀制度下，文学乃至文化集中在少数世家大族手中，与政治的权力一起世代相传。文学家族在魏晋两朝尤盛，南朝以后逐渐减少，这与南朝门阀势力的逐渐衰微的趋势是一致的。例如，三曹（曹操及其子曹丕、曹植），阮瑀及其子阮籍等，嵇康及其子嵇绍、绍从子嵇含，三张（张载及其弟张协、张亢），二陆（陆机、陆云兄弟），琅玡王氏一族，庾氏兄弟，谢安一族，两潘（潘岳及其从子潘尼），傅玄及其子傅咸等等，举不胜举。只是其中许多人并不以文传世。

二、名士与音乐

在中国历史上，魏晋是音乐发展的高峰时期。魏晋音乐的发展呈现三个特点：一是音乐从儒家强调的教化功能向音乐独立的审美功能转变；二是形成新的音乐理念，审美的自觉性提高，名士们为音乐理论的发展作出了很大贡献；三是胡汉音乐、上层社会的宫廷音乐（阳春白雪）和民间音乐（下里巴人）快速融合，出现互相学习交流、彼此启发借鉴的繁荣景象。

音乐的功能，儒家把它定位在“礼乐”的高度；到汉代“独尊儒术”后，音乐进一步向“高、大、上”转变，赋予了浓重的政治和教化色彩，即使作为娱乐的音乐，也基本属于上级阶层的专属。汉代的“相和歌”，主要在宫廷“朝会”“置酒”“游猎”与民间“禊祓”等场合演唱。魏晋南北朝时期的所谓的“礼崩乐坏”，实际上给了音乐自由、自主发展的空间。曹操、曹丕、曹植音乐的造诣很深。曹操曾任用音乐家杜夔为太乐令，主持古曲的发掘和整理工作。其子曹丕，设立了专门的音乐机构——“清商署”，从事收集整理西汉以来相和旧曲和创作新曲的工作。西晋时，清商署由著名音乐家荀勖领导。西晋以后，战乱频仍，加以政权南迁、社会动荡等原因，使原来流行的相和歌大多失传，而被新兴的清商乐所更代。清商乐，简称“清乐”。它是在南方民歌“吴声”“西曲”的基础上，继承了相和歌的传统发展起来的新乐种，受到上层社会的重视。同时，汉族传统音乐与当地少数民族音乐合流，形成了独具特色的音乐风格，既有汉族音乐的音律精美，又有少数民族音乐的豪迈大气。佛教在魏晋时期大兴盛起，相应的佛教音乐也因此大为盛行。汉末魏初的曹植，途经鱼山时，突来灵感，创立了“梵音”唱法。随着少数民族和外来文化的传入，魏晋时期的音乐，在两汉的基础上得到极大的发展，无论是音乐的格式音律上，还是乐器的种类上都有了很大突破。魏晋音乐在乐律理论上有了新的见解言论，例如“管口校正法”和接近十二平均律的“新律”。就连魏晋时期的乐器也在种类上有了创新和突破。魏晋音乐还有一个重要特点，就是它的平民化。由于魏晋时期音乐在民间广为盛行，所以很多优秀音乐无论是编曲还是作词都来源于民间。

自汉代以来，中国的音乐发展道路因儒家思想而受到一定的阻碍。魏晋时期的以名士为主体的音乐家们，对音乐进行了深入的美学思考。他们以道家思想，特别是玄学中人本、自然的精神为主题，将音乐审美从社会伦理道德中脱离出来，从音乐自身来探索音乐审美规律，从而形成新的精神境界；同时，一些人对儒家传统的音乐美学思想进行扬弃，形成了音乐美学和人文精神相互融合共同促进的理念。在魏晋时期，关于音乐的一些问题已经形成了一种基本的体系。这种反省和自觉，因以何晏重述道家的音乐美学思想“大音希声”开始，强调音乐既要追求人的自由，也追求乐的解放。但真正对魏晋朝代及后世起到巨大影响作用的，不得不提到两个人——嵇康和阮籍。

嵇康的音乐思想主要体现在《声无哀乐论》和《琴赋》中。嵇康在《声无哀乐论》中，首先提出“声无哀乐”的基本观点，即音乐是客观存在的音响，哀乐是人们被触动以后产生的感情，两者并无因果关系。用他的话来说就是“心之与声，明为二物”。然后，又进而阐明音乐的本体是“和”。这个“和”是“大小、单复、高埤（低）、善恶（美与不美）”的总和，也即音乐的形式、表现手段和美的统一。它对欣赏者的作用，仅限于“躁静”“专散”；即它只能使人感觉兴奋或恬静，精神集中或分散。音乐本身的变化和美与不美，与人在感情上的哀乐是毫无关系的，即所谓“声音自当以善恶为主，则无关于哀乐，哀乐自当以情感而后发，则无系于声音”。那么，人的情感上的哀乐从何而来呢？嵇康认为这是人心受到外界客观事物的影响，具体说是受政治影响的结果，即“哀乐自以事（客观事物）会，先遘（相遇）于心，但因和声以自显发”。人心中先有了哀乐，音乐（“和”）起着诱导和媒介的作用，使它表现出来，同时，他还认为“人情不同，各师其解，则发其所怀”，人心中先已存在的感情各不相同，对于音乐的理解和感受也会因人而异，被触发起来的情绪也会不同，所以他认为音乐虽然能使人爱听，但并不能起移风易俗的教育作用。即“乐之为体，以心为主”，“至八音会谐，人之所说，亦总谓之乐，然风俗移易，本不在此也”。嵇康大胆地反对两汉以来把音乐简单地等同于政治，甚至要它起占卜的作用，完全无视音乐的艺术性，是有其进步意义的。而且他所看到的音乐的形式美，音乐的实际内容与欣赏者的理解之间的矛盾等，都是前人所未论及的。

嵇康更多的是从音乐的本质问题出发，在他看来，音乐作为一种自然赋予的产物，它的存在并不是由人心而生。他认为，音乐是通过和谐的手

段进行相互拼凑而成，只有通过这种和谐的手法进行统一才是最能感动人心的一种手法。音乐不仅能够对人的心灵进行净化，并且能够对人的感官进行深入的安慰，使人的心理得到更好的调整。不同的音乐会带给人们不同的感受，和谐的音乐能够激发人们心中最最真实的情感。嵇康也曾提出过“和声无象”的论点，他反对儒家的功利主义乐象观点，在他看来他的这种观点能够对人们的抵抗诱惑能力和驰骋无穷的心理之美有一定的调节作用，能够使人们了解更多关于审美的观念，成功打开人们追求美的心灵之门。这种理论，完成了由音乐欣赏理论到审美的成功转换，并且也为后世的音乐审美理论的开展提供了有力的基础。

嵇康的《琴赋》是一篇音乐评论文章。他认为音乐“可以导养神气，宣和情志，处穷独而不闷者，莫近于昔声也。”嵇康确实是喜爱音乐的，他在《琴斌》序中说：“余少好音声，长而习之，以为物有盛衰而此无变。滋味有厌，而此不倦。”他有着丰富的音乐实践，对传统及当代的琴曲非常熟悉。《琴赋》中提到许多琴曲作品，包括传说中师旷演奏的《白雪》《清角》，以及古代的《渌水》《清征》《尧畅》《微子》等曲目。他还根据自己的见解，把当时流行的作品分为两类。一类是“曲引所宜”的优秀琴曲，即《广陵止息》《东武太山》《飞龙》《鹿鸣》《鹍鸡》《游弦》《流楚窈窕》；一类是“下逮谣俗”的通俗琴曲，即《蔡氏五弄》《王昭（君）》《楚妃（叹）》《别鹤（操）》。这两类曲目多见于相和歌曲。这些曲目与蔡邕《琴赋》中的一样，为我们了解琴曲和民歌的联系提供了可贵的依据。

阮籍的音乐思想，主要体现在他的《乐论》。所表达的观点能够同儒家的思想达成一定的共鸣，但是他却是站在自己的角度来阐述自己的观点，审美观念和思维方式均呈现出一种独特和新奇的面貌。在阮籍看来，世界上有一种最美好的音乐就是“平和”的声音，这种声音能够让人平心静气、衰而不竭。与此同时，阮籍最反对的声音就是衰音音乐，他认为这种声音会导致人们情绪的较大波动，诱导人们产生不良情绪和行为，让人们的内心充满压抑和恐惧感，阻碍人们内心压抑心情的释放和发泄。音乐所指就是人们能够将自己的情感充分地释放出来，释放的同时人们的情感也得到了一定的满足。阮籍看来，音乐会随着时代的发展而发生越来越大的改变，不过不管它如何改变，始终离不开最终它存在的主旨。《乐论》

中有多处都反复提到“平和”，这被阮籍视为音乐之本，他提倡的主要思想是要遏制人们对音乐思想的强烈欲望，这从客观上来说实质上就是阻碍了人们自发的激情，同时这也从侧面反映了阮籍对儒家思想理性精神的崇尚。

与两汉音乐基于政治、教化功能而突出宏大、庄重、瑰丽不同，魏晋时期，音乐的风格也发生了重大变化，其中最明显的就是音乐的格调。先说曹魏时期，这时期的音乐主要趋向于苍凉、悲怆，表现出对死亡的悲观以及对未来前景的消沉，但在这样的苍凉悲壮中，又渗透着对自由的渴望，对美好的向往，更容易感人肺腑。也正是因为魏晋士人们的放浪形骸，才使得魏晋时期的音乐变得浪漫、清奇，而魏晋士人们消极的生活态度也使得魏晋时期很多的音乐作品都透露着一股怆然和悲凉。到了西晋时期，音乐更显得奢华、悠闲。有西方音乐家指出，中国西晋时期的音乐和唐朝开元年间的音乐，在格调上有相似之处，那种繁华之中的纸醉金迷，精神的空虚，在音乐中一览无余。这样的风格，在后来的历史中，也是为许多统治者所排斥的，明朝神宗皇帝小时候，出于好奇，命令宫廷乐师按照古谱演奏西晋时候的音乐，消息传出来后，立刻被他的母亲一顿训斥，大体意思是你这么喜欢魏晋，难道是想做亡国之君吗？到了东晋时期，音乐的风格更趋向于避世，追求田园风格，享受生活，这同样与东晋王朝满足于偏安的“政治大方向”有关。

音乐在魏晋时期，基本是名士们的必修课，史料上记载，除前文论及的三曹、嵇康、阮籍外，几乎所有名士，特别是王、谢、庾、陆等大族士人，不仅通晓音律，而且普遍造诣很高。说到音乐，不得不提及“长啸”，当年不拘礼法的魏晋名士，有在山野林间引吭“长啸当歌”的雅好。《诗经》中有“其啸也歌”“啸歌伤怀”等描述。至东汉时，啸进入文人墨客的生活圈，啸声由原始的“吹口哨”演化成旋律优美的雅音。魏晋时期，“长啸当歌”成为魏晋名士的一大特色，以此表达超凡脱俗的孤傲清高。谢安隐居东山时，曾携友人临海观潮，风起潮涌之际，友人们兴奋地唱歌吟咏，而谢安则“吟啸不言”，用一段长啸表达内心的愉悦。东晋大司马桓温之子桓玄登临江陵城南楼，在作赋前“吟啸良久，随而下笔”。王羲之第五子王徽之听闻吴中一士人家有一片好竹林，便专程驱车前往观赏，

进入竹林，先是一番吟咏，继而就长啸不止。陶渊明在《饮酒》中写道，“啸傲东轩下，聊复得此生”。在西善桥太岗寺南朝墓出土的拼镶砖画中，“竹林七贤”与春秋隐士荣启期皆席地而坐，神态各异，其中的阮籍身着长袍，嘟着嘴，右手靠近嘴边调拨，作长啸状。古籍中也记载阮籍的长啸与琴声相谐。但比阮籍更擅长啸的，当是人称“仙君”的隐士“苏门先生”孙登。一次，阮籍遇到孙登，便与他商讨开天辟地之理和养性练气之术，孙登一概不作应答。无奈的阮籍长啸一声离开了。但走到半山腰，“闻有声若鸾凤之音，响乎岩谷，乃登之啸也。”他听到孙登如鸾凤鸣叫一般的长啸回响于山谷之间。阮籍在这啸声中有所顿悟，回家后即写出绝世名作《大人先生传》。

三、名士与绘画

到魏晋南北朝，中国绘画发展已经历了上千年的历史，但在此之前，绘画主要由无名画工承担，直至魏晋时期才涌现出一大批出身于士大夫阶层、专志于绘画并取得杰出成就的画家。据唐朝张彦远《历代名画记》记载，此时名家众多，他们地位显赫、画艺精湛、声誉卓著，深受时人推崇，其作品也为人们欣赏、收藏和流传，随之也出现了仿制品。因此可以说，真正需要鉴定的古画是从这个时期开始的。随着这一时期文人士大夫们对精神生活愈来愈高的追求和各个文化种类之间的影响，绘画题材种类在原有的基础上日益扩大，并开始向分科发展，除服务政教和宣扬佛教的内容外，还有流行与文艺佳篇相配合的故事画、描绘现实生活的风格画等；山水画初具面貌，如顾恺之《庐山图》、戴逵《吴中溪山邑居图》，对后世影响甚大；人物画方面，出现了后人所谓的“晋尚故事”的情况，除了描写“鉴戒”作用的两汉以来的传统题材外，还有的取材于文学作品，受道家和佛教影响较大，如卫协《诗・北风图》，顾恺之《木雁图》《洛神赋图》，史道硕《酒德颂图》，戴逵《南都赋图》等。表现能力有较大提高，由简略变为精微，造型准确，注意传神，甚至六法备赅。风格也趋多样，名家各具个人特色。

魏晋时期以画传世的人物中，以顾恺之和戴逵为代表。顾恺之在《洛神赋图》中，把那位似去似来、飘忽无定、在水面上凌波微步的洛神描绘得非常娴雅而传情；通过处于惊疑、恍惚中的曹植，在洛水之滨与洛神遥遥相对、留恋徘徊可望而不可即的样子，传达出无限惆怅的情意和哀伤情调。清风微拂，河水泛流，从衣袖襟带到山水衬景，莫不生动谐调。其他如惊鸿游龙、云霞映月、奇禽异兽、车船马驾，结合想象与现实，将神人世界融成一片，充满了浪漫主义色彩和诗意气氛。戴逵造无量寿佛木像，“逵以古制朴拙，至于开敬，不足动心，乃潜坐帷中，密听众论，所听褒贬，辄详加研究，积思三年，刻像乃成。”顾恺之有《论画》《魏晋胜流画赞》《画云台山记》3 篇著作，虽经辗转传抄多有讹误，但仍不失其重要的价值。特别是《魏晋胜流画赞》中提出“以形写神”，强调“传神”和“悟对通神”，《论画》中提出“迁想妙得”等，确可算是后世中国画家所拳拳服膺的论画最高准则。戴逵作无量寿佛木像费时三年。并非实际作木像需费时如此长久，而是戴逵为了听取观众的品评意见。戴逵的无量寿佛木像，可以说是戴逵的艺术能力与观者的评论相互激荡的结果。

另外，卫协、张墨在当时有“画圣”之称。卫协的声誉尤高，为顾恺之和之后南朝画家及评论家一再赞扬。卫协的人物画正体现了由民间的豪迈风格向士大夫画家的精思巧密风格的过渡。南朝谢赫甚至认为卫协有划时代的意义，“古画皆略，至协始精。六法颇为兼善。虽不该备形似，而妙有气韵。凌跨群雄，旷代绝笔”。这一时期留下的善画者的名字，还有东晋明帝司马绍、荀勖、史道硕、王廙等。但是他们的作品在唐朝已经很罕见。就记载中的作品题目可见，大多数是历史故事画和若干佛教画。

除以上以画传世的名家外，当时的许多文人士大夫也精于此道。如王羲之伯父王廙，即以书画双绝，是东晋初年第一书画家，书为羲之师，画为帝师。王羲之及其子献之的绘画水平相传也十分高超，甚至有人以“书画同源”的理论阐释羲之书法笔法不少也得其绘画功底的助力。虽然后世并无其父子绘画作品传世，但根据史料记载及放在当时历史文化大背景下考虑，“二王”绘画水平应该也属上乘。

四、名士与书法

魏晋在中国书法史上有其独特地位，魏晋书法不仅是中国书法发展的里程碑，也可以说是中国书法的最高峰。魏晋时期，书法从实用性向艺术性转变，审美的主动性大大加强，不仅继承和发展了两汉及之前书法发展态势，书体趋于成熟，书法技术明显完备，书法的文化性和艺术性不断增强，书法的实践和理论令人耳目一新，许多作品在风格的开创和典范的树立上有无可取代的意义，深刻地影响了中国书法史的发展。因此可以说，魏晋时期奠定了中国书法艺术的发展方向。有人说："魏晋书法规隋唐之法，开两宋之意，启元明之态，促清民（国）之朴，深刻地影响了历代书法并影响着当代书法的发展，"实不为过。如果说魏晋时期，文学、艺术各领域均取得了突破性进展，那么，书法一定是其中独占鳌头者，它的开创性意义及达到的高度，是其他文学和艺术无法比拟的。

魏晋书法，区别之前的最大特点是，书法从实用走向艺术（甚至其文化性和独特性艺术也难以包容），书法作为中国文化的符号，形成了自己的审美标准和范畴，书法从此成为中国文化的衍生品和核心表现形式；书法家群体出现，而这个群体的文化层次和审美情趣空前提高，书法成为表现文化修养水平和内心境界的至高方式，"人"成为书法的主体，个性和生命力在书法中得到充分彰显。究其原因，很大程度上在于"玄学"的兴起和上层阶级的积极参与。

如果把魏晋时期的书法发展分阶段的话，大约可以这样来描述：三国为过渡时期；两晋（尤其是东晋）为鼎盛时期。应该注意的是，建安十年出于政治需要，曹操发布了禁碑令，且到两晋时期，一直执行禁碑政策。后世不少人认为是书法发展的"逆流"；但客观上讲，禁碑令扼制了隶书的应用空间，迎来了草书、楷书、行书发展的大机遇。纵观魏晋，篆、隶发展的确式微。三国有名的碑刻主要有：《上尊号奏》《受禅表》《孔羡碑》《曹真碑》《范式碑》《王基碑》《魏三体石经》等。一个共同特点是，出现了非常明显而且接近的程序化的作风：体势开始走向纵长；笔画形成较强的规律性，并出现了一些刻板的处理方式，像“蚕头”部分经常饰以方形的角，波磔的尾部常常过于圆满、张扬等。这种情况，反映出在新的历史环境中，人们对于隶书的认识正逐渐趋于浅俗、简单，隶书的衰弱已经不可避免。启功先生把这时期的隶书喻为“蔗渣”，非常形象。倒是吴地有两碑较有特点，一是相传为皇象写的《天发神谶碑》，非篆非隶，处在两者之间。此碑用隶笔写篆字，横首用折刀头，横尾有波磔，竖尾用悬针，转折用方，若悬崖斩断，字势雄伟；一是《禅国山碑》，体势也是变幻莫测，风格奇诡。有人以为这是受吴地地域风气的影响，应该是有道理的，但可能还有一个更深刻的原因——即篆隶本身走向没落。西晋隶书碑刻仍然存在，如《明威将军郛休碑》《任城太守孙夫人碑》《皇帝三临辟雍碑》《太公吕望表》等；同时出现了墓志，著名的有《刘韬墓石》《张朗墓石》《左棻墓石》《荀岳墓志》《石尠墓石》等。此外，有《朱曼妻薛氏买地券》《杨绍买地莂》和《咸宁四年吕氏砖》等特殊用途的作品。从艺术的角度看，这些作品都平淡无奇，有的还因为试图保持隶书风貌而具有严重的程序化倾向。东晋继续禁碑，正式碑刻极少，著名的《爨宝子碑》，出于云南边地，处于似楷似隶之间，是少数民族的一件杰作；在东晋统治的核心地区，目前所见主要是王谢墓志，材质多为砖，或许不是非常正式的，如《王兴之夫妇墓志》《谢鲲墓志》《颜谦妇刘氏墓志》《王闽之墓志》《夏金虎墓志》《谢琰及妻王氏墓志》等。这些作品与世家大族书法有很大的不同，方整朴拙，横划尾部还往往有向上挑的意图，保持了较浓厚的隶书特点。

真正引领魏晋书法风潮的是统治者和上层士大夫。

曹操本身是书法大家，其书作有“金花细落，遍地玲珑；荆玉分辉，瑶若璀璨”“笔墨雄浑，雄逸绝伦”之大美。汉朝末期，书法评论家评出章草大家有五人，即崔瑗、崔实、张芝、张昶、曹操。南朝的书法评论家梁庾肩在其《书品》中，将曹操的书法作品列入中中之品。唐朝书法家兼评论家张怀瓘，称曹操的书法作品为妙品。在他周围聚集了钟繇、梁鹄、韦诞、邯郸淳、卫觊等一批书家。

钟繇，汉灵帝时任黄门侍郎，魏国时官至太傅，史称钟太傅。曹魏时期，备受曹氏父子推崇，位列三公。他在中国书法史上享有崇高地位，在

南北朝时期，与张芝、王羲之、王献之被称为“四贤”，以后长期与王羲之合称“钟王”。刘宋羊欣说钟繇善铭石书、章程书和行押书，当即隶书、楷书和行书。他在历史上享名最盛的是小楷，有“正书之祖”的美誉。现在其书存世可以确认的主要是小楷，共有10种，即《贺捷表》《荐季直表》《宣示表》《力命表》《还示帖》《墓田丙舍帖》《白骑帖》《长患帖》《雪寒帖》《长风帖》。钟繇不但在政治上、军事上取得了巨大的成就，而且，更重要的是其书法成就经常被人称颂，在中国书法史上占有相当重要的地位。据唐朝张彦远《法书要录·笔法传授人名》记载：“蔡邕受于神人，而传与崔瑗及女文姬，文姬传之钟繇，钟繇传之卫夫人，卫夫人传之王羲之，王羲之传之王献之。”南朝梁武帝以为逸少（王羲之）不及元常，并评其字说：“钟繇书如云鹄游天，群鸿戏海，行间茂密，实亦难过。”又说：“张芝、钟繇巧趣精细，殆同机神。”庾肩吾认为其书“天然第一”。唐太宗李世民认为钟繇“布纤浓，分疏密，霞舒云卷，无所间然”。唐张怀瓘《书断》认为“真书古雅，道合神明，则元常第一”。又说：“刚柔备焉，点画之间，多有异趣，可谓幽深无际，古雅有余。秦汉以来，一人而已。”清人刘熙载认为“其书大巧若拙，后人莫及”。钟繇以国家重臣的身份，在书法领域进行了积极的探索，对人们的书法热情是一种极大的促进，这本身就有很重要的意义；更重要的是，他的努力，加快了楷书成熟的步伐，对东晋崛起的“二王”，有直接的先导作用。他的小楷，长期影响历史上的小楷书家。“正书之祖”的美誉，他是当之无愧的。

其他书法家中，如梁鹄，先出仕出东汉，官至尚书，归曹操后，被待为上宾，授以军假司马，使在秘书以勤书自效。擅作“八分书”，一直受到历代书法评论家的好评。韦诞，擅长各种书体，太仆端之子，官至侍中。师张芝，兼学邯郸淳的书法。他能书各种书法，尤其精通题署匾额。韦诞的书法欣赏特点是如龙盘虎踞、剑拔弩张。邯郸淳，官至给事中，诸体皆能。袁昂《书评》称其书：“应规入矩，方圆乃成。”西晋卫恒《四体书势》载其篆书师法曹喜，楷书取法王次仲，善作小字。并认为蔡邕善书篆，“采斯、喜之法，为古今杂形，然精密闲理不如淳。”卫觊，也是著名的政治家、文学家，官至尚书。曹魏能昭扬后世的书家中，其可与钟繇并驾齐驱。《书小史》谓其善古文、篆、隶及草书，《四体书势》中传说他所写的古文《尚书》，竟与大书家邯郸淳毫无区别，连邯郸淳自己也难以识别。羊欣在《采古来能书人名》一文中评其“善草及古文，略尽其妙。草体微瘦，而笔迹精熟”。张怀瓘在《书估》中称觊“或奇材见拔，或绝世难求，并庶几右军草书之价”。康有为在《广艺舟双楫》中，专设《传卫第八》章，认为“卫觊草体微瘦”“然此宗之书，自当以筋骨为上”，是此宗的“祖师”，甚至认为“钟派盛于南，卫派盛于北”，“后世之书，皆此二派，只可称为钟、卫”，对卫觊书法的地位给予了极高的评价。

比较严格意义上的行书，在三国时期还没有发现。史书记载钟繇学行书于刘德升，且书风瘦劲，但没有作品传世。现存比较接近行书的作品是吴地出土的简牍，这就是江西南昌的吴应墓《木方》，除了少数笔画如捺、长横等还有隶书遗存迹象外，无论结体还是笔画的连接、减省，都是行书的规模。由此看来，到东晋时期形成成熟的规范行书，是可能的。

短促的西晋在文化方面有不少的贡献，在书法方面也有很大成就。朝廷设立书博士，设弟子员，以钟繇、胡昭二人书法为标准，教习书法。西晋产生了一批卓有成效的书法家，是章草向今草转化、行书从萌生走向成熟的过渡期。西晋时期的书法与三国书法有极大的相似性，具有强烈的过渡性色彩。这时期的著名书家有三位：卫瓘、索靖和陆机。

卫瓘，西晋重臣，官至司空、太保。其父即是享书名于三国时期卫觊。卫瓘善隶书及章草。不仅兼工各体，还能学古人之长，是颇有创意的书法家，卫瓘只有《淳化阁》所载《顿首州民帖》传世。唐朝张怀瓘《书断》中评其章草为神品。其家族世代擅书，卫瓘也是王羲之的书法启蒙老师卫夫人的从伯父。

索靖，张芝姊孙。官至酒泉太守、征西将军，人称“索征西”。与卫瓘书名不相上下，有“一台二妙”之誉。后人有谓：“瓘得伯英筋，靖得伯英肉。”卫瓘自己说：“我得伯英之筋，恒得其骨，靖得其肉。”索靖则以为己书如“银钩虿尾”。张怀瓘说：卫瓘“采张芝法，取父书参之，遂至神妙。天姿特秀，若鸿鹄奋翼，飘飘乎清风之上。率情运用，不以为难。时议谓：伯玉放手流便过索，而法则不如之。”索靖则“若山形中裂，

水势悬流。雪岭孤松，冰河危石，其坚劲则古今不逮”。可见一比较流便，一比较严谨。索靖有《出师颂》(传)《皋陶帖》《七月廿六日帖》《月仪帖》等，可以印证张怀瓘的说法。

陆机，吴国陆逊之孙，西晋时官至太子洗马、著作郎，为成都王司马颖所重，任平原内史、前将军，伐司马乂，兵败被杀。传世墨迹为《平复帖》，锋芒内敛，显得质朴老辣，在古代章草中具有独特的气质；体势纵长而微侧，末笔多下展，有与下字相连的趋势，这通常被看作向今草的过渡形态。由于这两方面的原因，《平复帖》长期被视为国宝，占有重要的地位。

随晋室南迁的世家大族，在严酷的政治现实面前，需要心灵的解脱，于是，他们抛弃烦琐经学，通过服药、饮酒、仙游、清谈，乃至寄情书法等生活方式，开拓了一片与汉朝读书人很不相同的生活空间。书法在世家大族流风相扇、竞能斗胜中，表情达性的功能被强化，含蕴的内涵得到扩展，获得了长足的进步。以王羲之、王献之父子为代表的东晋行、草书，不仅使行书作为一种字体完全定型，而且本身在艺术上树立了历史的新高峰，成为一个时代精神生活的标志，在书法史上巍然耸立，至今仍熠熠生辉。

唐朝窦臮《述书赋》叙述东晋书法的状况说：“博哉四庾，茂矣六郗，三谢之盛，八王之奇。”王、谢、庾、郗，不仅是当时政局的主要支柱，同时也是当时主宰书坛的主要家族。此外，卫、桓等族亦皆不弱，共同构成了东晋士族书法的鼎盛局面。

王氏家族。其早期中书名较盛的有王敦、王导、王旷、王廙。王敦的书法《淳化阁帖》卷二，有他的草书《蜡节帖》，笔势雄健，气势威武。王导的书法有《省示帖》《改朔帖》，唐窦臮《述书赋》评他的书法：“将以润色前范，遗芳后车，风棱载蓄，高利有余。”王导在西晋末年带《宣示表》过江，为东晋书法保留了重要的典范作品，对东晋书法发展有贡献。王旷是王羲之的父亲，宋陈思《书小史》评其“善行、隶书”。王廙是最为突出的书家，书画双绝，书法“谨传钟法”(羊欣语)，“画为明帝师，书为右军法”。王羲之之后，王家也书家辈出。后文将详细论述。

庾氏家族。享有书名的是庾翼、庾亮、庾冰、庾怿。庾翼的书名一度在王羲之之上，甚至因为与王羲之争胜而有“家鸡野鹜”之语，直到后来看见王羲之写给其兄庾亮的草书信札，才信服王羲之可追张芝。张怀瓘《书断》云：“庾翼字稚恭，颍川鄢陵人。明穆皇后弟，安西将军、荆州刺史。善草、隶书，名亚右军。”

谢氏家族。有谢安、谢尚、谢万。王僧虔《论书》曰：“谢安亦入能流，殊亦自重，乃为子敬书嵇中散诗。得子敬书，有时裂作校纸。”他与王献之之间关于羲、献孰胜的讨论在书法史上尤有影响。

郗氏家族。也出现了几位有影响的人物，如郗鉴、郗愔、郗昙，王羲之早年书法不及郗愔（虞龢《论书表》）。郗家书法，以郗愔为最。他的思想以道为主，致力于玄学、书法、优游。善于章草，代表作《至庆帖》。

卫氏家族。自西晋以来就人才辈出，至此虽然稍逊，也非无人，最重要的人物是卫夫人铄，为汝阴太守李矩妻，张怀瓘认为她的书法“规矩钟公”，继承钟繇书风。他是王羲之的启蒙老师，对于书圣的成长有重要的作用。

桓氏家族。桓温、桓玄等人，亦都擅长书法；其他家族如太原王氏等，也出现了一些书法人才。

这些家族都是当时的上层贵族，有着优厚的物质生活条件，也能够接受高层次的教育，因而对于书法来讲，是一支高素质的队伍。他们的积极介入，迅速地提升了书法的社会地位，当北朝还把书法视作佣仆之役时，书法在他们的眼里已经是一种重要的精神生活方式，可以展示他们独特的胸襟，寄寓他们的喜怒哀乐，传达他们对于人生自然社会的种种感悟。这种态度，对于中国书法的发展是有着积极的促进意义的，由此开始，书法真正成为中国文人的一种不能须臾或忘的精神活动。东晋特殊的社会文化环境，造就了这些贵族人物的独特情怀。身居庙堂时，他们也会像传统知识分子一样，心忧天下。但许多儒家伦理道德观念在他们的生活中已经失去了权威，因而当回到个人的生活中时，他们崇尚玄谈，寄兴高远，饮酒服药，悠游山水之间，纵情享受人生，他们的精神，体现为不拘不执、潇然放旷、纵意自适，虽然其中也许隐藏着深深的绝望和痛苦。这种精神风貌，在他们的书法里得到了真实的显现，后来人把这种艺术风貌的精华，概括地称为“韵”，成为中国书法艺术美的一大典型，长期得到崇敬。而

两晋时期，由于玄学引入的兴起，书学理论开始出现和盛行，出现了一大批着意阐扬书法理论的书法家，受玄学倡导个性的张扬学术特点的影响，大都表现出以“意”来设定书法的终极追求，提出了“意在笔先”的理念，强调了书法服从于作者要表达的思想情怀，也就是“象形”的目的在于体“道”，并认为其关键在“通灵”，这更加深了书法的审美要求。

下　篇

第四章　琅玡王氏源流及影响

在前面章节中，我们已对王羲之所处的历史文化背景进行了较为详细的论述。下面，让我们进一步走近王羲之的家族，这个不仅在魏晋，甚至在中国历史上都声名显赫的琅玡王氏家族，以期通过对其家族源流、历史地位、文化特质、姻亲关系等的研究，探索可能蕴含于其中的文化密码，从而为进一步走近本书的主人公奠定更加扎实的基础。

第一节　琅玡王氏源流

一、姓氏起源

关于王姓的起源，典籍中记载较为复杂，大约归于八种学说。但对于琅玡王氏的开源，通常采用的是出自姬姓。中国历史上王姓大族有两个，一是太原王氏，一是琅玡王氏。较为权威的姓氏宗族典籍，如东汉的《潜父论·志氏姓篇》、唐朝林宝的《元和姓纂》、宋朝邵思的《解姓》《新唐书·宰相世系表》等，均将其祖先追溯为周幽王长子太子晋。据记载，东周灵王太子姬晋因直谏被废为庶人，其子宗敬任司徒，时人成为“王家”，子孙遂以“王”为氏。

说到太子晋，这里多费些笔墨。周灵王是东周时期一个平庸的帝王，在位27年并无什么政绩，但太子晋却口碑极佳，温良忠厚，聪明博学，年纪轻轻就开始以太子的身份辅佐朝政。师旷是春秋时期著名的音乐家，曾觐见太子晋与其探讨君子之德，太子晋联系舜、禹、周文王、周武王的作为，精辟地阐述了自己的理解，提出治国要以“仁义为本”的见解，令师旷心悦诚服。周灵王二十一年（前551年），谷、洛二水泛滥，王宫也受到洪水的威胁。周灵王准备沿用壅堵的方法，太子晋反对道：“不可，曾听自古为民之长者，不堕高山，不填湖泽，不泄水源，天地自然有其生生制约之道。”同时以禹的父亲鲧用壅堵的方法治水失败的教训批评了周灵王的治水计划。周灵王一怒之下将太子晋废黜为庶人。太子晋被废黜后，内心的苦闷可想而知，不到3年，就抑郁而终，年仅17岁。他有一个儿子叫宗敬，后来在周王朝做司徒，由于宗敬出身周王室，遂以王为姓，子孙繁衍，形成了后来著名的太原及琅玡王氏两大族。

相传，姬晋出生时，仙乐琅琅，五彩霞飞，异香满室，三日不绝。少年时，饱读诗书，尤好音律。灵王命巧匠，琢碧玉为笙，以赐太子晋。太子晋吹之，声如凤鸣，音色清越，响入天际。师旷拜见太子晋的时候，见到太子面色发红，认为这是身体不佳的兆示，太子晋预言说：“我再过3年，就要上天到玉帝之所。”太子晋的死神奇地验证了他的预言，正因为如此，民间逐渐将他传说成为一位神仙人物。《列仙传》中写道：“王子乔（因被奉为王氏始祖，所以后世又称他为王子晋、王子乔或王乔）者，周灵王太子晋也。好吹笙作凤凰鸣，游伊洛间，道士浮丘公接以上嵩高山上。30年后，求之于山上，见桓良，曰：‘告我家，七月七日，待我于缑氏山头’。至时，果乘白鹤驻山头。望之不得见，举手谢时人，数日而去。”这就是后世“王子登仙”的传说。太子晋被人立祠奉祷，祠观一在缑山，一在嵩山。武则天封禅泰山时，封太子晋为“升仙太子”，并为他立庙，多年之后武则天来到嵩山，以“飞白体”书就书法中著名的《升仙太子碑》。后世的文人在他们的诗作中也常常引用这一典故，屈原在《远游》中有云“轩辕不可攀援兮，吾将从王乔而娱戏。”李白也曾写过“吾爱王子晋，得道伊洛滨”的诗句。

从太子晋之子宗敬下传到十五世为秦国大将王翦，王翦生子王贲，王贲生子王离，三代皆是秦灭六国、统一天下的功勋之臣。史上，一直有太原王氏与琅玡王氏谁是太子晋正溯之争。目前，常被采用的是《新唐书·宰相世系表》和《古今姓氏书辩证》的记载，即二望同出周灵王太子晋。太子晋十八世孙秦武城侯王离有二子：王元和王威。王元为避秦乱，迁于琅玡，后徙临沂。其四世孙王吉，徙临沂都乡南仁里。王吉的儿子王骏，孙子王崇、王游，在汉朝均有名望。而王离次子王威一支，其九世孙王霸，居太原晋阳，二十世孙王泽，曾是雁门太守。据此，可知太原、琅玡

二望王氏分别出自王离二子。但因历史久远，氏系传承难以考证，可世记载也只是一家之言，并无佐证。确实可考的王氏家族发端，琅玡王氏的实际始祖，应是西汉昭宣时期的博士谏大夫王吉，太原王氏立祠开族的始祖，应是太子晋裔孙王霸。

二、琅玡王氏的产生

在《晋书·王祥传》中便以王吉为琅玡王氏始祖，“王祥字休征，琅玡临沂人，汉谏议大夫王吉之后也”。《汉书·王吉传》记载：“王吉字子阳，琅玡皋虞人也。”《新唐书》记载王吉“始家皋虞，后徙临沂都乡南仁里”。琅玡郡初设于秦，辖五十一县，汉初一分为二，置东海、琅玡两郡。皋虞设于西汉，为侯国，东汉废。临沂也在西汉设县。琅玡皋虞乃即墨东北四十华里处，崂山支脉系，泉谷山（清朝改名钱古山）下西南边为皋虞原址，至今有王吉大型墓冢群，东汉班固《汉书·王吉传》记载：“吉与贡禹为友，世称‘王阳在位，贡公弹冠’，言其取舍也。”王吉和贡禹是很好的朋友，贡禹多次被免职，王吉在官场也很不得志。汉宣帝时，王吉被召去当谏议大夫，贡禹听到这个消息很高兴，就把自己的官帽取出，掸去多年布满的灰尘，准备戴用。果然没多久贡禹也被任命为谏议大夫。这就是“弹冠相庆”成语的由来。王吉“少好学明经，以郡吏举孝廉为郎，补若卢右丞，迁云阳令”，为官十分清廉。任博士谏大夫期间，他针对当时皇室奢侈靡费、任人唯亲等时弊，上疏劝宣帝选贤任能，废除荫袭制度；提倡俭朴，爱惜财力，以整顿吏治，淳厚民风，使国家兴旺发达。但他的这些建议不仅未被汉宣帝采纳，反而被认为是迂腐之见，失去信任。为此王吉以病辞官，回故里闲居。班固把王吉比作周朝的伯夷、叔齐，汉朝的园公、绮里季、夏黄公、郑子真、严君平等。班固说：“自园公、绮里季、夏黄公、郑子真、严君平皆未尝出仕，然其风声足以激贪厉俗，近古之逸民也。若王吉、贡禹、两龚之属，皆以礼让进退云。”

王吉之后，王氏子弟在汉朝多有建树。王吉子王骏，历任谏大夫、赵内史、幽州刺史、司隶校尉、少府、京兆尹、御史大夫。王骏所历职务皆显能名。王骏鸿嘉元年四月庚辰始任御史大夫，至永元二年，历时五年，政有清绩，口碑很好，“众人为骏恨不得封侯”。王骏为御史大夫时卒于官，未及封侯，众人为未封侯而很是不平。其父王吉著有《鲁论》，王骏后来重编，注解为《鲁王骏论》。王吉孙子王崇，历任刺史、郡守、御史大夫、大司农、卫尉、左将军、大司空，封扶平侯。安汉公王莽专权于朝，篡位之心日益明显之时，王崇无力回天，为保名节，欲称病乞骸骨归于乡里，未成，后被傅婢毒死。琅琊王氏三代连续居西汉中后期的显赫地位，势头十分强劲，其家族也正是在这个时候开始士族化。西汉末哀帝策诏王崇“朕以君有累世之美，故逾列次”云云，显然将琅琊王氏视为儒学世家。汉魏以后的琅琊王氏，无不自称“汉谏议大夫吉之后也”，以在西汉的这段历史为荣耀。

王崇的后人王遵，史上记载比较杂乱，一说是王崇之子，一说是王崇之孙。且东汉初年历史上有两个王遵。一位是西汉末年王莽篡政时即由西汉入东汉的霸陵人王遵，字子春，少豪侠，有才辩，于西汉末年王莽篡位汉朝改为新朝时官明威将军，即做了王莽的官，在汉光武帝刘秀南阳举兵讨伐王莽时，这位王遵于淮阳王刘玄更始元年（23 年）与魏嚣一起举兵，于第二年被封为大将军，但常有归汉意，便数次劝谏魏嚣。结果，魏嚣不从，要杀光武帝刘秀派去的使者，被其所救，于汉光武帝建武七年（31 年）归于刘秀，是由西汉进入东汉的开国元勋。但东汉开国之后不久，便去世。《汉文归》辑录，引钟惺评：“豪杰之气，琅琊人王遵也以着《谏隗嚣谋杀来歙》而著名。”另一个王遵，东汉光武帝刘秀时代做乐浪太守，因平叛有功，被封为义乡侯，后奉汉明帝刘庄之命赴西方拜佛取经，由白马驮经至洛阳白马寺。从此，佛教东传入中国。王遵本身就是一位世代宗儒的著名经学家，是一位知识渊博的大学者。他以博学的儒家经学家即五经博士的身份，与蔡愔、秦景等十多人到大月氏国拜佛取经，是最早使佛教东传入中国的官方代表取经人之一。有谱载王遵卒于东汉章帝建初三年(78 年)，卒葬琅琊临沂王氏祖茔。学者认为琅琊王氏家族尚学风气从王吉、王骏、王崇祖孙三代开始到王遵，便由儒家经学发展为兼收并蓄的儒、道、释三家合一，并成为集大成者。所以，王遵不仅是一位儒家著名经学家，而且还是一位开创一代宗师的著名佛学家，其后世子孙兼儒、道、释三家并蓄者多矣。从历史活动区间、出生地域、家学传承等多方面

看，笔者也认为王崇之后应是后者取经人王遵。王遵子王音，生有四子：王谊、王浚、王典、王融。王音子王融，官至南康尹。这两辈中，声名不显，史上基本没有什么记载。但仍以世代经学传家。倒是王融，生了两个奠定王氏一门在魏晋三百多年第一大族基础的重要人物。王融初娶贾氏，生下二十四孝中著名的王祥；继娶朱氏，生下二十四悌中著名人物王览。

三、魏晋时期的崛起

琅玡王氏的重新崛起在魏晋之际。魏末晋初，王氏一门出了三个重要人物，即前文中提到了王祥、王览，以及他们从祖兄王雄。

《晋书》里，王祥的名字排在晋朝众臣列传第一，可见他地位的崇高。王祥早年以孝行闻名于世。历史上对他的孝行记载很多。王祥母亲早逝，后母朱氏不喜欢他，在父亲前面说王祥坏话，所以连父亲也疏远他，派他去扫牛粪；但是王祥逆来顺受，仍然恭谨地侍奉父母。父母生病了，王祥忙碌地侍奉，亲尝汤药。著名的“卧冰求鲤”典故的主人公便是王祥，“（后母）尝欲食生鱼，时天寒冰冻，祥解衣卧冰求之。冰忽自解，双鲤跃出，持归供母”。后母看这样冻不死他，就说要吃烤黄雀，又有数十只黄雀飞进帐来，乖乖让王祥烤了。后母又叫王祥去屋外守一棵李树，刮风下雨的时候，王祥就抱树哭泣。有一夜，后母朱氏竟然夜里亲自提刀来杀王祥。结果王祥命大，正好起床上厕所，后母行刺落空，只刺到被子。王祥上完厕所回来，知道后母行刺失败，就跪在后母面前请死。后母终于感悟，视王祥如己出。汉末大乱，王祥带着后母、后母所生的弟弟王览避难到庐江，一隐居就是三十多年。后母死后，王祥守丧，形容枯槁，撑着杖才站得起来。元朝人郭居敬《二十四孝》将王祥“卧冰求鲤”列为其一。

徐州刺史吕虔仰慕王祥德行，很诚恳地以自乘另一辆车、并驾齐驱的“别驾”的极高待遇想聘召王祥出仕，王祥以五十岁之龄、年事已高拒绝。后来弟弟王览劝他出仕，替他准备车牛，王祥才受召做官。吕虔把徐州事务委派给王祥，王祥率励兵士，时常击破寇盗，州界清静，政化大行。当时的人作歌颂赞道：“海沂之康，实赖王祥。邦国不空，别驾之功。”后来王祥举了秀才，一路升迁到保管租税、钱穀、盐铁和国家财政收支、九卿之一的“大司农”。高贵乡公曹髦即位，封王祥为“关内侯”，拜九卿之一的“光禄勋”，掌管宫内诸事，又转任“司隶校尉”，也就是京城保安官。王祥参加讨伐毌丘俭叛乱有功，再升九卿中掌管礼乐社稷、宗庙礼仪的“太常”，封“万岁亭侯”。高贵乡公曹髦又任命王祥为“三老”之一，王祥持杖面南，以师道自居，陈述圣王明君、君臣政化的要旨，便是天子也要面北请教，在座的人莫不砥砺精进。公元 260 年，皇帝高贵乡公曹髦被杀，王祥痛哭，哭曰“老臣无状”，涕泪交流，众人面有惭色。不久后，王祥官拜掌管水土、营建工程，三公之一的“司空”，公元 263 年十二月，又转任全国最高军事长官，相当于大司马的“太尉”。

公元 263 年，司马昭进位晋王，王祥与荀顗前往拜会。荀顗对王祥说：“相国尊贵，我们今天就尊敬他、拜他吧。”王祥说：“相国、晋王是尊贵没错，却是魏国的宰相。我们名列魏国三公，三公与晋王，也只差一阶而已，哪有天子下面的三司动不动就拜人的呢！”所谓“君子爱人以礼，吾不为也。”等进了王府，荀顗拜了，王祥只有长揖。司马昭说：“今日我才体会到你王祥为什么这么受重视啊！”次年十二月，晋武帝司马炎登基，王祥拜周朝古官制、三公中的“太保”，晋爵为“公”。武帝命王祥、何曾、郑冲等老臣继续入朝，而遣侍中任恺向王祥谘问自己行为得失和行政计划。王祥以年老多病，最后终于告老退休。

王祥去世时遗训子孙：“夫生之有死，自然之理。吾年八十有五，启手何恨。不有遗言，使尔无述。吾生值季末，登庸历试，无毗佐之勋，没无以报。气绝但洗手足，不须沐浴，勿缠尸，皆浣故衣，随时所服。所赐山玄玉佩、卫氏玉玦、绶笥皆勿以敛。西芒上土自坚贞，勿用甓石，勿起坟陇。穿深二丈，椁取容棺。勿作前堂、布几筵、置书箱镜奁之具，棺前但可施床榻而已。”“家人大小不须送丧，大小祥乃设特牲。无违余命！高柴泣血三年，

夫子谓之愚。闵子除丧出见。援琴切切而哀，仲尼谓之孝。故哭泣之哀，日月降杀，饮食之宜，自有制度。”特别嘱咐，“夫言行可覆，信之至也；推美引过，德之至也；扬名显亲，孝之至也；兄弟怡怡，宗族欣欣，悌之至也；临财莫过乎让：此五者，立身之本。颜子所以为命，未之思也，夫何远之有！”后来，“信、德、孝、悌、让”成为王氏子孙的“家训”。同族中的孙辈、“竹林七贤”中的王戎叹息说：“太保可谓清达矣！”

王览，王祥同父异母兄弟，以“悌”闻名。王览小时候，看到王祥被后母鞭打，就抱着王祥哭泣。长大以后，王览时常劝母亲朱氏不要虐待哥哥。后母对王祥虐待王祥，王览也自愿跟着王祥一起吃苦；后母虐待王祥的妻子，王览的妻子也自愿比照祥妻一般待遇。王祥丧父之后，名声渐渐大起来，后母忌恨，便用毒酒要毒王祥，但是王览知道，急着取来要喝，王祥疑酒有毒，就和王览抢着喝，后母自知事泄，干脆自己把酒抢下来了。后来每次后母给王祥食物时，王览都要先吃，后母怕毒死自己亲生儿子，就不再下毒了。王祥出仕后不久，王览也应琅玡郡召命任官，任司徒西曹掾、清河太守。咸熙元年（264 年），司马昭复建五等爵，王览封即丘子，食邑六百户。西晋泰始末年曾任弘训少府。后来转任太中大夫，禄赐与卿相同。咸宁初年获任命为宗正卿。不久王览以疾病请辞，于是以太中大夫身份退休，并获赐二十万钱、床帐荐褥，并派殿中医治病和给药。后转光禄大夫，并在府门前设行马。咸宁四年（278 年）逝世，享年 73 岁，谥曰“贞”。

王祥、王览的下一代并不显达。王祥有五子：肇、夏、馥、烈、芬。王览有六子：裁、基、会、正、彦、琛。王祥应吕虔之聘时，吕虔有口佩刀，有工匠看了，认为一定是将来位列三公之人才配得这口宝刀。吕虔对王祥说：“如果不是这样的人，宝刀或许对他有害。卿有三公王辅的才量，所以送给你。”王祥虽然辞退，还是让吕虔强迫收下了。王祥临死前，又把刀给了弟弟王览，说：“你以后一定有出息，足称此刀。”王览名声虽不如王祥，却也当上名誉性“光禄大夫”的高官。特别是王览的后代，到东晋时人才辈出，王导、王敦、王羲之父亲王旷以及王廙、王彬，均是王览后人。

这一时期提高琅玡王氏声望的还有王祥、王览的从族兄弟王雄一支。

王雄，字符伯，三国魏官员。《三国志·魏志·崔林传》裴松之注案：“王氏谱：‘雄字符伯，太保祥之宗也。’”据现藏于北京图书馆的清乾隆四十四年（1779 年）王国栋抄本《琅琊王氏宗谱》记载：王雄是王仁孙、王谊长子，亦即王祥的从兄。《魏名臣表》记载：王雄“天性良固，果而有谋，历试三县，政成人和”。与孟达俱为西部从事，“奉宣维恩，怀柔有术，清慎持法”，继为涿郡太守，后任幽州刺史。《三国志·魏志·乌丸传》对王雄事迹亦有记述：他任幽州刺史时，领护乌丸校尉，并护鲜卑。当时，鲜卑首领轲比能制御诸郡，数次犯边寇塞，幽、并二州深受其害。魏明帝青龙（233—236 年）中，经魏帝批准，王雄派剑客韩龙刺杀了轲比能，从此鲜卑种落离散，互相侵伐，强者远遁，弱者请服。“由是边陲差安，漠南少事，虽时颇钞盗，不能复相煽动矣”。王雄有二子，虽为西晋大臣但并不显赫，不过其孙辈却非等闲。王雄的孙子王戎、王衍、王澄是西晋时期重要人物。他们一方面顺应当时玄学之风，凭借家学渊源、出众的才学和个人风采成为士族领袖，一方面“与时舒卷”“与时浮沉”，在西晋末年政局动荡的形势下从容应对，官场通达，显赫无比，极大地提高了琅琊王氏的声望，真正确立了王氏门阀氏族的地位，为王氏在江左的兴旺发达奠定了坚实的基础。

四、极盛之时

琅琊王氏的极盛是在西晋末年及东晋建立后近三十年的时期，这也是王羲之生活的重要时期。

琅琊王氏的极盛始于王戎、王衍。西晋初，提倡名教的儒学日渐衰落，而玄学之风日盛，士人从对圣人崇拜，转向对名士崇拜。许多玄学之士纷纷出仕并渐居高位。琅琊王氏家族的王戎、王衍在此时顺应潮流，由儒入玄，以清谈见长，领一时士风潮流，是琅琊王氏引玄入儒的关键人物。二人均长期居于政治核心地位，在西晋末年的政局中有着举足轻重的作用，王戎主要活跃于西晋中后期，特别是于“八王之乱”中几经沉浮，王衍则主要活跃于“八王之乱”末期，特别是西晋末年，两人身逢乱世，但“与时舒卷”，在混乱中屡屡高升。在历史上王戎、王衍是颇具争议的

人物，他们奉行的为政做人原则与后世宣扬的儒家君子之行出入较大，故常被后世诟病，但表现出的鲜活的个人形象和为家族利益考虑的战略决策也确实让人惊叹！时也命也！也许是这些聪明之极的人物在乱世中作出的不得已的选择？也许正是他们“与时舒卷”的保身，甚至“自毁”的行径成就了之后琅玡王氏的极盛？

先从王戎说起。王戎（234—305 年），字濬冲。魏晋名士、文学家、书法家。是曹魏幽州刺史王雄之孙、凉州刺史王浑之子。也是“竹林七贤”中年龄最小的一位。官场几起几落，晋惠帝时，迁太子太傅，转中书令，加光禄大夫，再迁尚书左仆射，领吏部事务，元康七年，升任司徒，位列三公。

王戎自幼聪颖，风姿秀彻，异于常人。六七岁时，在宣武场看戏，猛兽在栅槛中咆哮，众人都被吓跑，只有王戎站立不动，神色自如。魏明帝曹叡在阁上看见，感到很惊奇。王戎曾与同伴在路边玩耍，见道旁有结满李子的李树，其他人争相去摘，只有王戎不动声色，别人问他为何如此，答曰：“树在道边而多子，必苦李也。”验证之后，果然如此。王戎虽然身材短小，但风姿秀彻，目光炯炯，裴楷谓其：“戎眼灿灿，如岩下电。”王戎的父亲王浑与阮籍是好朋友。阮籍每次到王浑家，必与王戎交谈，反而不与王浑交谈，还与王戎成为忘年交。阮籍曾对王浑说：“濬冲清赏，非卿伦也。共卿言，不如共阿戎谈。”戎为人任率，不重威仪，与人交游，善发谈端，且中肯的。三月上巳朝中贤士于洛水之滨褉饮谈宴，王戎谈张良、季札，被王济认为“超然玄者”。王戎常与阮籍作竹林之游，王戎有一次曾经后到。阮籍说：“俗人又来败坏我的兴致。”王戎笑着说：“你的兴致也太容易败坏了！”王戎以“孝”著称，但其孝也异于常人，他在为其母亲守丧时，居然逾越礼制，饮酒食肉，不过面容憔悴，身体虚弱，连起身都要扶拐杖。中书令裴楷前往凭吊其母，说：“若使一恸果能伤人，濬冲必不免灭性之讥。”而尚书和峤在同时遭父丧，虽然寝苫食粥，但哀毁不过礼，气色不衰。刘毅称之为“和峤生孝，王戎死孝”。王戎还以识鉴人物见长。钟会伐蜀，过往与王戎道别，问怎么制定计策。王戎说：“道家有言，‘为而不恃’，不是成功难，而是要保持难啊！”等到钟会失败，大家都认为王戎有见识。王戎盛赞山涛说："山涛就像未经琢磨的玉和未经冶炼的金一样。人们往往都欣赏玉和金光彩夺目的外表，而对未经琢磨的玉和未经冶炼的金，不知道它们内在的高贵质地。"认为王衍"神姿高彻，就像瑶林琼树般出众"。认为裴頠不擅长运用自己的长处，荀勖擅长运用自己的短处，陈道宁刚劲严峻好像被长竿一样。王衍曾拒绝品评当时在琅玡作郡吏的孙秀，而王戎却劝王衍给孙秀好的品级。到司马伦、孙秀掌权时，杀戮朝官，王戎、王衍得以幸免。王戎厌恶族弟王敦，经常托病避而不见，后来王敦果然起兵造反。由此可见他见识高明之处。

王戎一生真可谓历经宦海浮沉。最初承袭其父的爵位贞陵亭侯，被司马昭辟为掾属，历仕吏部黄门侍郎、散骑常侍、河东太守。咸宁二年（276年），迁任荆州刺史，因为派遣下属私建院宅而应该被罢免，特意允许赎罪。咸宁四年（278年），改任豫州刺史，加建威将军。咸宁五年（279年）十一月，晋武帝伐吴，王戎遣参军罗尚、刘乔领军入武昌，吴江夏太守刘朗降。吴平，以功进安丰县侯，增邑六千户，人称王安丰。后因母丧去职。太康三年（282年），王戎被征为侍中。太康五年（284年），迁光禄勋。太康十年（289年），补任吏部尚书。太熙元年（290年）武帝崩，晋惠帝司马衷即位，太傅杨骏辅政，以王戎为太子太傅。永平元年（291年）三月，杨骏一族被诛，贾后执政，王戎因得罪于东安公司马繇而转中书令，加光禄大夫，迁尚书左仆射，领吏部。但被司隶校尉傅咸弹劾，王戎与后族贾氏及郭氏是姻亲，因而没有被免官。元康七年（297年）九月，迁司徒。又因裴頠岳丈身份而被罢免，后又起用为尚书令，再迁司徒。张方劫持惠帝入长安，王戎逃奔陕县，永兴二年去世，享年72岁，谥元侯。

王戎初涉宦途的时候，也曾有过一番作为，任豫州刺史奉诏伐吴，曾收复武昌等大片土地，荐举方正贤良之士石伟，任吏部时，王戎创制了甲午制，凡选官先行试用，考其政绩后再予以征用或辞退。但是随着政局日趋纷乱，西晋的内部危机加剧，特别是见到嵇康被杀，阮籍途穷，晋王室对持不同政见的士人的残酷镇压。王戎的"为我"思想日渐增多，"保身"哲学亦日趋圆熟。他仰慕古人蘧伯玉，看到天下将乱，于是"与时舒卷"，不以世事名节为意，甚至故意败坏声名以求自保。史载王戎"性简要，不

治仪望，自遇甚薄，而产业过丰，论者以为台辅之望不重”。在吏部任上，王戎依门第高低铨选官吏，“户调门选”，任司徒时，王戎把政事交给僚属办理，自己常骑小马从便门出游。虽然地位尊贵，但王戎总是独自出行，巡视田园地产时，以手叉腰，不带随从。王戎的很多门生故吏也做了大官，在路上遇到王戎只好“下道避之”。后愍怀太子司马遹被废，王戎也没有一言劝谏。“八王之乱”时，司马冏拥晋惠帝乘舆反正，以王戎为尚书令。太安元年（302 年）五月，迁司徒。十二月，河间王司马颙联合成都王司马颖等讨伐齐王冏。齐王冏问王戎对策。王戎认为司马冏自诛赵王伦、拥惠帝反正以来，赏罚失当，以致朝野多有怨言，人怀贰志；建议齐王冏主动撤回自己的封国，尚可保住王位。司马冏的谋臣葛旟怒斥道：“汉魏以来，王公就第，宁有得保妻子乎？议者可斩！”群臣惊惧，王戎假装服食药力发作，跌倒在厕中，才免去一死。

《世说新语》记载王戎为人贪吝，其“俭啬”一篇共有九条，即有四条记王戎事。晋书谓王戎“性好利”，多置园田水碓，聚敛无已，富甲京城。王戎早年在荆州刺史任上就曾私派部下修建园宅，因此被免官，后来出钱赎回。据说王戎经常与夫人手执象牙筹计算财产，日夜不辍。同时又十分吝啬。家中有棵很好的李树，王戎欲拿李子去卖，又怕别人得到种子，就事先把李子的果核钻破。王戎之女嫁给裴頠时，向王戎借了数万钱，很久没有归还。女儿回来省亲时，王戎神色不悦，直到把钱还清才高兴起来。王戎的侄子要成婚，王戎只送了一件单衣，完婚后又要了回来。时人谓王戎为“膏肓之疾”。但有人认为这是王戎避祸于乱世的“自晦”之举。东晋人戴逵评论道：“王戎晦默于危乱之际，获免忧祸，既明且哲，于是在矣。”南郡太守刘肇以十丈细布贿赂王戎，王戎虽没有接受，但写信感谢刘肇，为司隶校尉刘毅弹劾。武帝为王戎开脱道：“戎之为行，岂怀私苟得，正当不欲为异耳。”不过王戎还做过一件与其贪吝完全不同的事。其父王浑去世后，其故吏赠钱百万，王戎辞而不受。是否“性好利”真是难说！

不过，王戎无论如何也是一个“有趣”的人物。王戎之妻常以“卿”称呼王戎（按礼，妇人应以“君”称其夫，“卿”乃是夫对妻的称呼）。王戎说：“妇人卿婿，于礼为不敬，后勿复尔。”其妻曰：“亲卿爱卿，是以卿卿。我不卿卿，谁当卿卿?”王戎也无可奈何。成语“卿卿我我”即出于此典。王戎任尚书令的时候，有一次身穿官服，乘轻便小马车，从黄公酒垆经过，回头对后面车上的人说：“我从前和嵇叔夜、阮嗣宗一起在这家酒垆痛饮，在竹林之下游乐，我也参预末座。自从嵇生早逝、阮公亡故以来，我就为时事所拘。现在看到这酒垆虽然很近，却又像隔着山那么遥远。”这也是典故“邈若山河”的由来。

王衍（256—311年），字夷甫，比王戎小22岁。王衍的父亲王乂曾任平北将军，王衍14岁的时候就替父亲呈送公文。当时王乂的上司是仆射羊祜。羊祜是当时很有名望的人，德高望重，他的对手和朋友吴国陆抗（东吴陆逊之子）曾评价羊祜的德量可与乐毅和诸葛亮相比。王衍向他申报陈述公文的内容却没有一点儿自卑屈节的神色，言辞非常清晰明白，时人十分惊异，都说他是一个奇士。长大后，王衍更是以其博学多识、风姿安详文雅、外表清明俊秀、行为洒脱超然、善于清谈而成为名士中的翘楚。

王衍的幼子不幸夭折后，名士山简去安慰他。王衍十分悲痛，几乎无法控制。山简就说：“孩子不过是怀抱中的东西，哪至于悲痛到这种地步!”王衍说：“圣人可以忘掉感情，最下等的人则对感情没有体会。然而最珍重感情的，正在我们这样的人身上。”山简很佩服他的言论，也转而为他感到悲痛。王衍的父亲在北平去世后，朋友族人送的丧葬钱财很多，因而许多亲戚熟人向他借贷，王衍就把钱财分给他们。没有几年时间，家里的财产就几乎用光了。在没有办法的情况下，王衍只好搬到靠近洛阳城西的田园中居住，过了一阵子悠闲宁静的田园生活。王衍一直很鄙夷其妻郭氏贪重钱财，所以口中从来不提钱这个字，郭氏想试试他究竟会不会说，就让奴婢用钱绕床一圈，使他不能

走出来。王衍早晨起来看到钱后，就对奴婢说："把这些东西都拿走（举却阿堵物）！"他与裴頠因为志趣爱好不同而发生分歧。裴頠总想攻击他而抓不到把柄，便故意去找王衍，肆意辱骂，想让王衍应答，然后诽谤他。但王衍声色不动，缓缓地说："白眼儿遂作。"虽与裴頠学术分歧很大，但还是认为裴頠很有才华，很推崇他。有人倾慕道家学说，登门向王衍请教疑难，正碰王衍前一天已经谈论了很久，有点疲乏，不想再和客人应对，便对客人说："我现在有点不舒服，裴逸民（裴頠）也在我附近住，您可以去问他。"太傅杨骏想把女儿嫁给他为妻，王衍却以此为耻，就假装发狂得免。晋武帝泰始八年（272 年），皇帝下诏书要求举荐可以安定边疆的人才。王衍起初喜欢谈论连横合纵的游说之术，所以尚书卢钦把他举荐为辽东太守，但王衍没有就任。从此以后，他不再谈论世事，整日里只是吟咏谈玄而已。王衍在谈论玄理时，经常手持白玉柄的麈尾，手和玉柄的颜色一样白皙。神态从容潇洒，谈论精辟透彻，凡是他觉得道理有什么不妥当的地方，就马上更改，世人称他是"口中雌黄"。

晋武帝司马炎听闻王衍的名声，就问他的堂兄王戎当世哪个人可以和王衍相比。王戎说："没有见到当世谁能跟夷甫（王衍）相比，应该从古人中去寻求。"王戎赞其"太尉神姿高彻，如瑶林琼树，自然是风尘外物"。他的族弟王导称其："岩岩清峙，壁立千仞""唯共推太尉，此君特秀。"王敦也赞他："夷甫处众中，如珠玉在瓦石间。"顾恺之在王衍的画像上作赞词，也称赞他人品如青山耸峙，千仞壁立。时称他为"一世龙门"。但这些评价都不及山涛的评价中肯。王衍小时曾去拜访山涛，山涛见到他后，感叹了许久。等到王衍离开的时候，山涛目送他走出很远，又感慨地对别人说："何物老妪，生宁馨儿！然误天下苍生者，未必非此人也。"说不知道是哪位老妇人，竟然生出了这样的好儿子！然而误尽天下老百姓的，未必就不是这个人。山涛老辣独到，真可谓一语中的。

因为王衍名声很大，无论朝廷高官，还是在野人士，都很仰慕他，在西晋末年混乱的时局中，他也成了诸派系拉拢的对象。王衍步入仕途，先担任太子舍人，又入朝任尚书郎，后出京补任元城县令。他整天还是清谈，但县里的大小事务也还算理顺。之后，他又回到京城，任太子中庶子、黄门侍郎。后来历任北军中侯、中领军、尚书令。其有三女，一嫁愍怀太子司马遹，二嫁贾皇后宗亲贾谧，三嫁河东大族子弟裴遐。司马伦篡位，但王衍素来轻视司马伦的为人，这时，王衍便装作癫狂杀死奴婢而免于出来任职。同年，司马伦被诛杀后，王衍被拜为河南尹，转任尚书，又任中书令。当时齐王司马冏有匡扶惠帝复位的功劳，但他专断大权，任意行事，公卿见到他都下拜，唯有王衍长揖不拜，因此得罪司马冏，托病辞官。后来，被成都王司马颖任命为中军师，经屡次升迁任尚书仆射，兼管吏部事务。后又任尚书令，再升任司空、司徒。在“八王之乱”中，东海王司马越最终胜出，但他在当时名望不高，于是延请王衍出山以壮声势。王衍本人对仕途其实也并不十分热衷。因其喜欢谈论连横合纵的游说之术，最初尚书卢钦把他举荐为辽东太守，但王衍没有就任。从此以后，他不再谈论世事，整日里只是吟咏谈玄而已。司马越封他为武陵侯，他多次辞让封爵，不肯接受。司马越去世后，众人推举王衍为元帅，他推辞说：“我年少时就没有做官的愿望，然而积年累月，升迁到现在的地位。今天的大事，怎能让我这样一个没有才能的人来担任统帅呢?”石勒大破晋军抓到王衍时，王衍说，“吾少无宦情，随牒推移，遂至于此。今日之事，安可以非才处之。”虽有推过之嫌，但纵观其一生，明哲自处，只谋苟全，确实无安危邦、振山河的志向和才能。西晋兵败后，石勒对王衍：“君名盖四海，身居重任，少壮登朝，至于白首，何得言不豫世事邪！破坏天下，正是君罪。”东晋桓温：“遂使神州陆沈，百年丘墟，王夷甫诸人不得不任其责!”后人也多“清谈误国”批评王衍。若将西晋的灭亡责任推给王衍，委实太过。若不在高位，只以名士形象示人，也许也是后世传颂仰慕的对象。不知道王衍的经历对王羲之是否产生过影响?

王衍虽无经天纬地之才，但他还是颇具战略眼光。司马越是司马懿四弟司马馗之孙，本是宗室远亲，在当时名望不高，虽然取得了“八王之乱”最后的胜利，但本身没有绝对的号召力，他延请重用王衍，就是试图利用门阀士族来巩固自己的统治。王衍被司马越重用后，一时网罗名士幕佐近百人装点朝堂，其中王氏子弟多进司马越幕府任职。王氏在司马越发家中起了重要的作用，这实际上就是司马越与王衍“共天下”。如前面章节所说，“八王之乱”后，西晋已是一片残局，内外交困。王衍看到中原大乱，对司马越说：“中国已乱，当赖方伯，宜得文武兼资以任之。”任命

弟弟王澄为荆州刺史，族弟王敦为青州刺史。更向二人说：“荆州有长江和汉水天险，青州又东濒大海，你们二人在外而我留在朝中，可谓狡兔三窟了！”王洐清楚地看到晋室气数已尽，中原难以保全，作出了“狡兔三窟”的政治安排。王洐与诸弟告别时说“今王室将卑，故使弟等居齐楚之地，外可以建霸业，内足以匡帝室，所望于二弟也”。司马越与王衍又派琅玡王司马睿为安东将军，都督扬州江南诸军事，镇守建业，由与司马睿交好的王导辅佐。这样，另一个王与马相结合的政治中心正在形成，就是琅玡王司马睿与琅玡王导兄弟在下邳的组合，这也成为日后建康“王与马共天下”的前奏。但此时王衍的视角仍在江北地区，并未放在江南。

继王洐之后，王旷、王导、王敦等琅玡王氏兄弟相继登上历史舞台。

王旷（出生不详，约卒于309年），字世宏。本书主人公王羲之的父亲。与王导、王敦同为王览之孙，母亲是东晋开国皇帝司马睿母亲的亲姐姐，他是司马睿的姨表兄。在晋惠帝时任侍中，历经“八王之乱”后，自求避祸，积极谋求外放，先后任济阳内史、丹阳太守，当时南京仅是丹阳下面的一个县。他到任仅一年，因右将军陈敏举兵反，被逐后逃回北方。他这次短暂的南行，却成了一个新王朝诞生和王氏家族鼎盛的契机。当时，追随东海王的琅玡王司马睿正奉命镇守下邳，由于王旷与司马睿姨表兄弟的关系，王旷来到了下邳。晋《语林》说，王敦、王导诸人“闭户共为谋身之计。王旷世宏来，在户外，诸人不容之。旷乃剔壁窥之曰：‘天下大乱，诸君欲何所图谋？将欲告官！’遽而纳之。遂建江左之计。”此时，局面已不可收拾，再加上北方少数民族乘机南侵，朝廷岌岌可危。辅佐琅玡王司马睿的王氏精英们不得不商议后路，正在主意难定之时，王旷“首创南渡之议”。此计得到东海王司马越和王洐的同意，任命琅玡王司马睿为安东将军、都督扬州江南诸军事。307年，在王氏兄弟的策划下，临沂王氏及其他大族随同琅玡王携家南渡，来到建业。十年后，西晋被灭，司马睿在南京登基，史称晋元帝。王旷的一句话成就了东晋百年基业，南京在东吴建都之后，又成为东晋、南朝的都城。在建立东晋过程中，王旷“功当不在王导之下”。308年，王旷被任命为淮南太守，作为司马睿最信任的人，驻守在至关重要的扬州郡力图掌控扬州兵权。

但接下来却发生一个历史谜案。309年，自称汉王的刘渊起兵攻晋，“刘元海遣子（刘）聪及王弥寇上党，围壶关。”从当时双方实力来看晋弱汉强十分明显，时任并州刺史刘琨“使兵救之，为聪所败”。但司马越和王衍没有派离并州较近的兖州、徐州兵马去救，而是让驻扎在扬州郡的王旷由淮南提兵越过太行山去救壶关。当王旷率兵赶到时，并州的大部分土地已落入刘渊之手。王旷准备横渡黄河后长驱直入壶关。手下将军施融劝王旷凭黄河天险先行防守，伺机北上。王旷不但不听，反而认为施融涣散军心，削弱斗志，自己一意孤行，孤军深入，在长平遇到刘聪的埋伏，大败，部将施融、曹超战死，基本全军覆灭。现有的史料既没有确切给出王旷战死的信息，也没有提示王旷或投降或逃脱的线索。总之，这位司马睿南渡最得力的政坛新秀消失了。以后辅佐者的中坚成了王敦、王导。作为“首创南渡之议”的功臣，《晋史》中并未给王旷立传，生卒年居然不详。故王旷之死后人多有猜疑，主要依据是：当时王敦、王导诸人“闭户共为谋身之计。王旷世宏来，在户外，诸人不容之”，说明王旷起先并未在王氏核心团队中；作为其子、王氏大家族的子弟王羲之，出仕年纪很晚，而举荐人却是丈人郗鉴；王旷失踪多年后，居然有灵柩在北方存在，王羲之叔侄两代完成了王旷灵柩南迁的事宜；王敦造反失败王导势力削减，王导希望王羲之出头再振家声时，王羲之拒绝后反入庾氏阵营；王家的祖屋在南京，王羲之却一直住在绍兴。依据虽说有牵强之处，但作为研究王羲之生平的资料，也有一定参考价值。

王导（276—339年），字茂弘，历仕晋元帝、明帝和成帝三朝，为东晋中兴名臣。关于王导功事，前文中已多有记述。王导年少时就风姿飘逸，见识器量，清越宏远。14岁时，陈留高士张公在见到他后非常惊奇，对他的从兄王敦说：“此儿容貌志气，将相之器也。”在晋元帝司马睿还是声名不显的琅玡王时，王导即与其十分友善。公元304年（永兴元年），司马睿出镇下邳，不久迁安东将军，就请王导担任安东司马，军事谋划，都听从其安排。王导后来在移镇建邺、安抚南北士族、稳定混乱局面中发挥了重要作用，是东晋的建立和稳定的第一功臣。王导掌权时，面对的矛盾形势十分复杂，南北士族矛盾尤为突出。王导平日性情谦和宽厚，心有恻隐仁爱之心。他利用士族首领这一特殊地位，收揽一批北方的士

族做骨干，同时联络南方士族作辅助，注重调和各方面矛盾，基本上做到和睦共处。

王导辅政，以清静为宗旨，“不存小察，弘以大纲”，优容世家大族。东晋初，法禁宽弛，地方豪强大多藏匿户口作为私家佃客，不向国家纳税服役。建康城内的豪强也很猖獗，有一次，石头城官仓有一百万斛稻米被盗，窃贼都是豪强出身的将领，当局不敢清查，却把看守仓库的主管官吏活活打死便算交差了事。事隔不久，王导派遣八部从事巡视扬州境内各郡县，从事们回京后都来见王导，纷纷汇报郡县长官的得失，唯独顾和一言不发。王导问：“你听到什么了？”顾和回答说：“明公辅政，宁使网漏吞舟，何必听信传闻苛察那些小事。”王导大加赞赏，诸从事面面相觑，若有所失。正因为如此，王导赢得了世家大族的普遍好感。王导晚年更怠于政事，文书常常不打开就批准，还自我叹息说：“人说我糊涂，后人当思此糊涂。”世人对王导辅政理念不以为然，庾氏、陶侃几次想强罢其辅政资格，也是在郗鉴的阻拦下才没有得手。但自庾亮掌权后，一改昔日宽政，实行法治，打击豪强，削弱地方势力，加强中央集权，引起了社会上层的严重不满，统治集团的内部矛盾又重新激化。从这个侧面来看，王导的“清静”之政，也可以认为是当时形势的不得已选择。

时人及后人对其评价各异。司马睿赞他：“导德重勋高，孤所深倚，诚宜表彰殊礼。而更约己冲心，进思尽诚，以身率众，宜顺其雅志，式允开塞之机。”陶侃说：“司徒导鉴识经远，光辅三世。”孙盛：“王公常有世外之怀，岂肯为凡人事邪！”桓彝对其更有：“人言阿龙（王导小名）超，阿龙故自超”之誉。宋朝李清照作诗：“南渡衣冠欠王导，北来消息少刘琨。”但也有不屑之评，如清朝李光地：“自古守节秉义，而才不足以济者，岂少乎，汉李固、王允，晋周顗、王导之徒是也。”司马光更是说：“既不能明正典刑，又以宠禄报之，晋室无政，亦可知矣。任是责者，岂非王导乎！”从王导一生功业来看，我认为还是陈寅恪先生的评价更为公正：“王导之笼络江东士族，统一内部，结合南人北人两种实力以抵抗外侮，民族因得以独立，文化因得以续延。不谓民族之功臣，似非平情之论也。”

王敦（266—324 年），字处仲，其妻为晋武帝司马炎女襄城公主。眉目疏朗有豪气，性格简慢通脱；出生于经学世家，但并不爱读书，只对《春秋左氏传》感兴趣。王敦亦从不说钱财，永嘉元年（307年），司徒王衍推荐他做青州刺史，拜广武将军。不久又征命王敦为中书监，王敦将襄城公主的侍婢都分发给将士，又向人分发金银财宝给部众后才回到洛阳。王敦年少时，行为举止并不像其他名士一样儒雅，一次晋武帝召集一帮名士们讨论歌舞，在别人一热火朝天时，只有王敦一人毫不关心，而且脸上还表现出鄙视的神色。武帝让他表演，他便叫人拿了鼓给他，捋了袖子站起来，拿起鼓槌用力敲，敲得铿锵有力，神气豪迈，旁若无人，所有人都赞叹他雄壮豪爽。石崇以生活奢华见称，厕所都常有十多名有美貌的婢女侍奉，并放置甲煎粉和沉香汁，如厕后的人都会更换新衣。很多客人都因为要在众侍婢前脱衣而感到害羞，但王敦则一直神情自若。王恺与石崇一样都是十分崇尚奢豪华，王恺有一次设置酒宴，王敦和王导都在座。当时有一名女艺伎吹笛吹错了，王恺就立刻将她杀害，此举令在座众人都失色，唯独王敦好像没有看见那样镇定。又一次到王恺家做客，王恺命美人进酒，并命令若客人不喝就要死。传到王敦那里时王敦坚决不肯喝，令行酒的美人恐惧色变，但王敦仍然不屑一顾。王导认为他太坚忍狠辣。王敦年轻时曾经十分荒淫，家中拥有美妾侍婢数十名。有人因而劝谏他，王敦说："这很简单。"于是当即遣散家中数十名婢妾离开，当时的人都十分惊异。元康九年（299年），皇后贾南风废太子司马遹，迁他于许昌，并不许东宫官属送行，王敦则与太子洗马江统、潘滔、太子舍人杜蕤、鲁瑶等违命去送行，得到时人称许。

他早年任给事黄门侍郎。与王衍交好，与谢鲲、庾敳、阮修为同为王衍四友。后由王衍荐为青州刺史，东海王司马越掌权时，任为扬州刺史。司马睿移镇建业，召为军咨祭酒，后又继刘陶任扬州刺史、都督征讨诸军事。与王导共同扶植司马氏的江东政权，消灭不从命的江州刺史华轶，镇压以杜弢为首的荆湘流民起义。东晋的经济、军事重心在于荆、扬二州，王敦进位镇东大将军、开府仪同三司，加都督江、扬、荆、湘、交、广六州诸军事、江州刺史，封汉安侯，掌握长江中上游的军队，统辖州郡，贡赋入己，将相官吏多出其门，专擅朝政，威胁晋室。后发动两次政变，即前面章节中说到的"王敦之乱"。关于"王敦之乱"的起始缘由，前面章

节已经论述。

王敦素有雄才大略，心里常把自己比作大英雄曹操，每次喝酒后，便唱曹操的名篇《龟虽寿》：“老骥伏枥，志在千里。烈士暮年，壮心不已。”边唱还边用铁如意敲打痰壶，家里的痰壶口都被打缺口了。桓温平定蜀地的成汉王朝，召集手下在李势（成汉最后一个皇帝）的宫殿里喝酒，巴、蜀的缙绅之士都来参加聚会。桓温素来有雄才大略，神气豪爽，加上当日说话英姿勃发，畅谈古今成败由人，存亡的关键在于人才，其状磊落，一座赞叹。散会以后，大家还在回味他说的话。这时寻阳人周馥说：“遗憾的是你们没见过王敦大将军啊。”桓温行经王敦墓边过，望之云：“可儿！可儿！”也算是英雄相惜之叹啊！王敦重病安排后事时的一段话十分耐人寻味。他对最亲信的智囊钱凤、沈充说：“非常之事要有非常之人才能担当，世子年少无法承担。我死之后，将军士解散，王氏子孙入朝为官，这是保全家门的上策。全军退保武昌，拥兵自重，对朝廷表面恭顺，进贡不断，这是中策。趁我还有一口气在，集中大军顺流直下，攻破建康，另立朝廷，也许还有一线希望，这是下策。”

好在历史也并未因“王敦之乱”而否认王敦所有的贡献。《晋书》评其：“琅琊之初镇建邺，龙德犹潜，虽当璧膺图预定于冥兆，丰功厚利未被于黎氓。王敦历官中朝，威名夙著，作牧淮海，望实逾隆，遂能托鱼水之深期，定金兰之密契，弼成王度，光佐中兴，卜世延百二之期，论都创三分之业，此功固不细也。”同时也说：“既而负勋高而图非望，恃劫逼而肆骄陵。”归结其原因：“衅隙起自刁刘，祸难成于钱沈。”但对其之后行为也予以否定：“蜂目既露，豺声又发，擅窃国命，杀害忠良，逐却篡盗乘舆，逼迁龟鼎。”王敦在两晋时期，无论如何也是一个不凡的人物，气概和胆略并非一般士族名士可比，行为举止颇有曹孟德风范，只是其对时局的判断似乎难及孟德宏大长远，还是陷入世家门户的窠臼中无法自拔，而性格上的缺陷也是导致其失败的原因，正如王导所言：“处仲若当世，心怀刚忍，非令终也。”特别是，“王敦之乱”后产生了多方面的影响，就其王氏家族而言，再也难以维系之前“王与马共天下”的格局，皇族和其他门阀士族必然要选择新的大族代替其位置。

除王旷、王导、王敦外，当时王氏一族中还有显赫之人。

王澄（269—312 年），字平子，东晋名士。王衍之弟，王戎堂弟，自幼聪慧，勇武有力，很有盛名。好玄谈，与谢鲲、阮修、庾敳等交往甚密，不拘礼俗，举止放诞，甚至于裸露全身来标新立异。王衍特别看重弟弟王澄及王敦、庾敳，曾将天下人士品评：“阿平第一，子嵩第二，处仲第三。”王澄曾和王衍说：“兄形似道，而神锋太俊。”王衍回话：“诚不如卿落落穆穆然也。”王澄于是显扬名声。王衍提出“狡兔三窟”之策，调任王澄作荆州刺史时，朝中要员前往送行时，王澄却上树掏取鹊巢，神色自若，旁若无人。刘琨曾劝王澄：“卿形虽散朗，而内实动侠，以此处世，难得其死。”到荆州上任后，不亲理政务，日夜纵酒。当时许多流民自巴蜀徙入荆湘，因生活窘困，纷纷屯聚造反，王澄袭杀其八千余人，从而激起更大规模的反抗，流民推杜弢为首，纵横于荆湘，王澄军队对其无可奈何。而且王澄对部众凶狠刻薄，致上下离心，终难在荆湘久处。后应琅玡王司马睿征召、前去担任军谘祭酒，途经豫章（今江西南昌）时，被心怀宿怨的族弟王敦所杀。

王廙（276—322 年），字世将，是王旷的亲弟，王敦、王导的从弟。以书画、文学闻名于世，是晋武帝的绘图老师。他初仕晋惠帝为太傅掾，转任参军。建武初，擢升为辅国将军，封武陵县侯，历任尚书郎、散骑常侍、左卫将军等职。晋元帝永昌元年（322 年），王敦以王廙为平南将军、荆州刺史。世有“王平南”之称。不久，病死在任上。晋明帝悼其：“痛谢鲲未绝于口，世将复至于此。并盛年俊才，不遂其志，痛切于心。廙明古多通，鲲远有识致。其言虽未足令人改听，然味之不倦，近未易有也。坐相视尽，如何！”

王彬（278—336 年），字世儒，也是王旷的亲弟。他少称雅正，20 岁不就州郡之命，被光禄大夫傅祗辟为掾。后与兄一起渡江，为扬州刺史刘机建武长史，琅玡王司马睿任其为镇东贼曹参军，转典军参军。因参加讨华轶之功，封都亭侯。孝愍帝司马邺召他为尚书郎，王彬以道险不就，迁建安太守，徙义兴内史，未到任，转为军咨祭酒，后赠爵关内侯，迁尚书右仆射。王敦叛乱进占石头城时，皇帝派王彬前去慰问王敦，正赶上周觊被杀害。王彬赶忙先去哭吊周觊，哭得非常悲伤。王敦怪罪他脸上有惨容，问他什么原因，王彬回答说“去哭吊周伯仁（指周觊），感情没有控

制住”。王敦非常恼怒地说：“伯仁是自身的原因才遭到刑戮，你这么做是干什么？”王彬回答：“伯仁是个长者，是你的亲友，在朝廷没做过坏事，也不是奸佞的同党，已经被赦免又遭到极刑，所以感到伤痛惋惜。”说着说着，他勃然变色数落王敦：“你欺上犯下，杀害忠臣，图谋不轨，祸及门户。”声音和言辞特别慷慨，声泪俱下。王敦大怒呵斥道：“你狂悖到如此程度，以为我不敢杀你吗！”当时王导也在座，看到此情此景赶忙劝王彬起来谢罪，王彬说：“我的脚有病，见了天子都想不拜，现在为什么要跪！有什么罪要谢！”王敦道：“脚痛难道比脖子还痛？”王彬意气自若，脸上没有一点害怕的样子。后来，王敦商议要第二次占领京城，王彬苦苦相劝，王敦脸色一变看着左右，要逮捕王彬。王彬一脸正气地说：“你过去害死了哥哥（应指王澄），今天还要杀弟弟吗？”王敦看他是亲戚，就容忍了他。《晋书》评价王彬“为人朴素方直，乏风味之好，虽居显贵，常布衣蔬食”。王彬 59 岁，死在尚书右仆射任上。

其他人同辈兄弟。王含，王敦之兄，累迁征东将军，都督扬州江西诸军事。随王敦举兵。兵败被荆州刺史王舒沉杀于长江。王舒，也为王览之孙，因奏表揭发“王敦之乱”，被授湘州刺史，后来入朝任尚书仆射。平定“苏峻之乱”出力不少，王舒监浙江东五郡军事。苏峻之乱平定后，王舒因功被封彭泽县侯。王舒去世后，朝廷追赠车骑大将军、仪同三司，谥穆侯。

琅琊王氏到了王衍、王导一辈，确实人才辈出。一次，有人去拜访太尉王衍，还遇到了王戎、王敦和王导在座，在另一个屋子，又见到王诩（王衍之弟）和王澄。出来后，他对人说：“今日太尉府一行，触目所见，无不是琳琅美玉。”琅琊王氏在他们这一辈可谓极盛，除文中列举的人物外，王氏其他子弟也多在朝中占据高位，而且通过联姻结盟、隶属依附等形式，使得琅琊王氏在西晋末年至东晋建立初近半个世纪时间里在司马政权中举足轻重，这一期间，随着 339 年王导的去世基本结束。也正是在这个时期，王羲之度过了他的童年、少年及中年。虽在这个大的门阀士族中，但他的经过却与其他王氏子弟有许多不同之处，这一点足应引起我们的重视。

五、琅玡王氏在王导之后的兴衰变更

其实，琅玡王氏的衰落开始于“王敦之乱”。“王敦之乱”对其家族影响深远，皇室对王氏家族已难以像东晋建立初期时那样倚重信任，其他门阀士族对其也多有不满；王敦死后，琅玡王氏失去了对军队的控制权，没有外部力量尤其是缺乏军事力量的支持，致使王导受到明帝庾皇后兄庾亮等的排挤；不少王氏子弟在“王敦之乱”中死亡。如王导曾感慨：“吾群从死亡略尽，子弟零落。”

太宁三年（325年）八月，明帝死，5岁的皇太子司马衍即位，是为成帝，庾太后临朝，政事决于庾亮，庾氏家族开始崛起，“王与马，共天下”的局面结束了。苏峻之乱不久，王舒、王彬相继死去，王导子侄辈中当时只有王舒子王允之堪当大任。苏峻之乱中，时任会稽内史的王舒起兵讨苏峻，王允之屡破敌军，“讨贼有功，封番禺县侯，邑千六百户，除建武将军、钱唐令，领司盐都尉”。咸和八年（333年），王舒死，王允之去职守丧，“既葬，除义兴太守，以忧哀不拜”。王导更感独木难支，他写信给王允之，申以家族大义，并引先辈事迹劝他不要拘泥于礼制，“太保（王祥）、安丰侯（王戎）以孝闻天下，不得辞司隶；和长舆（和峤）海内名士，不免作中书令。吾群从死亡略尽，子弟零落，遇汝如亲，如其不尔，吾复何言”。王允之仍固执不允。庾亮出镇荆州后，随着庾氏家族势力的日益崛起，王、庾二族的矛盾不断加剧，双方剑拔弩张，大有一触即发之势。虽王导表示“吾与元规休戚是同，悠悠之谈，宜绝智者之口。……元规若来，吾便角巾还第，复何惧哉”，然“内不能平。常遇西风尘起，举扇自蔽，徐曰：‘元规（庾亮字符规）尘污人’”。为维护王氏家族的利益，王导不得不将尚在守丧的王允之派出与庾氏家族争夺江州，在江州期间，王允之在政甚有声威和惠泽。咸康八年（342年）豫州刺史庾怿送酒给王允之意图毒杀他。王允之觉得奇怪，先给一条狗喝下，犬只不久却死去，王允之于是密报晋成帝，令晋成帝大怒。事发后次月庾怿自杀。同年王允之求解江州刺史，转拜卫将军、会稽内史。但王允之未上任就逝世，享年四十岁谥号为忠。王允之是企图以军事实力维持王氏家

族利益的最后一人。王允之死后，琅琊王氏虽然还是代有显宦，宗族不衰，但基本上是靠祖宗余荫，靠社会影响。由此到晋末为止，真能影响政局的人是一个也没有了。王导死后，琅琊王氏家族的实际地位更加低落。

东晋中期，能够进入权力中枢的王氏子弟唯有王彪之一人。王彪之（305—377 年），字叔虎，他以佐著作郎起家，仕至尚书令。王彪之在仕途上不断升迁，成为朝廷重臣。王彪之精通礼学，熟悉典章制度，谢安曾言："朝之大事，众不能决者，谘王公无不得判。"王彪之曾外任会稽内史，"居郡八年，豪右敛迹，亡户归者三万余口"。王彪之为人方正，依礼行事，拒绝遣使，因此得罪桓温，桓温随意找了个借口上表将他免职，王彪之离郡之前，将郡中犯轻罪的罪犯全部赦免，桓温遂以此为由将他逮捕入狱，恰逢哀帝崩，海西公司马奕即位，朝廷大赦天下，王彪之降为尚书，兴宁三年（365 年）十二月升为仆射。在东晋独特的政治环境——门阀政治中，尽管王彪之为当世重臣，权势显赫，但他为人方正，过分执于礼法，缺少王导所具有的权变，很少顾及门户私利，因此，他并没有能够扭转琅琊王氏家族中衰的局面。他给后代子孙留下的最宝贵的财产在典制方面。王彪之精通礼学，他曾将历代典章制度、江左旧事等相关资料收藏在一个青箱之中，传之子孙，后世称为"王氏青箱学"。

其他王氏子弟，多担任中级官职，间或有高官，对当时的时局也影响不大。王导长子悦，字长豫，弱冠有高名，最得王导喜爱，先王导而卒。王导次子恬，字敬豫。因好武而不为王导所喜，以致"导见悦辄喜，见恬便有怒色"。袭爵即丘子，仕至会稽内史。王导三子洽，字敬和，是王导诸子中最知名的，仕至领军，升平二年（358 年）卒于官，年三十六。王导四子协，字敬祖，元帝抚军参军，袭爵武冈侯，早卒。王导五子劭，字敬伦，历任东阳太守、丹阳尹、吏部尚书、尚书仆射、中领军、吴国内史等职。王导六子荟，字敬文，仕至会稽内史。王廙子颐之，仕至东海内史。胡之弱冠有声誉，历仕郡守、侍中、丹阳尹等职。王彪之长兄彭之，仕至黄门郎。被王导十分器重的王羲之，也多次谢绝王导好意，后文对此将详述。

东晋后期，门阀士族日趋腐朽无能，在现实政治生活中所起的作用越来越和他们占据的要职不相称。他们罕以世务经怀，"居官无官官之事，

处事无事事之心”，失去了管理国家政权的能力。琅玡王氏子弟中最典型的是王徽之，他任车骑将军桓冲骑兵参军时，整日“蓬首散带，不综知其府事”，一日桓冲问徽之：“‘卿何署？’答曰：‘不知何署，时见牵马来，似是马曹。’桓又问：‘官有几马？’答曰：‘不问马，何由知其数？’又问：‘马匹死多少？’答曰：‘未知生，焉知死？’”桓冲尝谓徽之曰：“‘卿在府久，比当相料理。’初不答，直高视，以手版拄颊云：‘西山朝来，致有爽气。’”

东晋后期，琅玡王氏家族的代表人物是王珣。王珣（350—401 年），字符琳，是王洽长子。他弱冠为桓温掾，后转主簿，值桓温“经略中夏，竟无宁岁，军中机务并委珣焉。文武数万人，悉识其面”。王珣与王徽之等人并不相同，他有极强的进取心，以才干知名当世，经常为桓温出谋划策，是桓温集团中的核心人物。桓温对这位主簿也甚为欣赏。但王珣却受到谢安的压制，直到谢安去世之前，王珣只做到秘书监。谢安死后，王珣与弟王珉皆得升迁，俱为侍中。当时，司马道子大权独揽，专横独断，引起了孝武帝的不满，主相之间展开了明争暗斗，各拉亲信，各树党羽。在复杂的政治斗争中，王珣站到了孝武帝一方，“时帝雅好典籍，珣与殷仲堪、徐邈、王恭、郗恢等并以才学文章见昵于帝。”为加强自己在中央的力量，孝武帝提拔王珣为尚书仆射，领吏部，地位仅次于司马道子。在中央与藩镇的斗争中，王珣最初依违于王恭和司马道子之间，他周旋于两大势力之间，左右逢源，直到隆安二年王恭第二次起兵，王珣最终站到了朝廷一方，王恭败死后，王珣与司马道子的关系有了进一步的发展，司马道子辟王珣长子王弘为骠骑参军主簿，不久又拟提升为黄门侍郎。王珣仔细考虑了当时的形势，认为王弘尚年轻，不能在中央和地方的争斗中陷入太深，便婉言谢绝了。隆安五年（401 年），王珣卒，观其一生，并没有太多的功勋，但对琅玡王氏来说，他却是一个从中衰走向复盛的重要人物。

在整个南朝期间，琅玡王氏家族明显是声望高于实力。“王谢”也成

为当代后世名门望族的代名词。不少人虽也入仕为官，但多居清职，并未参与朝政实际运转，如王弘、王僧绰、王昙首、王廷之、王僧虔、王亮、王志、王骞等。但因其家学渊源深厚，子弟中不乏学者名人，如齐梁时期的王俭就是一代儒学宗师，梁朝的王融、王籍、王褒、王肃等是当时知名的诗人。王融便是永明体诗歌的几位创作家之一。

第二节　琅玡王氏家学传统及家风

从汉朝开始，朝廷设立公学，但对于门阀士族子弟而言，私学仍是主流。因此一个家族的家学传统显得十分重要。在前面章节中，已对门阀士族的累世家学进行了论述。可以说，家学传统及其家风，对门阀士族的影响甚大，王、谢两族能绵延数世纪，虽然也有高低起伏，但因其均能秉承源远流长的深厚家学传统，使得整个家族在纷繁复杂、混乱不堪的时局中，屹立不倒，开枝散叶；其家族文化学术所占领的高度和地位，也为历代王朝所倚重；其家族的优秀子弟，也理所当然地在政坛中占据高位。整个家族遵守和传承的家风，也保证了家族整体上的和谐共处，使家族子弟在乱世中相互扶持、不离不弃，无论在朝政中还是在社会上均形成了一股无形的强大力量。纵观中国几千年的历史，鲜有凭借权力、财富传世百年以上的家族，“诗书传家”可以说是对历史经验的高度概括。琅玡王氏作为士族在数个世纪的发展中，因诗书立家、以诗书传家，特别是在两晋时期，琅玡王氏不仅是政治第一大族，更是文化第一大族。王戎、王衍、王导、羲献父子、王珣等，无一不是当时士族文坛领袖，而其他家族成员，在文坛学界无一不占有重要地位。如果说历史上琅玡王氏在政权中拥有的特殊地位有一定偶然性，但其家族文化积淀无疑也使这种偶然变得必然。下面，让我们研究一个琅玡王氏的文化传承及家风。

一、琅玡王氏文化学术传统

琅玡王氏自西汉以来即以经学传家，最早奠定琅玡王氏明经尚儒之风的是其先祖王吉。王吉少好学明经，治经术，既精且博，在经学史上也有相当高的地位。关于其经术之“博”，苏绍兴先生有论云：“吉能五经兼通，睽诸当时风气，并不多见。王吉以精通《五经》闻名于当世，传授过《韩诗》和《齐论语》。武帝时夏侯始昌亦能通五经，《汉书》所载似亦仅二人。岂其是汉儒治学最重要专家故耶?”关于王吉经术之“精”，并未因其通《五经》而疏诞，而是有其精深的专家之学。王吉能为驺氏《春秋》，通梁丘贺之《易》，当在家族内授，特别是传承《韩诗》，史载甚明。《汉书》卷八八《儒林传》：“赵子，河内人也。事燕韩生，授同郡蔡谊。……谊授同郡食子公与王吉。吉为昌邑王中尉，自有传。……吉授淄川长孙顺。顺为博士，丰部刺史。由是《韩诗》有王、食、长孙之学。”王吉传《韩诗》，成一家之学，其地位不言自明。至于王吉以《论语》教授，也有不可忽视的地位，《汉书》卷三〇《艺术志》叙述《论语》学术史云：“汉兴，有齐、鲁之说。传《齐论》者，昌邑中尉王吉、少府宋畸、御史大夫贡禹、尚书令五鹿充宗、胶东庸生，唯王阳名家。”王阳就是王吉，他能成为传授《齐论语》之名家，影响颇大。因此，王吉不仅开创了琅玡王氏经术传统，对于其家学影响深远，而且在汉朝经学史上也有突出的地位。在班固的《汉书》中，专门为王吉立传，王吉留下的作品主要是《汉书·王吉传》收录的三篇奏疏，这三篇作品也被后代多家总集收录。其中记载了王吉给汉宣帝的上疏中的一段话：“圣王宣德流化，必自近始。朝廷不备，难于言治；左右不正，难于化远”，其学术思想可窥一斑。后世对其儒行及作品也常有评价，如明黄道周《儒行集传》云：“儒有博学而不穷，笃行而不倦，幽居而不淫，上通而不困，礼之以和为贵，忠信之美，优游之法，慕贤而容，众毁方而瓦合，其宽裕有如此者。”又云：“博学笃行，不淫不困，王吉亦有焉。”《文心雕龙·奏启》曾评论王吉的奏疏云：“自汉以来，奏事或称上疏，儒雅继踵，殊采可观。若夫贾谊之务农，晁错之兵事，匡衡之定郊，王吉之观礼……理既切至，辞亦通畅，可谓识大体矣。”王吉之子王骏，受其家影响，以孝廉为郎，史称“有专对材”“贤父子，经明行修，宜显以厉俗”。王骏之子王崇，也较好地继承了祖父的儒家风范。可以说，从西汉开始，琅玡王氏即奠定了以儒立家的传统。

这种尚儒家学、家风到魏晋时期，在王祥、王览等人身上得以充分体

现。王祥、王览兄弟将这一文化传统再进一步发扬，成为当时及后世“孝悌”的代表人物。历经三朝，年轻时以事亲至孝闻名，年老致仕，“教化大行”，在曹魏时，王祥列为“三老”之一，专事儒家教化。史载王祥“南面几杖，以师道自居。天子北面乞言，祥陈明王圣帝君政化之要以训之，闻者莫不砥砺”。时人都说：“海沂之康，实赖王祥；邦国不空，别驾之功。”其孙王戎叹曰：“太保可谓清达矣！”又称：“祥在正始，不在能言之流。及与之言，理致清远，将非以德掩其言乎！”王览则“孝友恭恪，名亚于祥”。其二人子嗣中，多人任朝廷礼仪高官，可知儒学传承之深。

魏晋之际，玄风日盛，许多士族大户开始引玄入儒或由儒入玄，琅玡王氏也不例外。在这场玄化之风中，琅玡王氏并未固守自己的儒学明经传统，而是积极地加强到这场“移风易俗”的文化潮流之中，其中的许多人还成为玄学领袖，如王戎、王衍、王导等，而其子孙，也大多受到此风潮的影响，只是程度不同罢了。正是琅玡王氏的成功“玄化”，使其保持或进一步强化了一流文化士族的地位，成为两晋时期文化“执牛耳”者。关于琅玡王氏的“玄化”，特别是代表人物前文中多有记述，这里，特别要讲一下道教流派之一——五斗米道，对琅玡王氏的影响。陈寅恪《天师道与滨海地域之关系》中多有论述。

五斗米道由东汉人张陵所创。张陵本大儒，博通五经，又熟知盛行于世的黄老之学、谶纬思想与神仙方术，声称太上老君授之以道，并吸收了巴蜀地区少数民族原始宗教的某些成分，创立了五斗米道（因入道者须交五斗米，故名）。顺帝汉安元年（142 年），张陵开始在巴蜀一带行医传道，百姓师从者甚多。张陵死后，其子张衡继之；张衡死，其子张鲁仍传其道。世称“三张”，道内则称“三师”，即“天师”张陵、“嗣师”张衡、“系师”张鲁。经过他们祖孙三代的苦心经营，五斗米道逐渐形成了一套完整的教义、仪式、方术及组织制度。张陵之孙张鲁还建立政教合一的政权，统治汉中近 30 年（后降曹操）。从此，五斗米道广为流传。西晋后，五斗米道开始分化，一部分仍在农民中从事秘密活动，一部分则在各地士族大姓中传播。

两晋南北朝时期，五斗米道在门阀士族中颇为吃香。汉之末世，“是时受道者，类皆兵民、胁以无名之士，至晋世则及士大夫矣。”由于八王之乱，西北少数民族入主中原，南北中国长期处于大动荡、大分裂的局面，门阀士族对解决现实社会中的种种矛盾既无办法又无信心，因而不得不把自己的命运寄托于超现实世界，从宗教中寻求精神寄托。五斗米道（道教）的长生不死，闲散放荡，游于名山大川，采药石炼金丹，海阔天空地幻想虚无的神仙世界，这种玄妙生活自然很投合门阀士族的口味。于是两晋南北朝的大族，如高平郗氏、吴郡杜氏、会稽孔氏、义兴周氏、陈郡殷氏、丹阳葛氏、东海鲍氏、丹阳许氏、丹阳陶氏、吴兴沈氏等，都对五斗米道兴趣十足，笃信虔诚。天师道信仰之缘起往往与滨海地域有关，而琅玡王氏之籍贯正属于滨海地域之范围。据史籍记载，北方大族琅玡王氏“世奉五斗米道”。史载，“羲之次子凝之，为会稽内史。王氏世事张氏五斗米道，凝之弥笃。”王凝之信奉五斗米道已达“走火入魔”的境界，当孙恩率领的起义军已团团包围会稽城时，他竟不派兵防守，还在笃定泰山地祈祷天师相助，最后城破身亡，死得不明不白。

五斗米道对两晋南北朝的取名用字产生了不小的影响，这就是人名中“之”字的盛行。据有的论者研究，“之”字是五斗米道中用于道徒名字的暗记；南北朝“最重家讳，而‘之’‘道’等字则在不避之列”。于是，“之”字遂在当时笃信五斗米道的门阀世族中被广泛地用于人名，并成为一种社会时髦，而且父子、祖孙均可“同名不讳”。最典型的要数大书法家王羲之家族了。在琅玡王氏中，六世有晏之、允之、羲之、颐之、胡之、耆之、羡之、彭之、彪之；七世有昆之、晞之、玄之、凝之、徽之、操之、献之、茂之、随之、卫之、越之、临之、望之；八世有肇之、桢之、静之、裕之、镇之、弘之、韶之、纳之、镶之、泰之；九世有悦之、惬之、瓒之、升之、标之、唯之、逡之、琏之；十世有秀之、延之、舆之。五斗米道对琅玡王氏的书法也有影响，陈寅恪先生认为，琅玡王氏书法名家辈出，与奉行五斗米道抄经有很大关系。

佛教自东汉传入我国以来，到魏晋时期，佛教的影响更加深刻，与原生汉文化的融合力度也进一步加大。这一时期佛教的发展，除了在民众中广泛传播外，皇族与门阀士族也与佛教主动靠拢，不少大德高僧均成为皇家和士族的座上宾，在清谈辩论中，佛学思想在西晋元康年间就已出现，名士与高僧的往来也很频繁。琅玡王氏也不例外，汤用彤先生在其《汉魏

两晋南北朝佛教史》“世族与佛教”中说“王氏自司徒导以来奉佛教，世世不绝”。王导与王敦与高僧交往密切在史上多有记载，这一方面是东晋初年，佛教在皇族与士族间传播广泛，王氏兄弟与高僧亲善有其政治需要；另一方面是高僧们多精通“三玄”，其谈空理论及言行举止也为士人倾慕，作为清谈名士的领袖，王氏兄弟与高僧的密切交往以至对佛教的深入研究，进一步巩固了其士族领袖地位。为了促进佛学的传播，东晋初期的僧侣以当时流行的玄学思想和概念比附佛理，也用佛学思想来阐释玄理。如高僧支遁，就是这方面的代表人物。他把万物原自然原则都应用到佛学思想中，把佛理玄化，这确实给人耳目一新的感觉，备受名士们的推崇。当然，在他们与高僧们的往来中，也在更大程度上促进了佛教在上层士人之间的传播和影响。除王导、王敦兄弟外，琅玡王氏其他人与佛教及高僧的关系也十分密切。如王澄就与《放光般若》的首讲僧人支孝龙结为知音之友，被称为“八达”（其余人有谢鲲、阮瞻、胡毋辅之、庾敳等）。王羲之与支遁十分亲善。到东晋中后期，王氏子弟信佛者甚多。他们不但在物质上对僧侣和寺庙予以布施捐助，很多人还对佛教理论也有深入研究，成为佛门的俗家弟子或忠实信徒，不少人从西晋的引玄入儒，开始发展为引释入玄，不断充实其家学体系。

琅玡王氏中，也有高僧出现。竺潜（286—374 年），又名竺道潜，字法深，王敦之幼弟。竺潜十八岁出家，师事中州刘元真，师出名门。至二十四岁，竺潜讲《法华》《大品》。既研究精深，又讲解精湛，故追随他学法问道者，常达五六百人。皇族及大臣们都钦佩仰慕其风德，对他很是崇敬友好。竺潜经常穿着木屐至宫殿内，时人以其品德崇高，都称他为方外之士。后来他隐居剡山，以避当世，而追踪问道者，仍然不绝如缕，山门为之拥堵。后来他一直深受朝廷优待。刘惔曾嘲讽他说：“道士何以游王宫?”竺潜回答：“你自看为王宫，我看不过蓬户（茅舍）罢了。”除竺潜外，王导之弟道宝同样遁入佛门并以学行显于当世。到东晋末年，王羲之孙道敬，也笃志出家。这三位都在《高僧传》中有记载。一门三位成员摒弃高门世族的荣禄而遁入空门，这是历史上少见的。这也可见佛教理论和文化在琅玡王氏中的影响之深。

虽然玄学和佛教思想对琅玡王氏影响很深，但综观其家族思想学术整体，其实并未偏离其儒学明经轨道，即使玄化极深的王戎、王衍之流，在儒家教悌礼法上也并未背离。如王戎虽然不拘礼法但哀毁伤形，被称为“死孝”；王衍丧子悲不自胜，令人唏嘘。其实不止王戎、王衍，许多玄学名士虽然整日清谈放诞，但儒家的仁义道德早已深入骨血。如“竹林七贤”之首的嵇康，教育儿子时完全还是儒家义理。特别是儒学在整顿国家规范秩序、实现社会力量整合方面确实有其无可替代之处，因此在施政过程中，一直为当权者重视。东晋以来，作为朝政中坚的王氏兄弟，尤其是辅政的王导，在以儒教化、以儒治国方面做了很多工作。他说“夫风化之本在于正人伦，人伦之正存乎设庠序。庠序设，五教明，德礼洽通，彝论攸叙，而有耻且格，父子兄弟夫妇长幼之序顺，而君臣之义固矣”。完全的儒家言论。正是在其大力提倡下，处于衰微的儒学出现了良好发展势头。史上对其赞道：“观其开设学校，存乎沸鼎之中，爰立章程，在乎栉风之际，虽则世道多故，而规模弘远矣。”为了维护东晋政权以及宗族内部的稳定，王导对礼制十分重视。当然，这也与东晋门阀制度下，士人对宗族礼法的重视甚至门户婚宦的偏执有很大关系。作为这一时期最大的门阀士族，琅玡王氏尤为重视宗族内部的礼法教育，王氏之弟多“练悉朝仪”，精于礼制，长于仪礼。其中以王彪之尤为突出。到南朝，不少王氏之弟也因长于礼法而居于高位。曹魏时，太原王氏子弟王昶曾告诫子侄“遵儒者之教，履道家之言”，真可谓一语中的。这句话不仅成为大多魏晋名士的写照，也是后世文人的做人原则和理想境界。

二、琅玡王氏家风

儒家经典《大学》开篇言道：“大学之道，在明明德，在亲民，在止于至善。知止而后有定；定而后能静；静而后能安；安而后能虑；虑而后能得。物有本末，事有终始。知所先后，则近道矣。古之欲明明德于天下者，先治其国；欲治其国者，先齐其家；欲齐其家者，先修其身；欲修其身者，先正其心；欲正其心者，先诚其意；欲诚其意者，先致其知；致知在格物。物格而后知至；知至而后意诚；意诚而后心正；心正而后身修；身修而后家齐；家齐而后国治；国治而后天下平。”正所谓的“格物、致

知、诚意、正心、修身、齐家、治国、平天下”。“格物、致知、诚意、正心、修身”属于“内圣”，“治国、平天下”即是“外王”。而联结“内圣”和“外王”的重要环节是“齐家”。士族自西汉产生，许多家族绵延数百年，甚至上千年，其独特的“齐家”之法应引起我们足够的重视。魏晋以来，也多有“家训”之类传世，如著名的《颜氏家训》，至今仍有许多教育意义。而由此形成的家族信仰理念、处世哲学、行为规范和生活作风等可谓“家风”。

琅玡王氏的家风由来已久，据史有考可追溯到王吉，奠定了家族崇儒尚经的传统。到魏晋时期，王氏家风愈加成熟完善，可以说在王祥遗嘱中得以集中体现。王祥临终时告诫子孙“夫言行可覆，信之至也；推美引过，德之至也；扬名显亲，孝之至也；兄弟怡怡，宗族欣欣，悌之至也；临财莫过乎让”，认为“此五者，立身之本。颜子所以为命，未之思也，夫何远之有！”之后，“信、德、孝、悌、让”可以说成为琅玡王氏的家训。而门风孝友、轻财务实、注重教育可谓其家风。

门风孝友是其家风最大特点。《尔雅·释训》云：“善父母为孝，善兄弟为友”。孝友文化是儒家学说的重要内容。在后人所编撰的《二十四孝》中，现临沂市辖区内就有七人的孝行被收入其中，其比例占了二十四孝总数的近三分之一。这么多的“孝行”名人联袂出自同一个地区，这在全国任何地区中都是绝无仅有的。而魏晋时期的王祥，则是其中最为典型的代表。他虽饱受继母虐待但却仍至诚孝母的行为感人肺腑，前文中已讲其“卧冰求鲤”“风雨守柰”的故事。王祥同父异母的弟弟王览，则是“友兄”的典型。他为阻止母亲毒害兄长而与王祥争饮鸩酒并先尝祥馔的行为确实难得。明代，嘉靖皇帝特为其兄弟故居书写了“孝友格天”的题词，并将其故里村名由“南仁里”改为“孝友村”。清代，乾隆皇帝巡幸沂州府时，有感而发，写下了“孝能竭力王祥览”的诗句。在两晋混乱的时局中，能形成“王与马共天下”的格局，可以说是王氏子弟相互扶持的结果。王导长子王悦，事父母甚为孝道，其父每日离家去相府处理政务时，他均恭送父亲上车，还替其母整理箱箧之物。可惜天不假年，王悦先于父母而病逝。王徽之是王羲之第五子，因其平时多有怪异之举而受非议。他与七弟王献之相继患重病。献之先他而逝，他去奔丧时坐于灵座之上，而后即拿起献之生前常用的琴来弹，但琴弦却久调不好，徽之遂掷琴于地云：“子敬，子敬，人琴俱亡！”言毕恸绝良久。回家后，月余而卒。平时看似放荡不羁的王徽之，在其弟卒后却因极恸而亡，由此可见其善友兄弟的手足之情是何等至真至诚！

琅琊王氏以门风孝友维持家族的亲善和睦，同时教育子弟敦厚、谦让。不仅在其族内“居家笃睦”，在社会上也是“笃实谦和”，许多人被尊为“长者”，形成了“惇厚”“宽恕”的门风。同时注重以礼法持家，家族有研习儒学礼仪的传统，子弟中出现了王献之、王彪之、王逡之、王准之、王肃等礼学大家。

作为著名望族的琅琊王氏，之所以能在相当长的时期内保持“公侯世及，宰辅相因”的社会地位，是与其保持清廉简朴的家风有着密切关系的。王吉祖孙三代皆系名臣，但“无金银锦绣之物，及迁徙去处，所载不过囊衣，不蓄积余财。去位家居，亦布衣蔬食”。这一清俭尚廉的持家之风，一直为其后人所继承。王祥虽高居三公之位，但“家无宅宇”。临终时还叮嘱子女不要张扬，丧事从简。王衍身为西晋重臣，但深嫉贪鄙，口不言钱。王导身为宰相，但“简素寡欲，仓无储谷，衣不重帛，车服尘素，家无遗财”。王敦也轻利薄财。王羲之生活俭朴，主张以敦朴为天下治，在给殷浩、谢万等人书中，要他们“食不二味，居不重席”。虽然王氏家族中也有“嗜钱如命”的王戎等人，但与那个时代门阀贵族的奢靡之盛相比，整体上仍属清俭。

注重对子弟教育的学养之风。琅琊王氏是一个靠崇儒治学而入仕的士族，正是依靠这一深厚的文化优势，琅琊王氏才在长时期内始终保持着“爵位蝉联，文才相继”的社会地位。由于家族的显赫是与文化紧密联系在一起的，故其家族成员多能注重对子弟的培养教育，努力向学遂成为这一家族的传统美德与家风。王氏先人所身体力行的好学之风，影响了一代代的本族后裔，培养造就了一批又一批的人才，许多人不仅为官有清誉贤名，而且在文学、史学和书法艺术方面多有建树与创新。

以上的家风，可以说是许多以儒传世家族的共同家风，那为什么琅琊王氏能在乱世中存续而且保有一流士族的地位呢？有些家族也能传承百年、千年之久，但其显达难以与琅琊王氏相比；而一些家族可能一时显

达，但却很快变故凋零。我想，除了上述家学家风之外，琅玡王氏家风的一个重要特点即是能主动顺应潮流。在其先祖王吉时，西汉“独尊儒术”，王氏一门以明经立足。汉末以“孝廉”取“征辟”人才，曹丕开始推行“九品中正制”，王氏则以“孝悌”名世。魏晋玄风渐烈，王氏及时由儒入玄，王氏子弟多人成为玄学领袖。即使作为士族“炫技”的清谈和书法等，王氏子弟也是人才济济。历史上诟病颇多的王戎、王衍兄弟，在混乱中审时度势，不仅自保有术，还借力而上大大提高了家族地位。王导兄弟与司马睿的结合，也可以说是高瞻远瞩，把握形势的结果。这时，我们有必要回顾一下王祥的遗训——“信、德、孝、悌、让”的五字箴言，完全是一个儒家宿儒根深蒂固的思想和信念。但有意思的是，其中并未言及“忠”。作为一代大儒，绝不会是弥留之际的疏忽。其后世琅玡王氏子孙，大多能顺应潮流，“与时舒卷”，在混乱的时局中常立于不败之地，也许与其家训有一定关系。我们无法用对一个王朝或帝王的忠与不忠来判断和评价是不是儒者之行，在朝政混乱、帝王频繁更替的时代里，家族的自保和延续可能显得更为重要，只是后世把“忠”进行了强化，而一些腐儒更是无限放大，成为评判人物对错成败的最高准则。可以说，正是这种主动顺应形势的务实家风，保证了家族的长期存续和发展。

三、琅玡王氏的文学、书法传承及成就

文学方面。

魏晋时期，受玄学“贵无”思想影响，名士们大多尚清谈而不重视以文传世，鲁迅《魏晋风度及文章与药及酒之关系》中对其进行了论述。但此时琅玡王氏不仅以文著称，出了不少文学大家，而且有许多文集传世。《梁书·王筠传》记载王筠与诸儿书论及家门文集时云：“史传称安平崔氏及汝南应氏并累叶有文才，所以范蔚宗云崔氏‘世擅雕龙’，然不过父子两三叶耳；非有七叶之中，名德重光，爵位相继，人人有集，如吾门者也。”所谓“七叶”，系指以王导为一世祖而至王筠的七世。这“七叶之中”，并不包括王导从兄弟诸支系的子孙在内。王导这支临沂王氏“七叶”人人有文集的具体情况是：一世：王导有文集 11 卷，《全晋文》存其教、

疏、书等文21篇。二世：王洽有文集5卷，《全晋文》存其《临吴郡上表》《辞中书令表》等文。三世：王珣有文集11卷，王珉有文集10卷，王谧有文集10卷，《全晋文》分别存三人集。四世：王诞有文集2卷、《四章诫》3卷，《全晋文》存其《伐广固祭牙文》等；王弘文集20卷、《书仪》10卷，《全宋文》存其表、书、议等13篇；王昙首有文集2卷，王华有文集，《全宋文》分别存二人文集。五世：王僧虔有《王司空集》2卷、《新集诸州谱》11卷，《全齐文》存《王僧虔集》；王僧绰有文集1卷、《颂集》20卷；王僧达有文集10卷，王微有文集10卷，《全宋文》分别存二人文集；王有文集，《全宋文》存其《自陈求解扬州》《与幸臣玉道龙书》等。六世：王揖有文集5卷；王僧佑有文集10卷和《三吴决录》，《先秦汉魏晋南北朝诗》存其诗作；王俭有集60卷等多种著作，《汉魏六朝百三名家集》存《王文宪集》；王彬有《郎庙五桥》5卷，《全梁文》存《王彬集》；王寂有文集5卷；王慈、王奂各有文集，《全齐文》分别存二人文集；王志有文集，《全梁文》存《王志集》。七世：王筠有文集100卷，《汉魏六朝百三名家集》存《王詹事集》；王融有文集10卷，《汉魏六朝百三名家集》存《王宁朔集》；王籍有文集，《先秦汉魏晋南北朝诗》存其诗作；王暕有文集21卷，王泰有文集，王莹有文集，《全梁文》分别存《王暕集》《王泰集》《王莹集》；王肃、王诵均有文集，《全后魏文》分别存《王肃集》《王诵集》。

在王导从兄弟诸支系中，按照同辈“七叶”考查，也近乎“人人有集”。以王羲之父王旷、叔王廙、王彬三人作一世，以下王氏作品情况是：王旷有文集，《全晋文》存《王旷集》1卷。二世：王羲之有文集。三世：王肃之有文集3卷；王徽之有文集8卷，《先秦汉魏晋南北朝诗》存其诗二首；王献之有文集10卷，《汉魏六朝百三名家集》存《王大令集》。王廙有文集10卷，《玉函山房辑佚书》存其《周易王氏注》，《全晋文》存《王廙集》1卷。二世：王胡之有文集10卷，《先秦汉魏晋南北朝诗》存其诗，《全晋文》存其文4篇。四世：王韶之有文集24卷、《孝传》3卷等，《全宋文》存其文7篇；王镇之有《童子传》2卷；王裕之有文集5卷，《全宋文》存其文《辞太子少傅表》等。五世，王瓒之有文集15卷；王升之有文集，《全宋文》存《王升之集》。六世：王思远、王晏、王秀之

均有文集，《全齐文》分别存《王思远集》《王晏集》《王秀之集》；王延之有《春秋旨通》10卷、《杂文字音》7卷。王彬子王彪之有文集20卷，《全晋文》存《王彪之集》。五世：王准之、王逡之、王珪之分别有文集，《全宋文》和《全齐文》分别有《王准之集》《王逡之集》《王珪之集》。六世：王素有文集16卷，《先秦汉魏晋南北朝诗》存其诗作。除此之外，琅玡临沂王氏家族中爱文史且著有文集者尚不乏其人，诸如王览有文集9卷，王敦有文集10卷，等等。以上有文集者共54人。一个家族相继推出如此众多的文学著作，可谓空前绝后！至于有文名而未有文集者更不在少数。当然，其中仍以王羲之的《兰亭集序》为第一。

书法艺术。

琅玡王氏一门相继产生了几十位著名书法家，成为中国书法文化发展史上绝无仅有的文化现象。西晋大臣王戎、王衍善书，均以草书见长。东晋王敦笔势雄健，《淳化阁帖》卷二有其草书《蜡节帖》。王导作为东晋的开国宰相，不仅在政治领域有重大建树，而且在书法方面亦达到了行、草二书兼妙的高超水平。《淳化阁帖》有其草书《省示帖》和《改朔帖》。王旷善行、隶，韦续《墨薮》列为书法“中之上”的14人中，王旷列第六。三廙工于草隶飞白，其书画成就在族兄弟中尤为突出。王廙承传三国魏书法家钟繇法，气概高古。唐人张彦远认为，王廙“过江后为晋朝书画第一”。南齐书法家王僧虔《论书》称：“平南廙是右军叔，自过江东，右军（即王羲之）之前，惟廙为最善。”永嘉之乱时，王廙将西晋书法家索靖的《七月二十六日帖》折叠缀入衣中，带到江南，后与自己的《嫂何如帖》，均被收录《淳化阁帖》。其代表作有楷书《两表帖》、草书《七月十三日帖》等。他的画为东晋明帝司马绍之师。王廙善画人物、鸟兽、鱼龙，绘画作品有《异兽图》《烈女仁智图》《吴楚放牧图》《鱼龙相戏图》《村社会集图》等，分别着录于《梁太清目》《贞观公私画史》和《历代名画记》中。

王羲之生有七子，皆精通书法，且名重一时，如其次子王凝之少时即爱好书法，工于草、隶。《淳化阁帖》《秘阁续帖》收其《授衣帖》《与女帖》。其妻谢道韫，系著名文学家，亦工书法。唐人张怀瓘《书断》称其书法“为其舅（王羲之）所重”。李嗣真《书后品》则说她的书法“雍容和雅，芬馥可玩”。王羲之第七子王献之，是继王羲之之后最为杰出的书法大家，父子二人被合称为“二王”。王献之7岁学书法，其父亲教《笔阵图》，并书《乐毅论》给他作范本；卫夫人自书《大雅吟》让其习之。王献之书法兼精诸体，尤善行草。在继承其父和张芝等人书艺基础上，有所创新和发展，进一步改变了当时书坛古朴的书风，创造出“破体”（打破楷书、隶书界限，偏于楷的为行楷，偏于草的为行草）之作，形成行楷、行草等新书体。其草书变其父字字独立为上下相连的“一笔书”，即在一幅作品中，所有的字气脉相通，似一笔写成。其后，经唐人张旭、怀素等，发展为狂草一体。梁武帝在《书评》中称：“王献之书，绝众超美，无人可拟。”唐人张怀瓘《书断》谓其行书：“兴合如孤笔四绝，璇出天外，其峻峭不可量”；“灵姿秀出，如大鹏搏风，长鲸喷浪”。梁人袁昂《古今书评》云：“张芝惊奇，钟繇特绝，逸少鼎能，献之冠世：四贤共类，洪芳不灭。”唐虞世南、李邕、颜真卿及以后的米芾、董其昌、赵孟頫等名家，都从不同的方面借鉴和吸收了王献之的书风。其传世书帖：行书有《鸭头丸帖》《地黄汤帖》《廿九日帖》《鹅群帖》；小楷刻本有《洛神赋（玉版十三行)》；草书有《中秋帖》《侍中帖》《奉别帖》《送梨帖》等。《中秋帖》和王羲之行书《快雪时晴帖》、王珣《伯远帖》为清乾隆皇帝“三希堂”珍品。

后世子弟中书法名家辈出。王导孙王珣，长于行、草。在清乾隆皇帝“三希堂”珍品中，唯有王珣的行书《伯远帖》为真迹。它为研究晋代书法和该时期的笔墨纸张提供了可靠的资料。《伯远帖》行笔自然，转折峭拔，结字用笔，均可见晋人风范。明书法家董其昌《画禅室随笔》评王珣说：“潇洒古澹，东晋风流，宛然在眼。”《宣和书谱》称：“珣三世以能书称，家范世学，珣之草圣，迹有传焉。”其草书尚存《三月帖》。

王珣弟王珉。太元十一年（386年）代王献之为中书令，人称王献之为“王大令”，王珉为“王小令”。他工隶、行、草书，名声在兄王珣之右。时有“法护非不佳，僧弥难为兄”之语。王僧虔在《论书》中论王珉说：“亡从祖中书令书，笔力过于子敬，子敬（王献之）戏云：‘弟书如骑骡，骎骎恒欲度骅骝前。’”南朝梁庾肩吾《书品》称王珉书法“筋力俱骏”，列为“中之上”。唐人张怀瓘《书断》列其隶、行、草书入妙品。《宣和书谱》评曰：“论者论珉书弓善良矢，兵利马疾，突围破敌，难于争

锋。”著有书法理论《行书状》。

王珣孙王微，能书善画，尤工山水。所其存《叙画》5 篇，是中国美术史上重要的书画理论著作。他在《叙画》中，从理论上对南朝的绘画艺术进行了总结，不仅对当时画坛具有指导作用，而且对后世产生深远影响。唐人张彦远惊叹其“意远迹高，不知画者难可与论”。《叙画》中的许多论点，如绘画既要讲技术，同时又要“本于形者融灵，而变动者心也”，至今仍有借鉴作用。王微反对自然主义的画法，强调“一管之笔”可“拟太虚之体”，达到“尽寸目之明”。他对山水画的远近关系，提出了空间处理问题，为中国画艺术确立了正确方向。

王珣孙王僧虔。20 岁时即善隶书，宋文帝刘义隆见其所书素扇，赞叹说：“非惟迹逾子敬，方当器雅过之。”王僧虔工正、行书，继承家传祖法。所书丰厚淳朴而有骨气，为当时所推崇，并影响唐、宋书法家。梁武帝《古今书人优劣评》云：“王僧虔书如王、谢家子弟，纵复不端正，奕奕皆有一种风流骨气。”唐人张怀瓘《书断》评王僧虔说：“祖述小王（指王献之），尤尚古直。若溪涧含冰，冈峦被雪，虽极清肃，而寡于风味。”其传世书迹有《王琰帖》《御史帖》《陈情帖》。《王琰帖》（唐人摹）是行楷书，用笔外拓，笔画深厚，竖、捺尤为粗壮，通幅行、楷相间，结构严谨，有些字接近写经体。王僧虔书法理论有《书赋》《论书》《笔意赞》等。《笔意赞》提出“书之妙道，神采为上”，对中国书论发展起到很大作用。

之后，琅琊王氏子孙王志、王彬、王晪、王褒等均在南朝以书名闻世。唐及唐后，琅琊王氏子孙中以书法闻名者也层出不穷。如唐代智永，宋代王素、王巩，明代王鏊、王世贞、王世懋，明末清初之际的王时敏及其子之子王揆、王撰等。

第五章　王羲之生平经历

王羲之，字逸少，号澹斋，小字阿菟。官至右军将军、会稽内史，世称“王右军”“大王”。王羲之的一生，经历了西晋末年内外战火频仍到东晋王朝建立、稳固的半个多世纪，也是琅琊王氏从极盛渐趋衰落的时期。可以说，这个时期发生的许多历史事件，或多或少地都对他产生过影响，他是那个时代大事件的亲历者。因此，我们用了很大篇幅来回顾和介绍他所在时代的历史大背景。下面，让我们真正走近本文的主人公。

第一节　世家子弟

一、王羲之出生年代及地点

关于王羲之生卒年代学界历来存疑。最多有六种之说。以权威著称的《辞海》，自1979年问世后，在每10年的更新内容中，对王羲之生卒纪年出现过3个不同年代的版本，分别为：“321—379”“303—361”“307—365”。在这3个不同的生卒纪年中，有一个共同点是，王羲之享年59岁。目前大多数人还是比较认同“303—361”一说，笔者也比较认同。理由有三：一是据《晋书·王羲之》记述：“（羲之）年十三，尝谒周顗，顗察而异之。时重牛心炙，坐客未啖，顗先割啖羲之，于是始知名。”周顗在公元316年官至尚书左仆射，第二年渡江后

为朝官，以晋末为准的话，公元316年，王羲之年一三，当以公元303年为其出生年。二是王羲之一生有七子两女，其中有史可考第七子献子生于344年，陶弘景《与梁武帝论书启》中载“逸少亡后，子敬年十七八”。按此推算王献之十七八的时候是公元360—361年。这正说明了王羲之卒于361年。三是王羲之的父亲王旷，虽然历史上对其生卒年也存疑，但有一点是肯定的，即309年王旷带兵北上抗击刘渊，在太行山“壶关之战”中全军覆没，史上虽未有王旷生死的记录，但作为“首创南渡”之议的重要人物，如果其仍存活在王氏家族中，史料也不可能毫无记载。但王羲之生卒确实也有疑问，如王献之出生于344年，而兰亭雅集在永和九年，即公元353年，年仅9岁。《书断》记载：“晋王羲之，字逸少，旷子也。七岁善书，十二见前代《笔说》于其父枕中，窃而读之。父曰：‘尔何来窃吾所秘?’羲之笑而不答。”按历史记载，王羲之12岁时，王旷已亡。这些历史上疑问还是等待史学家考证。本书中，还是采用通常认为的303—361年。

关于王羲之的出生地，也有江南吴地和山东临沂的分歧。一说认为，发生“八王之乱”时，其父王旷审时度势，为避战乱，效法先祖王览东汉末年避乱南居30年的做法，携家眷于公元300年来江南吴地、江南洛社乡下定居，为官江南，任丹阳太守、安东将军的。公元302年，长沙王司马杀山东齐王司马冏时，王旷全家均已避乱南下，迁居山阴（绍兴），而王羲之出生于江南洛社，一说认为王羲之出生在山东临沂。本文中采用临沂一说。原因有二，一是其父王旷确实曾为丹阳太守、安东将军，但公元305年十二月，右将军陈敏反叛，攻秣陵，王旷弃官逃归淮北，之后才“首创南渡”。如果已举家南迁，估计不可能北归避祸。二是根据《临沂县志・古迹》载：“诸王南迁，舍宅为寺。”此寺几经更名，金皇统四年（1144年）修建时。觉海和尚集唐代著名书法家柳公权墨迹而成的“集柳碑”碑文，以记盛况。碑文云：“其地盖东晋右将军王羲之逸少故宅也。昔晋祚中缺，元帝渡江，临沂诸王去乱南迁。”由此可知，王羲之出生在山东临沂更为可信。

临沂市位于山东省东南部，因濒临山东省第一大河沂河而得名，是鲁中山区的一部分，地形复杂，既有坦荡的平原，又有连绵起伏的丘陵，还有重峦叠嶂的山区、纵横交错的河流，是中华文明的重要发祥地之一。临沂古城已有2500多年的历史。闻名中外的《孙子兵法》和《孙膑兵法》竹简就出土在这里，前人曾有“秀灵钟毓，代有伟人”的盛誉，除琅琊王氏外，著名的诸葛氏、颜氏家族也在此诞生；战国时的曾子、荀子，秦朝名将蒙恬，西汉名臣、经学家匡衡，东汉算圣刘洪等，也均生于临沂。

王羲之出生于临沂，西晋时为琅琊郡所辖开阳城。秦朝统一全国后，地方实行郡县制，全国分为三十六郡。琅琊郡为三十六郡之一，辖山东半岛东南部。西汉时期治东武（今山东诸城市城关镇东古城子村），领51县。包括今山东半岛东南部的海阳、即墨、崂山、胶州、胶南、沂水、莒南、日照、五莲、赣榆（今江苏赣榆）及青岛等地。属徐州。东汉建武十七年（41年），光武帝封子刘京为琅琊王，琅琊郡改为琅琊国，建都于莒（今山东莒县城阳镇莒国古城）。建初五年（80年）琅琊国移都开阳（临沂市区）。领13县。建安二十一年（216年），曹操杀琅琊王刘熙，国除为郡。魏晋时期仍治开阳，领开阳、临沂、阳都、缯、郎丘、华、费、安丘、剧9县，辖地开始缩小。司马睿于290年袭封琅琊王，母为琅琊王妃夏侯光姬，与王羲之的祖母为亲姐妹。王羲之之父王旷与司马睿是姨表兄弟，可见关系之亲近。故也有人说，后来王导与司马睿的结交，由王旷引见，实有可信之处。

目前，临沂王羲之故居位于临沂市兰山区洗砚池街20号，为古典园林式建筑。门上悬挂着启功先生题写的“王羲之故居”匾额。故居中最醒目的即是“洗砚池”。传说，王羲之幼年时刻苦练字后即到池中洗刷砚台，长时间后以至于池水呈墨色，于是人们名曰“洗砚池”。在洗砚池的北面约10米，即是高出地面2米的晒书台，为当时王家晒书之所。在晒书台北面约10米处，有5间仿古建筑。占地约200平方米，为后人修建的琅琊书院。故居内陈列着有关王羲之的文献资料，以及他的书法拓片。修缮一新的洗砚池、晒书台、鹅池、禊亭等遗迹尽量恢复了当时王宅的模样。新建的晋墨斋、书法展室和百米长的书法碑廊，可欣赏到书圣的碑帖以及当代南北大家不同风格的书法作品。在这里，王羲之度过了他的童年。

据《临沂县志·古迹》载“王右军故宅，治城西南隅普照寺”。唐代《集柳碑》记载（“永嘉之变”后）“诸王南迁，舍宅为寺。东有晒书台，南有泽笔池，一曰洗砚池，皆其遗址”。后魏时，名律寺。唐玄宗开元八年（720年），赐名开元寺。北宋改称天宁万寿禅寺。伪齐刘豫时，易名普照寺。金天会十五年（1137年），僧妙济禅师觉海任主持期间，翻修扩建。工程告竣后，在寺中庭筑亭刻碑，以记其事，此即有名的“集柳碑”。此后，为纪念王羲之，后人又在普照寺和洗砚池之间增建右军祠。古琅玡八景之一的“普照夕阳”即指此处景色。日军侵占临沂后，古建筑被破坏，古文物遭洗劫。1982年始，政府拨款，开始对故居分期整修。

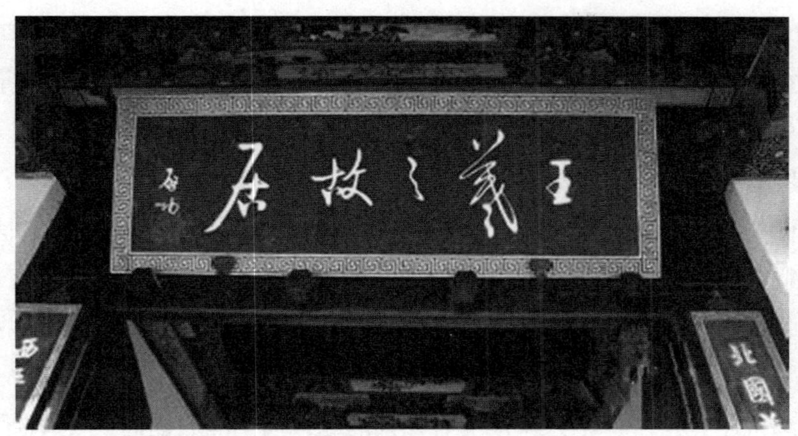

王羲之的父亲王旷，前文已专门论述。王羲之的母亲史上并无记载，一说是诸葛氏，为琅玡名族之后；一说是卫铄，据清康熙年间王国栋编《王氏宗谱》，羲之母亲系河东安邑卫氏。但均难以实证。王羲之有一胞兄王籍之，在《晋书·王羲之传》及其他史籍中均无记载。王羲之在《誓墓文》中曾说，“羲之不天，夙遭闵凶，不蒙过庭之训。母兄鞠育，得渐庶几”。按他自己所述，他有个胞兄，在他少年丧父以后全靠母兄抚育成人。晚清鲁一同在撰写《右军年谱》时，也未指出《誓墓文》中的“兄”是何许人。王羲之叔父王彬传中记有“敦平，有司奏，彬及兄子安成太守籍之并是敦亲”。王彬有两个长兄，一是王旷，另一人是王廙，王廙子中没有籍之，推测应为王旷之子即王羲之胞兄。王籍之在“敦平”（即公元324年）任安城太守，王玉池根据王羲之《建安》《灵柩垂至》《硬安和》等帖认为“似籍之后又曾任建安太守，卒葬其地，至羲之晚年才迁会稽”。王籍之娶汝南名族周嵩的女儿为妻。这位长嫂甚为贤惠，待羲之很好，以至当寡嫂死于永和年间时，王羲之痛切地写道：“亡嫂居长，情所钟奉，始获奉集，冀遂至诚，展其情愿，何图至此？未盈数旬，奄见背弃，情至乖丧，莫此之甚！追寻酷恨，悲惋深至。痛切心肝，当奈何奈何！”《六月二十七日帖》写道：“周嫂背弃，再周忌日，大服终此晦，感摧伤悼，兼情切剧，不能自胜，奈何奈何。”

二、学书经历

“永嘉之乱”后，王羲之随家南渡。具体渡江日期难以考证，有307年、309年及313年等多种说法。我倾向于307—309年，在王旷失踪之前。史料上也没有南渡后王旷一家在建康（今南京）居住地的记载，史家们一般均把乌衣巷视作王谢等大家族的聚居地。唐代诗人刘禹锡那脍炙人口的诗句“旧时王谢堂前燕，飞入寻常百姓家”，更是巩固了大家的信任。但史料中只记载了乌衣巷是王导、谢安家族的居住地，琅玡王氏宗族很大，是否都居住在乌衣巷实在难以得知。但既然世代皆信，我们也姑且信之。

南京在5万~60多万年前就有猿人活动，汤山旧石器时代文化遗址出土了南京猿人化石，目前还发现了200多处6000多年前新石器时代的遗址。3100年前，南京是西周周章的封地。周灵王元年（公元前571年），楚国在今六合区设有棠邑，置棠邑大夫，为南京有历史记载的最早的地方建置，南京建城的开始。春秋时期，越国灭吴后，范蠡在今中华门外的长干里筑越城，南京地处“吴头楚尾”。《丹阳记》中有“蠡城金陵，居长千古越城中”的记述。公元前333年，楚威王熊商于石头城筑金陵邑，金陵之名源于此。公元前210年，秦始皇东巡，以金陵有天子之气，遂改金陵为秣陵以贬斥之。汉初秣陵相继为楚王韩信、吴王刘濞之封地。195年，孙策渡江占据丹阳、江乘、胡孰、秣陵等县。208年前后，诸葛亮出使江东，观察南京山川形胜，作出了“钟阜龙蟠，石头虎踞”的著名评语。211年，孙权听从谋士张纮之言，自京口迁秣陵，改名建业。229年，孙权称帝，自武昌还都建业，是南京为国都之始。280年，西晋灭吴，改建业为建邺。后因避晋愍帝司马邺之讳，改名建康。琅玡王司马睿南渡，以建康为根基。317年，司马睿即位，是为晋元帝，东晋正式建立，定都建康。

但总体来看，东晋前全国的经济政治文化中心一直在北方，建康城并不繁荣发达，只是“八王之乱”时，战火并未殃及江南地区，建康城得到较好的存续。但东晋建都后，先后有近十个王朝定都于此，南京一度成为江南第一名城，仅隋朝时南京城人口已逾百万。建康城内有一条著名的秦淮河。秦淮河是长江下游右岸的一条支流，秦淮河大部分在南京市境内，分内河和外河，内河在南京城中，是秦淮最繁华之地，被称为“十里秦淮”。秦淮河作为历史文化名河，传说故事很多。《舆地志》称：“秦始皇时，望气者云‘江东有天子气’，乃东游以厌之。又凿金陵以断其气。今方山石硊，是其所断之处。”陈沂《金陵古今图考》也认为，秦始皇“以望气者之言，凿钘阜，断垄，以泄王气。水自方山西北，巨流环绕，至石头过于江，后人名曰秦淮”。其实，淮水改称“秦淮”是从唐代开始的，据《建康志》记载，“秦淮二源合自方山埭，西注大江，分别屈曲，不类人功，疑非秦皇所开”。很显然，秦始皇开凿秦淮河只是一种传说。而乌衣巷在南京秦淮河南岸，三国时是吴国戍守石头城的部队营房所在地。当时军士都穿着黑色制服，故以“乌衣”为巷名。目前，在乌衣巷有重建的王谢故居。

王羲之小时并不出众，史载“羲之幼讷于言，人未之奇”。这可能与王羲之从小丧父经历有关。王羲之随家族渡江南下后，在江南刚刚稳定下来，父亲就失踪不见。这除了让家人沉浸在痛苦之中外，更关键的是，王旷的离奇失踪，朝廷始终未予评价，这对王羲之一家而言应该是无比尴尬和难堪。这也可能是王羲之小时不爱说话的原因吧！但王羲之从小学习十分刻苦，特别是对书法有着超人的天赋。关于王羲之的刻苦学书有不少故事流传。除了前面“洗砚池”的故事外，还有一个他小时候用功的故事。王羲之学习书法达到了废寝忘食的地步，有一次吃午饭，他专心致志地看帖、写字，结果错把墨汁当蒜泥，拿起馒头蘸着就吃，弄得满嘴乌黑。更为关键的是，王羲之遇到了两位著名的书法家做老师：一位是卫夫人，一位是亲叔父王廙。

卫夫人，名铄，字茂漪（272—349 年），河东安邑（今山西夏县北）人，是晋代著名书法家。卫铄为汝阴太守李矩之妻，世称卫夫人。卫氏家族世代工书，卫铄夫李矩亦善隶书。卫夫人师承钟繇，妙传其法。从父卫恒，官终黄门郎，亦善书法，著有《四体书势》。父卫展，历官江州制史、廷尉。卫夫人少好学，酷嗜书法艺术，很早就以大书法家钟繇为师，得其规矩，特善隶书。据她自述："随世所学，规摹钟繇，遂历多载。"唐张怀瓘《书断》载："卫夫人名铄，字茂漪。廷尉展之女弟、恒之从女，汝阴（应为江州）太守李矩之妻也。隶书尤善，规矩钟公。云：碎玉壶之冰，烂瑶台之月，宛然芳树，穆若清风。右军少常师之。永和五年卒，年七十八。子克（应为充）为中书郎，亦工书。"卫夫人所嫁的江夏李氏，也是一个书法世家。卫夫人之子李充，李充的从兄李式、李廞等都有书名。发展至唐代，江夏李氏还出现了李邕那样的书法大家。卫夫人不但在书法艺术实践上有突出成就，不让须眉，而且在书法艺术理论方面也有重大建树和比较全面深入的论述。她撰有《笔阵图》一卷，全面深入地参考了有关的书法理论，并提出自己的看法。她在书中首先提出，书法之妙"莫先乎用笔"。主张学习书法要上溯其源，师法古人，反对谙于道理，学不该赡，以致徒费精神，学无成功。所著《笔阵图》中说，横如千里之阵云、点似高山之坠石、撇如陆断犀象之角、竖如万岁枯藤、捺如崩浪奔雷、努如百钧弩发、钩如劲弩筋节。此外，卫夫人在《笔阵图》中还提出初学书法，"先须大书，不得从小"，"善鉴者不写，善写者不鉴"等理论原则，也都是宝贵的经验之谈。在上述论述的基础上，卫夫人概括她对书法艺术总体的认识，提出了"力筋"之说。她认为："下笔点墨画芟波屈曲，皆须尽一身之力而送之。""善笔力者多骨，不善笔力者多肉。多骨微肉者，谓之筋书；多肉微骨者谓之墨猪。多力丰筋者圣，无力无筋者病。"她曾作诗论及草隶书体，又奉敕为朝廷写《急就章》。有《名姬帖》《卫氏和南帖》传世。其字形已由钟繇的扁方变为长方形，几条清秀平和，娴雅婉丽，去隶已远，说明当时楷书已经成熟而普遍。宋陈思《书小史》引唐人书评，说她的书法"如插花舞女，低昂美容；又如美女登台、仙娥弄影，红莲映水、碧沼浮霞"，应该不是过誉之词。

王羲之亲叔父王廙，晋室过江之前他的书法独步于世，"工于草、隶、飞白，祖述张（芝）、卫（瓘）遗法，其飞白志气极古，世将书独为最。垂雕鹗之翅羽，类施旗之卷舒"。时人云："王廙飞白，右军之亚。"他同时也是文学家、画家、音乐家，精通史籍、美术、音乐、杂技等。"羲之

少朗拔”，幼年丧父，很受王廙的赏识与栽培，在书法和绘画上得到王廙的悉心指导。

人们还将王羲之书法的进步归结到一本神秘书法教材——《笔论》。传说，他自小求知欲很强，善于思考，对什么事都想弄个究竟。12岁的时候发现父亲经常一人待在书房里，拿出一本书来阅读，神态极其虔诚和认真，然后磨墨写字，最后小心翼翼地将那本书放在枕中。王羲之乘父亲外出的机会，偷偷地溜进卧室，将那本书拿了出来。这就是所谓的“枕中秘”。此书原是卫夫人所藏的蔡邕的《笔论》，先由王旷存放，等王羲之年龄稍大一些以后，便作为教科书学习之用。蔡邕的《笔论》流传于后世颇为神奇，首先得到密传的是他的女儿蔡文姬，其次是韦诞，后来钟繇“苦求巨法，诞不与”。韦诞死后将《笔论》带进了坟墓，钟繇无奈之下密令将韦诞的坟墓掘开，得到了《笔论》。钟繇从书中得知，“多力丰筋者胜，无力无筋者病”。其朽法面貌发生了很大的变化，钟繇并未将密传的《笔论》公开，他死后将此书也带进了棺材里。公元230年，钟繇死后五十五年（公元285年），他的学生宋翼用他老师的方法破了钟繇墓，将蔡邕密传的《笔论》抢救出来。宋翼遵循书中的笔法进行创作，名声大振，并写了续集。宋翼是钟繇的学生，钟繇死后五十五年墓方被打开，这时宋翼至少70岁了，当时卫夫人12岁左右。大约过30年才传到了大王手中。古人对笔法有近乎神秘崇拜，似乎一本《笔论》成就了王羲之的书法大业。王羲之得到此书的过程，我想更多是小说故事家的渲染。不过，从史料上看，王羲之从《笔论》中受益匪浅。至于如何传到王羲之手中，我想这并不重要。

目前传世的《笔论》收录在宋代陈思的《书苑菁华》一书中，虽然真伪难以考证，但在中国书论史上占有重要地位。作者蔡邕，东汉著名文学家、书法家。汉灵帝时因弹劾宦官，遭诬陷，流放朔方，亡命江湖十余载。献帝时，董卓专权，强令邕为侍御史，拜左中郎将。迁都长安后，封高阳乡侯。董卓遭诛后，他亦被捕，死于狱中。蔡邕精工篆隶，尤以隶书著称。唐张怀瓘《书断》称“体法百变，穷灵尽妙，独步古今”；南朝梁武帝亦称其书“骨气洞达，爽爽有神力”。《笔论》开篇就提出“书者，散也”的著名论断，论述了书法抒发情怀的艺术本质，以及书家创作时应有的精神状态。文中写道："欲书先散怀抱，任情恣性，然后书之。若迫于事，虽中山兔毫，不能佳也。夫书，先默坐静思，随意所适，言不出口，气不盈息，沉密神采，如对至尊，则无不善矣。为书之体，须入其形。若坐若行，若飞若动，若往若来，若卧若起，若愁若喜，若虫食木叶，若利剑长戈，若强弓硬矢，若水火，若云雾，若日月。纵横有可象者，方得谓之书矣。"《笔论》的审美阐释常以状物为特征，包含了动静、刚柔、阴阳等内涵，阐明了书法的抒情性、任情恣性是创作状态的本质，对后世的书法产生了很大的影响。可以说，《笔论》中的观点，在王羲之的书法中得到很好的实践。

一些史料还记载，王羲之善于转益多师，说他曾自述这一历史转折："羲之少学卫夫人书，将谓大能；及渡江北游名山，比见李斯、曹喜等书；又之许下，见钟爵、梁鹄书；又之洛下，见蔡邕《石经》三体书；又于从兄洽处，见张昶《华岳碑》，始知学卫夫人书，徒费年月耳。……遂改本师，仍于众碑学习焉。"这段话目的是说明其取法多家，博采众长。但应是后人假借讹传。理由，一是当时江北地区已在五胡统治之下，战火纷飞，王羲之北上游学实在难以成行，而在史载中，也并无其北上记载；二是从王羲之作品来看，碑学痕迹很少，其与钟繇可以说一脉相传，从师承来看，还是卫夫人、王廙对其影响更甚；三是作为世家子弟，王羲之修养很高，对卫夫人十分尊重，说出"始知学卫夫人书，徒费年月耳"的话难以让人相信。

王羲之少年时，已开始崭露头角。史上记载，"（羲之）年十三，尝谒周顗，顗察而异之。时重牛心炙，坐客未啖，顗先割啖羲之，于是始知名"。

周顗，是东晋大名士，年方弱冠便入朝为官，宦海之中沉浮数次。周顗少时就有贤名，为世人所重。广陵戴若思，也是当时才俊，素慕周顗之名，登门拜访，一探究竟。枯坐一番而出，别人问他为什么不说话，他说当着周顗的面，哪儿还敢炫耀自己的那点雕虫小技。大将军王敦，从小就与周顗相识，却总是有点怕他。每次遇见周顗，都面红耳赤，即使是在寒冬腊月，也要用手作扇，扇风不止。庾亮曾对周顗说："大家都拿乐广跟你相比呢。"周顗很不高兴，说："奈何刻画无盐，唐突西施也。"意思是说这不是以丑比美吗？乐广怎么能跟我相提并论？有一次王导到周顗家做客，两人小酌以后，王导说到兴头上，竟忘乎所以，伏下身去，干脆把头枕在周顗的腿上。王导指着周顗的肚子，问里面装的都是些什么东西？周顗回答："这里面空空洞洞的，不过像你这样的人足可容纳数百个。"说罢二人大笑不止。周顗性情直率，刚耿率真。一天，晋元帝在西堂与群臣饮酒。喝到半醉时，明帝问："现在名臣共聚一堂，与尧舜时相比怎么样？"群臣无语，周顗却大声回答说："尽管现在同样是人主，但又怎么能和尧舜的圣明之治相提并论呢！"明帝龙颜大怒，命令逮捕周顗，打算杀掉他。好在元帝不是昏庸之君，过了几天，气消了，又下诏释放了他。魏晋时，不少名士们藐视礼法，放荡无检，周顗便是一例。周顗好饮酒，屡因酒失，曾经醉后三日不醒，时人称其"三日仆射"。一次，周顗偶遇旧友，欣然取酒二石共饮，喝得大醉。等他醒来，才知道朋友已醉死多时。更有甚者，一次他在当时名士纪瞻家中"宴乐观伎"。瞻有一爱妾，歌唱得好，人长得也好，周顗很喜欢，他竟然在众人面前"欲通其妾"，后被众人苦苦拉住，而他"颜无怍色"。庾亮曰："周侯末年，可谓凤德之衰也。"而他则自嘲说："吾若万里长江，何能不千里一曲。"当然，这在那个特殊的年代，也是名士笑谈。不过周顗的"名士派"，最终还是还给其惹来杀头之祸，那是后话。周顗当时在朝政和名士中地位极高，名气很大。牛心炙，是一道用牛心做的名菜。西晋时王恺有一头能快走的牛，叫"八百里驳"，极为珍视。王恺和王济比射，王济赢了这头牛，"叱左右速探牛心来，须臾炙至，一脔便去"，以示其豪爽侈靡。宋代虞侍诗云："客来愧乏牛心炙，茶罢空堆马乳盘。"牛心炙作为一种名贵的菜肴，主人请谁先尝谁就是最高贵的客人。周顗在众多客人没有动箸之前，首先割中心炙给王羲之品尝，这一举动震惊了满堂宾客，大家对面前这位外表普通的孩子顿时刮目相看了。

等再长大一些，王羲之真正出众起来。“及长，辩赡，以骨鲠称”，口才也变好了，可能参与了不少当时的清谈，说话也很直率、耿直。真是应了《论语》中所谓的“文质彬彬，然后君子”。而且此时的书法更加精进。史称“尤善隶书，为古今之冠，论者称其笔势，以为飘若浮云，矫若惊龙”。他的从伯父王敦和王导对他都很器重。当时王敦的主簿阮裕，也是名士，名气很大。王敦有一次曾对王羲之说：“汝是吾家佳子弟，当不减阮主簿。”阮裕也很看重王羲之，将他与其他两名王氏子弟并称为“王氏三少”。

三、婚配及姻亲

这时，太尉郗鉴想从王家子弟中为其女儿选婿，找到王导，王导下令让众子弟都到东厢等待。郗鉴派门生对一一考察，门生回来对郗鉴说：“王氏诸少并佳，然闻信至，咸自矜持。惟一人在东床坦腹食，独若不闻。鉴曰：‘正此佳婿邪！’访之，乃羲之也”，于是郗鉴把女儿郗璇嫁给了王羲之。

郗鉴，前面章节中已多次提及，是东晋历史上举足轻重的人物，特别是与王家关系甚为紧密、玄妙。郗鉴（269—339 年），少年孤贫，躬耕陇亩，但仍然博览经籍，以儒雅著名。郗鉴开始担任过赵王司马伦的掾，但察觉到赵王有夺权篡位之心后就称病辞官。司马伦篡位称帝后，党众都升任大官，但郗鉴则闭门自守，不与他们接触。同年司马伦被推翻，郗鉴参司空刘寔军事，后历任太子中舍人、中书侍郎。东海王司马越后来辟命郗鉴为主簿，举贤良，但郗鉴都不接受。及后征东大将军苟晞征郗鉴为从事中郎，郗鉴因苟晞和司马越不和，亦不应召。永嘉五年（311 年），汉赵军队攻陷首都洛阳，并俘虏晋怀帝，郗鉴亦被乞活军首领陈午部众所获。陈午知道郗鉴有名望，打算推郗鉴为首领，只因郗鉴及时逃脱而未能成事。后来陈午溃败，郗鉴回到家乡。回家后，当地正处饥荒，但当地的人仍然因为感谢他往日对乡人的恩义而送他物资，但郗鉴并不独占所有，反而分

给宗族和当地一些孤儿和老人，受惠者甚多，受到当地人的称颂，推举郗鉴为首领。他带着一千多户人到峄山逃避战乱，建坞自守。司马睿后来承制任命郗鉴为龙骧将军、兖州刺史，镇邹山。当时郗鉴与荀藩所派的李述和刘琨所派的刘演同居兖州刺史，三人由不同行台承制任命，各据一郡，并各自为政，互相对立。在战事不息而没有外援之下闹饥荒，虽然百姓们要捕野鼠燕子等动物来充饥，但仍不叛离郗鉴，反而人数渐多，三年之间就拥众数万。司马睿因而加授辅国将军、都督兖州诸军事。永昌元年(322 年)，因后赵军队的压力而退守合肥。同年郗鉴被征为领军将军，到建康后改授尚书，郗鉴称病未予不接任。司马睿亦因同年发生的“王敦之乱”而忧愤而死，由太子司马绍继位。司马绍即位后因畏惧大权在握的王敦，想以郗鉴为外援，于是次年即任命郗鉴为兖州刺史、都督扬州江西诸军、假节，镇合肥。王敦对郗鉴很是忌惮，表郗鉴为尚书令，征召他回朝，意在解除其军事威胁。郗鉴回建康时经过王敦驻屯的姑孰，并与王敦相见。王敦和郗鉴讨论愍怀太子司马遹被废时河南尹乐广和司隶校尉满奋的表现。王敦称颂满奋识时务，比乐广优胜；但郗鉴则认为乐广守正而满奋失节，因此满奋不能与乐广相比，又说人不应偷生屈节，愧对天地，国家灭亡亦应与它共存亡，不应变节。王敦听后十分愤怒，不再与郗鉴相见并将他拘留，王敦部将钱凤等还劝王敦杀掉郗鉴。但王敦因郗鉴有名望和地位而不敢加害，还将他释放。郗鉴回朝后便与司马绍商议平灭王敦之事。在平定“王敦之乱”中，郗鉴功勋卓著，被封高平侯。司马绍很多朝政事务都会询问他的意见。太宁三年（325 年），郗鉴升任车骑将军，都督徐、兖、青三州军事、兖州刺史、假节，镇广陵。不久司马绍逝世，年幼的太子司马衍继位，郗鉴与王导、庾亮、卞壶、温峤等人并受遗诏辅政，进位车骑大将军、开府仪同三司，加散骑常侍。咸和元年（326 年），郗鉴加领徐州刺史。在平定“苏峻、祖约之乱”中郗鉴又发挥重要作用。战后郗鉴解任八郡都督，升任司空，加侍中，封南昌县公。咸和六年（331 年），石勒将领刘征再次侵扰东南诸郡，郗鉴驻屯京口，并加都督扬州之晋陵吴郡诸军事，率兵将刘征击退。王导在晋成帝继位后一直参与辅政工作，而他行事作风不拘小节，对自己委任的赵胤和贾宁等将领的犯法行为多作容忍，招致大臣不满，其他士族亦试图借此废掉王导，削弱琅琊王氏在朝中的影响力。陶侃就曾于成帝咸和年间打算起兵废掉王导，但因郗鉴反对而没有成事。咸康四年（338 年），郗鉴升任太尉，征西将军庾亮想罢黜王导，并寻求郗鉴的支持，但郗鉴表示反对；庾亮再写信游说郗鉴，但郗鉴坚拒，最终庾亮亦只有放弃。咸康五年（339 年），郗鉴病逝，享年 71 岁。晋成帝还一度在朝堂上哭泣，并派御史持节护丧事，追赠太宰，谥文成。

郗鉴在东晋历史上是个特殊的人物，长期手撑重兵，久居高位，位列三公。但郗家一直未进入一流士族行列。这一方面与其出身有关，一方面是未曾脱离东汉儒学家族轨道，直到郗鉴的子侄辈，才完成向玄学士族的转化过程。郗鉴一生，在调和平衡皇族和门阀士族关系中发挥了重要作用。他先后对待王敦、王导的不同态度，反映了他维护东晋大局、维持江南稳定的良苦用心。郗鉴两拜三公，相隔近十年，而谦退旨趣前后如一。正因为郗鉴不操其柄，无竞于朝，所以能够久任于京口，善始令终而无殒坠之虞。当然，郗家与王家的联姻自然也必然在权力的斗争合作中产生微妙作用。作为岳父，郗鉴的行事作风无疑对王羲之产生了重要影响。

郗鉴有二子一女。其女名璇，字子房。书法卓然独秀，被称为“女中笔仙”。她熟读经书，相貌端庄，性情温柔，是当时有名的才女。郗鉴派人到王府中选婿时，王氏子弟一个个衣冠楚楚，谦恭有礼，温文尔雅地在大厅等候。唯独王羲之若无其事，袒露着肚皮，躺在床上大啖大嚼胡饼。郗鉴慧眼识人。从此“坦腹东床”成了女婿的美称。东晋时代士人们崇尚个性自由，讲究潇洒、傲岸、放诞的风度美，蒙以“骨鲠”著称的名士王羲之，不矫揉造作，纯真直率，风神潇洒，体现出一种超凡脱俗的品格，被选中也反映了一种时代趣尚。更主要的是王羲之那时名声很大，满腹经纶，学识渊博，特别是他的书法已崭露头角。郗鉴在书法方面造诣颇深，女儿及两个儿子（郗愔、郗昙）在书法上很有成就，他平时很重名节，羲之在许多方面符合他要求的标准，成为理想的女婿人选，是不足为奇的。

王羲之与郗璇成亲的具体时间史上并无记载，有学者研究推断应在东晋咸和元年（326），此时王羲之 24 岁。婚后两人十分恩爱，王羲之一生仕宦不顺，多地迁任，郗璇始终默默相随，携夫教子。两人才貌出众，比

翼双飞，也是文坛一段佳话。作为一个贤妻良母，郗璇对王羲之成为中国历史上伟大书法家起了重要的作用。之前的史料中，均称王羲之、郗璇夫妇一生共养育了七子一女：玄之、凝之、官奴（女儿）、涣之、肃之、徽之、操之、献之。不幸的是玄之、官奴先后夭折。中年丧子，“黄梅不落，青梅落”，作为父亲“祠庶子哀摧”，是悲痛欲绝的。史上记载王羲之活了59岁，而一些史学家从史料中推料郗璇享有90多岁的高龄。《世说新语》中还记载了郗璇大寿时朝廷派王导孙王默携子王惠祝寿时，郗璇与王惠一老一少的精彩对话。

但2006年郗璇墓碑在绍兴的面世，打破了史学界的平静。碑上的墓志铭400余字，除30余字难以辨认外，其余字迹基本清楚。墓志铭开头写道：“晋前右将军会稽内史王府君夫人高平金乡都乡高平里郗氏之墓识”“前右将军会稽内史琅玡临沂都乡南仁里讳羲之逸少年五十六”。以下记载了王羲之七子玄之、凝之、涣之、肃之、徽之、操之、献之名字，并写明其女儿嫁给“南阳刘畅抚军大将军”为妻。另外，墓志铭同时记载了郗氏的两个妹妹、两个弟弟郗愔、郗昙以及两个女婿的情况。如果此碑为真，那么关于王羲之生卒年限、死后葬于何地、婚配及子嗣情况等将解释很多历史上的疑问：一是根据墓志结尾刻的墓主人“升平二年戊午岁四月甲寅朔七日庚申薨”的记载，升平二年即公元358年。碑文第四行则记载，“逸少年五十九”。一个简单又明确的算术题：王羲之享年59岁，比夫人郗璇晚去世3年，王羲之的卒年就是公元361年，则王羲之的生年应为公元303年。郗璇也非90多岁高龄。二是墓志显示王羲之生前的官位应是三品的“右将军”，而不是现在人们知道的四品的“右军将军”。《晋书·卷二十四·职官》：“光禄大夫加金章紫绶者，品秩第二。”三品官死后，“赠金紫光禄大夫”，追晋一级，正合东晋官制。三是在目前所有的历史文献中，王玄之是王羲之的长子，字“仲思”，但按照古人的兄弟排行，历来是按照“伯、仲、叔、季”的顺序。玄之如果是长子，他的排行就应该是“伯”，而不是“仲”。墓志第五行刻有两个字：“长子”，但其名、字、生卒、享年及妻、子等情况一概没提。第六行才开始按照墓志的“格式”提到“次子玄之”，及其他所有文献记载的子女的情况。专家据此判断，原来王羲之夫妇还有一个真实的“长子”，但因为早夭而没有传名后世。但是他的“伯”的排行却被保留了下来。因此，王羲之夫妇其实一共生育了八子一女。四是根据这块墓志，一些专家还推测了许多关于王羲之的信息，诸如王羲之在正室郗璇之外，还有一个“如夫人”——“沛国武氏”；八男一女中嫡庶关系以及后来王献之与郗家的婚配关系；王羲之死后宣究竟葬于何地，等等。不过，这块墓碑的真伪学界仍在讨论之中，这里也只提供参考。

第二节　宦海沉浮

一、初仕

为官出仕是门阀士族子弟的必由之路，王羲之也不例外。王羲之步入政界，最初的官职是秘书郎。在东晋，秘书郎、著作郎是贵胄子弟初选之职，其主要工作是整理和校阅宫中文库中的图书。究竟是何年担任这一职务，史上并未记载。很多学者认为，如是过早、较晚出仕则标明“弱冠”或说明具体年龄，如庾亮少有美誉，其传曰：“年十六，东海王越辟为掾。”王羲之妻弟郗昙较晚出仕，故本传称：“年三十，始拜通直散骑侍郎。”王羲之出仕不称“弱冠”，又未指出初次任职年龄，再综合其他材料推断任秘书郎为太宁三年（325 年），王羲之当时 23 岁。如此时间为真，作为王氏子弟，王羲之出仕时间还是较晚的。学者们对此也多有推断。有人认为正如王羲之自己所说：“吾素自无廊庙志”，他不想过早地进入仕途；也有人认为，他伯父王导在掌握东晋大权时推行“愦愦之政”的政治纲领，王羲之持不同政见，不愿意与其伯父合作，所以出仕的时间一拖再拖。还有一部分学者把王羲之的出仕与他父亲王旷联系起来分析。关于王羲之的出仕具体时间难以考证，但有一点应是可以明确的，即是在“王敦之乱”之后，且其出仕晚与“王敦之乱”应有一定关系。

第一次“王敦之乱”之乱时，奉诏入卫建康的刘隗劝元帝诛灭王家。为保家族平安，王导脱下朝服带领王氏子弟二十余人，日夜伫立宫门前请

罪，听候发落。作为宗族近亲，王羲之也应在其列。

在这场动乱中，不少与王羲之亲密的人也一一离去。

在年少时即对他抬爱勉励有加的周顗被王敦杀死。就在王氏子弟宫门请罪时，王导遇见正要进宫的周顗，王导请周顗为其家族求情。周顗连看都没看他一下，径自去了。周顗入宫后向元帝进言，备言王导之忠君爱国，绝不可错杀忠良。元帝采纳了他的建议，他一高兴，又喝多了酒才出来。此时王导还跪在宫门口谢罪，看见周顗出来，又喊周顗的名字，周顗依旧不搭理他，只对左右说："如今杀了这帮贼子，便可换个大官做做。"出宫之后，周顗又上书朝廷，坚持说王导不可杀。但始终不和王导说明经过。王导因而非常恨他。后来王敦兵入建康，王氏一族重又得志。王敦问王导："周顗、戴若思是人望所在，应当位列三司，这是肯定的了。"王导没吱声。王敦又说："就算不列三司，也得作个仆射吧？"王导依旧不答。王敦说："如果不能用他们，就只能杀了他们了。"王导还是不说话。不久，周顗和戴若思果然都被逮捕，路过太庙，周顗大声说道："天地先帝之灵；贼臣王敦倾覆社稷，枉杀忠臣，凌虐天下，神祇有灵，当速杀敦，无令纵毒，以倾王室。"话音未落，左右差役便用戟戳其口，血流满地而周顗面不改色，神情自若，遂被杀，时年54岁。王导重新掌权之后，浏览以前的宫中奏折，看到了周顗营救自己的折子，其中言辞恳切，殷勤备至。王导拿着这封奏折，痛哭流涕，悲不自胜。回来之后，他对他的儿子们说："我虽不杀伯仁（周顗字伯仁），伯仁由我而死。幽冥之中，负此良友！"

在王羲之少年时就对其赞誉连连、另眼相看的从伯父王敦，于323年病逝，王敦一族、王羲之的从伯叔、兄弟们也有亡故。特别是从小对他十分照顾疼爱也是他书法老师的亲叔父王廙，也在这场动乱中病逝。琅玡王氏的政治地位和社会影响在动乱之后已大不如前。

在这场动乱中，家族险遭灭门时的诚惶诚恐、知遇恩人的被杀、亲人故旧的亡故、家族地位的衰落，不知在青年王羲之心里留下怎样的印迹？在其后来的书述中，多次写道"吾素自无廊庙志"，也绝非虚言。特别是对周顗之死，王羲之是否对王导已心存芥蒂？无论如何，这场动乱对王羲之产生了极大影响。最直接的影响可能就是其出仕时间。

“王敦之乱”时，东晋朝廷对王家心生怨恨。其实在动乱之前，元帝对王家的排斥早已表露，这也是第一次“王敦之乱”的重要原因。当时，朝廷是难以对王氏子弟提拔任用的。一些专家质疑为什么王羲之的出仕推荐人不是王导，以此推断王旷失踪之谜的隐秘。我想这是难以成立的，原因在于并未考虑当时的历史背景和形势。“王敦之乱”后，王导虽然还保有其位，但实际上已被朝廷疏远，当时把持朝政的是庾氏，王导再想推荐其王氏子弟，估计也心无余而力不足了。倒是王羲之的另一位亲叔父王彬，在“王敦之乱”中态度坚决，与王敦决裂并怒斥其行为，此时正为司马皇族所重，也正是他成为王羲之的推荐人之一。也几乎同年，王氏子弟中多人入仕为官或被提拔重用。关于另一位推荐人，一说是郗鉴，一说是庾亮。我想庾亮的可能性更大，因为庾亮虽与王导政见不同、矛盾较深，但其一生坚持儒家君子之行，一直十分欣赏王羲之的才华，之后一直重用、推荐。至于郗鉴，也并非不可能，只是以时间推断，先举荐王羲之出仕，之后再搞个王家择婿，引出个“东床快婿”的故事，似乎也太费周折。

无论如何，王羲之是在“王敦之乱”后入仕，“起家秘书郎”。秘书郎在东晋时属于中书省秘书监，掌管传世的文章、图书和典籍，是最为清贵也容易升迁的官职，高门子弟也多以此为初任官。晋元帝为兴学治国，在东晋建立初年即诏令各地官民征集图书。为增加典藏量，朝廷还向私人藏书家借来抄录图书。当时著名的藏书家张尚文、殷允、郗俭之、桓石秀等家藏图书均被借来誊抄，卫夫人的儿子李充曾掌管官府藏书，整理并编纂了东晋国家藏书目录《四部书目》（又称《晋元帝书目》），著录图书 3014 卷。在这些藏书中还收集了先朝和本朝众多书法名家的手迹，如张芝、索靖、韦诞、皇象、钟繇、胡昭等。这对于王羲之而言，是个千载难逢的学习机会，也正是在不断地校定、甄别、玩赏和临摹中，进一步丰富和拓宽了他的学书之路和视野，可以说，这个时期的广泛博览和学习对他文化的修养提高和之后书法的成熟提供了重要机缘。

应该说，王羲之在秘书郎职位上度过了五六年愉快平静的岁月。他并未因王导的暂时失势而受挫，而他的举荐人庾亮、叔父王彬、岳父郗鉴其时在朝中备受重用，想来他的日子也一定轻松愉快。

二、出任地方官

“苏峻之乱”后不久，在叔父王彬和岳父郗鉴的推荐下，王羲之给司马昱做了一年左右的“会稽王友”，官品六级，是个闲差，主要是在王府会见宾客、游宴及伴随幼主读书等，这当然也是当时门阀士族与皇族沟通的一种方式。很快，王羲之去了临川郡（今江西抚州市）做了太守。他任太守的时间不久，大约在331年底，母亲在临川去世，王羲之丁艰。因后来王羲之又任过江州刺史（镇临川），故人们多把王羲之在临川的事迹归为在其任江州刺史期间发生。目前，史学界对王羲之出任临川太守和江州刺史的时间争议较大，但笔者综合各家之说，还是认为王汝涛先生的考证推断较为可采。王羲之任江州刺史时间为王允之咸康八年（342年）八月由江州刺史转任卫将军后，新皇帝的岳父褚裒“苦求外出”于当年十二月任江州刺史期间，也就四五个月时间。可以说，王羲之任江州刺史，是调和王、庾矛盾的过渡人物，此时不可能在江州有时间有所作为。

临川位于江西东部，地处武夷山区与鄱阳湖平原区结合地带。临川建县始于东汉和帝永元八年（96年）。东晋时，临川郡属江州，辖十县，幅员广阔，山水纵横，但人口只有几万。当时太守的工作主要是“刑名钱粮”等。在王羲之的手札中，不少是在临川所作，其中一篇写道：“行当是防民流逸，不以为利耶？此于郡为由上守郡更寻详，若不由上命而断中求绝者，此为以利，卿绝之是也。纵民所之，恐有如向者流散之患，可无善详具闻。”这是他对于辖内百姓流亡的主要原因是朝廷的压迫，他力所能及地想为百姓办些实事，而不是为自己谋利益。还有一篇：“省告，摄功曹事一一属以所求，宽逋废守命，必欲肃之，是以间意，其志既立，不得不必行”，“适都十五日问，清和，传赋问定寂寂，当是虚也。然始兴郡奴屯不肯出，恐成，令人邑邑。官吏长制之耳”。当时，广东韶关一带百姓纷纷流亡，临川与之接壤，王羲之十分重视，主张废除苛律，清和为策。可以说，他这种亲民、为民的思想是他一以贯之的政治主张，以其为官后期更有充分体现。

王羲之对临川十分喜爱，这里不仅有秀美的三清山、离之不远的庐山，还有宁静的闲居生活。相传王羲之在临川期间，经常深入民间，他和夫人郗璇一起，常住在山间茅屋之中，均是一副百姓装扮，盖布衾吃糙米。他还曾置宅于临川郡城东高坡，名曰“新城”（今抚州市临川区文昌学校内），宅内挖有生活用井和练习书法用的洗墨池。“文革”期间，墨池遭毁。2002 年 6 月，重建洗墨池，恢复旧貌，供游人观赏。对此南朝刘宋时期著名文学家、临川内史荀伯子的《临川记》和宋朝文学大家曾巩的《墨池记》均有记述。曾巩的《墨池记》写道：“临川之城东，有地隐然而高，以临于溪，曰新城。新城之上，有池洼然而方以长，曰王羲之之墨池者。荀伯子《临川记》云也。羲之尝慕张芝，临池学书，池水尽黑，此为其故迹”，进而颂扬了王羲之苦练书法的精神，“方羲之之不可强以仕，而尝极东方，出沧海，以娱其意于山水之间。岂其徜徉肆恣，而又尝自休于此邪？羲之之书晚乃善，则墨池记其所能，盖亦以精力自致者，非天成也。然后世未有能及者，岂其学不如彼邪？则学固岂可以少哉！况欲深造道德者邪？”

王羲之寄情山水也可以说始于临川，还特取“临川”为号。临川的“李渡毛笔”、薄滑纸，都是他所爱。著名的《奉橘贴》也书于临川（当然难以考证是任临川太守还是江州刺史期间），他给朋友写一便条“奉橘三百枚，霜未降，未可多得”。在王羲之任临川太守期间，因平定“苏峻之乱”有功而升任征西大将军的陶侃也曾到过临川，此时，陶侃还兼任江州刺史。王羲之陪陶侃纵马同游数日。这位起于平民、纵横一生的大将军年纪已大，一日用马鞭遥指庐山说，我与名山失之交臂，我的子孙当遂我愿。不出陶侃所料，陶侃的后代中出了一位著名的文学家、诗人，即玄孙陶渊明，隐居庐山，写下了“采菊东篱下，悠然见南山”的诗句。王羲之对临川很有感情，其传世书法中有一则《临川帖》：“不得临川问，悬心不可言。子嵩之子来，数有使，冀因得问示之。”表达了对临川的牵挂情怀。

公元 331 年底，王羲之的母亲在临川去世。王羲之把母亲暂时安葬在了临川。此后，王羲之过了几年半隐居生活。其间，曾短暂地出任过吴兴（浙江湖州）太守，他还把母亲的墓地迁到了吴兴。王羲之在吴兴的时间不长，但很有名气。他平时闲暇之时常爱登山，只要是他登过的山，那座山都会有名字，叫“升山”，后人有“晋王羲之常升此山”的记述。

在王羲之半隐居赋闲的那段时间，王导曾多次推荐他到朝中任职，但都被他婉拒了。前面章节已经说到，王导老年时，一直想从家族子弟中选择一位顶门立户的人，但子弟大多不济。一方面是可能才华能力有限，一方面也是优越的生活使得子弟们大多无意于此。王导一直十分看重王羲之，但也未能如愿。王羲之在给友人的信中写道："吾素无廊庙志，值王丞相时果欲内吾，誓不许之。"虽话是如此，但从他后来到王导的政敌庾亮府中做幕僚，以及与殷浩等人的书信中所表露的才能和政见，并非"无廊庙志"。史家对此有不少推测和认识。我综之不外有三：一是王羲之对王导是心存芥蒂的，可能是由于其父王旷失踪之谜背后的隐秘，可能是对其有知遇之恩周顗的被杀，可能是对王导"愦愦之政"的不满。二是可能受其岳父郗鉴的影响，在各方力量的斗争中，始终与其保持距离，站在平衡者和协调者的角度，调和各方矛盾，这在后来庾王斗争愈加激烈时，各方对王羲之的态度可以得到印证。三是庾亮对于王羲之一生的影响十分重要，他的出仕和升任临川太守，都与庾亮的推荐有关，王羲之后来到庾亮麾下时，庾亮对其十分信任重用，甚至庾亮去世前，还极力向朝廷举荐他。这种知遇之恩在文人看来，是一生难报的，誓死相随也是其必然选择。同时，庾亮的行事作风，确实也为王羲之所推崇，在做人和政见上，庾亮与王羲之更为相似，在许多方面真可谓"志趣相投"。

前面章节谈到，王导辅政时，秉承的是"务存大纲、不拘细目"的执政方略。虽然在一定程度上符合东晋初期的现实需要，但在后期有较为恶劣的后果。据《晋书》载："既而导遣八部从事之部，和为下传还，同时俱见。诸从事各言二千石官长得失，和独无言。导问和：'卿何所闻?'答曰：'明公作辅，宁使网漏吞舟，何缘采听风闻以察察为政。'导咨嗟称善。"时人对其多有批评，但他本人对此却不以为然，他曾说"人言我愦愦，后人当思此愦愦。"王导的"愦愦之政"，对贪官污吏睁一只眼闭一只眼，对门阀豪强更是宽容放任。"时王寻辅政，三幼时艰，务存大纲，不拘细目，委任赵胤、贾宁等诸将，并不奉法，大臣患之。"鉴于这种情况，陶侃和庾亮都曾想起兵废黜王导，由于郗鉴的劝阻，未曾行动。王羲之对在王导政治统治下的时局极为不满，尤其对"仓督监耗盗官米"的罪恶表示极大的愤慨。主张惩办贪官污吏和不称职的官员。王羲之反对"网漏吞舟”、反对王导的“愦愦之政”是不言而喻的。而庾亮与王导作风迥然不同，这也是王羲之投到庾亮阵营的重要原因。

公元334年，庾亮在陶侃死后出任征西将军，他再一次把王羲之召到麾下，“征西将军庾亮请为参军，累迁长史”。当时的庾亮府中人才云集，有庾翼和庾冰兄弟，有名士孙绰、殷浩等人，王氏兄弟中，除王羲之外，还有王廙之子王胡之、王彬之子王彭之、王彪之。这里有一个值得注意的细节。王羲之的父辈中，王旷与王廙、王彬是亲兄弟，与王敦和王导是堂兄弟（王敦与王导也是堂兄弟），王戎和王衍与他们的亲戚关系更远一些，是同辈族兄弟。经过“王敦之乱”，王敦一门大多亡故，剩余的也不名史册。而王旷、王廙、王彬子弟，并未与王导站在一个阵营，而是都投在了庾亮府中。当然这并不是说与王导敌对，而是说明除了政见的不同，当时王、庾的斗争并非后世宫廷之争中的你死我活、腥风血雨，还是你中有我，我中有你，合作与斗争并存。一方面，庾亮对这些王氏子弟很信任，一方面，王导对他们也提携照顾有加。庾亮因不满王导的政见和做法，曾几次想罢黜王导，但并未想置王导于死地，而王导也知庾亮心思，心里虽有不快，言下也多揶揄，但并未有阴谋阳谋的对抗举动。这与后来庾氏与桓氏的斗争有所不同。

在庾亮幕府中，王羲之凭借个人才能，不久被任命为首席幕府长史，领导当时名动江东的名士精英。也就是在这里，王羲之与孙绰、殷浩等人结下深厚情谊。也就是在这里，通过与这些精英们的日夜相处和思想对撞，他的政治理念日渐成熟，做事也更加通达干练。

在此期间，王羲之生命中很重要的几个长辈相继去世。屡次举荐他、对他关爱备至的叔父王彬，于公元334年2月去世；公元339年7月，一直看重王羲之的从伯父王导去世；同年，岳父郗鉴也离他而去。这三个人在王羲之的成长道路上，分别扮演了各自不同的重要角色，但无一例外的是，他们对其均极为看重，也极为关爱。王羲之的悲痛之情可想而知。而不幸的事还是接连而至。决意北伐的庾亮因邾城意外失陷而抑郁成疾，于公元340年2月辞世。王导、郗鉴、庾亮，虽然三人政见不同，但对司马政权倾力扶持，毫无二心，而且三人均是人中龙凤，才能出众，在半年之中相继离世，对东晋王朝而言无异对栋梁倾塌，对于王羲之而言也痛苦万

分。他曾在给会稽王司马昱的信中写道："知庾君遂不救疾，摧切心情，痛当奈何！"庾亮确实也文人相惜，爱惜王羲之的才能，在临死前仍然上疏朝廷极力举荐他，"称羲之清贵有鉴裁"。

江州作为当时镇守西南的战略重地，一直为当权者争夺。继陶侃去世之后，江州也是王、庾两家的争夺重点。庾亮去世后，王允之曾任江州刺史，后来发生了庾怿欲毒王允之一事。《资治通鉴》记载，"豫州刺史（庾怿）以酒饷江州刺史王允之，允之觉其毒，饮犬，犬毙，密奏之。"被识破后，"怿饮鸩而卒"。不久，王允之可能心中有愧，也找借口想离开江州。这时，王羲之引起了大家的注意，他一方面是王氏子弟，一方面又是庾亮亲信，由他出任江州再合适不过了，可以说，王羲之出任江州刺史，完全是王、庾矛盾调和的产物，当然也是个过渡性的人物。四个月后，即被新皇帝的岳父褚裒替代，不过，不久之后，江州还是落入庾氏成员庾翼之手。

三、再度出仕

王羲之从江州卸任后，很长时间并未出来做官。史载，"羲之既少有美誉，朝廷公卿皆爱其才器，频召为侍中、吏部尚书，皆不就。复授护军将军，又推迁不拜。"

直至永和四年（348 年），殷浩参综朝政时又劝王羲之复出。殷浩素与王羲之交好，十分欣赏他的才能，"素雅重之"，力劝其担任护军将军一职。他给王羲之写了一封信，信中写道："悠悠者以足下出处足观政之隆替，如吾等亦谓为然。至如足下出处，正与隆替对，岂可以一世之存亡，必从足下从容之适？幸徐求众心。卿不时起，复可以求美政不？若豁然开怀，当知万物之情也。"言语十分恳切。这一次王羲之也被好友打动了，他回信说："吾素自无廊庙志，直王丞相时果欲内吾，誓不许之，手迹犹存，由来尚矣，不于足下参政而方进退。自儿娶女嫁，便怀尚子平之志，数与亲知言之，非一日也。若蒙驱使，关陇、巴蜀皆所不辞。吾虽无专对之能，直谨守时命，宣国家威德，固当不同于凡使，必令远近咸知朝廷留心于无外，此所益殊不同居护军也。汉末使太傅马日磾慰抚关东，若不以吾轻微，无所为疑，宜及初冬以行，吾惟恭以待命。”很快，王羲之出任护军将军一职。《资治通鉴》也对这段历史有所记载：“（永和四年）温既灭蜀，威名大振，朝廷惮之。会稽王昱以扬州刺史殷浩有盛名，朝野推服，乃引为心膂，与参综朝权，欲以抗温，由是与温寖相疑贰。浩以征北长史荀羡、前江州刺史王羲之夙有令名，擢羡为吴国内史，羲之为护军将军，以为羽翼。”

护军将军权力很大，不但有一支保护皇帝和京师的军队，而且其下有属官，若受命出征，还可以设参军。王羲之恪尽职守，关心士卒的疾苦，他任护军将军时发了题为《临护军教》的第一道命令：“今所在要在于公役均平。其差太史忠谨在公者，覆行诸营，家至人告，畅吾乃心，其有老落笃癃，不堪从役，或有饥寒之色，不能自存者，区分处别。自当专详其宜”。要求军营里要公役均平，将委派忠于职守、谨慎公平的太史到各营，对于所遇到的困难，可以畅所欲言，如军营中有老弱多病，不能温饱，或无法养家的，都要区分不同情况予以安置。

王羲之担任护军一职也不长，只有一年多时间。大概于永和六年(350 年)，王羲之“苦求于宣城郡”。有学者认为，可能是护军流动性很大，有时去江州，有时去到吴国（苏、浙），王羲之不愿经常疲于奔命。对此我们无法得知事实真相。但是所有事件的发生都往往与其历史背景息息相关。殷浩上位以后，与桓温权力争夺十分激烈，王羲之作为殷浩多年至交好友，曾多次劝他从国家利益出发，与桓温舒缓关系。史上记载，“时殷浩与桓温不协，羲之以国家之安在于内外和，因以与浩书以戒之，浩不从”。也正是在公元 350 年，殷浩决定开始他的第一次北伐。王羲之极力予以劝诫反对，“及浩将北伐，羲之以为必败，以书止之，言甚切至。”但最终殷浩并未听取。王羲之很可能也是出于此原因而想离开殷浩所推荐的护军一职。但是朝廷没有答应他的要求，“乃以为右军将军、会稽内史”。此后，直到公元 355 年，王羲之一直在会稽任职。

当时西藩桓温势力对中央构成很大威胁，会稽是宰辅司马昱的封国，属中央的势力范围，会稽是三吴腹地，水陆交通发达，物产丰富，许多豪门士族栖居这里，它对于重镇扬州和都城建康无论在政治、军事和经济上来说都非常重要。当时，前任王述正守丧（“述先为会稽，以母丧居郡，

羲之代述”），而王羲之“不乐在京师”，自然对这一职务会感到满意。当然，王羲之在当时虽然名声很大，但一直并未为朝廷所重，这与“王敦之乱”后司马王朝对琅玡王氏的排斥以及王导死后王氏不再作为把握朝政的门阀大族有很大关系。不止王羲之，其他王氏子弟也再没有一位进入政权中枢。

在会稽任职时间较长，王羲之的政治主张和为官风格得到充分展示。《晋书》记载：“时东土饥荒，羲之辄开仓赈贷。”就在他任会稽内史期间，有一年辖内发生了大灾荒，民不聊生，饿殍遍野，老百姓流离失所。当时官仓中有粮，但都是准备上交朝廷的赋税。当时王羲之巡视全郡后，在还未来得及上报朝廷同意的情况下，断然决定打开城南几座大粮仓赈济灾民。当时主管官仓的官员很担心朝廷追责，劝告王羲之说，擅分税粮轻则罢官，重则杀头。王羲之向官员们解释，粮是百姓缴的，如果百姓逃荒的逃荒，饿死的饿死，又有谁来交粮纳税呢！事后，朝廷也并未向王羲之兴师问罪。一方面可能是朝廷也顾及门阀大族势力，一方面是王羲之在当时名声很大，他开仓赈济的做法在会稽很得民心，东晋政府无论如何说来也不算是昏愦的王朝。当时三吴会稽地区是东晋重要的粮食基地和税赋来源，人口也相对密集，赋役自然很多。他不仅开仓济民，还多次上奏，“然朝廷赋役繁重，吴会忧甚”。朝廷对王羲之的工作也比较支持，“每上疏争之，事多见从”。他因此还写信给好友、当时的尚书仆射谢安说：“顷所陈论，每蒙允纳，所以令下小得苏息，各安其业。若不耳，此一郡久以蹈东海矣。”

两晋时期，士族大多生活奢华，东晋时有所收敛，但门阀大户们依然我行有素。特别是作风名士风度的表现形式，那些以名士自诩的士人大多饮酒成风。这种风气自然也波及民间。粮食与酒在中国古代生产力不发达的情况下一直存在矛盾，因此历史上许多王朝都有禁酒令，对酿酒都有严格管制。东晋王朝苟安一隅，经过“八王之乱”和“五胡乱华”，百业待兴，内外压力矛盾很大，江南地区也远不如南朝之后繁华，酿酒与饮酒在当时的历史条件下，应该讲是十分奢侈的行为。一次，王羲之问手下的官员，本地一年之中用于酿酒的米、麦、高粱等粮食要多少斤？大家面面相觑，回答不上。有一个官吏回答说：“属下不知道具体数量，不过百姓都会人工酿酒，井市也有水酒出售，日子艰难大家借酒浇愁。每年酿酒所用的粮食，其数量相当可观。”王羲之认为，灾荒不断，粮食精贵，来之不易，酒不饮无妨，没有粮食就会饿死，要求把仅有的一点粮食储备起来，以作度日之需。并且下令，本郡在一年之内不得酿酒，市面上也不得出售酒类。“禁酒节粮”制度实施以后，使粮食紧张的局面得到缓解。“此郡断酒一年，所省百余万斛米，乃过于租。”然而，王羲之却受到各方人士的指责非议，他曾经写信给他的好友谢安阐明下令禁酒是为节约粮食，防止百姓被饿死，除此之外别无良策。他说：“百姓之命倒悬，吾夙夜忧。此时既不能开仓庾赈之，因断酒以救民命，有何不可？而刑犹至此，使人叹息，吾复何在?”王羲之万分感慨，他愤怒异常地写道：“处世不易，岂惟公道。”

在会稽任职期间，王羲之在漕运、简政、惩贪、役民、减赋等方面均多次向朝廷上书建议，提出了自己的看法和主张。

所谓漕运，是指通过水路（间或陆路）将粮食解往京师和指定地点的运输。其目的一方面是保证粮食作为税赋及时上交，一方面也是方便大范围的粮食调配，以赈民减灾。未有漕运时，中央政府通常采取“移民就食”的方法。这迫使本已食不果腹的百姓拖儿带女离开自己的家园奔他乡，这不仅对持续的农业生产是极大的损坏，而每次逃难性的移民潮必然伴生大量死亡和瘟疫。而漕运移粟救人，百姓可以在自己的土地上抗灾自救，以免跋涉之苦，这对保护劳动力、发展生产无疑是有利的。漕运于国于民均有大益。汉桓宽《盐铁论》说：“泾淮造渠，以通漕运。”从汉代“始引渭渠以漕山东之粟，旋浚褒斜以致汉中之谷，初不过岁运数十万石，及其盛时，岁益漕六百万石，类由河渠疏利，治之有方。魏武篡汉，偏安洛阳，然犹任邓艾，广开漕渠以达江淮”。王羲之给谢安的信中建议：“今事之大者未布，漕运是也。吾意望朝廷可申下定期，委之所司，勿复催下，但当岁终考其殿最。长吏尤殿，命槛车送诣天台。三县不举，二千石必免，或可左降，令在疆塞极难之地。”王羲之认为，当前最大的事便是漕运。他希望朝廷将复开漕运的事决定下来，并委派专门的部门和人员实施，平时不予过问，但到年终由中央来考核政绩，尤其是长吏如不能完成任务，政绩很差，可送治罪。如果三县不实行，则郡守必须罢免，或派到环境艰苦的边疆，降职使用。

王羲之对于日常行政管理中的繁文缛节、低效浪费很不满，希望有所改进，“又自吾到此，从事常有四五，兼以台司及都水御史行台文符如雨，倒错违背，不复可知。吾又瞑目循常推前，取重者及纲纪，轻者在五曹。主者莅事，未尝得十日，吏民趋走，功费万计。卿方任其重，可徐寻所言。江左平日，扬州一良刺史便足统之，况以群才而更不理，正由为法不一，牵制者众，思简而易从，便足以保守成业。”他所崇尚的还是简约之政，便民行事。

他在视察诸县时，发现仓督监耗盗官米，动以万计。“耗”，管理不善，如虫、鸟、鼠至食以及发霉变质等消耗，是有一定规定的，超过了范围就是仓督监的失职行为；仓督监自己盗窃官米是执法犯法，有的数量巨大，如余姚一个县就达十万斛。问题的严重性不仅如此，属会稽管辖的其他诸县也同样如此。由于地方官贪赃枉法，致使国库空乏，这是一件关系到国家的经济实力、危及整个国家安全的重大问题。他主张对那些奸吏给予重判，“诛翦一人”起到“杀一人儆百”的作用，只有这样才能“其后便断”。

长期的基层工作，让王羲之有更多的机会看到百姓的困苦。自东汉末年开始，战争不断，战火连年，百姓流离失所，痛苦不堪，出现了史上几次大的流亡移民潮。东晋建立后，战争仍然频繁，不仅要对抗北方少数民族势力，东晋内部也斗争激烈，先有“王敦之乱”，后又“苏峻、祖约之乱”，老百姓重压之下难以喘息。王羲之认为，“自军兴以来，征役及充运死亡叛散不反者众，虚耗至此，而补代循常，所在凋困，莫知所出。上命所差，上道多叛，则吏及叛者席卷同去。又有常制，辄令其家及同伍课捕。课捕不擒，家及同伍寻复亡叛。百姓流亡，户口日减，其源在此。”这不仅造成生产难以为继，人口不断减少，同时“又有百工医寺，死亡绝没，家户空尽，差代无所，上命不绝，事起成十年、十五年，弹举获罪无懈息而无益实事，何以堪之!”因此他建议，“谓自今诸死罪原轻者及五岁刑，可以充此，其减死者，可长充兵役，五岁者，可充杂工医寺，皆令移其家以实都邑。都邑既实，是政之本，又可绝其亡叛。不移其家，逃亡之患复如初耳。今除罪而充杂役，尽移其家，小人愚迷，或以为重于杀戮，可以绝奸。刑名虽轻，惩肃实重，岂非适时之宜邪!”可以说，王羲之对当时百姓流亡、逃役的情况十分了解，也提出了自己的想法。医寺百工在生活中必不可少，他的想法很务实，不仅可以宽政减刑，体现朝廷圣德，也可以保证国家和社会需要，强化城市功能，稳定社会秩序。

在中国特殊的政治氛围和官场文化下，为官不易，特别是文人为官大多难以善终或历经坎坷，因为在儒家教育培育下的文人大多恪守君子之行，与现实官场难以良好融合。王羲之在为政做官理念，一言以概括即“直道而行”。他曾在《深情帖》中写道：“古人云：‘行其道忘其力身，真。’卿今日之谓，政自当豁其胸怀，然得公平正直耳。”王羲之认为，做官为政只有胸怀豁达，然后才能公平正直，如果一味顾及自己的得失，这样的人是不能行政的。王羲之可以说是“行道忘其为身者”的“知行合一”者。有学者称王羲之是一位“浓于热情”的人，绝非妄言。

王羲之在会稽大约为官七载，这是他一生中政治理想和抱负得到最大体现的重要时段。当然，会稽的秀美河山，也常常让他流连忘返。初到会稽，他便通过旧友孙绰结识了一批当地名士，并与他们结下深厚情谊，悠游山水之间成了他和朋友们的最大乐事。也就是在这里，他的文学境界不断提高、书法修养日臻成熟，留下了包括《兰亭序》这样的文、书双绝的伟大作品。但也正在此时，王羲之对30年的为官生活逐渐厌倦，萌生隐退之心。

第三节　晚年归隐

一、辞官缘由

穆帝永和十一年（355年）三月初九，王羲之在父母的墓地前，向双

亲亡灵陈词告誓，表达了自己矢志归隐的想法："维永和十一年三月癸卯朔，九日辛亥，小子羲之敢告二尊之灵。羲之不夭，夙遭闵凶，不蒙过庭之训。母兄鞠育，得渐庶儿。遂因人乏，蒙国宠荣。进无忠孝之节，退违推贤之义。每仰咏老氏周任之诫，常恐死亡无日，忧及宗祀。岂在微身而已。是用寤寐永叹，若坠深谷，止足之分，定之于今。谨以今月吉辰，肆筵设席，稽颡归诚，告誓先灵。自今之后，敢渝此心，贪冒苟进，是有无尊之心而不子也。子而不子，天地所不覆载，名教所不得容，信誓之诚，有如皎日！"后来王羲之把这番话书写了下来，这就是流传后世百代、彪炳书坛千年的《告誓文》。《告誓文》情感真挚，诚恳动人，在自谦自责的背后隐藏一种无可奈何、十分忧伤的情绪。作为琅玡王氏子弟，他也不可能独立于这个门阀士族而存在，他的一生必然与政治有着千丝万缕的联系，虽然他一直称"素自无廊庙志"，但综观他的一生，每一次大的政治事件都与他有或多或少的联系，不少事件对其一生影响甚大。他为官三十载，历经了王庾之争、庾桓之争，以及间杂的殷桓之争等。这段告誓中，饱含了多少感慨和无奈！

关于王羲之的归隐，原因应该是多方面的。

王羲之辞官一个直接的、公认的原因是与王述的矛盾。王述，字蓝田，太原王氏子弟，如果以姬姓始祖论起，太原王氏与琅玡王氏均是王姓两大支系，应为远亲。但到魏晋时期，两支均自行体系，并不以亲相论。王述原与王羲之齐名，《中兴书》评价王述说："述清贵简政，少所推屈，唯以性急为累。"但年轻时王述性子很急，《世说新语》说："王蓝田（述）性急。尝食鸡子，以害刺之，不得，便大怒，举以掷地。鸡子于地圆转未止，仍下地以履齿碾之，又不得，瞋甚，复于地取内口中，啮破即吐之。"作为江左名士，"王右军素轻蓝田"，王羲之很瞧不起王述的做法，听到这件事后嘲笑王述："使安期（述父）有此性，犹当无一豪可论，况蓝田邪"。在王羲之为临川太守时，王述只是一位县令（宛陵令），但王导却一直很看好王述，屡次推荐提携。王述自己也十分重视提高学识修养，个性风貌早已大变，到后来，时人对王述评价很高，王羲之心里很是不快。前文讲到，王述在王羲之之前就担任会稽长官，其母去世，其丁艰后王羲之才有机会出仕会稽。当时王述在会稽山阴治丧。作为地方行政长官，王羲之理应去吊唁拜谒，而且他也几次都说要去，但还是一直没有前往，“右军代为郡，屡言出吊，连日不果”。王述则对这位地方长官、当世大名士来吊唁十分重视，“述每闻角声，谓羲之当候己，辄洒扫而待之”。不仅如此，“后诣门自通，主人既哭，不前而去，以陵辱之”。从此与王述之间的矛盾更加深化。王羲之有几次还对宾客朋友说：“怀祖正当作尚书耳，投老可得仆射。更求会稽，便自邈然。”不想王述后来却当上了扬州刺史。扬州当时是个大郡，会稽也属扬州管辖，王述的官位已高于王羲之。等王述当了扬州刺史，也如此报复王羲之，“及述为扬州刺史，将就征，周行郡界，而不过羲之，临发，一别而去”。王述来检查会稽刑政，也竭尽苛求，王羲之疲于课对，甚为不满，引为奇耻大辱。为此，他曾要求朝廷将会稽改为越州，与扬州并列。结果朝廷并未批准，反而倒成为士人们的笑柄，“大为时贤所笑”。王羲之气愤之极，甚至拿儿子出气：“吾不减怀祖（王述），而位遇悬邈，当由汝等不及坦之故耶！”（王坦之为王述子，当时有“江东独出”之美誉）

不过，王羲之辞职归隐更深层次的原因还是他当时的境遇。“王敦之乱”后，琅琊王氏在朝中地位已与东晋初年难以相提并论。公元339—340年，对王羲之十分器重的王导、郗鉴、庾亮相继去世，王羲之在朝中已失去依托。当时桓温继庾氏之后异军突起，特别是在攻克成都一举消灭成汉国后，名声大振，势力迅速壮大。荆、扬是当时的两大重镇，荆州位居长江上游，对长江下游的扬州、建康威胁很大。因此司马皇族才将殷浩拉做自己的亲信，并委以重任，让他掌握扬、豫、徐、兖、青五州的军事大权，以防桓温不测。在这种情况下，殷、桓矛盾日渐尖锐。桓温起初与王羲之并无利害冲突。殷浩总揽朝政后，力邀王羲之出仕，不仅桓温，满朝文武均视王羲之为殷浩的亲信、党羽。桓温军事力量的强大对殷浩触动很大，殷浩求功心切，力求表现。在条件并不完全具备、战前准备并不充分的情况下，不听王羲之的力劝和朝中很多人的反对，仓促北伐，盲目进军，结果损兵折将，损失惨重，大败而回。此时桓温乘机上去弹劾殷浩，结果殷浩被贬为庶人，告老还乡，整天在家书写“咄咄怪事”四字。北伐前王羲之曾预言，“常恐伍员之忧，不独在昔；麋鹿之游，将不止林薮而已！”在《与孔彭祖帖》叹息：“殷废责事便行也，令人叹怅无也。”从王

羲之出仕会稽后，就当地的时政多次上报建议，很多未获批准。他在《增运帖》写道："吾于时地甚疏卑，致言诚不易。"他深深地感到人微言轻。殷浩失势后，王羲之更加感到为政之难，处处碰壁，常遇掣肘；而地方上事务也十分繁杂，各种矛盾十分突出，他在《此郡帖》中写道："此郡之弊，不谓顿至于此，诸逋滞非复一条。独坐不知何以为治，自非常才所济。吾无故，舍逸而就劳，叹恨无所复及耳。夏人事请托，亦所未见。小都冀得小差，顷日当何理"，会稽郡拖欠的朝廷征纳的税赋（即所谓逋滞）无法上交，让他觉得为官之烦。在魏晋时期，官有"清""浊"之分，门阀大族子弟们往往就任的都是"清要"之职，事务繁杂的"浊官"一般由中下士族担任。王羲之的不堪烦扰也是当时高门大户子弟的普遍心态。

王羲之产生归隐的想法已非一日。他与当时的许多名士一样，很早就与当世的一些高僧、道士往来，日常生活中沾染许多名士风气，如养身、服药等，史称"羲之雅好服食养性"。他出仕会稽，也与其"不乐在京师"有很大关系，因此一到会稽，"便有终焉之志"。他刚上任时，谢安还隐居不仕，仍在会稽居住，孙绰、李充、许询、支遁等人，也多在这里居住，"会稽有佳山水，名士多居之，谢安未仕时亦居焉。等皆以文义冠世，并筑室东土，与羲之同好"。王羲之在其著名的《兰亭集序》中，已表露了其归隐之志。

王羲之政治上不得志，现在又屈于王述的管辖之下，还引起许多人的耻笑，其心境可想而知。门阀士族子弟入朝为官，一方面有其权力传承维持家族地位的政治企图，一方面也是作为儒家门徒兼济天下、展示个人才智抱负自我实现的需要，与后世为官目的不同，并无吃俸讨薪之求、养家糊口之忧。相对于政治的缛节事繁、压抑苦闷、凶险波折，东晋中后期的世家子弟很多都对出仕为官不以为然或不感兴趣，稍有不如意便挂印而去。即使许多权势如日中天的人物，常常也处于出世入世之间。面对从政和自然，王羲之更热爱江南的山山水水。"从山阴道上行，如在镜中游"，神仙般的生活对他有着极大的吸引力。这时他更加明确地意识到，与家人耕读相处、与好友优游山水、与诗书寄情忘怀、与同修访僧问道才是他真正的人生归宿。

二、悠游山水

王羲之辞官后，隐居在浙江剡县（今嵊州市）金庭。这是在他任会稽内史时，遣人行视选定的。地方志中记载，“入判经金庭，见五老、香炉、卓剑、放鹤诸峰，以为奇丽幽缈，隔绝世尘，眷恋不能已！遂筑馆居焉。从之者夫人郗氏、乳母毕氏、中子操之。”剡县位于曹娥江上游，四明山和会稽山南麓。汉置剡县，宋改嵊县，以嵊山得名。嵊州是一个独特的封闭式山间盆地，构成了特殊的地貌形态，遇有兵灾，人多来隐，故《水经注》云：“足为避地之乡矣!”《剡录》引《十道志》曰：“谶曰：‘两火一刀可以逃。自汉以来，扰乱不少，故剡为福地。’”王羲之给妻弟郗愔信曰：“此地避，又节气佳，是以欣此来也。”指的就是避地之乡，而且气候适宜。嵊州素有“东南山水越为最，越地风光剡领先”之美誉。唐代裴通说：“越中山水奇丽剡为最，剡中山水奇丽金庭洞天为最。”后来，戴逵、谢灵运、李白、杜甫、朱熹、陆游等历代文人墨客，多次来嵊游历，留下了不少咏剡佳句和访剡遗迹。李白有诗“借问剡中道，东南指越乡。舟从广陵去，水入会稽长。竹色溪下绿，荷花镜里香。辞君向天姥，拂石卧秋霜”，“霜落荆门江树空，布帆无恙挂秋风。此行不为鲈鱼鲙，自爱名山入剡中”。杜甫写道，“越女天下白，鉴湖五月凉。剡溪蕴秀异，欲罢不能忘。归帆拂天姥，中岁贡旧乡。气劘屈贾垒，目短曹刘墙。”陆羽则有“月色寒潮入剡溪，青猿叫断绿林西。昔人已逐东流去，空见年年江草齐”的名句。

王羲之迷恋山水，信仰道教，金庭对他具有很大的吸引力。在浙江绍兴嵊州市东35公里处的金庭乡有金庭白云洞，传说是王羲之始祖王子晋吹笙处。《剡录》引《道经》曰：“王子晋登仙，是天台山北门第二十七洞天。洞在桐柏山中，三十五里，见日月，下见金庭壁，四十里，又曰天台华顶之东门，曰金庭洞天。周王子晋善吹笙，为凤凰之声。从浮丘公登高而羽化缑山。去后主治天台华顶，号白云先生，往来金庭。风月之夕，山中有闻吹笙者。”王羲之应该很早就从居住在山阴的好友孙绰那里，听到了王乔和金庭洞天的故事，与金庭有了缘分。他笃信天师道，信道者以服散长生和寻仙羽化为最高理想，认为长期服食如五石散一类丹药，就能长生不老；或遇到神仙，拜其为师，就能学就道术，成为自由自在永生不死的仙人。既然金庭是王氏始祖王子晋的道场，自然就成了王羲之的首选之地。这也是他提前辞官的一个重要原因，他在与友人书说："方欲尽心此事，所以重增辞世之笃。"所谓王羲之与金庭有缘，就是期盼能够遇到王乔，将他点化成仙的那种裔亲关系。白居易称"越有桐柏之金庭，养真之福地，神仙之灵墟，亦三十六洞天之一"，传说山上有灵芝，"尝闻异香，泉则石髓金精，清馨甘洌，时值仙人，从古下死，真天之绝境也"，出于对祖先的崇敬和对道教养身的笃信，这也是王羲之择金庭而居的原因之一。

东晋的土地制度，也为王羲之归隐创造了经济条件。东晋实行占田法和荫客制度，为士族庄园经济的发展奠定了良好的基础。占田法规定，平民每个男丁占田七十亩，每个青壮女子和少老半丁占田三十亩。而官员和封爵则按官品占田，一品可占五十顷，如下减一品少五顷。王羲之为右将军、会稽内史，又任过江州刺史，官三品，可占田四十顷（时一顷合今100亩）。按荫户制，王羲之还可享受朝廷赐予的荫食客三人，荫典计客二人，佃户客十户，负责庄园的生活、管理和劳作。金庭入则幽谷，出则平畴，今华堂、晋溪一带广有良田，依山傍山，自然资源丰富，又可发展手工业作坊和养殖业，是发展庄园经济的优选之处。我们研究王羲之的晚年逸民生活，应该把金庭作为他的一个士族庄园来研究。这一点非常重要。他和没有官职的隐士戴逵、释氏支遁不同，他俩居剡而不得占田，因此郗超为戴逵在剡山建宅，支遁居剡东沃洲小岭，要向竺道深买山。王羲之则享有一个庞大庄园。事实上，王羲之任会稽内史时，已有退隐之计，早在金庭开发庄园了，陈寅恪《述东晋王导之功业》认为，王羲之"其欣赏自然界美景的能力甚高，而浙东山水佳胜，故于此区域作'寻田问舍'之计"。实际情况也是这样。他在给友人信中说："吾前东，粗足，作甲观。吾为逸民之怀久矣，足下何方复及此似梦中语耶！无缘言面为叹，书何能悉。"信中"吾前东"，剡在会稽东，世称"越东足"，说他前些日子去过金庭。"粗足"的意思是进行了初步的踏勘。"作甲观"，观，楼宇，甲，佳，意思是说，计划造一幢精良的楼房作为住宅。他还批评友人说，我早有逸民之志，你却好像刚刚知道似的像在说梦话，这叫我在信里又怎么说得清楚呢。关于"甲观"，或许还有另外一种解释。信道人家一般都有静室，供奉张天师，遇事即可祈祷，甲观就是这种性质的静室，后称金庭为观，或本于此。王羲之金庭庄园的范围大致在华堂、晋溪一带，但具体已不可考。有人认为，华堂王氏后裔的田产是以王羲之的庄园为基础发展起来的，而灵鹅竺氏的田产，则传说是王氏女儿的嫁田。用"庄园"这样的观念来研究王羲之的晚年行踪，或许能拓展一个新的视野。

裴通有云："王羲之领右军将军，家于此山，书楼墨池，旧制犹在……书楼阙坏，墨池荒毁，话于邑宰王公，王公瞿然，征王氏子孙在者，理荒补阙，传其不朽。"据考，此处道教宫观原为东晋大书法家王羲之故宅。其后代王衡于此舍宅为观修炼，称名金真馆，后改称金真宫；宋永初十七年（440 年），褚伯玉奏改为金庭观。观内原奉有王羲之塑像，建有右军书楼、玩鹅亭、右军祠等。王羲之在剡，遍历剡中山水，今嵊西之独秀山、嵊东晋溪之灵鹅村，都有他的遗迹和传说。早先，独秀山下有桃源乡主庙，还奉王右军为乡主，四时香火不绝。

孔子云："仁者乐山，智者乐水。"中国文人大多有悠游山水之志，魏晋时期，名士们更是乐在山水之间。王羲之归隐后，以游观山水弋钓为乐。"与东土人士，尽山水之游，弋钓为乐。"王羲之时，有阮裕、戴逵、支遁、竺道深、于法开、谢敷、许询等居剡，这些人多为王羲之素交。他们游遍了东土诸郡山山水水，江浙之地，遍留其足迹。不仅如此，他可能还与友人向西而行，一路到了已爱慕向往多年的蜀中地区，尽观蜀地山水之奇，他在谢安书云："蜀中山水，如峨眉山，夏含霜雹，碑版之所闻，昆仑之伯仲也。"王羲之去官以后，隐居养真，乐在山林，在幽美的大自然里，王羲之沉潜玩味其中，再无官场角逐、事务羁绊，身心得到充分的自由和放松，他感叹道："我卒当以乐死！"

王羲之辞官以后，好友谢万在吏部任职，曾经致书于他，要他再次出仕，他写信婉言谢绝，信中写道："古之辞世者，或被发佯狂，或污身秽迹，可谓艰矣！今仆坐而获免，遂其宿心，其为庆幸。岂非天赐！违天不祥。顷东游还，修植桑果，今盛敷荣。率诸子，抱弱孙，游观其间，有一味之甘，割而分之，以娱目前，虽植德无殊邈，犹欲教养子孙以敦厚退让，戒以轻薄。庶令举策数马，仿佛万石之风。君谓此何如？比当与安石东游山海，并行田视地利，颐养闲旷，衣食之余，欲与亲知时共欢宴。虽不能兴言高、咏，衔怀引满，语田里所行，故以为抚掌之资，其为得意，可胜言邪！常依陆贾、班嗣、杨王孙之处士，甚欲希风数子，老夫志愿尽于此矣。"这就是书法史上著名的《与吏部郎谢万书》。古代很多隐居的名士，"被发佯狂""污身秽迹""可谓艰矣"！而他辞官后没有经济上的担心，更没有烦琐的政务纠缠，用不着在官场朝廷间周旋，不用在枯燥无味的案牍疏奏上劳神，既可以与友人徜徉山水之间，又可与家人共享天伦之乐，"老夫志愿尽于此矣"，一语道其当时心情。谢安曾经有一次对王羲之说："中年以来，伤于哀乐，与亲友别，辄作数日恶。"王羲之则说："年在桑榆，自然至此。顷正赖丝竹陶写，恒恐儿辈觉，损其欢乐之趣。"朝廷也曾想让他再度出仕，但看到他归隐的志愿这么坚决，也就不再勉强他了。当时刘惔在丹阳为官，一次许询到刘惔府中做客清谈，刘惔府上用品十分奢华，饮食也丰盛可口。许询羡慕地说："若此保全，殊胜东山。"刘惔不无得意地回答："卿若知吉凶由人，吾安得保此。"当时王羲之也在座，说："令巢许遇稷契，当无此言。"巢许、稷契都是古时隐士，王羲之对两位当时自诩为名士的刘惔、许询还是追求物质享受的境界很不以为然，一下子说得此二人羞愧不堪。

三、暮年魂逝

但是美好的时光总是十分短暂，年老病重和子孙早逝也不断侵扰着晚年的王羲之。归隐时，王羲之当时他已到53岁的暮年，"衰老之弊日至"。他与当时许多名士一样，有服食"寒石散"的嗜好，此时更甚，"又与道士许迈共修服食，采药石不远千里"。金庭山中植被丰茂，草药甚多，山泉甘美，气候宜人，真可谓养真之地。王羲之信奉道教，认为服食可以成仙得道，延年益寿。他晚年的很大精力也都用在了养生上。他很早就养成服食“寒石散”的习惯，到了晚年有更多的时间到深山中采集药石，加之挚友周抚等经常送些“胡桃”“青李”“来禽”等服食所需之品，服食从不间断。《全晋文》有一段关于王羲之服食的记载：“服足下五色石膏散，身轻行动如飞也。”当年轻力壮时，初服药石，确有身轻如飞之感。长期服食，身体受到毒害，特别到了老年，情况就大不一样了。《追寻帖》载：“且复服散行之，益顿乏，推理皆如足下所海。然吾老矣?”鉴于王羲之的亲身体验，他对服药的作用已表示怀疑，《转佳帖》中说：“散系转久，此亦难以求泰，不去人间，而欲求分外，此或速弊，皆如君言。”药石并没有使王羲之长生不老，相反损害了他的健康，其晚年的病痛，在他遗世的很多手札书信中，多有这方面的陈述：“鄙疾进退，忧之甚深。仆进下数日，勿勿肿剧，数尔进迟，忧之转深”，“亦不知当复何治。得散力，烦不得眠，食至少，疾患经日”，“吾肿，得此霖雨转遽。吾遂沉滞兼下，如近数日，兮无复理”，“吾昨暮复大吐，小啖物便尔”，“吾此日极不快，不得眠，食殊顿。吾胛痛剧灸不得力，至患之。五六日来小差，尚甚虚劣，且风大动，举体急痛”，“仆下连连不断，无所一欲。啖辄不消化，诸弊甚，不知何以救之”。王羲之少患癫痫，一二年辄发一次。晚年多病，这是他长期服药行散产生的恶劣后果，用他自已的话来说：“吾服食久，犹为劣劣”，服药短暂的快感换来的终日病痛。

正当王羲之准备尽享天伦之乐之时，不幸的事接踵而来。两个孙女相继因病而亡，延期（疑为操之小名）的女儿“四岁暴疾不救”，官奴（疑为献之小名）的女儿玉润，也是幼年因急病而亡。王羲之在《延期官奴帖》中说：“十日之中，二孙夭命”，他还在《二孙女夭殇帖》中称“二孙至此”。对于两个孙女的夭折极度哀痛，他曾说：“期小女四岁，暴疾不救，哀愍痛心，奈何奈何！吾衰老，情之所寄，唯在此等。奄失此女，痛之缠心，不能已已。可复如何，临纸情酸。”又写道：“二孙女夭殇，痛悼切心，岂意一旬之中，二孙至此。伤惋之甚，不能已已！可复如何！官奴小女玉润病来十余日，了不令民知。昨来忽发痼，至今转笃，又苦头痛，头痛以溃，尚不足忧，痼疾少有差者，忧之心，良不可言。”又道，“延

期、官奴小女，并得暴疾，遂至不救。愍痛贯心，奈何！吾已西夕，至情所寄，惟在此等，以荣慰馀年。何意旬日之中，二孙夭命！且夕左右，事在心目，痛之缠心，无复一至于此，可复如何？临纸咽塞。”字里行间真情感人，催彻心扉。王羲之已感到自己已到夕阳西下之年，把感情、心愿凝聚在儿孙身上，而老者未去，幼者先亡，使其“伤惋之甚，不能已已”。

服寒食散的禁忌之一，是怕哀痛伤心。两个孙女的死更加重了他的病情。穆帝逝世后，司马丕奉太后令继承帝位，大赦天下。见到赦书，抱病的王羲之，写了一封《贺表》，因为体力衰竭，表文很短：“臣羲之言，伏惟陛下天纵圣哲，德齐二仪，应期承运，践登天祚。普天率土，莫不同庆。臣抱疾遐外，不获随例，瞻望宸极，屏营一隅。臣羲之言。”这应该是今日见到的王羲之最后的一篇文表。《全晋文》存王羲之一帖：“吾顷无一日佳，衰老之弊日至，夏不得有所啖，而犹有劳务，甚劣劣。”这年夏天，饭都吃不下去，已去死不远。在王羲之去世前的同一年中，妻兄郗昙、好友许询也相继逝世。关于王羲之的死，《太平御览》卷六百六十六引《太平经》有一段记载：“王右军病，请恭（指杜子恭，是天师道中重要人物，传说他‘有道术，人多惑之’），恭谓弟子曰：‘右军病不差（不差，即不瘥，意为不能转愈），何用吾。’十余日，果卒。”在药无可医时，王家还是把最后的希望寄托于天师道上。

由于健康状况日益恶化，应该是在公元361年夏天，年仅59岁的王羲之就与世长辞了。随后朝廷“赠金紫光禄大夫。诸子遵父先旨，固让不受”。关于他的墓地，至今持论不一。《嵊县志》记载：墓在古剡之金庭；《诸暨县志》记载在诸暨苎罗山；《绍兴县忘》则记载在旧会稽之云门山。从目前各类史料记载推断，墓地在嵊州证据似乎更为充足。目前嵊州金庭王羲之墓道长190米，卵石铺地，柏树夹道。墓道入口有石牌坊，上书“王右军墓道”。王羲之墓是明代人初建、清代人重建的纪念墓。近年来，在王羲之墓道左侧重建了金庭观、书圣殿、右军祠、雪溪书院、书画长廊、书法园林等。

四、子嗣后代

王羲之在他去世前给周抚的信中曾说：“吾有七儿一女，皆同生。婚娶已毕，惟一小者尚未婚耳。过此一婚，便得至彼。今内外孙有十六。”《晋书·王羲之传》也说：“有七子，知名者五人。”

从目前史料考证，王羲之七子两女基本是史界公认。长子王玄之，字伯远，工草书和隶书。其妻何氏。玄之婚后不久病逝，身后无子，以其弟凝之之子蕴之为嗣。玄之生前曾参与父亲羲之主持的兰亭聚会，有帖传世。次子王凝子，字叔平，亦工草隶，历任江州刺史、左将军、会稽内史，为孙恩所害，妻谢道韫，为谢安侄女，聪慧有才辩，是东晋著名女诗人、书法家。三子王涣之，善草书。自幼学习父亲书法，达到了形似的程度，有帖传世。涣之也参与了父亲王羲之主持的兰亭聚会。四子王肃之，字幼恭，历任中书郎、骠骑咨议。参加过父亲王羲之主持的兰亭聚会，并有诗流传于后，只是不见其法帖传世。五子王徽之，字子猷，官至黄门侍郎，以卓荦不羁著称。六子王操之，字子重。历任秘书监、侍中、尚书及豫章太守等职。其妻贺氏。贺氏祖父为当朝司空贺循。操之有宣之、慧之二子。七子王献之，字子敬，小名官奴，是王羲之七个儿子中最为知名者，官至中书令，为与族弟王珉区分，人称王大令。与其父并称为“二王”。王羲之的两个女儿何名，史无记载，仅知一女嫁给刘畅，生子瑾，官职尚书、太常卿；另一女，嫁给谢奂，生著名诗人谢灵运。

关于王羲之的子女中，史上对王凝之、王徽之、王献之三人记载较多。

王凝之（？—399 年）。与其父一样，作过江州刺史和会稽内史。与他的兄弟们相比，王凝之并非一个才华高妙的人，论书法，他只善草隶，论文才，他只留下了“莊浪濠津，巢步颍湄。冥心真寄，千载同归”这样平庸的诗句。他的出名，一是由于他的荒诞糊涂，二是由于他有个大名鼎鼎的夫人。

王凝之笃信“五斗米教”。他任会稽内史时，孙恩叛乱，王凝之开始死活都不相信跟他一样信仰五斗米教的孙恩会谋反！等叛军逼近时，他才不得不相信，却不组织军队抵御，而是踏星步斗，拜神起乩，说是请下鬼兵守住各路要津，贼兵不能犯。结果城被攻破，王凝之却仍然不相信同一教派的孙恩会杀他，并不逃走。结果被一刀枭首，其子也都一并被杀。死得糊里糊涂，让人哭笑不得。

就这样一个略显糊涂的人，却娶了一个好媳妇——谢安兄长谢奕之女谢道韫。谢道韫，一代才女，聪识有才辩。传世代表作品有《泰山吟》《拟嵇中散咏松》《论语赞》。年少时，谢安问她："毛诗何句最佳？"谢道韫答道："吉甫作诵，穆如清风。"吉甫就是周朝的贤臣尹吉甫。"吉甫作诵"指的是尹吉甫写的"烝民之诗"，这诗赞美周宣王的卿士仲山甫，帮助周宣王成就中兴之治。谢安十分认同，称赞谢道韫颇有雅人深致。还有一次，在北风怒吼、雪花纷飞的寒冷冬天，一家人围炉闲谈，谢安问大家："大雪纷纷而下，像是什么样子？"谢道韫接道："未若柳絮因风起。"谢安为之击掌赞叹。谢安后来从王氏子弟中选中王凝之作婿。开始谢道韫很看不上王凝之。《世说新语》记载："既往王氏，大薄凝之。既还谢家，意大不说。太傅慰释曰：'王郎，逸少之子，人才亦不恶，汝何以恨乃尔？'答曰：'一门叔父，则有阿大、中郎；群从兄弟，则有封、胡、遏、末。不意天壤之中，乃有王郎！'"谢道蕴的意思是，我们谢家，从老到少，个个都是杰出人才，俊雅不凡。可是我没想到，天底下竟然还有像王凝之这样平庸的人啊。想她家世如此耀眼，自己又才可比天，竟然嫁给这样一个窝囊之人，委屈之情难以言喻。但二人之后却举案齐眉，相守相老。王凝之与谢道韫有四子一女，四子是蕴之、平之、亨之、恩之。谢道韫也确实是个人物。孙恩叛乱攻入会稽城中时，她举措镇定，命令婢仆执刀仗剑，组成一支小小的突击队伍，乘乱突围出城，她横刀在手，乘肩舆而出，来到大街，贼兵如潮水般涌来，成为贼兵的俘虏，谢道韫抱着小外孙被送到孙恩的面前，孙恩看到这个刚刚三岁的小孩儿，以为是王氏子孙，即命令左右将他杀死。谢道韫厉声说："事在王门，何关他族？此小儿是外孙刘涛，如必欲加诛，宁先杀我！"孙恩早听说谢道韫的才名，见她义正词严，毫不为眼前的态势而有畏惧之意，不免大为心折，于是改容相待，不但不杀她的小外孙，而且命属下善加保护，送她安返故居。从此谢道韫寡居会稽。会稽文风鼎盛，莘莘学子时常前来向谢道韫请教。此时她已逾知命之年，曾在堂上设一素色帘帏，端坐其中，侃侃而谈，虽然未曾设帐授徒，但实质上从事着传道、授业、解惑的工作，受益的学子不计其数，都以师道尊称她。孙恩之乱既平，新到太守刘柳素拜访谢道韫。事后刘柳素常对人说："内史夫人风致高远，词理无滞，诚挚感人，一席谈论，受惠无穷。”时人更评价其“神情散朗，故有林下风气”。

王徽之（338—386 年），是七个兄弟中最具“名士派”的一位。曾历任车骑参军、大司马、黄门侍郎。才华出众，生性高傲，放诞不羁，生性落拓，不修边幅。对公务并不热忱，时常东游西逛，后来索性辞官，住在山阴（今浙江省绍兴市）。其书法有“徽之得其（王羲之）势”的评价，后世传帖《承嫂病不减帖》《新月帖》等，其书法长于行草，挥洒自如，笔法多变，妍美流畅。宋代《宣和书谱》评其书法“作字亦自韵胜”。

他在担任大司马桓温的参军时，经常蓬头散发，衣冠不整，对他自己应负责的事情也不闻不问。但桓温欣赏他的才华，对他十分宽容。过了几年，他又到车骑将军桓冲手下担任骑曹参军，负责管理马匹。他不改旧习，还是整天一副落拓模样。有一次，桓冲故意问王徽之：“王参军，你在军中管理哪个部门？”王徽之想了想说：“不知是什么部门，时常见人把马牵进牵出，我想不是骑曹，就是马曹吧！”桓冲再问：“那你管理的马匹总数有多少？”王徽之毫不在乎地回答：“这要问我手下饲马的人。我从来不去过问，怎么能知道总数有多少呢？”桓冲又问：“听说最近马匹得病的很多，死掉的马有多少？”王徽之神色如常，说：“我连活马的数字都不知道，怎么会知道死马数呢？”桓冲听了，却也无可奈何，便不再问。有一次，王徽之骑马随桓冲出外巡视。不料，突然下起了暴雨，王徽之见桓冲坐着车，便下马钻入车中，说：“怎么能独自坐一辆车呢？我来陪陪你吧！”桓冲知他不拘小节，又见外面雨下得很大，便让他同坐。过了一会儿，雨停了，王徽之说声“打扰”，便下了车，重新骑上马，跟着桓冲前行。王徽之去拜访雍州刺史郗恢，郗恢进里屋时，王徽之看见厅上有毛毯，说：“阿乞怎么得到这样的好东西！”便叫随从送回自己家里。郗恢出来寻找毛毯，王徽之说：“刚才有个大力士背着它跑了。”郗恢知他性情，也毫不在意。王徽之曾经暂时借住别人的空房，还叫家人种竹子。有人问他：“暂时住一下，何必这样麻烦！”王徽之吹着口哨并吟唱了好一会儿，才指着竹子说：“何可一日无此君？”王徽之坐船进京，刚停泊在码头上，正碰上桓子野从岸上经过。王徽之素闻桓子野擅长吹笛子，但并不认识他。王徽之便派人替自己传个话给桓子野，说：“闻君善吹笛，试为我一奏，”桓子野当时已经做了大官，一向听过王徽之的名声，立刻就掉头下

车，上船坐在马扎儿上，为王徽之吹了三支曲子。吹奏完毕，就上车走了，宾主双方没有交谈一句话。王徽之有一次到外地去，经过吴中，知道一个士大夫家中有个很好的竹园。竹园主人已经知道王徽之会去，就洒扫布置一番，在正厅里坐着等他。王徽之却坐着轿子一直来到竹林里，讽诵长啸了很久，主人已经感到失望，还希望他返回时会派人来通报一下，可他竟然要一直出门去。主人特别忍受不了，就叫手下的人去关上大门，不让他出去。王徽之因此更加赏识主人，这才留步坐下，尽情欢乐了一番才走。王徽之最出名的是“夜访戴逵”。王徽之住在山阴县时，有一夜下大雪，他一觉醒来，打开房门，叫家人拿酒来喝。眺望四方，一片皎洁，于是起身徘徊，朗诵左思的《招隐》诗。忽然想起戴逵，戴逵住在剡县，他立即连夜坐小船到戴家去。船行了一夜才到，到了戴家门口，没有进去，就原路返回。别人问他什么原因，王徽之说：“吾本乘兴而行，兴尽而返，何必见戴?”他做黄门侍郎不久便弃官东归。后来，王徽之和王献之都病得很重，王献之先去世。一天王徽之问侍候的人说：“为什么一点也没有听到子敬的音讯？这是已经去世了！”说话时一点也不悲伤。于是就要车去奔丧，一点也没有哭。王献之平时喜欢弹琴，王徽之便一直进去坐在灵座上，拿过王献之的琴来弹，琴弦怎么也调不好，就把琴扔到地上说：“子敬，子敬，人和琴都不在了！”说完就悲痛地昏了过去，很久才醒过来。因为王徽之早有背疾，这次崩裂，过了一个多月他也去世了。

王献之（344—386 年）。王羲之最小的儿子。由于其书艺超群，历来与王羲之并称“二王”，或尊称为“小圣”。他很小名气就很大，“少有盛名，而高迈不羁，虽闲居终日，容止不怠，风流为一时之冠”。小时候，他看门生樗蒱，说：“南风不竞。”门生回答：“此郎亦管中窥豹，时见一斑。”王献之很生气地说：“远惭荀奉倩，近愧刘真长。”拂衣而去。一次，王献之与其兄王徽之同处一室，不知什么原因房子忽然起火，王徽之仓皇逃离，匆忙之中还丢了鞋子；而献之则神色恬然，不慌不忙地叫来仆人，“徐唤左右，扶凭而出，不异平常”。还有一次，夜里王献之正睡觉，有小偷潜入房中偷盗，东西都快拿光了，突然听到他在卧榻上慢慢悠悠说：“偷儿，毡青我家旧物，可特置之。”一下子把一伙盗贼都吓跑了。他和兄长王操之、王徽之一起去拜谒谢安，两个兄长说的都是些家长里短的俗事，王献之则在一旁“寒温而已”。他们走后，有人问谢安对王氏兄弟的评价，谢安说：“小者佳。”并且说，“吉人之辞寡，以其少言，故知之。”

王献之官至中书令，人称王大令。曾经担任过州主簿、秘书郎、秘书丞、长史、吴兴太守等官职；成为简文帝驸马后，又升任中书令（相当于宰相）。但政绩一般，远不如他的书名显赫。王献之学书和他的父亲一样，不局限于学一门一体，而是穷通各家，所以能在“兼众家之长，集诸体之美”的基础上，创造出自己独特的风格，终于取得了与王羲之并列的艺术地位。王献之的书法艺术，主要是继承家法，但又不墨守成规，而是另有所突破。张怀瓘《书断》记载，王献之曾经对父亲说：“古之章草，未能宏逸……大人宜改体。”张怀瓘《书议》说：“子敬才高识远，行草之外，更开一门。夫行书，非草非真，离方循圆，在乎季孟之间。兼真者，谓之真行；带草者，谓之行草。子敬之法，非草非行，流便于草，开张于行，草又处其中间……笔法体势之中，最为风流者也。”他的非草非行的新书体，被称为“破体”，又叫“一笔书”。其书法豪迈气势宏伟，故为世人所重。在他的传世书法作品中，不难看出他对家学的承传及自己另辟蹊径的痕迹。前人评论王献之的书法为“丹穴凰舞，清泉龙跃。精密渊巧，出于神智”。他的用笔，从“内擫”转为“外拓”。他的草书，更是为人称道。俞焯曾说：“草书自汉张芝而下，妙人神品者，官奴一人而已。”他的传世草书墨宝有《鸭头丸帖》《中秋帖》等。清朝乾隆皇帝将《中秋帖》收入“三希帖”，视为“国宝”。小楷传世名作《洛神赋十三行》，又称“玉版十三行”。梁书画家袁昂在《古今书评》中说：“张芝惊奇，钟繇特绝，逸少鼎能，献之冠世。”将四贤并称。而宋齐之间书学地位最高者则一度推王献之。梁陶弘景《与梁武帝论书启》云：“比世皆尚子敬书”“海内非惟不复知有元常，于逸少亦然”。当时几乎成了王献之的天下。一直到了唐代，唐太宗竭力褒扬王羲之而贬抑王献之，一些书法评论家才开始认为王献之的书法比不上他的父亲王羲之。但是北宋书法家米芾，主要是向王献之学习。现代著名学者、书法家胡小石更认为张旭、怀素一派之“狂草”，便是由王献之草书发展而成的。王献之的遗墨保存很少，数量远远没有王羲之那么丰富。因唐太宗贬献之而不购求其书作，内府的王献之书迹“仅有存焉”。宋初的书法，并举“二王”，宋太宗赵光义留意翰墨，购

摹古先帝王名臣墨迹，命侍书王着摹刻十卷，这就是著名的《淳化阁帖》。“凡大臣登二府，皆以赐焉。”帖中有一半是“二王”的作品。单着录王献之书帖的有七十三件，经后人考证为伪作或他人所书者达二十余件，北宋宣和年间，宋徽宗雅好王献之书法，《宣和书谱》所收的王献之书迹增至八十余件。但这些墨迹本绝大多数没有保存下来，仅存的墨迹本，不逾七件，而且都是摹本。好在历代刻帖还保留着一些真迹刻本，给我们学习了解王献之书法留下了宝贵资料。他文采也好，他的“从山阴道上行，山川自相映发，使人应接不暇”，成为历来赞美稽山镜水的名句。

史载王献之妻妾共有三名，原配为表姐郗道茂（舅父郗昙之女），夫妻感情甚笃，后因皇帝选上他为驸马，于是被逼与郗道茂离婚，娶新安公主司马道福为妻。此外，王献之与其妾桃叶的故事历来是民间传说中热门的话题，据说他曾作“桃叶歌”以送佳人。王献之的女儿王神爱是中国历史上著名的痴呆皇帝之一晋安帝司马德宗的皇后。王献之卒后，无子，以兄王徽之子王静之（或曰靖之）为嗣，晋时官至义兴太守，至刘宋时，官至司徒左长史。王子敬病重，请道家主持上表文祷告，本人应该坦白过错，道家问子敬一向有什么异常和过错。子敬说：“不觉有馀事，唯忆与郗家离婚。”

第六章　王羲之思想、艺术及评价

在前面章节中，我们或详或略地论述了王羲之所处的历史时代、阶级特点、文化环境、人生境遇等，由远及近、由大及小地一步步走近本书的主人公。作为在中国庞大的书法家群体中，王羲之能被世代奉为“书圣”，如果仅就艺术论艺术，我们无论如何都会觉得单薄无力。当我们剥茧抽丝一般进行了如此冗长的论述后，我们似乎从中找到了些什么、发现了些什么，但仍觉得离王羲之还是那样遥远。下面，就让我们进一步尝试走近王羲之的思想，及由此伴生的高妙的艺术境界。

第一节　王羲之的思想特点

任何伟大人物的卓越成就，并不是偶然的，也并不只是天赋禀异或机缘时世的产物，这些成就，必然有其对事物本质的独特认知，大而言之，即所谓的世界观、人生观，小而言之，即其思想理念。一个人所能达到的境界往往就是由其思想的高度决定的。王羲之作为中国历史上的著名人物和伟大书法家，他的思想和理念是值得关注和研究的。

郭沫若认为，“王羲之的思想是儒家与道家的混合物”。西晋以来，一改两汉“独尊儒术”的文化氛围，“玄化”成为主流。特别是到西晋末年，一流的门阀士族均已“由儒入玄”。但正如鲁迅先生所说，高喊“非汤武而薄周、孔”的嵇康、阮籍等“魏晋的破坏礼教者，实在是相信礼教到顽固之极的”。表面上看，讲究任自然，放浪形骸，是道家，而实质上往往是根深蒂固的儒家。特别是执掌朝政的王氏、庾氏、谢氏，这一点更是明显，王导、庾亮、谢安，一方面是当世名流，名士气十足，另一方面都有经国济世之志向和才华，内尊儒术外显黄老可以说是其基本特征。王羲之

作为王氏子弟，“儒玄并综”的特点十分明显。当然，随着佛教在东晋的兴盛和士族的推崇，佛教思想对其也有一定影响。如历史学家商承祚认为：“羲之的思想不仅儒、道混合，还或多或少受佛家支遁思想的影响，支遁是‘即色宗’的代表人物，羲之既然对他倾倒而与之交游，在思想感情上自有交融相通之处，因此，可以更确切地说，羲之的思想是儒、释、道三者的混合物。”应该说，到王羲之后期，王羲之与高僧的交流是较多的，受其影响在所难免，但“儒玄并综”仍是主要的，何况当时佛教思想常常与玄学思想难以严格区分。

一、传统儒家思想的影响

王羲之的儒家思想可谓已融入骨血。这与他家族的传统和学术思想密切相关。前面章节中已对琅玡王氏的儒学传统有过较详细的论述。特别是在魏晋时期备受推崇的他的曾祖父王祥、王览，均是以儒家“孝”“悌”起家，靠身体力行成为当时士大夫的典范。可以说，不“尊儒”就没有王家的兴盛，不“尊儒”就失去了王氏安身立命的根基。纵观两晋王氏子弟，大多秉承入世之道，在朝中任有要职，不少人成为社会中流砥柱，而且如王导、王彬之、王凝之等不少人，因谙熟儒家礼仪规范而掌管朝中礼仪纲纪，虽然后来也有王徽之等完全“玄化”的人物出现，但也只是个例，不足以代表王氏整体儒学传统。据此，王羲之的儒家思想是有家族渊源的，自小受到儒家思想的熏陶和影响。

王羲之的儒家思想在他的两首《兰亭诗》中表现得很明显，他在第一首诗中咏道：“咏彼舞雩，异世同流。”“异世”是指哪个朝代呢？又与谁“同流”呢？我们先找其用典出处。“舞雩”出于《论语·先进》孔子与弟子的一段对话，“（曾子）曰‘莫春者，春服既成，冠者五六人，童子六七人，浴乎沂，风乎舞雩，咏而归。’夫子喟然叹曰：‘吾与点也。’”王羲之认为参加兰亭修禊宴集的名士，虽然与孔子处于两个不同的时代，但都是志趣高尚的人。可见他把孔子作为追慕的对象。他辞官前在父母墓前跪拜告誓时的表述更把他的儒家思想表达得淋漓尽致，在叙述处境时他说：“进无忠孝之节，退违推贤之义”，“子而不子，天地所不覆载，名教所不得容”。“忠孝”“名教”仍是他挥之不去的追求和遗憾。

儒家思想的根本在于“用世”，为实现儒家治世理想，应该“知其不可为而为”。这一点在王羲之身上体现得十分明显。他素以“骨梗”著名，敢于直言，不求避祸。他为政清廉，爱民如子，体恤下情，敢于为民请愿，虽也有失挫，但不改本色。他因反对伯父王导的“愦愦之政”而坚决投入了庾亮的阵营。这点在前面章节中也有记述。而王羲之的“用世”思想体现最突出的，还是对“北伐”这一东晋王朝面临的最大问题所表现出的态度和观点。后代学者常常因王羲之反对殷浩北伐而把他归为苟安保守一派，实则他所主张的是“审量彼我，万全而后动”，他因形势不同，对几次北伐的态度也完全不同。任何事物的发生和发展我们必须把它放到当时特定的历史环境中考虑，简单地用支持或是反对北伐来判定是否苟安保守并不客观，这只是文人学者纸上谈兵之举。一个卓越政治家的伟大之处，常常在于他对形势的准确判断和把握。

东晋的建立是形势所逼。经过“八王之乱”和“五胡乱华”，西晋王朝国力衰微不堪，人民流离失所，经济一片凋零，司马睿及部分士族南流是司马政权的不得已之举。东晋建立之初，内外矛盾十分突出，当时有北伐之心也无北伐之力。勉强自保一个很重要的原因还是中原地区少数民族政权之间的激烈斗争，才使东晋政权得以喘息。北伐尽管是当时政治、军事生活中一个重要的问题，但还一时难以摆上东晋王朝的议事日程。《世说新语・言语》作了这样的记述：“过江诸人，每至美日，辄相邀新亭，藉卉竹宴。周侯中坐而叹曰：‘风景不殊，止自有山河之异！’皆相视流泪。唯王丞相愀然变色曰，‘当共戮力王室，克复神州，何至作楚囚相对’。”这里的周侯即周顗，他对江叹息代表了一部分过江士族的思想感情，而王导“愀然变色”，慷慨陈词：“当共戮力王室，克复神州”，显然是另一种精神状态。王导的这一政治纲领，团结了朝野一批人，得到了许多有识之士的拥护。不过王导虽然慷慨激昂地表示要“克复神州”，但这纯属是一种策略，笼络人心而已。吕思勉论及《王导传》时说：“此传颇能道出东晋建国之由。三言蔽之，曰：‘能调和南方人士，收用北来上大夫，不竭民力而已。’帝之本志盖仅在保全江表而不问北方，即王导之志亦如此。故能志同道合。东晋之所以能立国江东者以此，其终不能恢复北

方者亦以此。”“调和南方人士，收用北来上大夫，不竭民力”可以说是东晋初年的三大任务。后世学者大多如吕先生一样，怀有中原正统拳拳爱国之心，对王导之举不以为然。但客观上讲，王导乃至司马睿东晋王朝的策略，实在有其不得已之处。先不从国力上讲，单从南迁之初南方豪族对司马睿的不屑来看，东晋王朝的羸弱可见一斑。

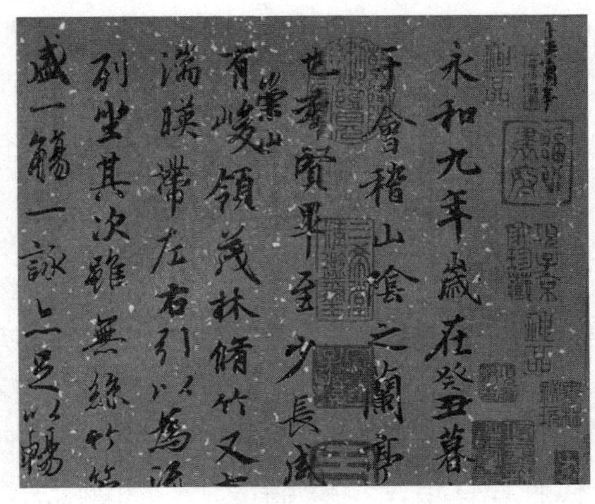

东晋建立近二十年后，形势发生了很大变化。一方面东晋政权趋于稳定，国力有所恢复；另一方面中原地区在石虎的残暴统治下社会矛盾空前激化。后赵石勒死后，石虎继位，他暴虐成性，任意残害百姓，“猎车千乘，养兽万里，夺人妻女，十万盈宫”。后赵统治集团内部争权夺利，统治阶级内部矛盾、阶级矛盾一触即发。这些都为北伐提供了难得的良机。此时，庾亮当权，延请王羲之入府作为重要幕僚，与庾氏兄弟共商治国大计。有经纶大略的军事将领庾翼“以石虎衰暴屡表北伐”。康帝建元元年（公元 343 年），移屯襄阳，征发六州内车牛驴马和地主的奴仆当兵组织力量，命庾冰镇守武昌，为翼的后援，准备大举进攻后赵和成汉。当时朝中对北伐的看法也并不统一，不少大臣认为“若弃江远去，以我所短，击彼所长，惧非庙胜之算”。实际上，东晋士族地主和多数朝臣偏安江左，不肯冒“累卵”之险，害怕失去自己的安乐窝，所以反对这次北伐。而王羲之分析了当时的形势，认为“伏想朝廷清和，稚恭遂进镇，想克定有期”。王羲之的判断不仅客观分析了当时北方的形势，也源于对庾翼为人的深刻了解。庾翼“戎政严明，经略深远，数年之中，公私充实，人情翕然，称其才干。由是自河以南，皆还归附”。庾氏兄弟与王导不同，不仅在内政上力求有所作为，也早有“复兴”的雄心壮志，以“灭胡平蜀为己任”，对北伐作了比较充分的准备，基于此，王羲之对这次北伐态度十分明朗，全力支持赞誉。

但对于殷浩北伐王羲之则持坚决反对态度。

关于殷浩，前文中已多处提及，现在此作正式介绍。殷浩，与王羲之同龄，年少负有美名，见识度量清明高远，尤其精通玄理，是声震当时的大名士。有人问殷浩："将要做官而梦见棺材，将要发财而梦见大粪，这是为何?"殷浩回答说："官本是臭腐之物，所以将要做官而梦见死尸；钱本是粪土，所以将要发财而梦见粪便。"时人以为这是至理名言。镇西将军谢尚年轻时，听说殷浩擅长清谈，特意去拜访他。殷浩没有做过多的阐发，只是给谢尚提示好些道理，说了几百句话；不但谈吐举止有风致，加以辞藻丰富多彩，很能动人心弦，使人震惊。谢尚全神贯注，倾心向往，不觉汗流满面。殷浩从容地吩咐手下人："拿手巾来给谢郎擦擦脸。"殷浩曾隐居十年。太尉、司徒、司空三府征召为官，殷浩都推辞不就。征西将军庾亮召为记室参军，后迁司徒左长史，也就是在此时，与王羲之同在庾府供职，相互十分熟悉。庾亮去世后，安西将军庾翼又请做司马。任命为侍中、安西军司，殷浩都称病不就职。时人把他比作管仲、诸葛亮。建元初年（343 年），庾冰兄弟及何充等相继死去。晋简文帝司马昱当时为诸侯王，开始入朝执掌朝政。殷浩被征召为建武将军、扬州刺史。殷浩再三推辞不过接受征召。永和三年（347 年），安西将军桓温平灭成汉，因为这项功勋，他的威望和势力都强盛起来，令朝廷十分忌惮。司马昱因为殷浩有极高的名声，又受朝野推崇，所以视殷浩为心腹之臣，以抗衡桓温，殷浩延请荀羡和王羲之辅佐，荀羡镇守义兴、吴郡，王羲之为会稽内史。可以说，殷浩虽久负盛名，但到底是诸葛亮还是赵括，并未经过实践检验，两晋时期高谈阔论的名士太多，而真有经天纬地之才的人物少之又少。

殷浩年少时与桓温齐名，而两人却暗中争强斗胜。桓温曾经问殷浩："你我相比，如何?"殷浩回道："我与你交往非只一日，如果让我在你我之间选择的话，我宁愿做我自己。"桓温以豪杰自许，平时十分轻视殷浩，殷浩也丝毫不惧怕桓温。此时，殷浩与桓温都大权在握，更是彼此猜疑，相互不和。王羲之认为"国家之安在于内外和"，他反对党同伐异，主张协和共处，维护政局安定。王羲之密说殷浩、荀羡应以大局为重，他认为国家之安在于内外和睦，不宜内构嫌隙，为了统一大业，要效法廉颇、蔺相如，一致对外，他还把廉颇、蔺相如将相和的故事画在屏风上，以示警

醒。可是殷浩、荀羡怎么也听不进去。

永和五年（349 年），后赵皇帝石虎逝世，后赵随即就因诸子夺位而大乱，东晋朝廷亦决定乘后赵大乱而收复中原和关中地区，统一全国。殷浩于是在永和六年（350 年）获任命为中军将军、假节、都督扬豫徐兖青五州诸军事。殷浩接受朝廷之命，以收复中原为己任。当王羲之知道殷浩要贸然进行北伐时，立即以书劝阻，但没有奏效。殷浩仍整军前行，结果在颍水桥（今河南省许昌）吃了败仗。殷浩不甘心自己的失败，准备再度北伐。王羲之以为必败，并立即致书于殷浩和会稽王表明自己的观点和主张，“尽怀极言”劝其休养生息，尊贤虚己，不要快意于目前，致生民于涂炭。

王羲之在《遗殷浩书》中写道：“知安西败丧，公私惋怛，不能须臾去怀，以区区江左，所营综如此，天下寒心，固已久矣，而加之败丧，此可熟念。往事岂复可追，愿思弘将来，令天下寄命有所，自隆中兴之业，政以道胜宽和为本，力争武功，作非所当，因循所长，以固大业，想识其由来也。自寇乱以来，处内外之任者，未有深谋远虑，括囊至计，而疲竭根本，各从所志，竟无一功可论，一事可记，忠言嘉谋弃而莫用，遂令天下将有土崩之势，何能不痛心悲慨也！任其事者，岂得辞四海之责！追咎往事，亦何所复及，宜更虚己求贤，当与有识共之，不可复令忠允之言常屈于当权。今军破于外，资竭于内，保淮之志非复所及，莫过还保长江，都督将各复旧镇，自长江以外，羁縻而已。任国钧者，引咎责躬，深自贬降，以谢百姓，更与朝贤思布平政，除其烦苛，省其赋役，与百姓更始，庶可以允塞群望，救倒悬之急。使君起于布衣，任天下之重，尚德之举，未能事事允称，当董统之任而败丧至此，恐阖朝群贤未有与人分其谤者。今亟修德补阙，广延群贤，与之分任，尚未知获济所期。若犹以前事为未工，故复求之于分外，宇宙虽广，自容何所！知言不必用，或取怨执政，然当情慨所在，正自不能不尽怀极言。若必亲征，未达此旨，果行者，愚智所不解也。愿复与众共之。复被州符，增运千石，征役兼至，皆以军期，对之丧气，罔之所厝。自顷年割剥遗黎，刑徒竟路，殆同秦政，惟未加参夷之刑耳。恐胜、广之忧，无复日矣。”

王羲之首先从上次北伐失败谈起，殷浩第一次北伐是在公元 352 年，就在这一年又准备第二次北伐，阖朝上下正为之“惋怛”，“不能须臾去怀”。在这种情况下，为了巩固东晋的江山大业应该认真地总结失败教训，从长计议，以期改弦更张，不能重蹈覆辙。信中分析了“自寇乱以来”的形势和前几次北伐失败的教训，提出了自己的主张和见解。王羲之还从私人的角度，动之以情，晓之以理，说明利害关系，“使君起于布衣，任天下之重，尚德之举，未能事事允称，当董统之任，而败丧至此，恐阖朝群贤未有与人分其谤者。”北伐失败，会激起民愤，世态变故，那你就成了历史的罪人，无地自容了！信的最后所言，“自顷年割剥遗黎，刑徒竟路，殆同秦政，惟未加参夷之刑耳。恐胜、广之忧，无复日矣，”并非无由之谈，这也一以贯之了王羲之体恤爱民的思想。但《遗殷浩书》对虚务玄谈而无实际军事才能的殷浩，没有起到劝阻的作用。

这时王羲之忧心如焚，便又写信给会稽王司马昱，这就是著名的《与会稽王笺》。司马昱是辅政亲王，在朝廷中有很高的地位和实权，王羲之在书中论及时事，陈述了不宜北伐的理由，并希望司马昱对殷浩再度举兵北伐提出忠告，加以劝阻。

《与会稽王笺》中写道：“古人耻其君不为尧舜，北面之道，岂不愿尊其所事，比隆往代，况遇千载一时之运？顾智力屈于当年，何得不权轻重而处之也。今虽有可欣之会，内求诸己，而所忧乃重于所欣。《传》云：‘自非圣人，外宁必有内忧。’今外不宁，内忧已深。古之弘大业者，或不谋于众，倾国以济一时之功者，亦往往而有之。诚独运之明足以迈众，暂劳之弊终获永逸者可也。求之于今，可得拟议乎！夫庙算决胜，必宜审量彼我，万全而后动，功就之日，便当因其众而即其牢。令功未可期，而遗黎歼尽，万不幸一。且万里馈粮，自古为难，况今转运供继，西输许、洛，北入黄河，虽秦政之弊，未至于此，而十室之忧，便以交至，今运无还期，征求日重，以区区吴越经纬天下十分之九，不亡何待！而不度德量力，不弊不已，此封内所痛心叹悼而莫敢叫诚。往者不可谏，来者犹可追，愿殿下更垂三思，解而更张，令殷浩、荀羡还据合肥、广陵，许昌、谯郡（今安徽亳州）、梁、彭城诸军皆还保淮，为不可胜之基，须根立势举，谋之未晚，此实当今策之上者。若不行此，社稷之忧可计日而待。安危之机，易于反掌，考之虚实，着于目前，愿运独断之明，定之于一朝

也。地浅而言深，岂不知其未易。然古人处闾阎行阵之间，尚或干时谋国，评裁者不以为讥，况厕大臣末行，岂可默而不言哉！存亡所系，决在行之，不可复持疑后机，不定于此，欲后悔之，亦无及也。殿下德冠宇内，以公室辅朝，最可直道行之，致隆当年，而未允物望，受殊遇者所以瘤寐长叹，实为殿下惜之。国家之虑深矣，常恐伍员之忧不独在昔，麋鹿之游将不止林薮而已。愿殿下暂废虚远之怀，以救倒悬之急，可谓以亡为存，转祸为福，则宗庙之庆，四海有赖矣。"

此时吏部尚书王彪之与王羲之持相同意见，也认为殷浩妄动失策，立即上疏："弱儿等（雷弱儿、梁安）容有诈伪，浩未应轻进。"会稽王司马昱将这些建议放置于一旁不论不议，继续支持这劳而无功的北伐，而殷浩求胜心切，不听劝告，一意孤行，于永和九年（353 年）将北伐付之于行动，结果在山桑（今安徽省蒙城北）一败涂地，损兵折将，阵亡和被俘者达一万余人。殷浩再次失败给桓温以口实，桓温上疏列数殷浩之罪状，结果殷浩被废为庶人，徙东阳信安（浙江金华）。殷浩也十分有趣，一方面虽然被罢黜流放，但没有说过半句怨言，神情坦然，一切听天由命，依旧不废谈道咏诗，即使自家亲人也看不出他有什么被流放的悲伤；另一方面又整天用手在空中写"咄咄怪事"四个大字，还吟咏曹颜远的诗道："富贵他人合，贫贱亲戚离，"吟罢竟然抽泣哽咽，潸然泪下。后桓温打算让殷浩作尚书令，派人送信给殷浩，殷浩欣然答应，摊开纸张准备写回信，但殷浩太重视这封信，为免其中有错误而摊开纸张又闭合，再开再合，如此往复几十次，最终给桓温回了一封空白信函，令桓温大失所望，从此两人绝交。永和十二年（356 年），殷浩去世。倒是桓温对殷浩的评价很有道理，"浩有德有言，向使作令仆，足以仪刑百揆，朝廷用违其才耳。"说殷浩品格高洁，能言会道，假使让他做尚书令和仆射，足以成为朝廷百官的楷模，只是因为朝廷没有用殷浩之长，把他安排到不适合的岗位上才导致国家北伐失败、个人身败名裂。当然，这也与殷浩自视太高有很大关系。

《遗殷浩书》和《与会稽王笺》在《晋书》中全文予以记载，可见其重要，这也成为研究王羲之的重要史料。两封信都析理透彻，充满激情，切中时弊。从这件事上，足可见王羲之的"清贵有鉴裁"，他对北伐的谁胜谁负看得很准，对他的领导兼好友殷浩也认识得很准。当时朝廷中争权夺利，桓温与殷浩视为死敌，严重不和，互相牵制。桓温势力很大，一心想排除异己，独揽军政大权；朝廷想对桓温形成制约，但苦于国势衰微，王导、庾亮、郗鉴等去世后再难寻栋梁之材，殷浩只因当时名气很大而被朝廷看重；而殷浩则想借北伐取胜树立自己的权威，建不朽功业，然而他刚愎自用，缺乏军事才能，不善于用兵，第一次北伐损失惨重，“遗黎歼尽，万不余一”，元气尚未恢复，又要再度举兵北伐。东晋是进攻的一方，当时地处经济并不发达的江南，“千里馈粮，自古为难，况今转运供继，西输许洛，北入黄河”，军需供应都很困难。而北方领土辽阔，进退有很大的余地，相比之下，东晋所占地域就比较狭小，“以区区吴越经纬天下十分之九，不亡何待”。在当时东晋自身实力弱小、内部矛盾斗争激烈、受上一次北伐重创伤痛未消的情况下，再次北伐必然会伤及东晋政权的根本。在“内忧已深”的情况下，想诉诸武力，解决“外不宁”是很难实现的，诚然历史上曾有过“倾国以济一时之功者，亦往往而有之”。但这种情况是有前提的，它不仅在于“独运之明足以迈众”，而且“暂劳之弊，终获永逸者”，现实与历史的情况目前很不相同，岂能“求之与今”。当前只能采取权宜之计，“暂废虚远之怀，以救倒悬之急”。王羲之提出“保江”的战略计划，以江淮流域为根据地，把徐州、商丘的兵力拉回来，这样可集聚在安徽合肥、焦郡，江苏广陵、河南许昌的力量，等待时机发动进攻。“保江”策略源于王导的思想，那时很多人都不理解，认为这是置中原于度外，忘仇忍耻。事实证明，不审量彼我，盲目采取军事行动是不会有好结果的。王羲之还提出，“因循所长，以固大业”，凭借东晋的地理环境的特点，牢固东晋政权，以图长久大业。确实东晋的地理位置十分有优势，江淮是天然屏障，对守势极为有利，江南的自然环境很好，对发展农业经济十分有利，而经过南迁近四十年的经营，南方人口逐渐增多，经济得到了很大发展。等到时机成熟、军民一心再次北伐才是现实之举。有人根据王羲之对殷浩北伐的态度得出结论，王羲之对北伐持消极态度，这是值得商榷的，王羲之除了支持过庾氏的北伐外，还有一例可证，公元永和十二年（356 年）桓温北伐，取得局部胜利，当时王羲之虽然已经辞官归隐了，他仍十分关心战事，对胜利充满信心和喜悦，还在信中写道：“桓公以至洛，今摧破羌贼。贼重命，想必禽之。王略始及旧都，使人悲

慨深，此公威略实著，自当求之于古。真可以战，使人叹息。”王羲之对几次北伐都审时度势，他不一概反对也不一概支持。他也早有收复中原之志，之所以反对殷浩北伐是对殷浩的才量看得很清，同时认为各方面条件也不具备。

王羲之的书札为殷浩所发，可谓仁至义尽，情真意切，“此数札者，诚东晋君臣之良药”。当时朝廷支持殷浩北伐的原因其实还是想借北伐树立殷浩威信，从而抑制桓温势力扩张。这也是东晋王朝的一贯伎俩。东晋初年，重用刘隗、刁协以压制王氏，成为“王敦之乱”诱因；利用郗鉴、苏峻等流民帅抑制门阀士族势力，最终引发了“苏峻之乱”；后又利用门阀士族之间的矛盾，造成王、庾之争；现在又想在桓温已发展到“尾大不掉”之时，扶植殷浩势力以形成对抗之势。可惜殷浩难比郗鉴，王导、庾亮之类人物已难再现世。殷浩与王导、庾亮、郗鉴不同，先不说才华能力，也不说家族背景和政治军事实力，仅就经验和气量而言，殷浩也难以比拟。就郗鉴而言，长期经营淮北，足以对抗当时门阀势力，但始终恪守本分，不谋私利，中庸自处，不仅不介入门阀斗争，而且能以大局为重，从中起到很好的平衡调节，无论在处置“王敦之乱”“苏峻之乱”以及“庾王之争”中均起到重要作用。相比之下，殷浩可谓只空有盛名，将与桓温的矛盾置于国家整体利益之上，对其肱股之属和好友王羲之的苦苦劝告置若罔闻，对自己面对的不利局面和形势置于不顾，从其气度和才识来看，确实难成大事。但王羲之此时的劝告也是十分危险的，因为此时的北伐，目的其实已不在于北伐的成果而在于对抗桓温的势力。殷浩北伐前，桓温也曾上书请求北伐，但未获朝廷批准，而此时支持殷浩北伐，其制衡桓温的意图已十分明确。此时王羲之反对北伐，已悖逆朝廷本意；就殷浩而言，可能也知道身处的险恶形势，也是不得不为之举。王羲之从小几乎历经朝政所有变革和政祸，不可能不知道此时反对北伐的主张可能给自己带来的影响和麻烦。但他素以“骨鲠”著称，为朝政大局、好朋友命运不得不仗义执言，“取怨于执政”，仍“尽怀极言”。

在这两封信中，足以让我们重新审视一下这位以书名风华绝代的王羲之。从中我们似乎看到了祖籍同为琅琊的诸葛亮的影响，王羲之在《遗殷浩书》《与会稽王笺》中均站在比较客观的立场，对“彼”“我”的情况作了精辟的分析。他提出了“保江”的战略策略，从中不难看出他吸收了诸葛亮的军事思想。王羲之素来敬慕诸葛亮，他与诸葛亮有不少相同之处。他们都是山东临沂人，他们都是当世名士，都有辩才，都是儒道兼修以儒为本的人物。王羲之赞赏诸葛亮的西和诸戎、南抚夷越、联合孙权、内修政理，以夺取中原，完成统一大业的一系列对内对外的政策策略。明代洪应明在《容斋随笔》中列举了王羲之对北伐的真知灼见后，不胜感慨地说，“王逸少在东晋时，盖温太真、蔡谟、谢安石一等人也，直以抗怀物外，不为人役，故功名成就，无一可言，其操履识见，议论闲卓，当世亦少其比”，又感慨道，“其识虑精深，如是其至，恨不见于用耳。而为书名所盖，后世但以翰墨称之，则一艺之工，为累大矣。”因王羲之在东晋时一生并未居于要职，也无显赫的政治成就，因此他的政治抱负和才华并未彰显。幸好有这两封信存世，也让我们认识了一个作为政治人物的王羲之。无怪于王敦、王导、郗鉴、庾亮一直对他十分赏识器重，相信这些“老牌儿”政治家、军事家的眼光不会有错。不过以其“骨鲠”本性和直道而行的作风，没有卷入政治风暴中不也是一件幸事？就这一点，王羲之对自己个性和作风中的“缺陷”认识得也十分清楚，与政权核心总在若即若离之间。

后人对王羲之的政治思想和志向抱负研究得不多，真是为其书名所掩。在他一生中不乏救国匡时之志。他给殷浩的书信中曾表示：“若蒙驱使，关陇、巴蜀皆所不辞。吾虽无专对之能，直谨守时命，宣国家威德，固当不同于凡使，必令远近咸知朝廷留心于无外，此所益殊不同居护军也。”一心想为用世之举，只是现实中无法实现他的抱负。后来他做殷浩的护军将军和会稽内史时，在《恭命帖》中云：“寻复逼，或谓不可以不恭命，遂不获已，处世之道尽矣！”时也、命也、运也！

二、道家及佛家思想的影响

在谈论道家文化对王羲之的影响之前，我们必须先对道家、道教和“玄学”这三个概念予以说明。人们对这三者往往混为一谈或难以厘清，从而影响了对事物的判断。实际上三者有联系，但并不相同。

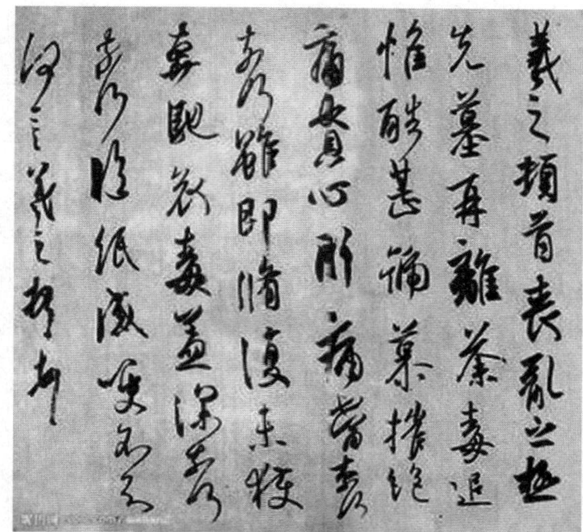

道家，是先秦诸子百家之一，以老子《道德经》为代表，有人把上古黄帝思想一并纳入，称为“黄老”，也有人把庄子思想归入，并称“老庄”，但无论如何，道家是与儒家并齐的学术思想，其主旨在于“道法自然”“清静无为”。与其说是学术思想，不如说是对天地万物的哲学思维和观念，因它博大精深，其发展的旁支很多。庄子的“齐物”“无为”论也只能说是延伸论述了老子思想的一个方面；中国之后的军事、谋略、艺术、医药、武术等相当广泛的领域中，无一不受其影响。在处世治国方面，道家与儒家很多处也并行不悖，只能说是论述了事物的两个方面，因此，后世的儒家吸收了很多道家思想，更准确地说，吸收的应该是老子思想，如儒家的仁政爱民思想，与老子的“清静无为”“使民于时”有很多异曲同工之处；“一曰廉，二曰俭，三曰不敢为天下先”也成为儒家君子的修身处世准则；“以无为而无不为”，更是扩展了儒家“知其不可为而为”的思路，为后世许多以儒立身的大政治家、大军事家借鉴和应用。因此，不能一提道家，似乎就与儒家对立。两者有许多相同、相通之处。这也是两晋时期能“由儒入玄”或“引儒入玄”的重要原因。

道教作为中国的本土宗教，也是道家的衍生品。它创立于汉朝末年。道教以“道”名教，奉老子为教主。或言老庄学说，或言内外修炼，或言符箓方术，其教义就是以“道”及“道德”为核心，认为天地万物都由“道”而派生，即所谓“一生二，二生三，三生万物”，社会人生都应法“道”而行，最后回归自然。具体而言，是从“天”“地”“人”“鬼”四个方面展开教义系统的。天，既指现实的宇宙，又指神仙所居之所。人，既指总称之人类，也指局限之个人。人之一言一行当奉行人道、人德。鬼，指人之所归。人能修善德，即可阴中超脱，脱离苦海，姓氏不录于鬼关，是名鬼仙。神仙，也是道教教义思想的偶像体现。道教是一种多神教，沿袭了中国古代对于日月、星辰、河海山岳以及祖先亡灵都奉信的信仰习惯，形成了一个包括天神、地祇和人鬼的复杂的神灵系统。道教集中国古代文化思想之大成，以道学、仙学、神学和教学为主干，并融入医学、巫术、数理、文学、天文、地理、阴阳五行等学问。内容讲求长生不老，画符驱鬼。道教的核心就是道教神仙信仰，认为人可以通过努力追求而成为长生不死、神通广大的神仙。道教产生之初，即确立了其神仙信仰，同时这一时期的道教还从古代哲学、原始宗教及古人的养生锻炼等行为中吸取了许多成分，用来组建其有关神仙信仰的理论和行为体系，奠定了道教神学发展的基础。道教作为一个成熟的宗教，具有一套自己的神学理论，有一种能够吸引人们进行追求的宗教信仰目标。在“神仙信仰”的召唤吸引之下，道教徒创建出一个庞杂的道教文化体系。道教有重人贵生的传统，富有“文化养生”的品格，这也是“道教文化”在养生文化中的深刻意蕴。提出了“道在养生”的观念，就是修道以养生。具体来说，就是知道、明道、修道、证道、得道的一系列过程及其结果，也可归结为“生道合一”的理念，最终通过对思想、行为的自我调适，达到养生的一种文化养生形态。金丹术是其中的一项重要方术，包括外丹和内丹。外丹即通常所说的炼丹术，也称外丹黄白术。外丹以丹砂、铅、汞、硫为主要原料与其他药物相配合置于炉鼎之中，运用“飞、抽、伏、封”等手段加以烧炼，以求制得服饵后能使人长生不死、羽化登仙的仙丹妙药。因相信服食金丹才能长生成仙，故历来道士莫不投入毕生心力加以炼制。虽然服食金丹最后并不能长生不老。随着外丹术的逐渐衰落，代之而起的是炼养人体精、气、神的内丹术。内丹术继承综合了服气、胎息、守一、存思等功法，对后来的气功影响很大。随着魏晋神仙道教理论体系的建立，道教徒更是把医药视为其追求和达到长生的必要辅助手段和必备知识，不仅极大地丰富发展了中国的医学理论和实践经验，更是发明创新了各种能强身健体、延年益寿的道教医学养生功法，如服食、辟谷等。“五斗米道”即道教其中一支。

“玄学”是指魏晋时期以老庄思想为骨架，糅合儒家经义以代替烦琐的两汉经学的一种哲学思潮，奉《老子》《庄子》《周易》为经典，注重

形而上的“有无之辨”。“玄”这一概念，最早见于《老子》：“玄之又玄，众妙之门。”王弼《老子指略》说：“玄，谓之深者也。”玄学即研究幽深玄远问题的学说。其讨论的中心问题是本末有无，即宇宙最终存在的根据问题，亦即本体论的问题。以何晏、王弼为代表的玄学贵无派把“无”作为世界的根本和世界统一性的基础；崇有论者裴頠则认为有是自生的，自生之物以有为体。“玄学”以解决名教与自然的关系问题为其哲学目的。王弼用以老解儒的方法注《易经》和《论语》，把儒道调和起来，认为名教是“末”，自然是“本”，名教是自然的必然表现，两者是本末体用的关系。郭象提出了名教即自然的理论，认为道家的自然与儒家的名教是一致的。阮籍、嵇康提出“越名教而任自然”的主张，表现出反儒的倾向。魏晋之际，“玄学”一词并未广泛流行，其含义是指立言与行事两个方面，并多以立言玄妙、行事雅远为玄远旷达。“玄远”，指远离具体事物，专门讨论“超言绝象”的本体论问题。因此，浮虚、玄虚、玄远之学可通称为玄学。这里需要说明两点，一是《周易》并非只是道家经典，也是儒家的重要理论基础，孔子注易对后世影响深远。此时由于《周易》拘执于象数卜筮，义理隐晦，产生了对易学重新探讨的需要，也一并被纳入玄学之中；二是“玄学”中撷取的《老子》思想，也只是老子思想的一个分支，这个分支更符合《庄子》的观点。李泽厚在《中国古代思想史论》中指出：“从总体来看，魏晋思潮及玄学的精神实质是庄而非老，因为它所追求和企图树立的是一种富有情感而独立自足、绝对自由和无限超越的人格本体。”由于魏晋玄风的影响，人们思想得到了解放和开阔，由于其飘逸自然的特殊作用，使得魏晋时期的文学、书法、绘画等艺术都具有了超凡脱俗、超然尘世、自乐逍遥的风格以及对自然的爱好与崇尚。正是因为这些因素，魏晋风度与魏晋文艺得以成为美学的永恒话题。

通过以上对道家学说、道教及玄学的阐述，我们不难看出，三者之间都有一个共同的根基——老子，均以老子《道德经》为理论基础，但三者之间的价值取向、社会功能均有所不同。应该说，王羲之身上，道家学说、道教和玄学均对其有所影响。

王羲之有一则杂帖，鲜明表明了他对老子、庄子及道教的态度：“省示，知足下奉法（指佛法）转到，胜理极此。此故荡涤尘垢，研遣滞虑，可谓尽矣，无以复加，漆园（即庄子）比之，殊诞谩如下言也。吾所奉（指五斗米道）设教意正同，但为形迹小异耳……”这里王羲之一方面斥责庄子“诞谩如下言”，另一方面表明始终虔诚于“五斗米道”（源于黄、老的天师道）。钱钟书指出：“晋代士大夫不乏事张鲁‘鬼道’者，王氏家风不孤。”王羲之更多接受“五斗米道”中关心下层群众疾苦的思想。他在给殷浩、谢万信中分别劝诫他们“引咎责躬，更为善治，省共赋役，与民更始”“愿君每与士卒之下者同甘共苦”。他任地方官时，实行“宽和为本”的仁政：“时东土饥荒，羲之辄开仓赈贷。”他在做护军将军时，践行了“五斗米道”的“生存权利的公平而均等的思想”：“今所在要在于公役均平……其有老落笃癃，不堪从役，或有饥寒之色，不能自存者，区分处别。”

王羲之尽管崇老贬庄，但他对庄子并不是全然否定，相反对庄子的某些思想还比较欣赏。王羲之阅读支道林论著《庄子·逍遥游》时“披襟解带，留连不能已”。王羲之《兰亭诗》中“万殊莫不均”，明显就是庄子的齐物思想，“群籁虽参差”也是用的《庄子·齐物论》的典故。王羲之的《兰亭诗》许多诗句的句意，来源于老庄的玄理：“悠悠大象运”来源于《老子》四十一章“大象无形”一语；“大矣造化功”为“造化功大矣”的倒装句，此句出于《庄子·大宗师》：“今一以天地为大炉，以造化为大冶”；“前识非所期”语出《老子》三十八章，世间的“前识”即所谓远见卓识是“愚之始”；“虚室是我宅”来源于《庄子·人间世》的“虚室生白”一语；“相与无相与”出自《庄子·大宗师》：“相与于无相与，相为于无相为”；“鉴明去尘垢，止则鄙吝生”语出《庄子·德充符》：“鉴明则尘垢不止，止则不明也”；“合散固其常，修短无定始”分别来自《庄子·知北游》：“人之生，气之聚也。聚则为生，散则为死”，《庄子·秋水》：“万物一齐，孰短孰长？道无终始，物有死生”；“于今为神奇，信宿同尘滓”语出《庄子·知北游》：“万物一也，是其美者为神奇，其所恶者臭腐；臭腐复化为神奇，神奇复化为臭腐，故曰通天下一气耳。”以上例子说明王羲之用老庄的道家思想去理解自然宇宙、人的死生。王羲之企图用玄理来排忧解难，他明确表示“虚室是我宅”，清心无欲是他的人生追求和精神寄托。而在后世传为王羲之的书论中，老庄思想体现

得更加明显，后面章节对此将单独论述。

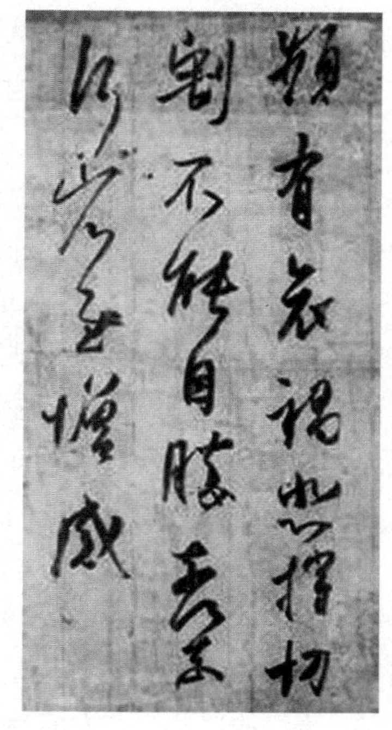

王羲之在给好友殷浩的信中说：“吾素自无廊庙志……自儿娶女嫁，便怀向子平之志，数与亲知言之，非一日也。”尚子平，东汉时人，东汉隐士。《文选》李善注引《英雄记》说他：“有道术，为县功曹，休归，自入山担薪，卖以供食饮。”《后汉书·逸民传》作“向子平”，说他在儿女婚嫁后，即不再过问家事，恣意游五岳名山，不知所终。王羲之在会稽做了四年内史就辞官而去了，此后，他便徜徉于山水之间、广交天下名士，实现了他的“向子平之志”。思想上的“寡欲”，再加上贵族出生的他衣食无忧，他便成了“真隐士”。政治生活上的“隐逸（无为）”、思想上的“寡欲”、行为上的“不羁”，构成了王羲之与道家哲学的紧密联系。

王羲之《与吏部郎谢万书》中最能表现他虚静无为的思想：“顷东海游还，修植桑果，今盛敷荣。率诸子，抱弱孙，游观其间，有一味之甘，割而分之，以娱目前。”“常依陆贾、班嗣、杨王孙之处世”。王羲之依照陆贾、班嗣、杨王孙的思想观点来处世，我们可以从上述三人的思想看出王羲之的哲学思想和处世观念。王羲之所敬慕的、作为处世的榜样的以上三人，虽然在许多方面各不相同，但他们都崇尚老子、庄子，以虚静无为力最高境界，追求纯净脱俗之美。王羲之愤然离开官场，情况比较复杂，原因很多，但与他静思玄贤、超然物外的人生态度和虚静无为的审美意识有直接关系。

王羲之作为儒家人格玄学化的实践者，其思想则是黄、老用世哲学与早年接受的儒家经世思想的结合，但他没有建立起完整的思想体系，他对老、庄的喜恶更多的是来自对生活的直觉。作为一位天才艺术家，王羲之关注的是来自内心的声音。当现实生活的体验，让他感知到“一死生”“齐彭殇”的论调与五斗米道的教义相左时，王羲之对之当然予以否定。

王羲之一方面想用世，另一方面又很想遁世，他在《十七帖》里说过这样的话："吾为逸民之怀久矣。"在《誓墓文》中说："每仰咏老氏、周任之诫""止足之分，定之于今。"老氏之诫是指"知足不辱，知止不殆"。至于周任之诫分明是"陈力就列，不能者止"。同样都是知足的意思。王羲之在《蜀都帖》中写道："省足下别疏，具彼山川诸奇。扬雄《蜀都》、左太冲《三都》殊为不备悉。彼故为多奇，益令其游目意足也。可得果，当告卿求迎，少人足耳。至时示意，迟此期真以日为岁。想足下镇彼未有动理耳。要欲及卿在彼，登汶岭（岷岭）、峨嵋而旋，实不朽之盛事。但言此心，以驰于彼矣。"这是王羲之致益州刺史周抚的信札，其大意是：你信中所说的奇异的山川，扬雄的《蜀都赋》、左思的《三都赋》都没有记述。那雄奇的山川，只有游览观瞻后才能意足。如可能成行，我当告知，望请迎接，如迟误这一时机，真当以日为岁了。你镇守巴蜀，朝廷没有调动之理。我真想趁你在巴蜀时与你一起登汶岭、峨眉山而还，那可是一件不朽的盛事。王羲之不仅向往西土山川，而且对巴蜀盐井、火井、秦汉的遗迹、名人的后代十分关心，为何如此？除了他自己所说的"欲广异闻"之外，与他信仰道教有关，五斗米道是东汉张陵在四川鹄鸣山创立的，后传子张衡，张衡死后传其子张鲁。祖孙三代均称"天师"，张鲁在巴蜀布五斗米道达三十余年。根据道教教义"得道者，上能棘身于云霄，下能潜泳于川海"。在山川景色的欣赏中会产生"得道升仙"的"移情"，得到"神超形越"美的享受，王羲之是一位虔诚的五斗米道的信奉者，故他有崇拜山岳的观念。所以王羲之喜好游历名山大川，热爱大自然，除了一般文人雅士共有的原因以外，还有宗教信仰的深层次原因。

他还说："吾年垂耳顺，推之人理，得尔，以为厚幸，但恐前路转，欲逼耳。以尔，要欲一游目位领（岷岭），非复常言。"年垂耳顺，就在59岁这一年他仙逝了，此帖可能是他的绝笔之作，他没有料到自己已不可能赴峨眉游览，但他曾去过东海。

史料记载，"羲之既去官，与东土人士尽山水之游，弋钓为娱。又与道士许迈共修服食，采药石不远千里，遍游东中请郡，穷诸名山，泛沧海，叹曰：'我卒当以乐死。'"他与道士许迈交往甚密，为其写过传记，他们采药、服药，朝夕相处。《晋书·郗愔传》云："会弟昙卒，益无处世意。在郡优游，颇称简默，与姊夫王羲之、高士许询（玄度），并有迈世之风，俱栖心绝榖，修黄老之术。”王羲之信奉五斗米教，晚年最为执迷。《官奴帖》中写道：“官奴小女玉润，病来十余日，了不令民知。昨未忽发痼，至今转笃，又苦头痈。头痈以溃，尚不足忧。痼病少有差者，忧之燋心，良不可言。顷者，艰疾来之有。良由民为家长，不能勉己感修，训化上下，多犯科诫，以至于此。民唯归诚，待罪而已。此非复常言常辞。想官奴辞以其，不复多白。上负道德，下愧先生。”此帖不是书简信札，它记述的是孙女官奴小女玉润遇疾和他自己的心情，文中不仅充满了焦急和忧虑，而且含有反省自责的意味。孙女发病已有十余天了，然而全然不知，今天她突然病情恶化，头部又发痈疽并开始溃烂，他认为是自己平时不能克己修行，训化上下，多犯科律条诫造成的。他感到上负于道德，下愧对先生，内疚得无话可说。有人认为《官奴帖》很可能是道家的上章，在人们遇到灾病时由家人陈述自己的过失，奏上天曹以度难保安。然而事与愿违，上天并未因为王羲之的虔诚上章使孙女度厄康复，最终还是命断夭折了。王羲之病重时不云求医问药，而去求助于道教名师杜子恭，恭曰：“右军病不差，何用吾?”十余日果卒。《真诰·阐幽微》云：“王逸少有事系禁中，已五年，云事已散。”

佛教自东汉时期传入我国，历经波折，先是依附于中国传统思想中的道术、玄学，至东晋时与中国传统文化进一步融合，为皇族和士族所广泛接受和推崇。佛教作为外来宗教因逐渐与中国本土文化相融合，形成了中国佛教体系。许多佛教的大德高僧与上层社会来往频繁，参与到了当时的许多社会文化之中。前面章节讲到，琅玡王氏家族素与佛教友善，不仅与高僧多有交往，对佛教活动也多有捐助支持，而且本身也受佛教思想影响较深。与王羲之交好的要数名僧支遁。支遁（314—366 年），字道林，善草隶，好畜马。他家世代崇信佛教，本人不仅佛学造诣很深，还精通老庄之说。出家后，在吴（今江苏吴县市）立支山寺，后又入剡，住在印山，晚年又到石城山（今浙江绍兴）立栖光寺，游心禅苑，哀帝时召他到建康东安寺讲《道行般若》。撰有《庄子内篇注》《即色游玄论》等，在其《即色游玄论》中，他提出“即色本空”的思想，创立了般若学即色义，成为当时般若学“六家七宗”中即色宗的代表人物。当时名流郗超、孙绰、王羲之等都和他交游。

在慧皎的《高僧传》中，还有关于王羲之与支遁交往的有趣记载。支遁以好谈玄理而闻名。王羲之开始对支遁名声在外很不以为然。“王羲之时在会稽。素闻遁名未之信。谓人曰。一往之气何足言。”后来支遁返回剡地时路过会稽，当时王羲之正在会稽任上，“王故诣遁观其风力。既至。王谓遁曰。逍遥篇可得闻乎。遁乃作数千言。标揭新理才藻惊绝。王遂披衿解带。流连不能已。仍请住灵嘉寺。意存相近。”这里，支遁对于《逍遥篇》的“新理”是什么，不得而知。但是，他在中国第一座佛教寺院白马寺时，与人讨论《逍遥篇》的情形，却有少量记载，“遁尝在白马寺，与刘系之等谈庄子逍遥云：‘各适性以为逍遥。’遁曰：‘不然，夫桀、跖以残害为性，若适性为得者，彼亦逍遥矣。’为是退而注逍遥篇，群儒旧学，莫不叹服。”支遁这种有道德底线的“逍遥”观，被当时的群儒旧学所推崇。王羲之对支遁的才华和理论十分佩服，交为好友，在后来的兰亭雅集时，王羲之也将支遁列为座上宾。

应该讲，王羲之虽与支遁等高僧交好，还有传为其所书的《佛教遗经》存世，但佛教对其影响有限。在东晋“玄学”为主流的思潮中，佛教在名士中多是依附于“玄学”理论而存在，并未能从根本上动摇和改变名士们“儒玄并综”这一基础。王羲之也不例外。

纵观王羲之的一生，虽然是当时的士人文坛领袖，名士气十足，但其为官从政务实勤政，体恤爱民，仍是儒者之行。一方面在东晋的政治文化环境中，士族子弟大多处于出世、入世之间，对做官从政的兴趣并不十分执着浓厚；另一方面，由于王羲之特殊的人生经历，让他内心深处对政治斗争有着本能的抵触和回避，以致王羲之在其思想上特别是晚年的生活中，更倾向于道家。

第二节　王羲之的文学成就

因书名所掩，我们提到王羲之时，往往只认为他在书法方面的杰出成就，而忽略了他的文学才华；我们讲到《兰亭集序》时，也总是关注到书

法而很少想到文章的作者。《兰亭集序》，这样一篇在中国文学史上也极为重要的文章也“为书名所掩”。王羲之一生留下文章很少，多为日常手札类的日记，《遗殷浩书》《与会稽王笺》等，可以算作他的政论文章，虽然如此，也可知其文学根基之深、修养之高。而正是被世代文人所称颂的兰亭雅集，有幸让我们看到王羲之的文学才华。

我们还是从这场千年雅集说起。

东晋永和九年（353 年）三月初三“上巳节”，时任会稽内史的王羲之，召集筑室东土的一批名士和家族子弟，共 42 人，于会稽山阴之兰亭（今浙江省绍兴市西南十公里处）举办了兰亭雅集。兰亭雅集的基本内容有修禊、曲水流觞、饮酒赋诗、制序和挥毫作书等。

兰亭雅集行祓禊之礼，被称为“修禊”。修禊的习俗来源于周朝上巳节，时间一般选在春季三月初三上巳日，这叫“春禊”。如逢闰月，春禊则举办两次。春禊也有在其他时间举办的。在秋季下巳日举办修禊活动就叫“秋禊”，秋禊也有在重九和其他时间举办的。除“春禊”和“秋禊”之外，还有极少数在夏季举办。修禊活动的地点一般选在临水之处，修禊的人可以“漱清源以涤秽”，即通过洗漱的方式把一切污秽的东西清除干净；修禊活动，洗漱过后，就是把酒洒在水中，再用兰草蘸上带酒的水洒到身上，借以驱赶身上可能存在的邪气，而求得来日幸福、美满之生活。至于曲水流觞、饮酒赋诗，则是东晋文人的一大创举。其内容大致是，客人到齐之后，主人便将他们安排到蜿蜒曲折的溪水两旁，席地而坐，由书童或仕女将斟上一半酒的觞，用捞兜轻轻放入溪水当中，让其顺流而下。根据规则，觞在谁的面前停滞不动，就由书童或仕女用捞兜轻轻将觞捞起，送到谁的手中，谁就得痛快地将酒一饮而尽，然后赋诗一首；若才思不敏，不能立即赋出诗的话，那他就要被罚酒三斗。当时参加聚会的名人雅士有谢安、郗昙、孙绰、孙统、李充、支循、许询、王蕴、谢胜以及王羲之之子王凝之、王徽之、王献之等，现存的兰亭诗三十六首为二十一人所作。《兰亭序》系王羲之为诗集所写的序言。《兰亭集序》，又题为《临河序》《禊帖》《三月三日兰亭诗序》等。

《兰亭序》全文如下：“永和九年，岁在癸丑，暮春之初，会于会稽山阴之兰亭，修楔事也。群贤毕至，少长咸集。此地有崇山峻岭，茂林修竹，又有清流激湍，映带左右，引以为流觞曲水，列坐其次。虽无丝竹管弦之盛，一觞一咏，亦足以畅叙幽情。是日也，天朗气清，惠风和畅，仰观宇宙之大，俯察品类之盛，所以游目骋怀，足以极视听之娱，信可乐也。夫人之相与，俯仰一世，或取诸怀抱，悟言一室之内，或因寄所托，放浪形骸之外。虽趣舍万殊，静躁不同，当其欣于所遇，暂得于己，快然自足，不知老之将至。乃其所之既倦，情随事迁，感慨系之矣。向之所欣，俯仰之间，已为陈迹，犹不能不以之兴怀。况修短随化，终期于尽。古人云：'死生亦大矣。'岂不痛哉！每览昔人兴感之由，若合一契，未尝不临文嗟悼，不能喻之于怀。固知一死生为虚诞，齐彭殇为妄作，后之视今，亦犹今之视昔，悲夫！故列叙时人，录其所述，虽世殊事异，所以兴怀，其致一也。后之览者，亦将有感于斯文。"

此序受石崇《金谷诗序》影响很大，其成就又远在《金谷诗序》之上。文章首先记述了集会的时间、地点及与会人物，言简意赅。接着描绘兰亭所处的自然环境和周围景物，语言简洁而层次井然。描写景物，从大处落笔，由远及近，转而由近及远，推向无限。先写崇山峻岭，再写清流激湍，转写人物活动及其情态，动静结合。然后再补写自然物色，由晴朗的碧空和轻扬的春风，自然地推向辽阔的宇宙及大千世界中的万物。意境清丽淡雅，情调欢快畅达。但天下没有不散的筵席，有聚合必有别离，所谓"兴尽悲来"当是人们常有的心绪，尽管人们取舍不同，性情各异。刚刚对自己所向往且终于获致的东西感到无比欢欣时，但刹那之间，已为陈迹。人的生命也无例外，所谓"老冉冉其将至兮""人生寄一世，奄忽若飙尘"，这不能不引起人的感慨。每当想到人的寿命不论长短，最终归于寂灭时，更加使人感到无比凄凉和悲哀。如果说前一段是叙事写景，那么这一段就是议论和抒情。作者在表现人生苦短、生命不居的感叹中，流露着一腔对生命的向往和执着的热情。魏晋时期，玄学清谈盛行一时，士族文人多以庄子的"齐物论"为口实，故作放旷而不屑事功。王羲之也是一个颇具辩才的清谈文人，但在政治思想和人生理想上，王羲之与一般谈玄文人不同。在这篇序中，王羲之也明确地指斥"一死生""齐彭殇"是一种虚妄的人生观，这就明确地肯定了生命的价值。这篇文章具有清新朴实、不事雕饰的风格。语言流畅，清丽动人，与魏晋时期模山范水之作

"俪采百字之偶，争价一句之奇"迥然不同。句式整齐而富于变化，以短句为主，在散句中参以偶句，韵律和谐，悦耳动听。这篇文章体现了王羲之积极入世的人生观，和老庄学说主张的无为形成了鲜明的对比，给后人以启迪、思考。

兰亭雅集上，王羲之还赋诗两首。

他的《兰亭诗》第一首是："代谢鳞次，忽焉以周。欣此暮春，和气载柔。咏彼舞雩，异世同流。乃携齐契，散怀一丘。"

在聚会人中，作为年长官高的盟主王羲之为了提高人们的兴致，首先赋诗，所以情调比较高昂。这首诗首先描写了天朗气清、惠风和畅的天气，流露出兴奋的心情，他将参加兰亭修禊的人与孔子相提并论，归为志趣相同的一类人物。抒发了诗人及与会者寄情山水的感慨与情怀。

第二首诗比较长，可分为五章。

第一章，"悠悠大象运，轮转无停际。陶化非吾因，去来非吾制。宗统竟安在，即顺理自泰。有心未能悟，适足缠利害。未若任所遇，逍遥良辰会"。

第二章，"三春启群品，寄畅在所因。仰望碧天际，俯磐绿水滨。寥朗无厓观，寓目理自陈。大矣造化功，万殊莫不均。群籁虽参差，适我无非新"。

第三章，"猗与二三子，莫匪齐所托。造真探玄根，涉世若过客。前识非所期，虚室是我宅。远想千载外，何必谢曩昔。相与无相与，形骸自脱落"。

第四章，"鉴明去尘垢，止则鄙吝生。体之固未易，三觞解天刑。方寸无停主，矜伐将自平。虽无丝与竹，玄泉有清声。虽无啸与歌，咏言有余馨。取乐在一朝，寄之齐千龄"。

第五章，"合散固所常，修短定无始。造新不暂停，一往不再起。于今为神奇，信宿同尘滓。谁能无此慨，散之在推理。言立同不朽，河清非所俟"。

诗中，作者开篇即为宇宙运化而感叹。说宇宙运转永无止息，万物的陶甄变化、倏去倏来都是自然规律，非人力所能参与和控制，为岁月不居、时节如流而慨叹。"大象"一词出自《老子》四十一章"大象无形"，可理解为宇宙万物的总体。那么，驱遣这伟大运转的力量到底是什么？“宗统竟安在”正反映了漫长历史时期内人们的哲理思索，当然也包含着诗人自身的困惑和感喟。诗人之所以感叹，是因为人永远也无力对抗这伟大的运化。那么该怎么办呢？诗人说该“即顺”“任所遇”。《庄子·大宗师》中写道：“且夫得者，时也；失者，顺也。安时而处顺，哀乐不能入也。”《庄子·天运》认为，当以“无心”的态度泰然处之，“无心而无不顺”，如果“有心”，那就会为利害得失纠缠怨苦，不得安宁。所以人生在世，对此暮春烟景，还是不要伤时叹逝吧，还是该逍遥自得，呼朋啸侣，一起来欣赏这大好春光。第二章则写物我两忘的游赏之乐。在魏晋名士看来，山水“质有而趣灵”，而此灵趣又与宇宙之理交融而不可分，山水原是“道”“理”的体现。因此，对于大自然的审美观照，同时也就是哲理的领悟。故应“寓目理自陈”。“大矣造化功”以下四句是诗人所悟之理。看着崇山峻岭、茂林修竹等都沐浴在灿烂的春阳之下，平等地享受着造物的恩惠，那么生动繁复，又那么和谐统一，自然很容易涌起一种万物均齐的情愫；而且感到自己也作为平等的一员回归到这无限和谐之中，与万物相亲，融入忘怀无我的无差别境界之中。第三章歌咏与会者具有托心于《老子》《庄子》的共同志趣。“莫非齐所托”，意谓与会者都有共同的精神寄托，即《老子》《庄子》玄理。“涉世若过客”喻人生短促。《庄子·齐物论》认为，惧怕死亡者好比是少小离家客游而不知归返一样。“虚室是我宅”是老庄“贵无”思想，“虚室”指心，《庄子·人间世》有“虚室生白”之语。“何必谢曩昔”，言我等今日之游亦不让古人。“相与无相与”出自《庄子》“相忘乎道术”，所谓“君子之交淡若水”，朋友们是有共同的爱好和信念，并非世俗利益之交，因此说是“相与于无相与，相为于无相为”，这种交往自亦不拘形迹，不拘守世俗礼教，故云“形骸自脱落”。第四章写同道聚会心境安宁之乐。“鉴明”二句用《庄子》语。《德充符》：“鉴明则尘垢不止，止则不明也。”诗人意谓当不断祛除性灵中不合自然之道的东西，不然鄙吝之心即利害、得失、生死种种纠缠又将复生。解脱之法，当“以死生为一条，以可不可为一贯”，忘怀得失，泯灭物我。这固然不易，而美酒三杯，倒也有助于进入此种无差别境界呢。心灵须无所滞碍，无所执着，则矜持浮躁之气自可消释。“虽无”以下数句

写聚会之乐，认为自然山水之乐胜过人丝竹音乐，清谈析理也是多么让人愉悦的事情啊！自亦无须为今日良辰之短暂而惆怅了。第五章呼应首章，再次致慨于新故变迁。“合散”一句说万物变迁乃恒久之至道，人之生死亦然，但从“道”的观点来看，生并非起始，死亦非终结。死只是化为异物而已，它恰是另一形态的物的新生；人生虽“修短随化，终期于尽”，但“道”则无始无终。话虽如此，但当此时节变换之际，敏感的诗人仍极易发生新故之感，“造新”二句即抒发此慨，神奇倏忽化为尘滓，也是叫人难以释怀的。此恨绵绵，唯以“推理”以消释之。但结尾虽立言不朽，却仍流露出企求永存的愿望。

总观全诗，旨在于以《老子》《庄子》玄理排遣生命流逝的愁怀。全诗和平冲淡，恰与《兰亭序》斥《庄子》“一死生为虚诞，齐彭殇为妄作”的慷慨激烈相反。诗、序并观，便可见诗人内心冲突之尖锐：既要以《老子》《庄子》散愁，又觉得《老子》《庄子》虚妄不实；虽明知其虚妄，仍不能不借重于彼。在这次兰亭集会留下的诗篇中，不仅王羲之的作品略显情绪的低沉和内心的矛盾，其他人的诗也大多如此。这一方面与东晋士人“贵无”思想有关，另一方面也与当时的历史背景有关。当时，正是桓温当权之时，朝廷起用殷浩试图予以制衡，桓、殷矛盾十分尖锐；殷浩意欲大举北伐，当朝士人大多并不看好。而这次参与聚会的名士中，一些人担心国家和家族在这场政争中的命运，一些人的亲友还在北伐的队伍中，生死难测，前途未卜。这场聚会本有排遣忧烦之意，但最终也无法脱离情绪上的阴影。

三国两晋时期，是中国文学发展的重要时期，对后世文学也产生了深远影响。在这个时代，产生了许多的文学大家，也留下了无数瑰丽的辞文诗篇。但无论从何种角度讲，兰亭雅集中王羲之留下的诗和序都是这些优秀作品的组成部分。兰亭集会中王羲之诗及序均一气呵成，抒情达意得心应手，表现出了作者良好的文学素质。特别是这篇序，除却书法史上的影响，单从文学角度评价，也是其中的翘楚，难能可贵的是，王羲之一改三国两晋时期辞藻华丽略显堆砌、言辞浩渺故作玄虚的文风，清雅大气，秀美峻劲，一如其书法风格的“峻快”，真正实现了诗文、书法、人格的高度统一。

第三节　王羲之的书法成就

一、王羲之书法成就及影响

魏晋，是中国历史上一个十分特殊的时期。一方面，战争和分裂频仍，社会处于大动荡、大变革之中，历经了长期的“乱世”；另一方面随着中央集权的衰弱和儒学的式微，玄学和佛教的兴盛，促进了学术、文艺的繁荣，产生了一批又一批的文化巨擘。书法艺术也得到了空前的发展，构建了中国书法史上后世难以企及的高度。而王羲之就是在这个时期高高升起的一颗巨星。千百年来，王羲之的书体作为中国书法的主流立足于书坛，历代文人、书家无不奉之为圭臬，正如太宗所赞，其书法为“龙跳天门，虎卧凤阙，故历代宝之，永以为训”。在中国艺术史乃至世界艺术史上，少有艺术家能够像王羲之那样，在跨越了如此巨大的时空之后，仍然具有如此巨大的魅力。

唐人张怀瓘在其《书议》中排列书家名次时，分“真书”“行书”“章草”“草书”四门，每门所列书家，皆见王羲之。而在其《书断》中的“神品二十五人”及“妙品九十八人”条目中，“飞白”“八分”二门也列有王羲之。所以，张怀瓘评王羲之“尤善书，草、隶、八分、飞白、章、行，备精诸体，自成一家法，千变万化，得之神功，自非造化发灵，岂能登峰造极”。综览其存世作品和历代书评，王羲之仍以楷、行、草（今草）殊胜。楷、行、草三体，自汉魏以来，在逐步演变。演变的方向，是删繁就简，趋于快速实用。到魏晋时期，更多的达官显要、高门贵族、清流雅士参与其中，实现了书法由实用性向艺术性的转变，也为书法注入了更多的文化气息和人文性情。王羲之便是这些杰出书家的杰出代表，为楷、行、草的演变和革新作出了突出贡献。王羲之的书法成就是多方面的，可说是“总百家之功，极众体之妙”。南朝梁王僧虔《论书》说：“亡曾祖领军洽（王洽）和右军俱变古形。不尔，至今犹法钟、张。”唐张

怀瓘在《书断》中说："右军开凿通津、神模天巧，故能增损古法，裁成今体，进退宪章，耀文含质，推方履度，动必中庸，英气绝伦，妙节孤峙。"王羲之脱尽魏晋以来用笔滞重的老套，一变魏晋的质朴淳厚风格，创造了雄逸矫健、媚丽流美、中和典雅的书风，将中国书法推进到一个前无古人的境界。这也是王羲之被称为"书圣"的重要原因。

楷书方面。

楷书体又名正书体、真书体，是由隶书体嬗变形成的一种书体。在汉简中已见雏形。在隶书盛行的东汉，楷书只在民间流行。到了东汉末、三国、西晋，由于文人士大夫的加工和提炼，形成了不同于隶书的体势，才登上了大雅之堂，成为一种趋时的书体。书法史上楷书第一人当称三国时魏国钟繇，其楷书还具有浓厚的隶书笔意，特别是汉末、三国时期的隶书中那种着意翻挑、飞扬的笔势，在他的楷书里十分明显。东晋时期，王羲之异军突起，书写的小楷书已受时人珍视。王羲之在楷书方面的突出成就是"俱变古形"，对今体楷书的定型作出了积极贡献。王羲之的楷书，直接由卫夫人和叔父王廙传授，属于三国时魏国钟繇系统。他在楷书方面的"俱变古形"，应该是相对于钟繇的楷书风貌而言的。钟繇的楷书真迹，当时王羲之能见到的应该很多，确有记载的有《宣示表》。那是他的伯父王导从琅玡带到建邺后送给他的。据传，王羲之后来又将这本真迹借给了小他三十岁的王修。王修死时，其母将《宣示表》陪葬。所以，传世的《宣示表》，实际上是王羲之的临本。而这个临写的《宣示表》，与传世的钟繇的《荐季直表》，都是按官样书式所写的奏表，可以代表钟繇的楷书风采。但是，在王羲之的楷书里，钟繇翻挑与飞扬的笔势不见了，代之以回锋收笔、规整匀称的楷势。作为初具规模的楷书，钟繇楷书的笔画形态，有的长而逾制，有的临时从宜，一字之内，笔画之间的结构关系尚不明确，因此，规范不全，结合松散，竖短横长，状似扁隶，有横张之势，虽天真逸趣、质朴多姿，但与后世审美有不少差别。这类态势，在王羲之楷书中已大为改观。王书将纵向笔画向下引申，使其挺直，其他点画对称呼应，所以有纵展之势。王羲之的用笔，一改钟书的隶笔起止，在起笔处有挫衄的按笔动作，多以方笔入纸；而收笔处不着意折笔重按，而是轻提回带；在运笔速度上是缓前急后；在笔画形态上求其匀整遒劲，势如列阵。经过这

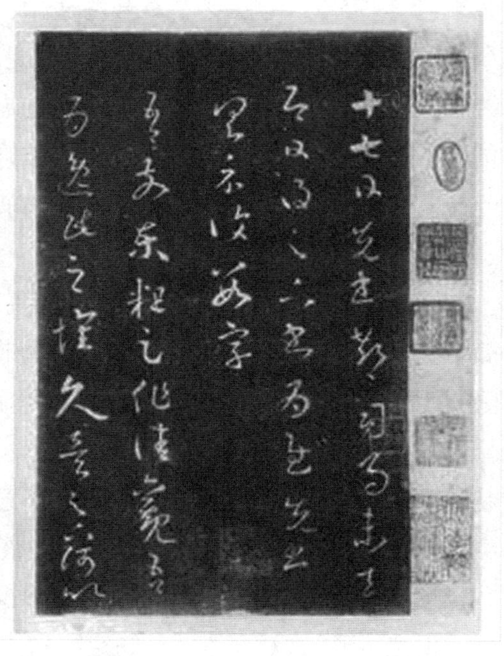

样的改造，楷书字体在王羲之手里，笔画之间的配置关系基本确立，结体变横张为纵展，规整劲健，雍容尔雅，仪态大方。这是一个巨大的变化。经过这一鼎革，王羲之将楷书引入了端庄而生动的“今体”阶段。而这个变化的最后完成，是在法度森严的唐朝。

行书方面。

与楷书一样，两汉时期，行书已在民间流行。从汉简中，可以看到早期的行书。这种早期的行书也是由隶书的实用书写逐渐演变而成的一种新兴的书体。它简洁开张，结体松动，隶味很浓。到了东汉，行书走入上流社会，得到不断的整理和规范。张怀瓘《书断》记载，行书集大成者是东汉的刘德升，桓、灵帝时人，其行书“风流婉约，独步当时”，被称为“行书之祖”。行书体当然不是刘德升一人所创，但刘德升无疑是集大成者。钟繇、胡昭也学书于刘德升，然风范各异，时称“胡肥钟瘦”。晋武帝司马炎建国之初，曾策订文字，将钟繇、胡昭二人的书法定为标准体。当时著名的还有邯郸淳。可惜他们的真迹并无存世。钟繇的行押书体至王羲之时，尚在流行。王羲之早年习字，自然不能逾越钟、胡两家范例。王羲之比较了胡、钟二家的书法，遵照卫氏家族和王氏家族的传统，选择了钟繇书风。从后世考证来看，钟繇行书的特点，约与西晋时《李柏文书》相仿，或者更为古朴。撇、捺发育不全，隶书味重，纵画短促，横画粗长，稍呈左倾的横张态势。王羲之早期行书《姨母帖》，尚残留隶书那种横平竖直的书写习惯，用笔起伏、顿按的幅度不大，很少映带。书写速度较为平缓，近于匀速，风格古拙质朴，不脱钟繇法度。王羲之后期的行书作品，风格大变，面貌一新。王羲之的新体行书中锋、侧锋互用，每字即见，运笔速度较为迅疾，有振迅遒劲的风神。

由于笔势连贯，笔画之间的呼应关系更加紧密，点画的态势也随之发生相应的变化，如捺脚，不再是重按后平出，而多作长点状的反捺。王羲之还将草书笔法引入行书，从而使行书体势具备了欹侧遒媚的风格。笔画体态都有生动的欹侧之势，南朝袁昂《古今书评》中称，“纵复不端正者，爽爽有一种风气”。这种欹侧之势，在结构上遒媚紧敛，势巧形密，蕴藏着一种行而突止、蓄而待发的“势”和“态”，动感十足，生动有趣，即所谓“龙跳天门，虎卧凤阙”。字与字之间有起承转合的映带，似断若连，如“烟霏露结”。这类风格的行书，在王羲之作品中占有很大比例，是他行书风格的主调。他的《兰亭帖》，笔法变化丰富，笔力劲健，速度匀畅，形态多姿、自然含蓄，结体冲和安详，不激不厉。《丧乱帖》则笔速较快，跳跃捭阖，行中带草，单字相接，感情激荡，笔画劲落。此二帖是王羲之新体行书的代表作，成为行书的“法典”，为后人所遵循。张怀瓘在《六体书论》中说：“行书者，逸少则动合规仪，调谐金石，天资神纵，无以寄辞。”他接着就比较说：“子敬不能纯一，或行草杂糅，便者则为神会之间，其锋不可当也，宏逸遒健，过于家尊。”王羲之的新体行书一出，钟繇的行书就显得既古又旧了。东晋人士崇尚华美，时风趋新厌旧，王羲之的行书成了达官贵族、士大夫文人模仿的范本，从而结束了钟繇行书统领书坛的时代。之后行书的发展，基本也未脱离王羲之的规矩和格调。

草书方面。

秦末汉初，已萌草书。20世纪以来，中国西北地区出土了大量此期的草书墨迹。草书一出现，就引起了汉代人的狂喜。学习草书，可以废寝忘食，可以不分昼夜，可以画地刿壁，直写得臂穿皮破，直写得指头折断，直写得口吐鲜血，十天写坏一支笔，一月用了数丸墨。草书成为最能体现书家艺术个性的书体，受到文人、书家的顶礼膜拜，心慕手追。汉魏草书，大多是较多地保留着隶书笔意的章草，少部分是比章草书写更为简便的今草的雏形。二者的区别在于：前者字字独立，大小相等，笔势不连贯，波挑多；后者字可与字相连，大小参差，随意自由，使转多。汉末出现了一些草书大家，如崔瑗、杜度、罗晖、赵袭等，其中最杰出的代表，是张芝。张芝，字伯英，敦煌酒泉人，擅长草书，从杜度、崔瑗得法，而更加精巧，独步无双，故有“草圣”之称。三国两晋时期的书家，若习草书，多以张芝为楷模。张芝的草书，因时代所限，尚未脱离隶书法度，实为章草。张怀瓘《书断》说：“后世谓之章草，惟张伯英造其极焉。”王羲之学习草书的蓝本，最可靠的是索靖的《七月廿六日帖》。此帖由王羲之的叔父王廙所赠。王羲之章草传世作品甚少，较为可靠的是《豹奴帖》。他的章草，写得非常精美，令人叹服。王羲之在草书方面的建树，并不是旧体的章草，而是新兴的今草。后人肯定崇拜的，就是他增损古法、裁成一体、变古制今的今草。王羲之的今草书，是在扬弃张芝章草书的过程中生成的。与张芝的章草相比，王羲之的今草使转灵动，点画放纵，笔势流畅遒逸。王羲之的今草书，在用笔和结构的变化上，都达到了极致。用笔以方折为主，斩钉截铁，干净简洁，从容不迫。唐代孙过庭《书谱》中称，“一画之间，变起伏于峰杪；一点之内，殊衄挫于毫芒”。点画的“形”与“势”，有偃有仰，有正有斜，或长或短，或方或圆，近乎绝技，自然天成。虽然王羲之笔势的连属飞移多体现在一字之内，但其所呈现的，是神采上的贯通，而非形式上的连属，即唐太宗所谓的“状若断而还连”。这样，章草书体字字独立的形态与今草书体流畅纵逸的笔势，这看似不协调的两端，在王羲之的今草书中得到了融会贯通，别出新貌。《十七帖》是王羲之今草书的代表作品，是王羲之晚年所书。所谓“十七”，是以其第一帖《郗司马帖》起首第一句“十七日”为名。全部《十七帖》共二十九封书信，多是王羲之赋闲山阴后给远在蜀地的益州刺史周抚的信札。《十七帖》的一部分内容，在《淳化阁帖》和《大观帖》里也有收录，2003 年上海博物馆从美国安思远购回的《淳化阁帖》司空公本，为阁帖“最善本”，其中属于《十七帖》部分的《郗司马帖》《朱处仁帖》《七十帖》《清晏帖》《谯周帖》《诸从帖》等，较它本刻拓精良，可谓了解王羲之晚年书作的佳本。蔡希综的《法书论》说：“汉、魏以来，章草弥盛，晋世右军，特出不群，颖悟斯道，乃除繁就省，创立制度，谓之新草，今传《十七帖》是也。”《十七帖》是称情疾书的尺牍。尺牍既是一种文体，又是一种形式，是魏晋以来文人书法的主要载体。北齐颜之推在《颜氏家训》中说：“真草书迹，微须留意。江南谚云：‘尺牍书疏，千里面目也。’”北宋文学家欧阳修在《集古录跋尾》中说：“余尝喜览魏晋以来笔墨遗迹，而想前人之高致也！所谓法帖者，其事率皆吊哀，候病，叙睽

离，通讯问，施于家人朋友之间，不过数行而已。盖其初非用意，而逸笔余兴，淋漓挥洒，或妍或丑，百态横生，披卷发函，烂然在目，使人骤见惊绝，徐而视之，其意态愈无穷尽。使后世得之，以为奇玩，而想见其为人也!”《十七帖》正是这样一种堪称法帖的尺牍。通篇不加修饰，结构在疾书的情状下随势生发，随机变化。技法与才情、理性与感性，自然地融为一体。

中国书法自王羲之始，开创了一个全新的境界。中国文人从此找到了表情达意、抒发情怀的独特方式，甚至可以说，正是王羲之使中国书法实现了由实用性装饰化向艺术性个性化的转化。后世对中国书法的崇拜，多缘其蕴含的艺术情趣，最集中地表现了中国文化的精神。更重要的是，王羲之建树的不只是一种风格，一种意境，而是一个书法艺术的体系。在这个博大的体系内，有严肃，也有飘逸；有对立，也有和谐；有情感，也有理智；有法则，也有自由。于是，各种各样的书家——古典的、现代的，唯美的、伦理的、现实的、浪漫的、阳刚的、阴柔的……都能把它当作伟大的典范，从中汲取他们各自需要的营养。王羲之的这个体系，又像一把审美的无形尺子，衡量着中国历代书法的优劣。明代评论家项穆在其《书法雅言·取舍》中说：“逸少一出，会通古今，书法集成，模楷大定。自是而下，优劣互差……智永、世南，得其宽和之量，而少俊迈之奇。欧阳询得其秀劲之骨，而乏温润之容。褚遂良得其郁壮之筋，而鲜安闲之度。李邕得其豪挺之气，而失之竦窘。颜、柳得其庄毅之操，而失之鲁犷。旭、素得其超逸之兴，而失之惊怪。陆、徐得其恭俭之体，而失之颓拘。过庭得其逍遥之趣，而失之俭散。蔡襄得其密厚之貌，庭坚得其提衄之法，赵孟頫得其温雅之态。然蔡过乎抚重，赵专乎妍媚，鲁直虽知执笔，而伸脚挂手，体格扫地矣。苏轼独宗颜、李，米芾复兼褚、张。苏似肥艳美婢，抬作夫人，举止邪陋而大足，当令掩口。米若风流公子，染患痈疣，驰马试剑而叫笑，旁若无人。数君之外，无暇详论也。”项穆的评判虽然有失于绝对，但可以说明王羲之书法体系对后世的巨大影响。明、清书家，多在赵孟頫范畴之中，更是王羲之一系。

后世对王羲之书风也有贬斥者，但大多有其非书法方面的原因。中唐时期，韩愈在其《石鼓歌》中有句云：“羲之俗书趁姿媚。”在韩愈之后，

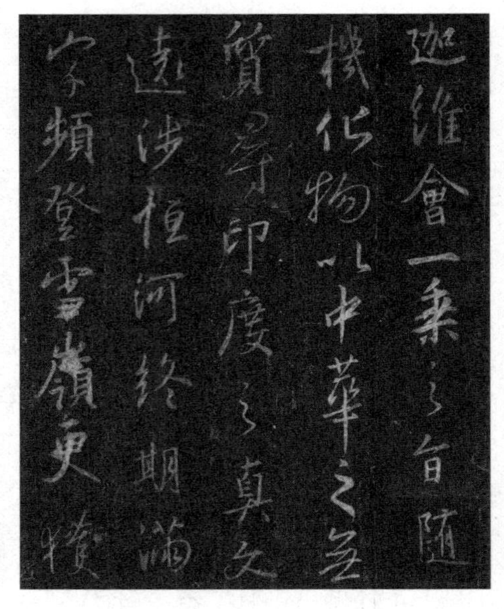

欧阳修也有过这样的困惑，他在《集古录·王献之书跋》中说："所谓法帖者，率皆吊哀，候病，叙暌离、通讯问，施于家人朋友之间，不过数行而已。盖其初非用意，而逸笔余兴，淋漓挥洒，或妍或丑，百态横生。使人骤见惊绝，徐而视之，其意态愈无穷尽。至于高文大册，何尝用此。"到清末，更是出现了"碑""帖"之争。我们不可否认，书法的审美应是多样的，不能用王羲之的书法作为衡量一切作品的标尺，这也是中国书法之所以博大精深，成为中国独特艺术的重要原因。但有一点也是我们必须注意的，对王羲之书法本身基本无人提出疑义，而是在其书风大行其道、几乎"一手遮天"时，一些人理智地提出呐喊，这是时代审美疲劳、力求创新、呼唤艺术多样性的表现。特别是每一次提出疑义时，都处在特殊的历史时期。如中唐时，盛世已久，骄奢淫逸之风抬头，文风、书风渐趋软懦、浮华，韩愈被称为"文起八代之衰"，其追求雄强之风从书风到文风可谓"一以贯之"。而欧阳修所处时代也有类似之处。清末以康有为为代表的"碑学"派，追求表面的"力度""雄强"，又和"富国强兵"的社会政治诉求相连，以实用精神"故意"曲解复杂的文化精神，这也是近代以来对中国传统文化本质认识普遍偏颇的原因所在。而康有为在其大量"矫枉"而未能"持平"的议论里，对王羲之书法的评价也有肯綮之说，他在《广艺舟双楫·本汉第七》里说："然二王之不可及，非徒其笔法之雄奇也，盖所取资皆汉、魏间瑰奇伟丽之书，故体质古朴，意态奇变。"康有为的文化观念，较之韩愈，有更多偏颇之处，但对"二王"书法的评论，他则以"雄奇""古朴"等审美风格特征肯定。刘熙载在其《艺概》说："右军书'不言而四时之气亦备'，所谓'中和诚可经'也。以毗刚毗柔之意学之，总无是处。""右军书以二语评之，曰：力屈万夫，韵高千古"。这就点明了"力"与"韵"浑然一

脉，方得书法艺术之至美，而作为艺术表现，任何有“力”无“韵”之作，都是不可能使人感动的。

对于王羲之所创造的书法高度和在书法史上的地位，可以说是无人可以与之比肩的。但对于王羲之书风的争论，恐怕永远是一个此起彼伏的状态。人类的本性总在求新求变中努力体现自我的存在价值，这对于书法世界的多样性、丰富性无疑是值得提倡的。但问题在于，王羲之书法成就的取得，真正是“站在了巨人的肩膀上”。而当他所塑造的高峰屹立在人们面前时，真可谓“高山仰止”，难以企攀。真可谓，“心慕手追，此人而已”。

二、王羲之“书圣”地位的确立

两晋时期，是中国书法重大的转折期，有人称为“古质到今妍”。古和今、质和妍，虽然本身是相对的，但这无疑概括了这个时期书法的重要特点。可以说，两晋时期，中国书法确实跨越到了一个新的阶段和层次。表现为：一是书体完备，楷、行、草日益成熟；二是书家由之前无名氏（偶有名也大多是后世讹传假借）变为有名氏，而以书名闻名于世者蜂拥而出；三是书法由装饰、铭刻之用变为文人士大夫竞技才艺、抒情达意之利器；四是书风更加多彩、风格更加鲜明、技法更加丰富。一言以蔽之，书写的自觉性、审美的主动性空前增强，书法的特质真正形成。在这个书家辈出的时代，王羲之无疑是其中的佼佼者，但其“书圣”地位的确立却经过了很长的过程。

王羲之从幼年学书到去世，一生与书为伴，留下了大量的书法作品。“二王”的书法艺术在当时就受到普遍推崇，和他们同时代而稍晚的桓玄，是最先将“二王”书法辑为卷帙者。桓玄死后，“二王”书法亦多亡佚。虽经南朝战火，但至唐初仍有大量手札书稿遗世。唐太宗曾从全国征集王羲之书法，虞世南一直专为唐太宗鉴定“王书”真伪，之后的褚遂良奉命整理“王书”五十八卷二百五十二帖。晚唐时整理宫内图书时，撰《右军书目》，载有正书五卷十四帖，张彦远著《右军书记》，载有四百余帖。到北宋末年，宋徽宗时的《宣和书谱》，仅载有王羲之书帖二百四十三帖。

遗憾的是，至今没有发现一件墨迹手稿，现在留存的全部是刻本。好在早在唐时，“王书”已是朝野上下争藏的墨宝，通过临摹等手段，制作了不少“下真迹一等”的勾摹本、临摹本和刻工精良的刻本，让后人管中窥豹，得见王羲之的端倪和风采。目前存世作品中，其楷书代表作有《乐毅论》《黄庭经》《东方朔画赞》《太师箴》《洛神赋》《劝进表》；行书代表作有《兰亭序》《姨母帖》《丧乱帖》《孔侍中帖》《游目帖》《快雪时晴帖》《寒切帖》《远宦帖》《上虞帖》等；草书代表作有《十七帖》《小园帖》《桓公帖》《行穰帖》，及相传的章草作品《豹奴帖》等。

王羲之并非“天赋禀异”或“生而能者”。据《太平御览》卷七三九引裴启著的《语林》记载，王羲之孩提时，曾患有癫痫病，一二年辄发病一次。又讷于言，人未知奇。随着年龄的增长，疾病渐愈。少年时，先后跟随卫夫人和叔父王廙学习书法。相传最先卫夫人发现王羲之在对书法的感悟上超乎常人，所以称赞他“将有大能”，甚至说王羲之将来在书法方面的造诣将超过自己。王羲之学书也十分勤奋，“临池学书、池水尽墨”。在其青少年时期，东晋书坛魁首当推王廙，唐代张彦远《历代名画记》说王廙“过江后，为晋代书画第一”；另一个书坛领军人物是卫夫人的侄子李式。张彦远称，“李式书，右军云，是平南（王廙别称）之流”。之后，王羲之书名渐盛，但此时的书坛领潮者是庾翼。庾翼，字稚恭，是庾亮的幼弟，风仪秀伟，累官至征西将军。庾翼善章草，世称其书“鹰搏隼击”“剑锷刀锋”。南朝宋泰始年间书法家虞龢在其《论书表》说：“羲之书，在始未有奇殊，不胜庾翼、郗愔。”郗愔，是王羲之妻弟，比羲之年幼十岁，小庾翼八岁。虞龢又说：“羲之所书紫纸，多是少年临川时迹，既不足观，亦无取焉。”南朝梁陶弘景《论书启》也说：“逸少自吴兴以前，诸书犹为未称。”以王羲之历仕时间来看，均在其三十岁左右。可以说，此时其书法虽已成名，尚未有显著的个人风貌。其书风的变革期大约在三十岁至四十岁，即从咸和七年（332 年）至咸康八年（342 年）。这期间，王羲之着力于书理的探求和书体的革新，力求在继承传统的基础上，创造出一种区别于人、又高出于人的品格面貌。唐代张怀瓘《书断》论王羲之书法云：“然剖析张公之草，而浓纤折衷，乃愧其精熟；损益钟君之隶，虽运用增华，而古雅不逮；至研精体势，则无所不工。”张怀瓘述右军学习

钟、张书法用的“剖析”“损益”“研精”六个字，是非常精到的。王羲之的这种努力，得到了社会的承认，众人趋之若鹜，显宦、士家子弟纷纷追随效法。这种情状，引起了书法名望高于王羲之的庾翼的不满。王僧虔《论书》说：“右军后进，庾犹不忿。在荆州与都下书，云：‘小儿辈乃贱家鸡，爱野鹜，皆学逸少书。须吾还，当比之。’”“在荆州”，正是指庾翼牧荆州之时（340—343 年）。但是不久，庾翼看到了王羲之用章草写给庾亮的信，大为震惊。虞龢在其《论书表》写道，“翼叹服。因与羲之书云，吾昔有伯英章草书十纸，过江亡失，常痛妙迹永绝。忽见足下答家兄书，焕若神明，顿还旧观”。王羲之的书法成就，在其当世已有定评。庾翼去世后（约 345 年），王羲之真正成为东晋书坛领袖。此时的王羲之遍游名胜古迹，大开眼界，从书法理念到书法实践，都发生了脱胎换骨的根本性改突变。他说：“予之少学卫夫人书，将谓大能；及渡江北游名山，比见李斯、曹喜等书，又之许下见钟繇、梁鹄书，又之洛下，见蔡邕石径、三体书，又于从兄洽处，见张昶《华岳碑》，始知学卫夫人书，徒费年月耳。羲之遂改本师，仍于众碑学习焉。”此言虽有后世穿凿附会之嫌，但也知王羲之博采众长、开怀广纳的学书历程。永和七年（351 年），王羲之出任右军将军、会稽内史，此时书法更入“化境”。半个世纪来，王羲之经历了政权更迭、家族兴衰、人生沧桑。此时的王羲之，已将书法看作了容纳万物、吞吐宇宙、放达情怀、涵咏精神的“玄妙之道”，开始进入创作的自觉期，从心里和笔尖流淌出许多惊世骇俗、冠绝古今的书法神品。真如虞龢《论书表》所说“追其末年，乃造其极”，陶弘景《论书启》说的“凡厥好迹，皆是向在会稽时永和十许年中者”。孙过庭的《书谱》讲：“右军之书，末年多妙，当缘思虑通审，志气和平，不激不厉，而风规自远。”王羲之书法的晚年状态，其精神综合因素更趋饱满，是书法艺术多种因素的全面表现。

虽然王羲之书法变古制今，末年更妙，但在其后到唐初，名头大过他的却是其子王献之。王献之风流倜傥、天纵英才，书风较王羲之更加妍媚，可惜英年早逝。他的门生羊欣说他“骨势不及父，而媚趣过之”。由于羊欣、薄绍之等人的鼓荡和弘扬，在东晋末年和南朝宋、齐两代，大约 140 年间，王献之的书风笼罩书坛，形成了世人但知小王而不复知大王的局面。虞龢在《论书表》说："二王暮年皆胜于少，父子之间又为今古，子敬穷其妍妙，固其宜也。"这里明确了"子敬穷其妍妙"，比王羲之"固其宜也"。梁陶弘景《与梁武帝论书启》说："比世皆尚子敬书。元常继以齐代，名实脱略，海内非惟不复知有元常，于逸少亦然。"

到南朝梁武帝萧衍时，情况发生改变。这位皇帝是饱学之士，有好古崇古之癖，善书善鉴，主张返璞归真。他认为王献之不如王羲之古质，王羲之又不及钟繇古肥。他在《观钟繇书法十二意》中说："元常谓之古肥，子敬谓之今瘦。今古既殊，肥瘦颇反，如自省览，有异众说。"又说："张芝、钟繇，巧趣精细，殆同机神。肥瘦古今，岂易致意。真迹虽少，可得而推。逸少至学钟书，势巧形密，及其独运，意疏字缓。譬犹楚音习夏，不能无楚。过言不悒，未为笃论。又子敬之不迨逸少，犹逸少之不迨元常。"据传，梁武帝曾下令殷铁石，用集王羲之字的办法，推行周兴嗣奉旨新制的《千字文》，作识字习字的启蒙课本，从而普及了王羲之的书法。在梁武帝的提倡下，书论家随之展开评论。袁昂《古今书评》为奉敕品评之作，涉及二十五人，特别推崇"张芝惊奇，钟繇特绝，逸少鼎能，献之冠世，四贤共类，洪芳不灭"。又说"王右军书如谢家子弟，纵复不端正者，爽爽有一种风气。王子敬书如河、洛间少年，虽皆充悦，而举体沓拖，殊不可耐"。庾肩吾《书品》以三等九品评论自汉至齐梁三百年间一百二十八人，将张芝、钟繇、王羲之三人列为"上之上"，将王献之等五人列为"上之中"。说："张工夫第一，天然次之，衣帛先书，称为'草圣'。钟天然第一，工夫次之，妙尽许昌之碑，穷极邺下之牍。王工夫不及张，天然过之；天然不及钟，工夫过之。"但梁武帝仍然认为袁昂的书评未达他的旨意。他在《古今书人优劣评》中，对王羲之书法做出了著名的评语："字势雄强，如龙跳天门，虎卧凤阙，故历代宝之，永以为训。"到了陈隋之际，王羲之的七世孙智永禅师以弘扬"王书"为己任，他将集王字的《千字文》临写八百本，浙东诸寺，各施一本，也为扩大王羲之书法影响不遗余力。

推崇"王书"最烈、将王羲之推上"书圣"地位的，是唐太宗李世民。唐太宗文武兼备，他对王羲之书法十分倾慕，自谓"心慕手追"。《晋书》专为王羲之立传，唐太宗亲作赞词。赞词中，历数各家书法之短，独

颂王羲之。他写道："伯英临池之妙，无复余踪；师宜悬帐之奇，罕有遗迹。……钟虽擅美一时，亦为回绝，论其尽善，或有所疑……献之虽有父风，殊非新巧。观其字势，疏瘦如隆冬之枯树；览其笔踪，拘束若严家之饿隶……子云近出，擅名江表，然仅得成书，无丈夫之气……此数子者，皆誉过其实。所以详察古今，研精篆素，尽善尽美，其惟王逸少乎！观其点曳之工，裁成之妙，烟霏露结，状若断而还连；凤翥龙蟠，势如斜而反直。玩之不觉为倦，览之莫识其端。心慕手追，此人而已。其余区区之类，何足论哉！"对王羲之书法曾经心慕手追的欧阳询在《用笔论》中更对李世民之说发挥道："至于尽妙穷神，作范垂代，腾芳飞誉，冠绝古今，唯右军王羲之一人而已。"唐太宗时，敕令购求书法妙迹，尤重王羲之遗墨，还延请虞世南、褚遂良一一鉴别，真迹悉数藏入内府。《二王等书录》记载，"右军书大凡二千二百九十纸，装为十三帙一百二十八卷。真书五十纸，一帙八纸，随本长短为度；行书二百四十纸，四帙四十卷，四尺为度；草书二千纸，八帙八十卷，以一丈二尺为度，并金缕杂宝装轴织成帙。其书每缝皆用小印印之，其文曰：'贞观'。大令书不之购也，天府之内，仅有存焉"。遵照唐太宗"书定一尊"的旨意，鉴赏家李嗣真对前代书家进行了总结。他把始于秦世、终于唐世的八十一人，分为十等。将张芝的章草、钟繇的正书、王羲之的正行草三体及飞白、王献之的草书、行书、半草半行书，称为"神合契匠，冥运天矩"的"旷代绝作"。尤为推崇王羲之的书法，在其《书后品》中写道："右军正体，如阴阳四时，寒暑调畅，岩廊宏敞，簪裾肃穆。其声鸣也，则铿锵金石；其芬郁也，则氤氲兰麝；其难征也，则缥缈而已仙；其可觌也，则昭彰而在目。可谓书之圣也。若草、行杂体，如清风出袖，明月入怀，瑾瑜烂而五色，黼绣摛其七采，故使离朱丧明，子期失听。可谓草之圣也。其飞白也，犹夫雾縠卷卷舒，烟空照灼，长剑耿介而倚天，劲矢超腾而无地。可谓飞白之仙也。"

至此，王羲之在历史上首获"书圣"之誉。

过了大约八九十年后，唐玄宗开元年间的鉴赏家张怀瓘在《书议》中说："惟逸少笔迹遒润，独擅一家之美，天质自然，丰神盖代。"其在《书断》中说：王羲之"尤善书，草、隶（楷）、八分、飞白、章、行，备精诸体，自成一家法，千变万化，得之神功，自非造化发灵，岂能登峰造极”。

对王羲之的书法地位，笔者认为孙过庭《书谱》评价最为可采：

“夫自古之善书者，汉魏有钟、张之绝，晋末称二王之妙。王羲之云：‘顷寻诸名书，钟、张信为绝伦，其余不足观。’可谓钟、张云没，而羲、献继之。又云：‘吾书比之钟、张，钟当抗行，或谓过之。张草犹当雁行。然张精熟，池水尽墨，假令寡人耽之若此，未必谢之。’此乃推张迈钟之意也。考其专擅，虽未果于前规；摭以兼通，故无惭于即事。评者云：‘彼之四贤，古今特绝；而今不逮古，古质而今妍。’夫质以代兴，妍因俗易。虽书契之作，适以记言；而淳醨一迁，质文三变，驰骛沿革，物理常然。贵能古不乖时，今不同弊，所谓：‘文质彬彬。然后君子。’何必易雕宫于穴处，反玉辂于椎轮者乎！又云：‘子敬之不及逸少，犹逸少之不及钟张。’意者以为评得其纲纪，而未详其始卒也。且元常专工于隶书，伯英尤精于草体，彼之二美，而逸少兼之。拟草则馀真，比真则长草，虽专工小劣，而博涉多优；总其终始，匪无乖互。谢安素善尺牍，而轻子敬之书。子敬尝作佳书与之，谓必存录，安辄题后答之，甚以为恨。安尝问敬：‘卿书何如右军?’答云：‘故当胜。’安云：‘物论殊不尔。’子敬又答：‘时人那得知!’敬虽权以此辞折安所鉴，自称胜父，不亦过乎！且立身扬名，事资尊显，胜母之里，曾参不入。以子敬之豪翰，绍右军之笔札，虽复粗传楷则，实恐未克箕裘。况乃假托神仙，耻崇家范，以斯成学，孰愈面墙！后羲之往都，临行题壁。子敬密拭除之，辄书易其处，私为不恶。羲之还，见乃叹曰：‘吾去时真大醉也!’敬乃内惭。是知逸少之比钟张，则专博斯别；子敬之不及逸少，无或疑焉。”

唐之后的书家，对王羲之书法的评价，没有超出前代评价的基调。

三、王羲之书法及其思想理论

从史料来看，王羲之并未留下完整而确凿的书法理论，目前流传的王羲之的书法著述大多无法证明是本人所写，多有假托附会之嫌，但其中的许多理论十分高妙，也与王书风格特点多有吻合，这不仅成

为后人学习书法的重要指导，也是研究王书的宝贵资料。而综合王羲之的人生经历、学术主张、书法特点，我们也试图窥探到其书法思想的点滴精华。

第四节　王羲之的主要书法理论

相传王羲之的书法理论文章主要包括《自论书》《题卫夫人〈笔阵图后〉》《教子敬笔论》《书论》《笔势论》《笔势论十二章并序》《用笔赋》《天台紫真传授笔法》（又称《记白云先生书诀》）。后世书家对此多有评述。如唐人孙过庭、张彦远、徐坚，宋人朱长文、陈思，明人汪挺、项穆，清人冯武，今人沈尹默、余绍宋等，对以上书论看法各异。大致说来，张彦远鉴审的前三篇，收入他的《法书要录》。而对第三篇《教子敬笔论》，只录书目，不刊文字。第四、第七篇的不少段落，自唐人虞世南、欧阳询以降，论书者，多加引用。《墨池编》《书苑菁华》《佩文斋书画谱》《书法雅言》等历代汇编也各有所录。不少学者认为，这些文章不是王羲之本人所写，或为南朝人伪托，或为后世附会。但多数学者认为，虽然不能肯定是王羲之亲笔所写，但流传已久，影响深远，亦不能说它无所依据，即使是唐以前的人假托，仍然具有重要的历史价值，不能因为可能是伪托而弃之不用，另外，也应该相信虞世南、欧阳询、张彦远等唐代书画大家的精鉴。因此，《自论书》《题卫夫人〈笔阵图〉后》《书论》，应当相信是王羲之的著述，或者是直接体现王羲之书法精髓的著述。其他各篇亦不能一概否定。如《笔势论十二章并序》《记白云先生书诀》等对后世学书者指导甚大。现整理收录如下。

《自论书》

吾书比之钟、张当抗行，或谓过之，张草犹当雁行。张精熟过人，临池学书，池水尽墨，若吾耽之若此，未必谢之。后达解者，知其评之不虚。吾尽心精作亦久，寻诸旧书，惟钟、张故为绝伦，其余为是小佳，不足在意。去此二贤，仆书次之。顷得书，意转深，点画之间皆有意，自有言所不尽。得其妙者，事事皆然。平南李式论君不谢。

《书论》

夫书者，玄妙之伎也，若非通人志士，学无及之。大抵书须存思，余览李斯等论笔势，及钟繇书，骨甚是不轻，恐子孙不记，故叙而论之。夫书字贵平正安稳。先须用笔，有偃有仰，有欹有侧有斜，或小或大，或长或短。凡作一字，或类篆籀，或似鹄头；或如散隶，或近八分；或如虫食木叶，或如水中科斗；或如壮士佩剑，或似妇女纤丽。欲书先构筋力，然后装束，必注意详雅起发，绵密疏阔相间。每作一点，必须悬手作之，或作一波，抑而后曳。每作一字，须用数种意：或横画似八分，而发如篆籀；或竖牵如深林之乔木，而屈折如钢钩；或上尖如枯秆，或下细若针芒；或转侧之势似飞鸟空坠，或棱侧之形如流水激来。作一字，横竖相向；作一行，明媚相成。第一须存筋藏锋，灭迹隐端。用尖笔须落锋混成，无使毫露浮怯，举新笔爽爽若神，即不求于点画瑕玷也。为一字，数体俱入。若作一纸之书，须字字意别，勿使相同。若书虚纸，用强笔；若书强纸，用弱笔。强弱不等，则蹉跌不入。凡书贵乎沉静，令意在笔前，字居心后，未作之始，结思成矣。仍下笔不用急，故须迟，何也？笔是将军，故须迟重。心欲急不宜迟，何也？心是箭锋，箭不欲迟，迟则中物不入。夫字有缓急，一字之中，何者有缓急？至如“乌”字，下手一点，点须急，横直即须迟，欲“乌”之脚急，斯乃取形势也。每书欲十迟五急，十曲五直，十藏五出，十起五伏，方可谓书。若直笔急牵裹，此暂视似书，久味无力。仍须有笔著墨，不过三分，不得深浸，毛弱无力。墨用松节同研，久久不动弥佳矣。

《题卫夫人〈笔阵图〉后》

夫纸者阵也，笔者刀矟也，墨者鍪甲也，水砚者城池也，心意者将军也，本领者副将也，结构者谋略也，飏笔者吉凶也，出入者号令也，屈折者杀戮也。著笔者调和也，顿角者是蹙捺也。始书之时，不可尽其形势，一遍正脚手，二遍少得形势，三遍微微似本，四遍加其遒润，五遍兼加抽拔。如其生涩，不可便休，两行三行，创临惟须滑健，不得计其遍数也。夫欲书者，先乾研黑，凝神静思，预想字形，大小偃仰，平直振动，令筋脉相连，意在笔前，然后作字。若平直相似，状如算子，上下方整，前后齐平，此不是书，但得其点画耳。昔宋翼常作此书，繇乃叱之，遂三年不

敢见繇，即潜心改迹。每作一波，常三过折，每作一竖，常隐锋而为之，每作一横，如列阵之排云，每作一戈，如百钧之弩发，每作一点，如高峰之坠石，每作一勾，屈折如钢钩，每作一牵，如万岁之枯藤，每作一放纵，如足行之趣骤。翼乃读之，依此法学，名遂大振。欲真书及行书，皆依此法。（注：一本“如足行之趣骤。”后作“状如惊龙之透水，激楚浪而成文”。）若欲学草书，又有别法。须缓前急后，字体形势，状如龙蛇，相钩连不断，仍须棱侧起伏。用笔亦不得使齐平大小一等。每作一字，须有点处，且作余字总竟，然后安点，其点须空中遥掷笔作之。其草书，亦复须篆势、八分、古隶相杂，亦不得急，令墨不入纸。若急作，意思浅薄，而笔即直过。惟有章草及章程、行狎等不用此势，但用击石波而已，其击石波者，缺波也。又八分更有一波谓之隼尾波，即钟公泰山铭及魏文帝受禅碑中已有此体。夫书先须引八分、章草入隶字中，发人意气，若直取俗字，则不能先发。予少学卫夫人书，将谓大能，及渡江北游名山，见李斯、曹喜等书，又之许下，见钟繇、梁鹄书，又之洛下，见蔡邕石经，三体书，又于从兄洽处，见张昶华岳碑，始知学卫夫人书，徒费年月耳。遂改本师，仍于众碑学习焉。时年五十有三。恐风烛奄及，聊遗教于子孙耳，可藏之石室，勿传非其人也。

《笔势论十二章并序》

告汝子敬：吾察汝书性过人，仍未闲规矩，父不亲教，自古有之，今述《笔势论》一篇，开汝之悟，凡斯字势，犹有十二章，章有指归，定其模楷，详其舛谬，撮其要实，录此便宜，或变体处多，罕臻其本，转笔处众，莫识其源，悬针垂露之踪，难为体制，扬波腾气之势足可迷人。故辨其由，堪愈膏肓之疾。今书《乐毅论》一本，《笔势论》一篇，贻尔藏之，勿播于外，缄之秘之，不可示知诸友，穷研篆籀，功省而易成。纂集精专，形彰而势显。存意学者，两月可见其功；无灵性者，百日亦知其本。此之笔论，可谓家宝家珍，学而秘之，世有名誉。笔削久矣，罕有奇者，始克有成，研精覃思，考诸规矩，存其要略，以为斯论。初成之时，同学张伯英欲求见之，吾诈云失矣。盖自秘之甚，不苟传也。

《创临章第一》：夫纸者，阵也。笔者，刀稍也。墨者，兵甲也。水砚者，城池也。本领者，将军也。心意者，副将也。结构者，谋策也。扬笔者，吉凶也。出入者，号令也。屈折者，杀戮也。点画者，磊落也。戈旆者，斩斫也。放纵者，快利也。著笔者，调和也。顿角者，蹙捺也。始书之时，不可尽其形势，一遍正脚手，二遍少得形势，三遍微微似本，四遍加其遒润，五遍兼加抽拔，如其生涩，不可便休，两行三行，创临惟须滑健，不得计其遍数也。

《启心章第二》：欲学书之法，先乾研墨，凝神静虑，预想字形大小、偃仰、平直、振动，则筋脉相连，意在笔前，然后作字。若平直相似，状如算子，上下方整，前后齐平，此不是书，但得其点画耳。昔宋翼尝作是书，繇乃叱之，遂三年不敢见繇，即潜心改迹，每作一波，常三过折，每作一竖，常隐锋而为之，每作一横画，如列阵之排云，每作一戈，如百钧之弩发，每作一点，如危峰之坠石；＊＊＊＊（缺四字），屈折如钢钩，每作一牵，如万岁之枯藤，每作一放纵，如足行之趋骤，状如惊蛇之透水，激楚浪以成文，似虬龙之蜿蜒，谓其妙也；若鸾凤之徘徊，言其勇也。摆拨似惊雷掣电，此乃飞空妙密，顷刻浮沉，统摄铿锵，启发厥意。能使昏迷之辈，渐觉称心；博识之流，显然开朗。

《视形章第三》：视形象体，变貌犹同，逐势瞻颜，高低有趣，分均点画，远近相须；播布研精，调和笔墨，锋纤往来，疏密相附，铁点银钩，方圆周整。起笔下笔，忖度寻思，引说踪由，永传今古。智者荣身益世，方怀浸润之深，愚者不俟佳谈，如暗尘之视锦。生而知之发愤，学而悟者忘餐。此乃妙中增妙，新中更新。金书锦字，本领为先，尽说安危，务以平稳为本，分间布白，上下齐平，均其体制，大小尤难，大字促之贵小，小字宽之贵大，自然宽狭得所，不失其宜，横则正，如孤舟之横江渚；竖则直，若春笋之抽寒谷。

《说点章第四》：夫著点皆磊磊似大石之当衢，或如蹲鸱，或如科斗，或如瓜瓣，或如栗子，存若鹗口，尖如鼠屎。如斯之类，各禀其仪，但获少多，学者开悟。

《处戈章第五》：夫斫戈之法，落竿峨峨，如长松之倚溪谷，似欲倒也。复似百钧之弩初张。处其戈意，妙理难穷。放似弓张箭发，收似虎斗龙跃，直如临谷之劲松，曲类悬钩之钓水，棱切于云汉，倒载陨于山崖。天门腾而地户跃，四海谧而五岳封；玉烛明而日月蔽，绣彩乱而锦纹翻。

《健壮章第六》：夫以屈脚之法，弯如角弓之张，“鸟”“为”“焉”“乌”之类是也。立人之法，如鸟之在柱首，“彳”“亻”之类是也。腕脚之法，如壮士之屈臂，“凤”“飞”“凡”“气”之例是也。急引急牵，如云中之掣电，“日”“月”“目”“因”之例是也。腕脚挑斡，上捺下轻，终始转折，悉令和韵，勿使蜂腰鹤膝，放纵宜存气力，视笔取势。行中廓落，如勇士伸钩，方刚对敌，麒麟斗角，虎凑龙牙，筋节拿拳，勇身精健，放法如此，书进有功也。牵引深妙，皎在目前，发动精神，提撕志意，挑剔精思，秘不可传。夫作右边折角，疾牵下微开，左畔斡转，令取登对，勿使腰中伤慢，视笔取势，直截向下，趣义常存，无不醒悟。

《教悟章第七》：凡字处其中画之法，皆不得倒其左右，右相复宜粗于左畔，横贵乎纤，竖贵乎粗，分间布白，远近宜均，上下得所，自然平稳，当须递相掩盖，不可孤露形影及出其牙锋，展转翻笔之处，即宜察而用之。

《观彩章第八》：夫临文用笔之法，复有数势，并悉不同。或有藏锋者大，藏锋在于腹内而起。侧笔者乏。亦不宜抽细而且紧，押笔者入。从腹起而押之。又云：利道而牵，押即合也。结笔者撮。渐次相就，必始然矣，参乎妙理，察其径趣，憩笔者俟失。憩笔之势，视其长短，俟失，右脚须欠也。息笔者逼逐。息止之势向上，久久而紧抽也。蹙笔者将，蹙，即捺角也；将，谓劣尽也，缓下笔，要得所，不宜长不宜短也。战笔者合，战，阵也；合，叶也。缓不宜长及短也。厥笔者成机，促抽上勿使伤长。厥，谓其美者视形势成机，是临事而成最妙处。带笔者尽，细抽勿赊也，带是回转走入之类，装束身体，字含鲜洁，起下笔之势，法有轻重也。尽为其著而复反笔抽之。

《开要章第九》：夫作字之势，饬甚为难，锋铦来去之则，反复还往之法，在乎精熟寻察，然后下笔，作丿字不宜迟，乀不宜缓，而脚尖不宜赊，腹不宜促，又不宜斜角，不宜峻，不用作其棱角。二字合体，并不宜阔，重不宜长，单不宜小，复不宜大，密胜乎疏，短胜乎长。

《节制章第十》：夫学书作字之体，须遵正法。字之形势不得上宽下窄。如是则是头轻尾重，不相胜任。不宜伤密，密则似疴瘵缠身；不舒展也。复不宜伤疏，疏则似溺水之禽；诸处伤慢。不宜伤长，长则似死蛇挂树；腰肢无力。不宜伤短，短则似踏死虾蟆。言其阔也。此乃大忌，可不慎欤？

《察论章第十一》：临书安帖之方，至妙无穷。或有回鸾返鹊之饰，变体则于行中；或有生成临谷之戈，放龙笺于纸上。彻笔则烽烟云起，如万剑之相成；落纸则碑盾施张，蹙踏江波之锦。若不端严手指，无以表记心灵，吾务斯道，废寝忘餐，悬历岁年，乃今稍称矣。

《譬成章第十二》：凡学书之道，有多种焉，初业书要类乎本，缓笔定其形势，忙则失其规矩。若拟目前要急之用，厥理难成，但取形质快健，手腕轻便，方圆大小各不相犯。莫以字小易，而忙行笔势；莫以字大难，而慢展毫头。如是则筋骨不等，生死相混。倘一点失所，若美人之病一目；一国失节，如壮士之折一肱。予《乐毅论》一本，书为家宝，学此得成，自外咸就，勿以难学而自惰焉。

《用笔赋》

秦、汉、魏至今，隶书其惟钟繇，草有黄绮、张芝，至于用笔神妙，不可得而详悉也。夫赋以布诸怀抱，拟形于翰墨也。辞云：何异人之挺发，精博善而含章。驰凤门而兽据，浮碧水而龙骧。滴秋露而垂玉，摇春条而不长。飘飘远逝，浴天池而颉颃；翱翔弄翮，凌轻霄而接行。详其真体正作，高强劲实。方圆穷金石之丽，纤粗尽凝脂之密。藏骨拒筋，含文包质。没没汩汩，若蒙汜之落银钩；耀耀希希，状扶桑之挂朝日。或有飘飖骋巧，其若自然；包罗羽客，总括神仙。季氏韬光，类隐龙而怡情；王乔脱屣，焱飞凫而上征。或改变驻笔，破真成草；养德俨如，威而不猛。游丝断而还续，龙鸾群而不争；发指冠而些皆裂，据纯钩而耿耿。忽瓜割兮互裂，复交结而成族；若长天之阵云，如倒松之卧谷。时滔滔而东注，乍纽山兮暂塞地。射雀目以施巧，拔长蛇兮尽力。草草眇眇，或连或绝，如花乱飞，遥空舞雪；时行时止，或卧或厥，透嵩华兮不高，逾悬壑兮非越。信能经天纬地，毗助王猷，耽之玩之，功积山丘。吁嗟秀逸，万代嘉休，显允哲人，于今鲜俦。共六合而俱永，与两曜而同流；郁高峰兮偃盖，如万岁兮千秋。

《记白云先生书诀》

天台紫真谓予曰："子虽至矣而未善也。书之气，必达乎道，同混元

理。七宝齐贵，万古能名。阳气明则华壁立，阴气太则风神生。把笔抵锋，肇乎本性。力圆则润，势疾则涩；紧则劲，险则峻；内贵盈，外贵虚；起不孤，伏不寡；回仰非近，背接非远；望之惟逸，发之惟静。敬兹法也，书妙尽矣。”言讫，真隐子遂镌石以为陈迹。维永和九年三月六日右将军王羲之记。

《教子敬笔论》在《书法要录》及历代史料、著作中均未有记载，只见其名不见其文。不少学者认为《笔势论十二章并序》就是《教子敬笔论》，其开头一句即“告汝子敬”。

第五节　王羲之美学及书法思想探幽

作为“书圣”，他所取得的成就并非凭空而来。到魏晋时期，审美的自觉性已十分强烈，进入了审美的自觉时代，无论文学、绘画、造像等，都已从实用性上全面提升，开始主动、自觉地构筑美的空间和境界。书法作为文人雅士抒发胸怀情感的独特方式，在魏晋时被空前重视。书家真正开始思考书法之美的原因、内涵、特质和形式等深层次问题。一定程度讲，没有对美的高度认知和感受，乃至由此而进行的系统思考，书法就不可能独立于其他艺术而单独存在，书法在魏晋也不可能取得如此丰硕的成果。因此，我们有必要对王羲之的书法美学思想进行探究，虽然这是十分困难的事，但这可能也是打开王羲之书法宝库唯一正确的道路。笔者在综合不少前人和当代学者研究成果的基础上，试图将王羲之的书法美学思想总结为“自然、重意、中和、内劲”。

自然。

在前面章节我们分析论述王羲之哲学思想时，已对他崇尚老庄的自然观进行了论述。作为艺术思想，当然是与一个人的哲学思想紧密相依的。对于人与自然的关系，孔子说：“智者乐水，仁者乐山。”之前由于礼教的束缚，不可能放情肆意，尽情欣赏。只有否定和超越名教，贤人高士才能寄情山水，尽情于幽静的自然美之中；狂放洒脱、清远高朗才能成为人物品评的审美标准。人们对自然美认识的深化，加大了对礼教的离心力。江南，特别是会稽的山水之美在士人们游历和居住时被发现，并与他们的思想产生了交流，成为审美对象，把没有生命力的山水看成是有灵性的事物。当然，这里的“自然”，我们不能作自然风光这样狭义的解释，而是老子所说“道法自然”的“自然”，自然而然，顺应本性，即所谓的“越名教而任自然”。书法的美也在这种“自然观”中被真正发现。

宗白华在《美学散步》中对美进行了分类，一种是“错彩镂金、雕缋满眼”的美，如楚国的图案、楚辞、汉赋、六朝骈文、颜延之诗、明清瓷器，一直到今天的刺绣和京剧的舞台服装；一种是“初发芙蓉，自然可爱”的美。汉代的铜器、陶器，王羲之的书法，顾恺之的画，陶潜的诗，宋代的白瓷等。“错彩镂金”的美和“初发芙蓉”的美，并无高下之分，同为美的表现形式。但作为书法而言，正是从魏晋开始，它表情达意、抒发胸臆的功用才被真正发觉，也成为之后中国文人满足精神需要的主要手段。在魏晋之前的书体中，程序化、功能化的要素和要求太多。篆书要求整齐划一，笔画的规范和程序非常严格。点画均为线条，我们现在能看到的《秦始皇刻石》小篆书法，笔画圆起圆收，每一个字乃至全篇粗细一样，每个字的高宽相等，纵成列横成行，没有任何参差变化。汉隶比之篆书自由，但隶法仍很严密，晚期汉隶笔画、结字及行款章法更具有规范性。篆书、汉隶都具有装饰性，或者说有一种装饰美。倒是当时的民间书法体现出了一丝活力。晋人创造的行、草、楷等书体，潇洒洒脱，流美多变，和秦篆、汉隶显然是不同的两种艺术风貌，体现了晋人心怀坦荡，追求个性解放的强烈意识和美学理想。王羲之把自然看成一种崇高的美，他把对自然的一往情深，倾注到自己的书法创作之中，以艺术的心灵、博大的胸怀去体察山水，由实入虚，“建立最高的晶莹的美的意境”。宋代黄庭坚云：“右军笔法如孟子言性，庄周谈自然，纵说横说，无不如意。”

晋人对自然美的发现，包括对自然界中形式美的发现。大千世界是丰富多彩的，整个大自然是一个极富韵律之美的乐章，各种自然之物不是孤立存在的。相传的王羲之书法著述中对此论述很多。论点画则云：“夫著点，皆磊磊似大石之当衢，或如蹲鸱，或如科斗，或如瓜瓣，或如栗子，存若鹗口，尖如鼠屎。如斯之类，各禀其仪。”论戈法，则应“落竿峨峨，如长松之倚溪谷，似欲倒也，复似百钧之弩初张”；屈脚，当“弯弯如角

弓之张”；立人，如“鸟之在柱首”；脚，如“壮士之屈臂”。又说：“凡作一字，或类篆籀，或似鹄头”，“或如虫食木叶，或如水中科斗，或如壮士佩剑，或似妇女纤丽”。而且“每作一字，须用数种意：或横画似八分，而发如篆籀；或竖牵如深林之乔木，而屈折如钢钩；或上尖如枯秆，或下细若针芒；或转侧之势似飞鸟空坠，或棱侧之形如流水激来”。在论及书法“形势”之美时说，“字之形势不得上宽下窄；不宜伤密，密则似病瘵缠身；复不宜伤疏，疏则似溺水之禽；不宜伤长，长则似死蛇挂树；不宜伤短，短则似踏死蛤蟆”。《健壮章》云：“行中廓落，如勇士伸钩，方刚对敌，麒麟斗角，虎凑龙牙，筋节拿拳，勇身精健，放法如此，书进有功也。牵引深妙，皎在目前，发动精神，提撕志意，挑剔精思，秘不可传。”在此之上，吸收老庄自然观的相关理论，将“道”“气”“阴阳”等引入书法审美之中。《记白云先生书诀》云：“书之气，必达乎道，同混元之理。七宝齐贵，万古能名。阳气明则华壁立，阴气太则风神生。”还揭示了书法创作中内外、盈虚、大小、疏密、长短、缓急、强弱等的关系，“每书，欲十迟五急，十曲五直，十藏五出，十起五伏，方可谓书。”用笔须“有偃有仰，有欹有侧有斜，或小或大，或长或短”。草书，则须“缓前急后”，其字体形势“钩连不断”，但“仍须棱侧起伏”，“用笔亦不得使齐平大小一等”。论纸与笔，则云：“若书虚纸，用强笔；若书强纸，用弱笔。强弱不等，则蹉跌不入。”

世界上所有的美，都是顺应自然的，都是意料之中而又在意料之内。正是王羲之顺应自然、师法造化的审美意识，使王羲之的书法“自然可观”，形成了简约清雅、飘逸遒劲的艺术风格。他的书法作品技法纯熟，落笔散藻，潇洒俊逸，既有理性法度又有感性的生动，就连字体、行距、每行字的排列都做到既严谨又不囿于常规。唐太宗说：“势如斜而反正”，是实事求是的评述。唐代张怀瓘说：“惟逸少笔迹遒润，独擅一家之美，天资自然，风神盖代”，一语道出了王羲之书法美学的鲜明特点。

重意。

中国书法之所以由文字上升到艺术，一个重要的原因是中国文化的参与。许慎在《说文解字》中说：“古者庖牺氏之王天下也，仰则观象于天，俯者观法于地，视鸟兽之文与地之宜，近取诸身，远取诸物，于是始作

《易》八卦，以垂宪象。及神农氏结绳为治，而统其事，庶业其繁，饰伪萌生。黄帝之史仓颉，见鸟兽蹄迒之迹，知分理之可相别异也，初造书契，仓颉之初作书，盖依类象形，故谓之文。其后形声相益，即谓之字。字者，言孳乳而浸多也。著于竹帛谓之书，书者，如也”。正所谓“圣人立象以尽意”，“观象于天”“观法于地”“依类象形”等这种“取象”意识，体现了古代“天人合一”“天人相通”的哲学观念。

而这种书法“象”的理论也随时代发展不断提升。汉代，崔瑗草书“方不中矩，圆不副规。抑左扬右，望之若奇”的抽象线条看成是“兽跂鸟跱，志在飞移，狡兔暴骇，将奔未驰”。刘熙载《艺概·书概》说：“写字者，写志也。”蔡邕在其《笔论》更是说道：“书者，散也。欲书先散怀抱，任情恣性，然后书之。”卫夫人的《笔阵图》明确提出了“意后笔前者败”“意前笔后者胜”是书法善与恶的关键所在。书法理论发展到魏晋时期的巨大转折，具体体现在了由“象”到“意的转变和探索。魏晋时期玄学兴起，玄学以老子道家学说为理论依据，其所谓“无形”“无名”的哲学思想，在士大夫的思想中占据重要的地位。士人以旷达超俗、不涉世务为清高，以高谈玄远、轻毁礼法相标榜。他们尊重人格上的独立，主张无为与真率；他们蔑视礼教，轻视轩冕，寄情山水，品第风流，过着极为自由潇洒而又娴雅的生活，希望通过书法表现人的内在精神意向，主张“得意而忘象”，无意于佳的逸笔草草，表达他们空灵的精神境界。宗白华在《论〈世说新语〉和晋人的美》中说：“中国独有的美术书法——这书法也是中国绘画艺术的灵魂——是从晋人的风韵中产生的。魏晋的玄学使晋人得到空前绝后的精神解放，晋人的书法是这自由的精神人格最具体最适当的艺术表现。这抽象的音乐似的艺术才能表达出晋人的空灵的玄学精神和个性主义的自我价值。”这样就使书法家敢于大胆想象，丰富形象思维。正如张怀瓘《书议》所说：“情驰神纵，超逸优游，临事制宜，从意适便。有若风行雨散，润色开花，笔法体势之中，最为风流者也。”

王羲之更是进一步发展了“意”的美学思想。他在《书论》中说：“凡书，贵乎沉静，令意在笔前，字居心后。未作之始，结思成矣。”又云：“夫书者，玄妙之伎也，若非通人志士，学无及之。”这是作书时的精神状态，不单纯是技巧问题，而是要先有“意”。他在《笔势论》中反复

论述“先想字成，意在笔先”。在《题卫夫人〈笔阵图〉后》云：“夫纸者阵也，笔者刀稍也，墨者鍪甲也，水砚者城池也，心意者将军也，本领者副将也，结构者谋策也，扬笔者吉凶也，出入者号令也，屈折者杀戮也。”此论对后世影响非常广泛和深远。唐太宗就在其《论书》中以自己布阵击敌之战事，悟通书法之理。康有为在《广艺舟双楫》中更是将战事与书法连类譬喻。王羲之对卫夫人关于“意”的理论，作了进一步阐述：“夫欲书者，先干研墨，凝神静思，预想字形大小、偃仰、平直、振动，令筋脉相连，意在笔先，然后作字。凡书贵于沉静，令意在笔前，字居心后，未作之始，结思成矣。”在《启心章》又云：“夫欲学书之法，先干研墨，凝神静虑，预想字形大小、偃仰、平直、振动，则筋脉相连，意在笔前，然后作字。”《创临章》则说：“始书之时，不可尽其形势，一遍正脚手，二遍少得形势，三遍微微似本，四遍加其遒润，五遍兼加抽拔。如其生涩，不可便休，两行三行，创临惟须滑健，不得计其遍数也。”《察论章》云：“临书安帖之方，至妙无穷。或有回鸾返鹊之饰，变体于行中；或有生成临谷之戈，放龙笺于纸上。彻笔则峰烟云起，如万剑之相成；落纸则碑盾施张，蹙踏江波之锦。”

王羲之反复提到“意在笔前”“书须存思”，要求做好创作前的准备构思，特别要反映当时真实的情感状态。一方面强调要用“意”来统揽全局，调动一切书法技术表现出作者“心意”，体现情感的真实性；另一方面，要表现“意”和抒发悠远丰富的情感，都必须通过书法的内在结构，借助于基本的形式，通过点画结构、章法的形式美的载体，使整幅作品筋脉相连，“意气”充溢。王羲之的书法美学思想，在其作品中得到充分展现。以《丧乱帖》为例，起初的“羲之顿首”写得比较工整，接近于行楷，随着行文中的内容变化，情感逐渐激动起来，写到“痛贯心肝”几个字时，字体变成了行草，“痛贯”两个字连写，写到“痛当奈何，奈何”，作者痛心疾首，情绪极度不安，文中草书二字一笔而成。观其所书，无不如此。

唐朝孙过庭《书谱》中说：“写《乐毅》则情多怫郁；书《画赞》则意涉瑰奇；《黄庭经》则怡怿虚无；《太师箴》又纵横争折，暨乎兰亭兴集，思逸伸超；私门诫誓，情拘志惨。”李嗣真在《评右军书》一文中说：

“右军书每不同，以变格难俦，书《乐毅论》《太史箴》，体皆正直，有忠臣烈士之象；《告誓文》《曹娥碑》，其容憔悴，有孝子顺孙之象；《逍遥篇》《孤云赋》，迹远趣高，有拔俗抱素之象；《画像赞》《洛神赋》姿仪雅丽，有矜庄严肃之象。皆有意以成字，非得意以独妍。”这精辟的论述，充分展示了王羲之书法艺术是其思想、情性的自然流露。宗白华先生说，“中国乐教失传，诗人不能弦歌，乃将心灵的情韵表现于书法、画法。书法尤为代替音乐的抽象艺术。”好的书法艺术，情感笃深，意韵浓郁，如诗如画，如乐如歌，使品味者有隽永之趣。王羲之以独有的审美眼光捕捉线条美，并赋予浓厚的主观情感，再进行独到的艺术处理，从而创造出独特的书法意境美。正所谓“字如其人”。书法家作为创作主体，其思想感情、审美趣味、审美理想和对客观现实美的感受，通过自身掌握的书法技术付诸笔端，以笔写情，以字表意，创造出独特的意境美、人格美，这也成为书法千百年来为文人墨客倾心向往的原因。

中和。

综观王羲之一生，似乎一直处于矛盾之中。既生于世家大族，又想远离官场；既无庙廓之志，又留下多篇政论文章；既因王氏大族而显名立世，又在庾氏阵营中效命；既是怀悲天悯人、经国济世的儒家门生，又向往畅游山林、弋钓为娱的老庄理想人生。客观上讲，生在那个特殊的历史时代和特殊的家族，王羲之无法完全回避政治旋涡，而根深蒂固的儒家教育，也让他对经国济世、立功立德充满渴望。但从他的经历来看，从小眼见官场仕途的凶险，入仕以来又一直难伸其志。中年以后，魏晋名士们的“玄学”和“归隐”思想也越来越对他产生影响，思想中的老庄思想渐占上风，而久居江南；美丽的风光唤醒了他的本性和逸志。而儒家思想里的“达则兼济天下，穷则独善其身”也在他身上得到体现。但与当时许多名士不同，儒家教育在王羲之身上得到更多的体现，中年以后“独善其身”、超然隐逸思想居多，而少有“狂”“狷”之态。就这一点而言，王羲之深得“中庸”精髓。所谓的“中庸”，是在把握事物本质后行为上的不偏不倚，正所谓“从心所欲不逾矩”，“欲”是超越性质，“矩”是敛束性质，人类物质和精神的发展，超越和敛束的关系，也是永恒主题。从精神上讲，王羲之与后世苏东坡十分相近，虽也放浪形骸、出入佛道，但始终未

有放纵、狷狂之举。王羲之的书法风范和中国哲学精神的契合，正是其成为中国书法主流的内在原因。而正是这种“中庸”思想，得以让王羲之感受世间的浩大、自然的壮美、人间的百态，也才使王羲之书法得其大、传其久。明代方孝孺在其《逊志斋集》里谈“二王”书法时说，“学书家视《兰亭》，犹学道者之于《语》《孟》。羲、献余书非不佳，唯此得其自然，而兼具众美。譬之德盛仁熟，而动容周旋中礼者，非勉强求工者所及也。”

作为书法家，王羲之是名副其实的“全能冠军”。如果以书法艺术的技巧难度和美感刺激程度而论，草书应该是第一，在王羲之之前，张芝的草书已经达到这样的高难度和强刺激；王羲之对张芝心慕手追，但他最后的艺术面貌却是以《兰亭序》《丧乱帖》等行书和行草为代表。张怀瓘在《六体书论》中说：“行书者，逸少则动合规仪，调谐金石，天资神纵，无以寄辞。”他接着就比较说：“子敬不能纯一，或行草杂糅，便者则为神会之间，其锋不可当也，宏逸遒健，过于家尊。”这样的比较，可以说，王羲之的最高成就是行书，而王献之的草书超过了乃父。比较王羲之和张芝，张怀瓘还认为：“逸少虽损益合宜，其于风骨精熟，去之尚远。若乃无所不通，独质天巧，耀今抗古，百代流行，则逸少为最。”张怀瓘在《书议》中说，“夫行书，非草非真，离方遁圆，在乎季孟之间。兼真者，谓之真行；带草者，谓之行草。”王羲之正是在“稿行之间”的自由书写里发明了这种端严而可以归楷，“极纵”则可以入草的书体。王羲之的创造性和他的人生哲学，使得中国文化精神状态和书法艺术的技法状态达到统一。这种统一在中国文化精神里的意义，张怀瓘又在《书断》中评道：“右军开凿通津，神模天巧，敢能增损古法，裁成今体，进退宪章，耀文含质，推方履度，动必中庸，英气绝伦，妙节孤峙。”在所有的精神因素里，“动必中庸”是其核心。

观王羲之书作，虽然极尽变化之能，但少有放纵之笔，如《频有哀祸帖》《姨母帖》《寒切帖》《丧乱帖》等，虽然情深意切，但无纵笔荒诞之处。中国书法史上，王羲之的《兰亭序》、颜真卿的《祭侄稿》和苏东坡的《寒食诗》被称为“三大行书”，无一不是情感丰沛时之作，在心情、性情表露无遗之时，并不失其规矩。这种“规矩”，是书法的规矩，是作者修养的规矩，更是中国文化的规矩。作为对王羲之书法最推重的唐太宗李世民，在其亲自撰写的《王羲之传论》这样讲：“此数子（钟繇、献之、子云）者，皆誉过其实。所以详察古今，研精篆、素，尽善尽美，其唯王逸少乎！观其点曳之工，裁成之妙，烟霏露结，状若断而还连；凤翥龙蟠，势若斜而反直。玩之不觉为倦，览之莫识其端。心慕手追，此人而已；其余区区之类，何足论哉！”这个评价，虽然是对王羲之书法技术、艺术水平的高度评价，是对书法之极美给予的标榜，更是对天下士人提出的至高标准。如果用一句话概括王羲之书法成就和艺术高度，应该是——“不激不厉，而风规自远”。

内劲。

笔者不知道如何概括王羲之书法中的“劲力”问题，姑且以“内劲”名之，是指王羲之书作中内含的“精、气、神”以及点画、结构中体现出来的“筋骨”和“劲力”。在书法作品中，有些是以劲力、雄强名世的，世人一看即知，如大部分的篆书、隶书，以及楷书如颜体、行书如李邕等。但雄与秀是相对的，即使秀美如赵孟頫者，其作品中也有遒劲之处，特别是老年时作品，多显苍劲。而雄强者如颜体，隐隐中也有其秀美一面。书法的“内劲”与武术颇有相通之处，如太极之与八极，咏春之与南拳，劲力前者藏于内，后者显于外，非行家里手难以体会。

世传王羲之《题笔阵图后》写道：“夫纸者阵也，笔者刀矟也，墨者鍪甲也，水砚者城池也，心意者将军也，本领者副将也，结构者谋略也，飏笔者吉凶也，出入者号令也，屈折者杀戮也。”以战事比书事，可见其胸襟气度。《笔势论十二章并序》对劲力的要求更多，“每作一戈如百钧之弩发，每作一点如危峰之坠石”，“复似百钧之弩初张，处其戈意，妙理难穷，放似弓张箭发，收似虎斗龙跃，直如临谷之劲松，曲类悬钩之钓水，棱层切于云汉，倒载陨于山崖，天门腾而地户跃，四海谧而五岳封，玉烛明而日月蔽，绣彩乱而锦纹翻”，“宜存气力，视笔取势行中廓落，如勇士伸钩，方刚对敌，麒麟斗角，虎凑龙牙，筋节拿拳，勇身精健，放法如此，书进有功也”。观其书作，铁钩银划，遒劲有力，平和中处处险劲，端庄中苍茫有力，虽蕴藉但无一丝媚态，虽不激不厉但仍能感觉其中刀枪林立，无论楷、行、草，每幅作品中均生机勃发，劲力充盈，如内家高手

般内劲鼓动，英气逼人。后世学书者多注意王书中的自然、变化、意趣之美，而常忽略其中“内劲”一面。字如其人，这种“内劲”，并非外形上的剑拔弩张，或形式上的“高文大册”，也不只是点画上的力度和苍劲，而更多的是书者内心世界的外化，难以“鼓努作态”而为之。

王羲之素有“骨鲠”之称。世称有“鉴裁”之能，遇事能坚持独立的个人见解，不轻易改变自己的主张，态度鲜明，刚肠嫉恶，“时人道阮思旷骨气不及右军”。他曾毫不留情地批评当时的统治者，“遗黎歼尽，万不余一”，“虽秦政之弊未至如此”。王羲之个性孤傲，他不愿意做皇帝身边的侍中，也不愿意担任吏部尚书。后经好友殷浩延请出仕，但他在殷浩和桓温矛盾不协这个问题上，能以国家利益为重，不为人情左右偏袒于殷浩一方，多次致书殷浩劝其不宜内构嫌隙。离职退隐后仍关心时局，不改“骨鲠”秉性，对于危及国家的大事，直率地捧出自己的肺腑之言。会稽王司马昱委任谢万为西中郎将、豫州刺史、都督司、豫、冀、并等诸州军事，王羲之认为谢万缺乏军事才能，不堪担负如此重任。《与桓温笺》云：“谢万才流经通，处廊庙，参讽议，故是后来一器。而今屈其迈往之气，以俯顺荒馀，近是违才易务矣。”桓温没有反应，王羲之犹如骨鲠于喉，恐谢万自满躁进，便直接致函谢万，他知道免其军事职务已不可能，故劝其与士卒同甘共苦，竭尽其善。《诫谢万书》云：“以君迈往不屑之韵，而俯同群辟，诚难为意也。然所谓通识，正自当随事行藏，乃为远耳。愿君每与士之下者同，则尽善矣。食不二味，居不重席，此复何有，而古人以为美谈。济否所由，实在积小以致高大，君其存之。”王羲之曾与许询同去拜访丹阳太守刘惔，当许询见到刘惔家床帷新丽，饮食丰甘，很是羡慕，感慨地说：“若此保全，殊胜东山。”刘惔说：“卿若知凶吉由人，吾安得保此。”这时王羲之十分尖锐地指出：“令巢许遇稷契，当无此言。”说得他们满面愧色。王羲之对那些虚伪的暗主昏臣是从不顾情面的，我们从他“骨鲠”的秉性中，可看出他的真情实感、坦荡的胸怀和真善美的闪光。后世人对王羲之的人品给予了很高的也是公允的评价：“右将军王羲之，在晋以骨鲠称，激切恺直，不屑屑细行，议论人物，中其病十之八九，与当道讽谏无所畏避。发粟赈饥，上疏争论，悉不阿党。凡所处分，轻重时宜，为当晋室第一流人品，奈何其名为能书所掩耶!”王羲之的

“骨鲠”和直道而行，并不让于后世颜鲁公风采。正是这种源于内心的“骨鲠”和硬气，才赋予了其书质感突出、劲力内藏的独特风格和无限魅力。

第六节　再谈《兰亭集序》

说到王羲之的书法，让人不得不重提《兰亭集序》。这件中国书法史上的重要作品，被称为“天下第一行书”。《兰亭集序》二十八行，共计324字，通篇气息淡和空灵、潇洒自然；用笔遒媚飘逸；手法既平和又奇崛，大小参差，既没有精心安排艺术匠心，又没有做作雕琢的痕迹，自然天成。其中，凡是相同的字，写法各不相同，藏露相应，虚实相生，柔润中有枯劲，妍媚中藏筋骨，艳寓于清，娇寓于秀，具有含蓄的美。如“之”“以”“为”等字，各有变化，特别是二十个“之”字神态各异，有巧、拙、稳、险、偃、仰、轻、重之别。各具风姿，相呼相应。达到了艺术上多样与统一的效果。开始笔势有抑制，至“群贤毕至”则自然如行云流水，渐渐婉转悠扬；至“夫人之相与”则疾风走石，波涛滚滚。一字之间，一画之中，也有波澜，富有节奏美。在结构和章法上以情感为线索，叙中有情，以情说理。第一段在清丽的境界中，着重写一“乐”字，由乐而转入沉思，引出第二段的“痛”字，在经过一番痛苦的思考后，不觉感到无限的悲哀，最后以一“悲”字作结。情感色彩迥乎不同，前后过渡却妥帖自然。在篇幅、布局上呈现出独到的匀称之美。风格如清水芙蓉亭亭玉立，清秀俊美之中又不乏险拙之美。从《兰亭集序》中可欣赏到王羲之那“飘如游云，矫若惊龙”的身影，仿佛可看到他那悠闲自得、随意挥洒的神情。《兰亭集序》是王羲之书法艺术的代表作，是中国书法艺术史上的一座高峰，它滋养了一代又一代书法家。

《兰亭集序》是世人公认的瑰宝，王羲之去世后，《兰亭集序》的去向并无记载，到隋末唐初才得以示人。其一说是通过家族传承一直传到王羲之的七世孙智永手中，智永少年时即出家在绍兴永欣寺为僧，临习王羲之真迹达三十余年。智永临终前，将《兰亭集序》传给弟子辩才。辩才擅长

书画，对《兰亭集序》极其珍爱，将其密藏在阁房梁上从不示人。后被唐太宗派去的监察史萧翼骗走。“萧翼赚《兰亭》”这则半真半假的故事在书坛一直流传，唐代著名画家阎立本根据这一故事创作了一幅《萧翼赚兰亭图》。另一说，萧梁末年大乱，《兰亭集序》墨迹流出内府，陈朝天嘉中为僧人所得，至大建中献给陈宣帝。隋朝灭陈，有人将其献给晋王杨广，杨广不加重视。后来僧智果从杨广处借出摹拓，杨广即位之后也没有索要。智果去世后，为其弟子僧言所得。唐太宗为秦王时，见到了《兰亭集序》的拓本，非常喜爱，欲高价收购而不可得。后来听说在辩才处，就派欧阳询到越州求得之。武德四年，入于秦王府。贞观十年，乃拓十本以赐近臣。

唐太宗得到《兰亭集序》后，如获至宝。并命欧阳询、虞世南、褚遂良等书家临写。以冯承素为首的弘文馆拓书人，也奉命将原迹双钩填廓摹成数副本，分赐皇子近臣。唐太宗死后，侍臣们遵照他的遗诏将《兰亭集序》真迹作为殉葬品埋葬在昭陵。宋朝陆游在古诗《跋冯氏兰亭》中因此感慨道：“茧纸藏昭陵，千载不复见。此本得其骨，殊胜兰亭面。”但唐太宗昭陵曾于五代时被温韬所盗，而被盗物品名单中并没有《兰亭集序》，因此一般相信《兰亭集序》现存于唐高宗与武则天合葬的乾陵中。

目前存世的《兰亭集序》共有五大摹本。一是《虞本》，为唐代大书法家虞世南所临，因卷中有元天历内府藏印，亦称“天历本”。虞世南得智永真传，直接魏晋风韵，与王羲之书法意韵极为接近，用笔浑厚，点画沉着，是最能体现兰亭意韵的摹本。二是《褚本》，为唐代大书法家褚遂良所临，因卷后有米芾题诗，故亦称“米芾诗题本”。此册临本笔力轻健，点画温润，血脉流畅，风身洒落，深得兰亭神韵，被称为最能体现兰亭魂魄的摹本。三是褚遂良临另一个兰亭序摹本——黄绢本，因第四行“领”上加“山”，故又称“领字从山本兰亭”。四是神龙本，为唐代内府栩书官冯承素摹写，因其卷引首处钤有“神龙”二字的左半小印，后世又称其为“神龙本”，因使用“双钩”摹法，其钩摹细心，故而线条的使转惟妙惟肖，不但墨色燥润浓淡相当自然，而且下笔的锋芒、破笔的分叉和使转间的游丝也十分逼真，从中可窥王羲之书写时用笔的徐疾、顿挫、一波三折的绝妙笔意。笔法、墨气、行款、神韵，都得以体现，公认为最能体现兰亭原貌的摹本。五是《定武本》，是唐代大书法家欧阳询的临本，于北宋宣和年间勾勒上石，因于北宋庆历年间发现于河北定武而得名，最能体现兰亭风骨的摹本。定武原石久佚仅有拓本传世，此本为原石拓本，是定武兰亭刻本中最珍贵的版本。“唐人五大摹本”从不同层面表现了“天下第一行书”的神韵，是后世兰亭两大体系的鼻祖：一是以虞本、褚本、冯本、黄绢本为宗的帖学体系；一是以定武本为宗的碑学体系。这两大体系并行于世，孕育了后世无数大家。唐人五大摹本，曾被收入清乾隆内府，后流散四方：虞本、褚本、冯本现藏于北京故宫博物院，黄绢本、定武本现藏台北故宫博物院，隔海相望不得团圆。

关于《兰亭序》的研究，在中国书法典籍中资料比比皆是，不胜枚举。在赞美研习之余，很少有人提出疑义。直至清末，广东书家李文田对此疑问丛生，断言“文尚难信，何有文于字”，晋人书法不应脱离汉魏隶书，所以《兰亭序》不可能是王羲之书。李文田的观点和疑问，却并未引起注意，直到1965年，郭沫若在《文物》第六期上发表《由王谢墓志的出土论到兰亭序的真伪》一文指出，《兰亭序》不仅从书法上讲有问题，就是从文章上讲也有问题。从而引发了著名的“兰亭论辩”。

1958年以后，在南京、镇江等地出土了不少墓志，其中有五块墓志属东晋明帝太宁元年（323年）至穆帝升平元年（357年），正当王羲之的壮年和暮年。这些墓志的出土引起了考古界、史学界的广泛注意，并在沉寂多年的书法界引起震荡。其中《王兴之夫妇墓志》和《谢鲲墓志》尤为引人注目。1965年5月22日，由郭沫若署名的《由王谢墓志的出土论到兰亭序的真伪》一文在《文物》发表，后又在《光明日报》上连载，在文化界引起了一场轩然大波。作为同样是东晋时期的作品，这两篇墓志的字体和《兰亭序》的字体大不相同。这成为郭沫若先生对王羲之《兰亭序》质疑的根本依据。郭沫若当时处于文化界的巅峰位置——中国科学院院长。正是由于郭沫若本人的学术和政治双重权威身份，才会在文化界造成很大的影响，从而形成“论辩”。由于当时正在进行“四清”运动，处于“文化大革命”的前夕，又鉴于郭沫若在学术界的影响，一时学界缄口不语。应该讲，当时郭沫若以“唯物史观”的角度提出这样的观点。即使如此，当时仍有人大胆地提出疑问。南京市文史馆馆员高二适写了《〈兰亭

序〉的真伪驳议》，称郭沫若此说为“惊心动魄之论”，并进行了辩驳。高二适引证有关文献资料和法帖资料，从郭沫若到包世臣、李文田，一一驳议，认为“《兰亭序》为王羲之所作是不可更易的铁案”。高二适先将文章寄给报刊，但未被刊用。他又将文章寄给章士钊，希望得到章士钊的支持和帮助。章士钊写信将文章转呈毛泽东主席。毛泽东批示，“笔墨官司，有比无好”。7 月 23 日，高二适的《〈兰亭序〉的真伪驳议》在《光明日报》发表，《文物》还发表了高文的手稿影印全文。高二适文章的发表，立即引起讨论的扩大。《文物》1965 年第九期到十二期连续发表了郭沫若、龙潜、启功、于硕、徐森玉、赵万里、李长路、史树青等人的文章，拥郭反高。但也有人支持高二适。商承祚在《论东晋的书法风格并及兰亭序》一文中则认为，从东汉起，隶书一方面向草书发展，另一方面也走向楷化，到东晋则已成熟。辩论一直持续到“文革”。本来是学术问题，但却被上升到了“唯物史观同唯心史观的争论”的政治立场的高度，1973 年文物出版社编辑出版《兰亭论辩》一书，将郭沫若等十余篇主伪的文章划归唯物主义范畴，编入此书上册，将高二适、章士钊、商承祚三人主真的文章划归唯心主义范畴，编入此书下册，旨在总结此场论辩。

郭沫若等主张《兰亭序》为伪的观点主要有：一是南朝梁代以前文献，未见今传《兰亭序》文。梁昭明太子萧统的《文选》未收。梁武帝和陶弘景多次论书中亦未提到。只有《世说新语》注文中收入《临河序》，故疑《兰亭序》即是《临河序》。而《兰亭序》是仿石崇的《金谷诗序》，《临河序》的字数恰与《金谷诗序》相当。所以《兰亭序》是在《临河序》的基础上，加以删改、移易、扩大而成的。二是《兰亭序》“夫人之相与”以下 167 个字，一改修禊、欢聚初衷，转而“悲夫”“痛哉”起来，与当时情境不合。且《兰亭序》悲悯情感，与王羲之性格不合。兰亭修禊，王羲之 47 岁，“以忧国忧民的志士自居”，本传亦记其人“以骨鲠称”，王羲之绝不至于像传世《兰亭序》所说的那样，为了“修短随化，终期于尽”而“悲夫”“痛哉”。三是书法的时代风格与现在见到的晋代碑刻和出土的墨迹不合。“王羲之的字迹，具体地说来：应当是没有脱离隶书的笔意。这和传世《兰亭序》和羲之的某些字帖，是大有径庭的。”郭氏认为，“隶书笔意”是指秦汉隶书特别是汉隶的笔法。“具体地说来，是在使用方笔，逆入平出，下笔藏锋而落笔不收锋，形成所谓‘蚕头’和‘燕尾’。南北朝人的碑刻字或写经书，虽已收锋，仍用方笔；凡一点一划、一起一收，笔锋在纸绢等上转折如画三角形。这样的用笔法，就是所谓隶书笔意。”晋代的书法处于隶书阶段。《三国志》的晋写本是隶书体，新疆出土的晋写本是隶书体，则凡属晋代书都必然是隶书体。而《兰亭序帖》却是后来的楷书体；王羲之的《豹奴帖》是章草，有名的《十七帖》是稿书，但仍带有章草笔意。这些和《兰亭序》是大有距离的。《青李来禽帖》是行书，颇带后来的楷法，但与《兰亭序》也截然不同。四是梁武帝《书评》说“王右军书，字势雄强，如龙跳天门，虎卧凤阙”，但《兰亭序》的字势，却丝毫也没有雄强的味道。五是“文章都是依托的，墨迹不用说也是假的了”，而且认为“梁与唐之间相距六十余年，这就是依托的相对年代”。郭氏还说：“我乐于肯定：《兰亭序》的文章和墨迹就是智永所依托。”而《兰亭序》的“修短随化，终期于尽”的语句很合乎“禅师”的口吻。六是《兰亭序》第一行“永和九年，岁在癸丑”，“癸丑”两字系填补而成，且经过添改。这足以证明《兰亭序》绝不是王羲之写的。七是今存神龙本墨迹就是《兰亭序》的真本。这个墨迹本应该就是智永写的稿本，它不是临摹本或者“响拓本”。郭氏还认为，唐玄宗时传入日本的《丧乱帖》与《孔侍中帖》，用笔与《爨宝子》及王、谢墓志等尚有一脉相通之处。《快雪时晴帖》与《兰亭序帖》笔意颇相近似，则真是更晚时代的伪作了。

高二适、商承祚等主张《兰亭序》为真的观点大致有：一是梁代以前文献未见收录，并不能证明《兰亭序》不存在。《世说新语》云“王右军得人以《兰亭集序》方《金谷诗序》”，已正式提到《兰亭序》的名称，注文又说是《临河序》。“两者皆为晋人不同的命名，二刘以所见的抄本标目各异，也就入录不同，故不能是说《兰亭序》为后人伪托”。《兰亭序》仿《金谷诗序》不能从形式上做机械的对应类比，不存在在《临河序》基础上加以删改、移易、扩大而成的现象。二是《兰亭序》中“夫人之相与”以下一大段一百六十七字，正是右军文采和情怀的写照。王羲之思想杂糅儒、释、道三家。从王羲之的言行表现，不足以说明他“一死生、齐彭殇”的思想立场，反而证明其性格充满着许多矛盾，既望用世，又想遁

世；既求旷达，又心胸狭隘（初时对王述傲慢，后由妒忌而誓墓不仕）。“当其欣于所遇，暂得于己”时，就“怏然自足”；当其“所之既倦，情随事迁”时，又不免感伤悲怀。这种心情，正是当时士大夫阶层普遍存在的矛盾。王羲之的《兰亭序》反映出自己乐极生悲中的苦闷、彷徨，自然容易引起时人的共鸣，故及其文一出，便转相传诵，风靡一时。修禊同游者孙绰，其诗有“忘味在闻韶”的达观语句。但在他的《兰亭后序》中却出现“乐与时去，悲亦系之”，前后心情判若两人，难道可以说这篇《后序》亦是后人所依托？三是郭文中引用前人评语，说王羲之最善草隶、隶书、章草，未脱隶意。而根据历代书评，称晋人之草虽然有时指章草，但更多的是指今草。《王兴之夫妇墓志》等既非出自好手所书，而刻工又极粗劣，很难说它在书法史上占有何等重要地位，当时上层社会书法和民间书法有一定距离，砖刻主要由陶工所书，是民间书法的一种，要想用晋砖文字来窥探书家多种笔法，事实上是有困难的；欲以晋砖和墓志衡量书家的一切书法，此路是难以行得通的。“隶书笔意”是讨论《兰亭序帖》真伪中突出的一个问题。郭氏的说法虽明白具体，但如仔细分析一下，其中实包括两种笔法在内：一是下笔藏锋，落笔不收锋的汉隶挑法；一是无波挑而起止收锋的所谓方笔。没有残余隶笔，而谓之有隶书笔意，必须以具有隶笔的形态为前提，因隶书笔意是隶笔表现出来的，离开了这个条件，所谓隶书笔意是不存在的。《十七帖》用上述笔法和总体性准则来衡量，都体会不出它有隶书笔意。《十七帖》属于今草而不属于章草。四是郭氏说梁武帝《书评》称王右军，“字势雄强，如龙跳天门，虎卧凤阙”，而在《兰亭序》中，却没有雄强的味道。这涉及艺术欣赏问题，也关乎对王羲之的评价问题，还有个辗转叠摹效果问题。《兰亭序帖》不管是传世的神龙本还是定武刻本，皆属唐人辗转叠摹钩填，由于辗转叠摹者“间用我法”，笔法的神韵逐渐失真，但在一定程度上仍能反映出羲之书法的体态和面貌，不同于“向壁虚造”。《丧乱帖》等因未经多次转摹填廓，故《兰亭序帖》与《丧乱帖》等自有距离，有的基本相似，而又稍有不同。五是郭氏说《兰亭序》的文章和墨迹都是智永所“依托”，而今存神龙本就是智永所写的稿本，缺乏事实根据。郭文虽曾提到“用笔的方法是有同一的时代性或同一作者的个性的”，但未举出神龙本与智永书法相同的特点在哪里。将神龙本与智永所书《千字文》比对，风格、笔势有出入，前者多骨，后者胜于肉，不能谓其一致，故非出自一人之手。隋炀帝评智永书谓“得右军之肉”，这贬辞是不无见地的。五是唐太宗父子书法，均得法于右军之《兰亭》。太宗收藏《兰亭》，又亲自为《王羲之传》写赞文。以太宗之玄鉴，欧阳询本之精模，当时尚复有何《兰亭》真伪之可言。怀仁集王羲之书《圣教序》，穷年累月访求王帖，二十多年始完成这项工作，其认真、细致为大家所公认。所集之字，书法风格基本一致，前人已有定评。其中“集”字，神龙本约二十多个，则怀仁所据的字帖不是出于智永一手，也只能是智永以后的人再仿神龙本的书法风格而“依托”的“伪中之伪”，则怀仁集智永之书，就成了“集再伪做之大成”。

这次《兰亭》论辩虽就真伪问题意见对立，相持不下。但双方对《兰亭序帖》的艺术价值和王羲之的艺术成就均未予以否认。郭沫若连续几次说到这个问题。在《由王谢墓志的出土论到〈兰亭序〉的真伪》中说：“我在这里要作一次交代：我说《兰亭序》依托于智永，这并不是否定《兰亭序》的书法价值；也并不是有意侮辱智永。不，我也承认《兰亭序》是佳书，是行书的楷模，这是不能否认的。我把《兰亭序》的写作权归诸智永，是把应享的名誉归还了主人。我自己也是喜欢《兰亭序》书法的人，少年时代临摹过不少遍，直到现在我还是相当喜欢它。我能够不看帖本或墨迹影印本就把它临摹出来。”在《〈驳议〉的商讨》中又说：“对于羲之字帖，应该分别研究，定其真伪；不好抱着一成不变的态度，认为‘一真一切真，一伪一切伪’。不是这样。我们并没有意思否认所有王羲之的字帖，更没有意思推翻王羲之的地位。《兰亭序帖》，即使肯定不是王羲之写的，它的书法价值是谁也不能抹杀的。”五年以后，在《新疆新出土的晋人写本〈三国志〉残卷》中再一次说：“不过，《兰亭序帖》虽伪，并不贬低它的价值，只是它不是王右军所书而已，不仅字迹不是王右军所书，序文的后半段也不是王右军所作；这样说也并不贬低王右军的价值。一定要坚持《兰亭序文》的后半段绝非伪作，那倒是有损于王右军的。”

这次论辩的几位主将，在此后不久相继谢世，论辩也随即落幕。启功先生在当时被迫写了《兰亭的迷信应该破除》一文，表示支持郭沫若先生

的观点。然而在“文革”结束以后，启功先生一反前言，表示当初“言不由衷”。

直至今天，对于兰亭真假之辩仍在继续。1998 年 12 月 4 日《光明日报》史林版，发表了王元军的《从六朝士人不屑碑志看“兰亭论辩”的失误》一文，从新的角度对老问题作出质疑。他认为六朝尤其是东晋士人视尺牍为展现风流的艺术，而对于技艺性的碑志书法不屑一顾。由于对于这一点认识不充分，导致把出自平民之手的碑志书法与士人尺牍书法相提并论，从而使兰亭序为伪的论争失去了根基。郭沫若从当时出土的几方墓志以及砖刻文字书法与《兰亭序》有明显的不同就断言《兰亭序》不是当时社会的产物，这种观点具有一定的局限性。21 世纪以来，对王羲之有深入研究的祁小春先生又提出新的观点，如他提出《兰亭序》文中的“揽”字既不合乎当时的讳避习惯，也不符合历来的讳避规则，作伪者本想以此作为文章出于王羲之之手的证明材料，反倒弄巧成拙，露出了有意作伪的马脚。对《兰亭序》之文本和墨迹本问题上他也见解独到。即今本《兰亭序》文在《晋书》和《艺文类聚》刊载前后，其墨迹本绝不见于任何正史和正规的文献记载，重要的有关人士如虞世南、褚遂良、唐太宗等均未提及，只见于野史和小说性质的文章之中。故他得出“大约真迹并不存在，传世的《兰亭序》复制品或许就是唐人书法录晋人文章耳”的结论。也就是说，《晋书》所录《兰亭序》文是据传世文献所录，当时并无墨本传世，墨本是据《晋书》所载文章造出来的。祁小春先生还认为，今本兰亭序文章中有许多抄袭王羲之诗篇和时人诗文的痕迹，说明今本兰亭文，很可能是后人据以伪造的。祁小春先生对《兰亭记》和《隋唐嘉话》等传说也有很多很有说服力的驳论。如认为按年龄和辈分说，虞世南和传说中的辩才应是师兄弟，同师于智永。赚兰亭之举为何不见虞参与？却出来一个不见经传的萧翼其人？辩才亦不在高僧传中。故他认为萧翼、辩才都可能系小说家虚构出的人物。

千百年来，作为书圣，王羲之一直受到人们的尊敬。作为“天下第一行书”的《兰亭序》，一直是书法家们必学的范本，大量地被临摹、传拓，化身千万，就像是有了独立的生命力，与东晋以来的中国书法史相始终。不仅如此，《兰亭序》对中国文学、绘画、雕塑、建筑、文人的生活方式，以及邻邦日本、韩国等国的书坛，都产生了深远的影响。但关于《兰亭》的讨论将继续进行下去。它将从文化史的角度，揭示“兰亭”研究更深刻的学术意义，从而为中国书法史的研究开辟新的领域。

第七节　王羲之综述

在前面章节中，我们已对王羲之所处的时代、家族、阶层以及个人生平和成就进行了尽可能全面的介绍和解析。特别是在分析了其思想源流和艺术成就后，再进行总结综述已似觉累赘。但对于这位对中国书法甚至文化影响甚深甚远的人物，我们总是觉得意犹未尽，总想从他的身上再获取些什么。确实，谈论王羲之，特别是他的书作、书法理论及思想，可能对于任何人而言都是十分困难的事，原因在于，他所建立的书法高度至今无人企及，留下的也只是半真半假的吉光片羽，而时光的阻隔又让后人难以回到那个遥远的时代。就像一座高峰，无数的攀登者从未到达顶峰，每个人所描述的都是自己攀登路上看到的风景和感受；也如盲人摸象，我们总是把自己掌握的当成了事物的全部。后世学书者何止千万，有多少人想尽办法得到打开他艺术宫殿的钥匙，但那宫殿总在我们眼前，甚至对于无数的前代大师而言，是那样的触手可及，但伸手之时又忽若远去。即便如此，笔者还是愿意以自己对他浅薄的认知来试图再一次与他进行沟通。

一、还原王羲之的真实形象

我们后人在怀念一位伟大先贤时，总是希望把他描绘得完美无缺，总是要以我们的标准来给他戴上花环，由此我们在不断看到一个个圣人时，也常迷失在历史的浓雾中。世界上没有完美的事物，表现太完美的人是可怕的。因此有几个事实首先必须说明。

王羲之并不是一位杰出的政治家。他一生中从未进入中央权力的中枢，其中的原因是多方面的。一是王氏家族在他成年时已经开始式微，朝

廷对王氏家族充满警备之心，即便王导这样的人物，在“王敦之乱”后也一直不得势，王氏已难有东晋初年“王与马共天下”的局面，王导死后，更无一名王氏子弟进入核心权力层。二是王羲之本性中对权力并不热衷，凡是杰出的政治家，除了自身的政治才能外，无不拥有强烈的权力欲。三是他性格中的“骨鲠”和直道而行的处世方法限制了他仕途的发展，杰出的政治家所必须具备的如大度、隐忍等一些性格特征在他身上并未找到。四是王羲之一生文气太重而“杀气”不足，其为官过程中并未看到其“非常之手段”。后世不少人对王羲之的“裁鉴”之能大加赞誉，特别是通过史料上留下的几篇政论文章来证明他的远见卓识，甚至还将其与诸葛亮相比。无疑，王羲之的政见确实有其独到深远之处，但中国历史上有这样见识的人难以计数。知和行往往是难以合一的，有多少中国文人恰恰就败在知易行难上！政治中除了见识，更是权谋和斗争，在面对黑暗和血腥时，有多少文人以清高的名义选择了止步不前！后人对王羲之政治上的惋惜和赞誉，其中包含了多少对自身抱负难展的不忿和无奈！王羲之与早于他的王导、晚于他的谢安相比，确实少了杰出政治家所具备的雄才大略，这一点从他反对王导的“愦愦之政”以及与谢安论及对清谈的看法时也有一定反映。论王羲之的政治才能和性格，倒是与一直赏惜他的庾亮颇为相似，故也表现得“惺惺相惜”。在我国这样一个历史悠久的大国，一直有这样的一现象，总希望那些大才子、大文人、大艺术家为世所用，同时成为伟大的政治家和军事家，而这美好的意愿往往在残酷的现实面前无法如愿，于是我们总为他们扼腕痛惜，感慨他们的怀才不遇。这与我们长期以来的“官本位”思想和儒家“用世”理念有很大关系。其实，少一个政治家、军事家，多一个文学家、诗人、艺术家，可能才真正让我们的历史显得如此绚丽多姿、异彩纷呈，而对于他们个人而言，也未尝不是一件“幸事”。

王羲之并非一个伟大的思想家。近来翻阅资料，发现一些学者将王羲之誉为伟大的思想家，还对他的思想进行了系统的论述。可能是在一个没有思想家的时代，思想的空乏让我们对一切思想和人物给予了过高的评价。一个伟大的文学家、艺术家，一定有伟大、高深的思想，但一个有伟大、高深思想的人并不一定是一个伟大的思想家。以我浅见，伟大思想家应当具备三个条件：一是有完备的思想体系；二是他的思想体系具有开创性；三是他的思想影响深远。反观王羲之，无一具备。他一生并未留下任何思想著述或独创性思想观点，其自身思想和行为也一直在儒、道的圭臬中没有一丝偏离。当然，这并不否认王羲之思想的高度，特别是他中年以后，不仅“玄学”思想对其影响越来越深，而且在掺揉了佛教思想后，进一步融会贯通，这在他后期的文学和书法中也得以展现。即便如此，他也并未打通儒、道“任督二脉”，思想中时有矛盾和纠结，而这种矛盾和纠结，几乎一直持续到他终年。但这种矛盾和纠结，对于一个伟大书法家而言可能反而是一件好事，也正是在这种思想的不断对碰当中，笔下才体现出如此丰富的起伏变化。

王羲之并非生而能者。与其子王献之不同，王羲之小时并未显出过人天赋，倒是流传着不少他从小刻苦用功的故事。这也是书法与其他艺术的不同，天赋是占据一定因素，但后天的努力、文化的滋养、人生的阅历、自我的修行可能更为重要。而其书法的真正成熟也在中年阅尽人世沧桑之后；再观王献之，天纵英才，风流不羁，其书多了才气而少了其父的蕴藉含蓄。孔子对自己一生的各阶段曾经进行过精辟的总结，这并不只是孔子的一生，也是任何一个中国文人在提高自我修养道路上必须走过的一生。中国书法总讲“人书俱老”，深刻反映了书法与自我修炼的关系，也正因为如此，书法才与中国文人结合得如此紧密。

王羲之有其偏执的一面。如他笃信五斗米教，一生服食，老病时常有“迷信”举动。有学者认为他“坦腹东床”也多半是因服食燥热而致。他后来虽然也认识到服食的弊端，但至死也未对五斗米教有一丝怀疑；如对他不以为信的人和事，总是当时予以批评指正；又如他在对待王述的态度上，确实有些偏执小气，他请求另设一郡的行为也让时人哂笑。当然，从另一个角度看，也能知道他的“真性情”。再看后世的伟大书家，无一不有“真性情”，这种真实常常被认为是偏执。“真性情”对于一个书家是十分重要的，这种“真”是因为在其本性中总有对现实的警醒和反抗，不愿与世俗同流合污，不愿在熙熙攘攘的人潮中苟且偷生，他们敢爱敢恨，敢怒敢笑，虽然常常显得不合时宜，但也正是这种不合时宜，表现出他们对生命的尊重和自我意识的觉醒，这是一个伟大

的艺术家、文学家，甚至伟大的思想家、哲学家和政治家必备的品质。书法中讲“唯俗不可医”，而免俗是很难的，唯有人奇才能字不俗，这个“奇”首先必须“真”。

晚年归隐难以用清高一言以蔽之。世人多对王羲之晚年归隐羡慕赞誉，实不知其中的些许无奈和一丝悲情。回归自然往往因为三种原因：一是人类本性与大自然的接近；二是在现实面前感觉到的无奈；三是真正认识到人类在自然面前的渺小。两晋名士大多有回归自然之心，原因大约都在前二者。两晋时期国势衰弱，内忧外患，已没有春秋时期的纵横捭阖的豪气和秦汉改天换地的雄心，现实的困境迫使他们中的许多人转而回归自然，这种回归是无奈的，也是被动的。王羲之归隐的原因前面章节中已详述。即使高隐如陶渊明者，多少也有没落贵族的清高和抱负难伸的失落。不过正是在回归中，他们真正发现了自然的美，把现实中的不如意立马丢在脑后。“仁者乐山，智者乐水”，他们都在自然中找到了自己的归宿，特别是王羲之有书有友，陶潜有诗有酒。

二、试探王羲之书法成就的条件

书法发展到两晋，出现了革命性的发展，书体进一步完善，书法理论更为高妙，书法家群体如井喷式涌现。两晋书法所呈现的风流神韵在中国书法史上分外耀眼，甚至一枝独秀。无疑，王羲之是其中最为突出者。而在此后的一千多年中，即便文化兴盛如唐、宋者，书法方面纵有如颜柳、苏米等超级大师，也并未超越晋人，后世的大师们也一直在不断地向王羲之的学习中亦步亦趋地构筑自己的风格。每个时代的学书者都在寻找王羲之书法的密码，但正如春秋战国诸子百家的思想、汉赋唐诗、宋词元曲所树立的艺术高度再难以企及一样，晋代书家特别是王羲之所建立的书法高峰确实只能高山仰止。王羲之的出现有其偶然性，也有其历史文化的必然性，成就王书的很多条件已难以再现。下面，试着探究一下王羲之书法成就之条件。

自身努力和天赋。关于王羲之学习书法的勤奋，正野史中均有记载，民间关于他勤奋学书的故事也很多，现临沂故居和抚州故居中仍按照历史记载留有洗砚池。成功就是汗水和天赋，而努力在学习书法中更为重要。当然，王羲之仍十分有天赋，小时便被卫夫人发现，之后叔父辈的王廙、王导、王敦均对其赞誉有加，王廙亲自授书，王导传给他《宣示表》，王敦赞其为“佳弟子”。弱冠之后，已书名渐盛，也才引出周顗大加推崇的佳话。

师出名门和高人指点。中国书法史上估计没有比王羲之的师承更荣耀的人。其老师中，卫夫人是西晋大书法家卫桓之后，深得钟繇书法之精髓，是中国历史排在第一位的女书家，就其名气成就也并不让于须眉。王廙，东晋初期书法排名第一，皇帝书画教师。这阵容确实豪华。

浓郁的书学氛围。书法发展到晋朝，已成为豪门名士竞技之术，得到了上层前所未有的重视。这一点是后世难比的。隋唐开始，随着科举取士的推行，书法显示出两个趋势：一是功利化，学习书法大多是为了满足取仕考试以及公文书写需要，对书法的神韵、飘逸、超然的追求渐小渐弱；二是普及化，书法开始从上层向民众普及，这必然要求书法教育的程序化、简单化，这也是书法到唐代及之后颜柳楷书盛行的重要原因。在晋代，出现了一个由世家大族乃至皇族组成的庞大书法群体，他们几乎人人能书、人人善书，文人士大夫把书法作为表情达意、挥洒个性的重要手段。王氏家族书法家辈出，能以书名闻世的层出不穷，其中不仅有其父王旷，其叔父王廙、王导、王敦，同辈兄弟、子侄也多有书名。他的其他父辈如郗鉴、庾亮也均擅书，妻族中其妻郗璇、妻弟郗愔、郗昙兄弟均是好手，卫夫人之子李充甚至书名一度高于王羲之。在他的朋友群中，几乎都是书法大家，如庾翼、谢安、殷浩、孙绰、许询等。即使其子如献之，年轻时即有赶超之势。也正是在这种浓郁的书法氛围中，大家相互学习、相互借鉴、相互竞争，最终现实了共同的提高。这种浓郁并相互影响的书学氛围，后世即便有，层次也难以达到如此之高。

深厚的家学传统。书法说到底是文化的衍生产物，离开文化的书法就会失去其存在的价值，而文化对书法的滋养才可能使书法与中国文人达到心灵的相通相近。汉到魏晋，学术的主要教育和传承是家学。即便汉代已有公学，东晋时王导也大力推进政府教育，但学术的传承方式仍以家学为主。前面章节讲过，世家的延续，并不以权力和财富为主要条件，大多以

经学立世。王氏一门，从西汉王吉开始即为儒家门徒，到王祥、王览达到晋代顶峰。王衍、王导一辈，均“由儒转玄”或“引玄入儒”，为家族学术中注入了新的活力。这种学术传统一直延续到南朝，包括王氏在内的一些大家始终站在文化的高点。这种“以文传世”的学术氛围和家族传统从唐开始已十分鲜见。这个在乱世出现的尊重文化的独特现象，是值得后世深思的。现在我们谈起王谢，大多想到的是豪族，也常常感慨世事无常、富贵难久，但从一定意义上讲，王谢家族的难以再现是否也是社会的悲哀，也代表了文化在权力和财富面前的无足轻重！后世书法大家中也有家学良好者，如唐代颜真卿、北宋苏氏兄弟、元代赵孟頫等，但论源流长久和深厚程度确实难以企及。

多元文化的滋养。汉朝强大的中央集权也造就了儒学的鼎盛，在两汉的历史上，儒家学术是绝对的主流，这种文化的大一统在促进社会稳定的同时，也禁锢了社会的进步和思想的活跃，到东汉中后期，这种弊端日显严重。而魏晋时中央政权统治的松动，也给了多元文化的繁荣可乘之机，士人们对儒学长期的一手遮天早已忍无可忍，道、佛等思想瞬间兴起。从开始以“竹林七贤”及王衍为代表的全面“玄化”到东晋初期开始的渐趋理性的“玄儒并综”，长期以来刻板、僵化的儒学思想在玄学思想的激发下生动起来，特别是之后随着佛教的兴盛，中国历史上第一次儒、道、释合一从此开始。可以说，魏晋时期，是中国历史上继春秋战国百家争鸣之后的又一次思想大解放，对中国历史产生了深远的影响。此时的思想、文学及艺术，开始关注生命本体，自我意识空前崛起，生存状态的“自然”和思想意识的“自由”成为名士们的毕生追求，“重意”之风强劲，真正的是为美而美、为艺术而艺术。这里有一点是应该注意的，无论是“由玄入儒”还是“引玄入儒”，虽然一定时点上表现出“玄化”的强劲势头，但儒学的地位从未有过动摇，玄道、佛释思想从始至终都未成为主流，对中国文化而言，都是在儒学基础上的补充和完善。这一时期激烈的思想交锋、对抗和融合，对当时的士人冲击巨大，对思想、文学、艺术的发展产生了深刻影响。在关注这一文化现象的同时，我们也应关注其他两种文化的交融，一是汉族文化与少数民族文化的交融，二是大规模迁徙引发的南北文化的交融。这在中国历史上是少有的。文化的繁荣最终都是思想对碰的火花，对此我们反观魏晋时期文化中所创造的奇迹就会找到根源。我们在研究王羲之思想时，总能感觉到儒、道、佛思想的深刻反映及对抗和矛盾，这也是当时士人思想的代表性特征。随着学术交流的深入，从东晋后期，特别是到唐朝，中国传统文化中的儒、道、释思想才真正有机结合。

特殊时代的影响。苦难出真知，乱世出英雄。世界上几乎所有的大家都出在乱世。魏晋南北朝是中国历史上的著名乱世，而东晋的命运也确实让人唏嘘。东晋与之后的南宋很像，都是被北方少数民族驱赶至江南、偏居一隅的苟安政权。但当时的实际情况似乎比南宋更惨。西晋末年在“八王之乱”后，国家经济已近崩溃，晋室经过自相残杀已十分衰微，南渡之后还得看世居江南的豪强脸色行事，王导执政时的主要工作其实就是协调皇室、北方士族与南方豪强之间的矛盾；而当时的南方经济实力与宋代无法相比，势力范围也主要集中在两江，早期连荆楚也难以固守。北方士族在“五胡乱华”中损失惨重，少有保全之族。虽然南渡以后，北方侨姓士族仍在政权中发挥重要作用，甚至最终形成“门阀政治”，但作为士族成员，心中的苦闷是难以言表的，真可谓“国仇家恨”。但久居江南势力稳固之后，又缺乏北伐的实力和雄心。所谓的“苟安”，在表面的荣华富贵下，是怎样的痛苦和矛盾？在这个动荡的年代，人们对自己的命运往往是悲观的，极盛如王、庾、谢、桓者，也在起伏更迭，你方唱罢我登场。因此我们总能看到晋人矛盾中的徘徊，在家族和国家之间、在出世和入世之间、在权力和自然之间，甚至在固守礼法和放浪形骸之间、真情流露和伪饰做作之间……其实从王羲之思想上和行为上看，这些矛盾和问题并没有很好地解决，也许正是这种思想的斗争和激荡，才让我们看到他书作中如此丰富的阴阳虚实、起伏倚侧、俯仰险绝的变化。

独特的个人经历。王羲之身在豪门，其父王旷有“首创南渡”之功，其叔父王导、王敦，在东晋初年权倾一时，形成“王与马共天下”的政治格局。但就王羲之而言，其人生经历和仕途并不顺当。年幼时其父王旷战败后神秘消失，是什么原因让这样一个本应显赫的人物销声匿迹？王羲之小时应该承受了许多无形的压力。其从小随母兄生活，木讷寡言。青年时，又逢“王敦之乱”，王氏子弟在王导带领下跪在宫门前请罪，当时诚

惶诚恐的心情对王羲之的心灵一定触动颇深。入仕以后，虽然名声很大，但一直未得朝廷重用。王、庾之争时，王羲之投在庾氏一方；殷、桓相斗时，他又被好友殷浩力邀出仕，以致有了殷浩败落后为官时的尴尬。王羲之亲历了家族的变故、庾氏在“庾桓之争”后的湮亡、殷浩被桓温斗败后的惨状，每一次腥风血雨都让他感受到切身之痛。在对许多事情的处理上，他应该受岳父郗鉴的影响较深，能以国家利益为重，持中庸态度，不偏不倚，又相对远离中央政权，这也是能在数次争斗中得以保全且为各方所重的原因。他独特的个人经历，无疑对其思想和书法的形成起到重要作用。

“骨鲠”、超逸的真性情。王羲之一生都置身于斗争旋涡中，生为王氏子弟，多有其不得已之处。但我们欣喜地看到，世事的多变、政争的残酷、仕途的失意、命运的多舛，并未改变他“骨鲠”的本性，始终保持着他直言不讳、直道而行的言行作风。而他的“骨鲠”并不意气用事，无论对敌对友，均一以贯之。他不满意叔父王导的“愦愦之政”，便不顾王导多次好意提携，而始终和与其政见相投的庾亮为伍。殷浩不仅是他知己，也有知遇之恩，但他仍以国家大局为重规劝殷浩与桓温修好，殷浩“北伐”他极力反对。桓温“北伐”胜利后，他虽然归隐仍欣喜祝贺。许询是其密友，当他听到其关于羡慕富贵的不当之言时马上予以驳斥。如果说早年时的“骨鲠”是个性特点，那么他中年历经世事后的“骨鲠”更多的是其性格和修养中“超逸”所致。前文说过，王羲之中年后受老庄思想影响愈深，对“自然”的状态十分渴求，这里有回归大自然的想法，也有率性而为、真情表露的含义。他对天地万物、世事百态的看法越来越与老庄理想状态一致，把个人得失名利看得越来越淡。这在道家叫“无欲则刚”，在佛家讲即为“放下”。如此说可能有抬高王羲之之嫌，但从他后来的言行中也确实能够发现这一点。

豪门贵族赋予的大气。现代人总讲中国没有真正的贵族，但王、谢两族从政治地位、文化地位、经济实力、家族人物以及历史传承延续各个方面讲，与世界上任何豪门贵族相比，绝不逊色。王羲之生在这样的豪门贵族家庭，气度心胸见识，特别是人生格局是常人难及的。他的一生，亲身历经了“五胡乱华”“衣冠南渡”“永嘉之乱”“王与马共天下”“王敦之乱”“苏峻之乱”“王庾之争”“庾氏北伐”“庾桓之争”“殷桓之争”，每一个历史大事件都与他的人生紧密相连，甚至之前的“八王之乱”和之后的“桓谢之争”也或多或少与其有所联系。因此他可以用历史的、全局的视野和角度来看待世事；就书法而言，他对历史上和与他同世的所有伟大书家并无心理上的隔膜，始终以平视的目光审视比量他们的作品。而这种角度感和距离感对人有着无形却至深的影响，这也是绝大多数书家难以跨越的障碍。而贵族身份给予了他全方位的保障，不用为官位、升迁、生计、名气担忧，不必向任何人低头乞怜，不屑为名士不齿的俗事狗苟蝇营。他可以一直特立独行，率性而发，不改本色。即使辞官而去，也终日与名士为伍，受到朝廷特殊优待，尽情享受他的优游生活。这即使尊贵如赵孟頫者也难以相比。

综上所述，王羲之书法是特殊历史条件下的产物，王羲之的出现有其偶然性也有其必然性。许多历史的条件已无法再现。王羲之除了留下供后世文人墨客景仰和学习研究的书法作品外，更重要的是开创了文人书法艺术的审美风格，对以后中国书法艺术乃至中国文化的影响无可替代。将时代独特的文化印迹、书写者的才华抱负、鲜明的个人性格和丰富的情感志趣，通过笔墨技法宣泄挥洒，这是王羲之留给后人的最大贡献。他不仅把书法的人文功效发挥到了最大化，也开启了世代文人思想的自由空间和心灵园地。现在，在所谓的科学方法和西方美学的影响下，中国书法越来越“由道而技”，在技法学习、研究、创造的领域内打转、徘徊。如果硬将中国书法放在西方美学的范畴内进行考虑，中国书法的生存价值便毫无意义。从这一点上甚至可以说，中国书法并不是所谓的艺术，或艺术的范畴无法全部包纳书法，只是杰出书作中的某些特征与艺术的标准不谋而合。今天不断重提王羲之书法的意义在于，我们希望通过对王羲之的研究，探究和揭示中国书法的本质，而不仅仅在于从他的书作中源源不断地获取技巧。这种舍本逐末的方法早已脱离了学习书法的初衷。今天我们确实有必要追本溯源来了解一代书圣，探究中国书法的本质和内涵。中国书法是人文的、自然的，是融于天地万物的。从中国文字诞生那一天起，“写字”已有表现万物、表情达意、抒发情怀的功用。通过钟繇、王羲之、褚遂良、颜真卿、李邕、苏东坡、赵孟頫

等一代代书家的努力，书法不断地注入新的内涵，赋予了越来越多的人文意义。如以现代美学或技巧论，王羲之书法不一定比王献之书法高妙，而他被誉为“书圣”，是因其书作中表现出的“不激不厉而风规自远”的人文情怀是中国传统文化对中国知识分子至高的要求。王羲之的书法，是中国文人书法的最高境界。王羲之及其书法对中国文人构建自己的精神家园有着永恒的意义。

后　记

我自幼承蒙家训学习书法，在少年比赛中也曾斩获奖项，后因学业和工作压力弃笔多年。现在想想，外界的压力是次要的，还是当时年轻气盛、心高气傲，认为书法“小道已”。二十七八岁时，事业顺遂，一度春风得意。那年秋天父亲专门从县城过来找我，对我说：“读书、写字才是你一生的追求。”我那时如何能听得进去？父亲命运多舛，历经坎坷，但学习中文出身的他一生从未放弃读书、写字；退休之后，他重读二十四史，用小楷抄录诗词的纸张有尺余。2008 年春天父亲癌细胞转移，身体急剧恶化，但直到卧床不起前，每日还是要写几幅字。那一年，我也重新拿起毛笔。每当我把自己的书作拿给父亲时，他日渐灰滞的目光中总能闪现一丝光亮。2009 年春节刚过，父亲去世，我买来一堆纸、笔，烧化了带给他。父亲去世前对我说：“只有这柜子书是你的。”母亲和哥姐都替我鸣不平，但我知道，父亲把他一生最重要的东西给了我，沉甸甸的，我唯恐自己背负不动。之后这些年，我经历了不少事，有所失也有所得。但有所得时我并未有多少欢喜，有所失时也并未觉得十分难过。我突然发觉，世间的名利财色对我并不重要，只有在读书、写字中，我才能感觉到无以名状的喜悦，才能找到真正的自己。之后在许多的诱惑面前，我致力于学书的信念越来越坚定。

我知道 35 岁立志于书可能略有些晚，但这并未让我灰心，反而成为我近年来孜孜不倦、醉心学书的强大动力。我在笔耕不辍、勤奋读书的同时，努力践行“读万卷书，行千里路”这一对中国文人而言千古不易的古训。访师会友，寻迹问道，徜徉在天地、自然之间；关心时事，研习政经，防止醉心笔墨、迴于“小道”，而失去“大气”，甚至在过去以为琐碎乏味的日常工作中更加努力，我看到了工作之乐，也把它作为磨炼心性、修养自我的好时候、好方法。我始终认为书法是文化的，是融入中国文人骨血中的。虽然技法的纯熟是学书必经的过程，但文化修养、个性气质、胸怀格局才是决定书法成就的本质和核心。中国文人是应融入自然天地的，是应与民族、国家同呼吸共命运的，是应历经世事不改本色傲然于世间的，是应永葆“虽千万人吾往矣”的风骨和个性的。王羲之是我十分钟爱的一个人，不单单是因为他的书法，更是因为他的气质和品性。

写一本书是我年轻时的想法。因工作之故客居北京的这一年中，我不仅留有了充足的业余时间来实现多年的愿望，还幸遇多位书法名家的亲授教诲。在这个千年古都浓郁的历史人文氛围中，我更加感受到了中国文人和传统文化与历史的深刻内涵和紧密联系；在我几次写到一筹莫展之际，登临几处古迹、参观几次历代书展、走过几条幽静的胡同，历史的沧桑和厚重感扑面而来，总能让我重新找回写作的灵感。为了对王羲之有更深的了解，我还探访了他的生平故地，虽然物是人非，但身临其境，仍能找到些许历史的印迹，特别是在那一山一水中，屏息冥思，清心入定，那些历史中的人物似乎也在身边川流而过，或笑或泣，或咏或啸，栩栩如生，恍如眼前。

《走近王羲之》一书终于要付梓出版了，我要感谢许多人。感谢人生之路上密切关注和帮扶我的师长们，你们指引我前进的方向，宽容我的缺点，给了我太多的支持和帮助；感谢在学书道路上给了我帮助的师友们，我何德何能有如此造化得遇到这样多的同道中人和良师益友；感谢默默关心支持我、始终与我不离不弃的同学、朋友，有你们同行我从未感到寂寞；感谢我的爱人，这么多年来对我的包容和理解。我想把此书送给我已故的父亲和刚刚六岁的女儿，作为儿子、作为父亲，我一直在努力，从未倦怠消极。

郭 飞

二〇一四年秋于北京寓所

主要参考书目

一、古典文献

1. （汉）司马迁：《史记》，中华书局，1959 年。
2. （汉）班固：《汉书》，中华书局，1962 年。
3. （晋）陈寿：《三国志》，中华书局，1959 年。
4. （北齐）颜之推：《颜氏家训集解》，上海古籍出版社，1980 年。
5. （南朝宋）刘义庆：《世说新语》，上海古籍出版社，1993 年。
6. （南朝梁）释慧皎：《高僧传》，中华书局，1992 年。
7. （南朝梁）刘勰：《文心雕龙》，人民文学出版社，1981 年。
8. （南朝梁）萧统：《文选》，中华书局，1977 年。
9. （唐）房玄龄：《晋书》，中华书局，1974 年。
10. （唐）张彦远：《法书要录》，人民美术出版社，1986 年。
11. （唐）张彦远：《历代名画记》，人民美术出版社，1963 年。
12. （唐）林宝：《元和姓纂》，中华书局，1994 年。
13. （宋）司马光：《资治通鉴》，中华书局，1965 年。
14. （宋）邓名世：《古今姓氏书辩证》，中华书局，1985 年。

二、近、现代论著

1. 梁启超：《中国历史研究法》，上海古籍出版社，1998 年。
2. 陈寅恪：《魏晋南北朝史讲演录》，贵州人民出版社，2012 年。
3. 吕思勉：《两晋南北朝史》，上海古籍出版社，2005 年。
4. 冯友兰：《中国哲学史》，商务印书馆，2005 年。
5. 王仲荦：《魏晋南北朝史》，上海人民出版社，1979 年。
6. 唐长孺：《魏晋南北朝史论拾遗》，中华书局，1983 年。
7. 唐长孺：《魏晋南北朝史论丛》，三联书店，1995 年。

8. 周一良：《魏晋南北朝史论集》，北京大学出版社，1997 年。

9. 周一良：《三国两晋史》，中国大百科全书出版社，2012 年。

10. 王伊同：《五朝门第》，中华书局，2006 年。

11. 毛汉光：《中国中古社会史论》，上海书店出版社，2002 年。

12. 田余庆：《东晋门阀政治》，北京大学出版社，1989 年。

13. 任继愈：《老子新译》，上海古籍出版社，1985 年。

14. 马宗霍：《中国经学史》，上海书店，1984 年。

15. 唐翼明：《魏晋清谈》，台北东大图书公司，1992 年。

16. 贺昌群：《魏晋清谈思想初论》，商务印书馆，2000 年。

17. 汤用彤：《魏晋玄学论稿》，上海古籍出版社，2001 年。

18. 汤用彤：《汉魏两晋南北朝佛教史》，中华书局，1983 年。

19. 钱穆：《中国学术思想史论丛》，安徽教育出版社，2004 年。

20. 钱穆：《史学大纲》，商务印书馆，1992 年。

21. 余英时：《士与中国文化》，上海人民出版社，1987 年。

22. 许地山：《道教史》，上海古籍出版社，1999 年。

23. 刘跃进：《门阀士族与永明文学》，三联书店，1996 年。

24. 宗白华：《美学散步》，上海人民出版社，1981 年。

25. 宗白华：《艺境》，商务印书馆，2005 年。

26. 朱仁夫：《中国古代书法史》，北京大学出版社，1992 年。

27. 刘道广：《中国古代艺术思想史》，上海人民出版社，1998 年。

28. 郭廉夫：《王羲之评传》，南京大学出版社，1996 年。

29. 姚晓菲：《两晋南朝琅琊王氏家族文化研究》，山东大学出版社，2010 年。

30. 郭建：《中国历代王朝兴衰 · 三国两晋南北朝》，长春出版社、人民出版社，2013 年。

31. 叶培贵：《书法专业系列教程 · 行书教程》，华文出版社，2006 年。

32. 《历代书法论文选》，上海书画出版社，1993 年。

33. 崔尔平：《历代书法论文选续编》，上海书画出版社，1993 年。

34. 李文才：《两晋南北朝十二讲》，中国国际广播出版社，2009 年。

35. 祁小春：《山阴道上》，中国美术学院出版社，2009 年。

36. 季伏昆：《中国书论辑要》，江苏美术出版社，1988 年。
37. 王镛：《中国书法简史》，高等教育出版社，2004 年。
38. 邱振中：《书法：七个问题》，中国人民大学出版社，2011 年。